Biography of
Yan Xishan

阎锡山一生

雒春普 著

团结出版社
UNITY PRESS

图书在版编目（ＣＩＰ）数据

阎锡山一生 / 雒春普著 . -- 北京 : 团结出版社，
2020.3（2022.9 重印）
　　ISBN 978-7-5126-7525-4

　　Ⅰ . ①阎… Ⅱ . ①雒… Ⅲ . ①阎锡山（1883-1960）
－传记 Ⅳ . ① K827=7

中国版本图书馆 CIP 数据核字 (2019) 第 255000 号

出　版：团结出版社
　　　　（北京市东城区东皇城根南街 84 号　邮编：100006）
电　话：（010）65228880　65244790（出版社）
　　　　（010）65238766　85113874　65133603（发行部）
　　　　（010）65133603（邮购）
网　址：http://www.tjpress.com
E-mail: zb65244790@vip.163.com
　　　　tjcbsfxb@163.com（发行部邮购）
经　销：全国新华书店
印　装：三河市东方印刷有限公司

开　本：170mm×240mm　16 开
印　张：33
字　数：552 千字
版　次：2020 年 3 月　第 1 版
印　次：2022 年 9 月　第 2 次印刷

书　号：978-7-5126-7525-4
定　价：89.00 元

阎锡山一生

·Biography of Yan Xishan

代前言
盖棺论定"山西王"

一、阎锡山的一生这样走过

1883 年（清光绪九年）农历九月初八，阎锡山（字伯川）出生于山西省五台县河边村一个亦农亦商的小康之家。父亲阎书堂（字子明），承继祖上经商致富的传统，既在河边有几亩薄地，又在五台县城经营着一片小店——吉庆长，兼作杂货生意和出"钱帖子"。

阎锡山系家中独子，从小娇宠有加。5 岁丧母，6 岁入村中私塾开蒙。先后接受了近十年的旧学教育。15 岁到 16 岁期间大约有一年多时间，曾辍学习商，在吉庆长学徒，从待人接物到打理生意，样样上心。17 岁以前的经历，不仅为阎锡山初步奠定了旧学基础，而且使他对社会有了一个粗略的了解。

1899 年岁末，吉庆长经营金融投机买卖失利，累亏合银六七千两，难以为继。阎锡山的人生道路因此而发生变化。初涉世事即受挫折，青年阎锡山饱尝了世态的炎凉，"有为于时"，出人头地的思想油然萌发。于是，经过一年多的复读私塾和认真反思后，1901 年春节，阎锡山随父离乡，到了山西省城太原。先落脚"裕盛"商号，边当伙计边学习。随即，应山西武备学堂试，考中入学，研习军事。就读三年，成绩优秀。

1904 年，阎锡山被山西省选派赴日公费留学。先入东京振武学校，继入弘前步兵第 31 联队（第 8 师团属），再进陆军士官学校。在此期间，1905 年，加入同盟会，成为早期的同盟会员之一；1907 年，参加"铁血丈夫团"，成为革命党的军事中坚。

1909 年，阎锡山于日本陆军士官学校第 6 期毕业，结束留学生活返回山西，任职山西新军。初任山西陆军小学教官，继升陆军小学监督。同年 11 月参加清廷举办的归国士官学生会试，名列上等，得赏步兵科举人；12 月，山西新军编为暂编陆军第 43 协，下辖第 1、第 2 两标，随即改称第 85、第 86 标。1910 年，阎锡山升任第 86 标标统。

1911 年 10 月 10 日，革命党在武昌起义，辛亥革命爆发。同年 10 月 29 日（农历九月初八），经过长期的准备发动，阎锡山率领所部参与起义，光复太原，并被推举为山西都督，组织军政府，开始了他执掌山西大权近四十年的历史。

太原地处京师肘腋，光复后的山西革命力量处于清廷的严重威胁之中。为了变不利为有利，阎锡山与奉清廷之命进军山西、镇压革命的新军第6镇统制吴禄贞密组"燕晋联军"，筹划以山西民军开赴石家庄，截断京汉路，直接威胁北京。在燕晋联军因吴禄贞的被刺宣告失败，山西的东大门娘子关又被曹锟第3镇攻陷之后，阎锡山做出分兵决定，与副都督温寿泉各带一路人马，分别向北南两面撤退转移。北路由阎锡山亲自率领，一路北上，过黄河，攻陷包头、萨拉齐、托克托等重镇（清时这一带属山西的四道之一——归绥道管辖）。

1912年4月，在南北议和达成，孙中山让位袁世凯，南京临时政府迁北京的政治形势下，阎锡山率北路民军返回太原，继续行使山西都督的职权。此后的一个长时期内，在袁世凯专制统治的控制下，阎锡山从维护既得利益、维护山西安定出发，韬光养晦，多方肆应，甚至不惜拥戴袁世凯称帝。从而使山西成为在袁世凯执政时期唯一没有被撤换都督的省份。

1916年6月，袁世凯帝制败亡，北洋政府对山西的控制逐步减弱。1917年6月，阎锡山以督军（1914年都督改称同武将军，1916年7月再改称督军）兼省长（先护理，后特任），集山西军政大权于一身，成为名副其实的"山西王"。

兼掌山西军民两政后，阎锡山一面倡导"保境安民"，置身于军阀纷争的旋涡之外；一面推行"六政三事"（"六政"系水利、种树、蚕桑、禁烟、剪发、天足；"三事"包括种棉、造林、畜牧），实施"村制"和"村本政治"。在改良农林水利以及畜牧等业的同时，鼓励发展实业；在推动国民经济发展的同时，扩充军事实力（扩充军队和发展军事工业齐头并进）。为山西在20世纪20年代前后赢得了一个难得的和平发展时期。这个时期，由于经济的发展和行政管理、文化教育诸方面的成就，山西被誉为"模范省"。

1924年，第二次直奉战争爆发，阎锡山挟数年蓄积之锐气，站在孙（中山）、段（祺瑞）、张（作霖）三角联盟的立场，出兵石家庄对直军作战，牛刀小试。1926年春，奉、直、直鲁联军展开"讨赤"（即对冯玉祥国民军作战）之役。鉴于冯玉祥的国民军扩充迅速，意图向山西发展，已对山西形成包围之势的现状，阎锡山默许参与吴佩孚、张作霖的"讨赤"。是年5月，国民军分数路进攻晋北地区。晋军（其时，阎锡山属下的军队已扩充到十余万，成为颇具实力的地方武装，晋军由此得名）依事先部署投入，战斗异常激烈，双方你争我夺，胶着于大同及其附近地区。8月，国民军不支，开始撤退，晋军乘胜追击，一举占领归绥（今呼和浩特），把阎锡山的势力范围扩展到绥远地区（此前归绥系国民军亦即西北军所有）。1927年4月1日，阎锡山宣布废除北洋政府所任命之山西"督军"，改称"晋绥军总司令"，将所部山西、绥远各军队改编为晋绥军。

1924年1月，国民党召开第一次代表大会，"大革命"爆发。1926年7月，广东国民政府誓师北伐。此后，北伐军势如破竹向北挺进。与此同时，1927年6月，阎锡山接受蒋介石"北方国民革命军总司令"的委任，悬挂青天白日旗，改晋绥军为北方国民革命军，加入讨奉序列。声称："本总司令因所处之环境，至为恶劣，所挟之势力，至为微弱。且民众亦缺乏组织与训练。吾苟显明其主义与政纲，无异自树一的，以待此等敌人之共同进攻。而环绕吾人之左右者，日夜思颠之覆之，欲置吾人于死地。为保留大河以北微弱之革命势力，与三民主义设障碍者虚与委蛇，十四载于兹矣。设使孤军转战，其失败必无疑也。"9月29日，阎锡山以"扫除三民主义之障碍以达救国救民之目的"为题发表讨奉通电。随即，指挥所部北方国民革命军从指定位置向奉军发起进攻。是为阎锡山的第一次北伐讨奉。

第一次北伐因兵力不足，蒋介石的宣布下野，以及奉军的集中优势兵力等主客观原因而遭遇严重挫折，不得不暂时撤回山西省境，拒险固守。1928年1月，蒋介石复任国民革命军总司令；3月，下令各集团军进行北伐。晋军再次改编，称为第3集团军，加入北伐军序列，阎锡山就任总司令。同年4月4日，阎锡山指挥部署调整后的第3集团军从正太路发起进攻，矛头直指北洋军阀的最后堡垒北京。一路攻平山，占石家庄，下保定。在奉军向关外撤退的形势下，6月6日，进占北京（后改称北平）。随即，和平接收天津，克复察、绥。北伐一役，阎锡山是最大的赢家，势力范围由晋绥一举扩大到平、津、冀、察。

北伐胜利是四个集团军协同作战的结果。战后，冯玉祥的第2集团军、阎锡山的第3集团军、李宗仁的第4集团军各据一方，与蒋介石的第1集团军形成分庭抗礼之势。蒋介石从"统一"出发，力主编遣，并由此引发了与各实力派之间的矛盾，中原大战爆发。阎锡山与冯玉祥联合反蒋，演成了国民党史上参战人员最多、规模最大的内战。中原大战失败后，阎锡山被迫下野，避走大连。

1931年8月，阎锡山从隐居的大连秘密潜回五台县河边村。同年9月18日，日军进攻北大营和沈阳城，九一八事变爆发。1932年2月，阎锡山就任太原绥靖公署主任，总负晋绥绥靖之责。

复出后的阎锡山以"自强救国"、"造产救国"相号召，一方面"以政治为中心，注重扫除建设障碍"，一方面"以经济作中心，以完成'自足为目标'"，发起"山西十年省政建设"。创办西北实业公司，修筑同蒲铁路，创设四银行号——山西省银行、绥西垦业银号、晋绥地方铁路银号、晋北盐业银号，实行统制经济，开展土货运动。同时提倡"公道主义"，主张"土地村公有"，极力抵制共产主义。随着民族矛盾的进一步加深，阎锡山再以"守土抗战"相号召，成立抗日救亡团体，组训民众，发动绥远抗战。

全面抗战爆发以后，阎锡山就任第二战区司令长官，组建第二战区司令长官部，部署晋绥抗日军政，负责指挥晋绥军编成的第6、第7两个集团军，以及中国工农红军改编的第18集团军（国民革命军第八路军）。抗战初期，阎锡山出兵南口，督战岭口；部署大同会战，组织太原保卫战；同中国共产党建立抗日民族统一战线，扶持"牺牲救国同盟会"，批准成立"第二战区民族革命战争战地总动员委员会"，组建"青年抗敌决死纵队"，开办"民族革命大学"，颁布抗日法令。第二战区因此而被誉为"模范战区"。

抗日战争进入相持阶段后，1939年底，阎锡山一度与共产党领导的抗日武装发生摩擦，演成反共的"十二月事变"。20世纪40年代，抗日战争进入最艰苦的时期，阎锡山属下的第二战区长官司令部偏居晋西一隅，其军队所能控制的地区只有晋西六七个完整县。外部日军封锁，内部财政极度拮据，供给严重不足，困难重重。阎锡山提出"克难"、"求存"的口号，开展"克难运动"，发动"大生产"，实施"新经济政策"和"兵农合一"。同时，组织"三三铁血团"，加强内部控制；秘密与日本军方接触，缓解外部压力。

抗战胜利，举国同庆。阎锡山率部径返太原，接收政权，再坐"山西王"位。与此同时指挥所部迅速占据临汾、运城、大同、上党等主要城市。在八年敌后抗战一朝得胜之后，阎锡山继续坚持他的反共立场，决计消灭昔日的同盟者共产党及其武装。岂料事与愿违,上党战役,损兵折将,长治及其周边地区得而复失;晋南、晋北、汾孝、正太诸战役,留下的仍是一页页失败的记录。不到两年时间,阎锡山的辖区即只剩下太原、大同、临汾等几座孤城,及一些零星县份。江河日下,彻底失败已成定局,整肃内部,实行白色恐怖,也无济于事。1948年5月,兵败临汾;1948年7月,晋中平原尽失,不得不退据太原孤城,作困兽之斗。太原城破之前,阎锡山据代总统李宗仁"关于和谈大计,深欲事先与兄奉商"的电文,乘专机飞抵南京。1949年4月24日,以太原城的被攻破为标志,阎锡山失去了在山西的最后堡垒,"山西王"的历史画上了一个暗淡的句号。

从"山西王"的宝座上跌了下来之后,败军之将阎锡山在蒋(介石)李(宗仁)矛盾的夹缝中"因祸得福",于1949年6月13日出任国民政府行政院长,兼国防部长,入主中枢,为国民党苦撑残局。国民党退守台湾后,阎锡山激流求退,于1950年3月15日卸行政院长任,归隐山林。居于台北阳明山之菁山草庐,十年如一日,从事著述,写成《大同之路》《三百年的中国》等书,计300余万字。

1960年5月23日,阎锡山因急性肺炎、冠状动脉硬化性心脏病医治无效,病逝于台北台大医院,终年77岁。

二、经略山西的阎锡山

(一)阎锡山既饱读经史,又涉猎近代科学,在他身上体现了中西文化交汇的特点

阎锡山6岁开蒙,入村私塾,从《论语》《孟子》《大学》《中庸》学起。3年以后,转入村义塾,研读《诗经》《书经》《易经》《礼记》《春秋》《左传》及《纲鉴易知录》等。到15岁习商止,"四书五经多能随口道出,纲鉴大事亦知概略",传统文化的根基由此养成。1899至1900年间,因生意受挫,又不得不辍商求学,再入村义塾,一边温习经史,一边选读子书,进而"注意研究程朱陆王之异同,摘抄古圣贤修己治人之名言,自题曰补心录"。通过前后10年的村塾学习,阎锡山对经史子集广泛接触,博闻强记,具备了较为坚实的旧学基础。自幼奠定的童子功,弥久不衰。

　　阎锡山虽然从小受传统文化的熏陶，但对传统文化派生出来的八股取士制度却深恶痛绝。认为："为笼络才智而开科取士，亦为维护君位的一个重要政策。这一政策发展到八股文时代，可谓极尽控制人思路、耗竭人脑力的能事了。我就读私塾时，尚习作八股文，深感其在人脑中是悬崖绝壁，有时苦思终日，写不出一个字来，不同于研究科学之有道路，有阶梯。所以我常说：假如把作八股文的精神用于研究物质科学，其成效不知有多少倍。"也正因为如此，在以后的学习生活中，他对自然科学与近代军事兼收并蓄。进入山西武备学堂后，阎锡山在学习军事科目的同时，开始接触数学、理化、史地等学科，自然科学的声、光、电、化给青年阎锡山展现出了一个五彩缤纷的新世界，引起了他浓厚的学习兴趣。由于勤奋刻苦，武备学堂3年的学习，阎锡山学、术均佳，尤擅操典。

　　留学日本的经历，更使阎锡山得以走出国门看世界，亲身体验明治维新以后日本的近代文明，进一步涉猎西方文化。一路上日本的土地，阎锡山首先感受到的是日本先进的社会秩序。他说："日本的员工做甚务甚，谦虚和蔼，人少事理，与我们中国的做甚不务甚，骄横傲慢，人多事废，显然是一个进步与落后的对照。"其次是接受了孙中山倡导的资产阶级革命思想。由于对清廷腐败和中国积贫积弱的现状不满，"感到清政府误国太甚"；由于了解了外面的世界，认识到"政治不可失时，若不能适合时代的需要，一定要被时代所抛弃"，毅然参加同盟会，并成为铁血丈夫团的一员。

　　三个时段的学习，不仅奠定了阎锡山中国传统文化的深厚基础，而且使他得以接触"新学"，掌握自然科学知识和近代军事。二者的矛盾与统一，构成了阎锡山具有强烈时代特色的典型形象——他的精神世界植根于中国传统文化。阎锡山毕生奉行"中"的哲学，主张"执两用中"，"不偏，不过，不不及"，就是源之于中国传统文化中的"中庸之道"。他极力提倡"大同主义"，追求所谓"大同世界"，其思想武库无疑是孔子的"大同思想"。他的物质世界，亦即他的"用"则是仰赖西方近代文明。阎锡山在山西注重发展近代工业，大批引进先进的机器设备，着力于培养自己的科学技术人才。同时，把教育放在重要的位置，提出"当兵、纳税、受教育为国民之三大义务"的口号，在普及国民教育上下功夫。这一切无不是吸收近代文明的结果。

（二）阎锡山早年参加同盟会，在发动武装起义，光复太原的过程中起了重要作用

1905年8月20日，中国第一个资产阶级革命政党同盟会在日本东京宣告成立。同年10月，阎锡山宣誓入会，成为最早的同盟会员之一。随即加入军事核心"铁血丈夫团"，参与谋划将来发动全国性武装起义时的"南响北应"战略。1906年夏，他借日本振武学校肄业，准备入日本弘前步兵第31联队实习的间歇，接受同盟会总部发动革命的任务回国探亲，随身携带两枚炸弹，以备日后武装起义之用。3个月的探亲期间，阎锡山花费大量的精力在五台山周围各县和雁门关内外商人、僧侣、教师、学生中宣传革命，鼓吹反清。

1909年，士官学校毕业返回山西后，阎锡山利用职务之便——先是陆军小学教官、监督，再是第86标教练官（副职）、标统，与其他同盟会员一道开展兵运，并通过推行征兵制、建立模范队，让一批有文化的同盟会员下连队当兵，深入兵棚，发动新军士兵等，为武装起义做了必要的准备。正如他自己后来所说：到太原起义前，"我的第86标的三个管带，张瑜、乔煦都是我们的坚强同志，只有瑞墉是个旗人，其余下级军官，都很可靠。……骑炮营是些老军人，不赞成也不会反对，且炮兵中有不少下级军官和头目是我们的同志，可能控制该营"。

武昌起义爆发后，山西巡抚陆钟琦急电驻在平阳府的总兵谢有功，调集所部马步七旗，集中平阳府待命；并令加强黄河河防，饬令亲自部署巡查；电到即行遵办，不得稍有迟延。又于10月25日（农历九月初四）在太原召集军政官员开会，决定将分驻各地的巡防队调集太原，镇慑省城；将第85标黄国梁部开往蒲州，第86标续调代州。面对突然事变，阎锡山与温寿泉、赵戴文等同盟会骨干及黄国梁等革命的同情者紧急会商，决定于第85标领到弹药准备开拔之前一举发动起义。1911年10月29日（农历九月初八），第85标首先起义，攻入巡抚衙门。根据事先部署，阎锡山的第86标随后发动，负责守护军装局，击散守卫抚署的巡防马队，并协同第85标攻打新满城。随着新满城的攻克，太原宣告光复。随即，阎锡山被推举为山西都督。

（三）阎锡山推行"村本政治"，实施"六政三事"，倡导"厚生"，客观上促进了山西社会的稳定和经济的发展

阎锡山兼掌山西军民两政后，以"保境安民"相号召，为山西赢得了一个

休养生息的外部环境。20 世纪 20 年代前后，近十年的时间里，山西省内没有发生过大的战事。

在此期间，阎锡山首先推行"行政之本在于村"的"村本政治"。一方面首创村一级行政建制（后在县与村之间又设置区），把行政管理的立脚点放在编村（相当于后来的行政村），统一与健全了行政管理网络。另一方面推行"用民政治"，从所谓"民德、民智、民财"三者着手，"然后能用之而有效"。通过整理村范（将村中包括贩卖吸食金丹料面、窝娼、盗窃、忤逆不孝、打架斗殴、游手好闲等"危害人群"的 10 种人进行管教、劝导，直到处罚，抑恶扬善，达于"仁化"），村民会议（阎锡山设想中的村级民意机关，职权是选举村长村副及村监察委员，议定村中有关事项等，意在进行"民治之训练"），村禁约（阎锡山称之为村宪法，即由村民自己定立、共同遵守的条约，对全体公民皆有约束力），息讼会（阎锡山称之为村司法，由村中选举年高德劭能主张公道的人组成，专事调解村民之间发生的纠纷，亦即村民调解委员会），保卫团（阎锡山称之为村武力，由村中 18 岁以上、35 岁以下的壮年男子组成，专司村中治安保卫之职），实现了所谓"把政治放在民间"，以达于"训政"。村本政治促进了用民政治，用民政治稳固了村本政治，二者相辅相成，奠定了山西地方自治的基础，农村基层政权设置得以规范，农村社会得以安定，广大农民在一定程度上获得了选举权。

与村本政治并驾齐驱的是六政三事的实施。以水利、种树、蚕桑、禁烟、剪发、天足、种棉、造林、畜牧为主要内容的六政三事是阎锡山对山西社会经济（主要是农村经济）进行初步改造的重要举措。虽然由于各种主客观因素的制约，没有达到预期的目的，但其成效还是显而易见的。"六政则剪发最好，天足、水利、种树、蚕桑次之，禁烟又次之；三事则种棉最好，造林次之，畜牧又次之"——截至 1918 年底，全省各县男人发辫已完全剪尽；1921 年全省 105 县中有 87 县 10 岁以下的女子"已全数天足"，101 县 16 岁以上的缠足女子"已全数解放"；水利方面，通过开渠、凿井、筑蓄水池等共新增水浇地 200 余万亩，全省人均 2 分（按全省人口 1000 万计）；种树实栽 51521985 株，人均 5 株，成活 29455834 株，人均近 3 株；共栽实生桑 121291777 株，人均 10 余株，养蚕 7866219553 头；戒烟方面，仅据统计截至 1921 年，戒除烟瘾的人数达 12 万人次；全省棉花产量，1918 年为 17703753 斤，1921 年为 37612720

斤，四年翻了一番还多；造林方面，1919 至 1921 年播植面积合计 6742 亩，1920 年、1921 年两年造林面积合计 244124 亩、造林株数合计 42141642 株。收到了一定的社会经济效益。

在实施六政三事，兴利除弊的基础上，1925 年初阎锡山又进一步提出了"厚生计划"，在山西进行实业建设。一方面制订炼油、炼钢、机器、电气、农业、林业等六大计划案，兴建官办工业，发展兵工；另一方面制定了一些有利于实业发展的政策，采取了一些奖掖工业的措施，鼓励开发实业，以厚民生。从而使 20 年代的山西官办近代工业开始勃兴，军事工业初具规模，私营资本主义进入一个发展的"黄金时代"。

（四）在民族危机面前，阎锡山倡导"自强救国"、"造产救国"，发起"十年省政建设"，奠定了山西近代工业的基础，增强了山西的经济实力

面对九一八事变后，日益严重的民族危机，阎锡山以"自强救国"相号召，首先主持制订了详尽的《山西省政十年建设计划案》。计划案以"力图自强，以为挽救，冀立国于世界"为出发点，详述政治经济的既定目的。规定：在政治上应确定均权制度，以期共治；树立廉洁负责政府，积极训练人民政治知能，并促进政治经济合一之地方自治，以推进民主政治之实现。在经济上尤应大规模开发物产，如矿产之开发，工业之振兴，农业之改良，以及交通之建设，凡可以增加输出，减少输入者，均须就其范围，俾人尽其力，地尽其利。计划拟前三年以政治为中心，注重扫除建设障碍，确立民主政治基础；后七年以经济作中心，以完成自足为目标。关于政治建设，计划案列举了改善现行政治必成期成的 17 大事项，包括警政、财政、教育、文化诸方面。关于经济建设，计划案中农业、矿业、商业、交通无不涉及，各个门类都提出了必成期成的具体指针。如水利，要求 10 年后增加水田 800 万亩为期成量，400 万亩为必成量；如交通，把修筑同蒲铁路列在首位。同时还提出扶助社会办理之实业事项和发展公营事业等项，前者主要有发展毛纺织业、酿造业、化妆品工业、造纸工业等；后者则包括整理山西省银行、壬申制造厂、育才各厂等，创办炼钢、肥料、毛织、纺纱织布、卷烟、苏打、洋灰（水泥）、印刷八厂等。作为山西省历史上第一个建设计划，计划案无疑有它的积极意义，对于指导省政建设不无裨益。

在计划案的指导下，1933 年 2 月 21 日，晋绥兵工筑路总指挥部成立，同

年 5 月 1 日，同蒲铁路正式开工，以太原为起点，分别向南北推进。同蒲铁路是山西地方政府主持修筑的第一条铁路，全长 850 公里，南段长约 500 多公里，北段长约 300 多公里，且地形复杂。如此浩大的工程相对于当时山西的财力显得力不从心，阎锡山从以有限的财力获取尽可能大的经济利益考虑，决定同蒲铁路采用窄轨，同时起用兵工筑路，因陋就简，土法上马。南同蒲 1936 年元旦全线通车，北同蒲于全面抗战爆发前基本完工，通车至晋北之怀仁。同蒲铁路在阎锡山的亲自主持下以最经济的办法修成，其建筑费全线为 1650 万元，以长 850 公里计，平均每公里为 2 万元，不及预算普通标准轨铁路的 20%，同时也大大低于同期国内的平均造价。同蒲铁路贯通山西南北，北可以联络平绥，南可以衔接陇海，东经正太以通平汉，西由太碛以达黄河，是为山西的交通大动脉。它的开通大大方便了山西省内交通，以及山西与周边地区的联系，对山西政治、经济、军事，尤其是经济的发展有着重大的影响。

在十年建设计划中，经济建设是重心，发展公营事业是重中之重，而公营事业的集大成者则是西北实业公司。西北实业公司酝酿于 1932 年初，正式成立于 1933 年 8 月 1 日。西北实业公司以"开发西北各种实业为宗旨"，由于阎锡山的高度重视和知人善任，迅速发展，从初创到抗日战争爆发，短短几年中由原有的几个分厂一跃成为拥有两万名员工、33 个工矿企业的大型集团公司，其经营门类涉及兵工、冶金、化学、煤矿、洋灰、造纸、纺织、火柴、卷烟等。据南京国民政府对"1928—1936 年全国最重要工业"的统计，西北实业公司的工人数（18597 人）占到全国产业工人总数（405509 人）的 4.6%；全国 2826 家最重要工厂共有资本 3.129 亿元，厂均资本 11 万元，西北实业公司 1936 年所有的 33 厂共有资本 0.22 亿元，厂均资本 66.66 万元。西北实业公司不仅门类齐全，而且有较高的技术含量，其产品不仅供应省内市场，而且还远销他省。西北实业公司的发展壮大，使山西逐步形成一个规模可观、门类齐全的基础工业体系，从而在钢铁工业、机械工业、化学工业、纺织工业、卷烟业诸方面为山西近代工业起了奠基的作用。山西地方在西北实业公司时期形成的以重工业、机械工业为主的工业格局一直延续到中华人民共和国成立以后。

同蒲铁路的修筑，西北实业公司的设立和迅速发展，以及这一时期阎锡山主持进行的其他省政建设，从积极的方面看，对于山西摆脱中原大战造成的负面效应，恢复和推动山西经济的发展，增强山西地方抵御外侮的能力，以至坚持八年抗战都有着一定的作用。

（五）在中华民族面临生死存亡的危急关头，阎锡山坚持了抗日立场，其间虽然出现过一些曲折，但是大方向始终没有改变

就在阎锡山一门心思进行省政建设的同时，日本发动了旨在进一步侵略中国的华北事变，直接威胁到山西的存在。日本在政治上以重掌华北军政为诱饵，策动山西"自治"；经济上以商品倾销削弱山西货的市场。阎锡山从日本直接威胁山西存在的现实中感受到寇深祸亟迫在眉睫，从民族立场和山西地方利益出发，接受中国共产党抗日民族统一战线的主张，选择了抗日、联共的道路——1936年9月，他同意成立"牺牲救国同盟会"，与以薄一波为代表的共产党人"共商保晋大业"，同中国共产党结成特殊形式的统一战线；1936年11月，面对日伪军的频繁挑衅，他组织发动绥远抗战，被称之为华北抗日的"先声"；与此同时，他在全国独树一帜，倡导"守土抗战"，动员民众，准备抗战。正如著名爱国将领续范亭所说："山西以一隅之地，进行了守土抗战，收罗进步青年，成立牺盟会，解放思想自由，允许开设生活书店。我看到山西是有了光明，虽然是仅仅点出一支土蜡烛来，光明不大，但我却和许多爱国的青年一样，像灯蛾似的，围着这一点儿光明，不肯他去了。"

全面抗战爆发后，阎锡山以第二战区司令长官职衔总领晋绥军务，礼迎八路军进入山西开辟敌后抗日根据地。抗战初期，阎锡山亲临作战第一线指挥督战，平型关会战、忻口战役，艰苦卓绝。在娘子关陷落、太原不守的严峻形势下，撤兵晋南，转战晋西敌后，持久御敌，一直到抗战结束。1939年底到1940年初，因"十二月事变"与共产党及其抗日武装摩擦加剧，统一战线险遭破裂，由于中共的主动议和而得以维持。1941年前后，在日军加紧封锁，政治、经济严重困难的情况下，阎锡山顺应日本方面的和谈要求，多次派员与日本军方接触议和，但始终只停留在协议上，并没有实质性的进展。山西的抗战局面一直维持到日本无条件投降。

三、坚持反共立场的阎锡山

20世纪初叶，世界风云变幻。1914至1918年的第一次世界大战几乎席卷了整个欧洲；1917年的俄国十月社会主义革命在世界资本主义的链条上诞

生了一个社会主义的苏联。十月革命一声炮响给中国送来了马克思列宁主义，中国革命的知识分子开始探索新的民主主义道路。1919 年中国爆发了闻名于世的五四运动。面对新的世界潮流，阎锡山看到的是由资本主义弊病而造成的社会主义潮流所形成的新的弊端。为了寻求一种介于资本主义与社会主义之间的"适中"制度，他召集山西学政各界及社会贤达，在督军府进山上的"邃密深沉之馆"举行进山会议。每周两次、每次两小时的例会一直进行了两年又四个月。会议议题由"人群组织怎样对？"进一步及于"人生与家庭的研究"、"经济制度的研究"、"教育的研究"、"政治的研究"等。会议得出的结论是资本主义之弊在"资本生息"、"金银代值"，"所谓人群欲成于制度者何也？金银代值，资本生息是也。自金银代值资本生息以来，人皆贱布帛菽粟而贵金银；是以人皆不存布帛而争聚金银；舍耕织而专以掏金挖银是务矣"！共产主义否定了资本主义的资生息、金代值，要实现"各尽所能"、"各取所需"，是"违背人性，反乎人情，不适合生产，不利于人生"，是"强人作圣贤，又强人作禽兽"。唯有实行"资公有"、"产私有"、"按劳分配"的"公平制度"，使"劳享合一"才能既克服资本主义的弊端，又预防共产主义之流传。进山会议为阎锡山奠定了以预防共产主义为直接目的，以抵制共产主义运动为出发点的理论基础，使阎锡山成为当时为数很少的几个从理论上否定共产主义的地方实力派代表人物之一。

阎锡山对于反共理论的探索在进山会议后继续深入。集数年研究之心得，1928 年 9 月，在北平对法国记者提出"劳资合一"问题；1929 年 9 月 24 日，在太原成立"劳资合一研究会"；1930 年 1 月 25 日，在劳资合一研究会提出"公平制度之研究标准"。1931 年，中原大战失败下野避居大连后，"乃与随行人员及陆续远来相访外客旧属等，屡作研究问答，记录为《各尽所能各取所需与各尽所能各取所值孰好孰坏孰难孰易之研究》"，提出了"资公有"、"产私有"、"物产证券"和"土地村公有"的阎氏理论。进一步主张"物产证券"，亦即以票券的形式证明物产价值，充当现行的纸币，既用来衡量人的劳动，多劳多得，少劳少得，又用来作为交换媒介，持券按物的价值来兑物；"土地村公有"，亦即由村公所发行无利公债收买全村土地为村公有，然后划分为若干份地，再分配给耕作年龄（18—58 岁）内的农民耕种，政府通过按规定收取各种税款作为担保。前者的出发点在于彻底否定"按劳分配"的马克思主义分配观，后者则既标榜奉行孙中山的"耕者有其田"，又与共产党的土地革命争夺民心。

九一八事变后，随着民族危机的日益加深，阎锡山一步步感受到了存在的威胁。然而，他首先奉行的是"攘外必先安内"的反共政策。因此，在政治上倡导"公道主义"，组织好人团（亦称公道团，阎锡山的官办团体）。他说："共党号称有主义，有组织，其目的在推翻现社会。他们的组织很严密，所以与官军对抗时十分顽强。我们要剿除共党，不能和剿除流寇一样。他有主义，我们也要有主义，我们的主义是'公道主义'；他有组织，我们也要有组织，我们的组织是好人团。"在阎锡山看来，公道主义既是调整人群生活中人与人之间各种复杂关系的道德准则，又是解民于倒悬的"济世良药"，还是对人群实施管理的精神约束，是为政者必须具备的素质和条件。即所谓："无仁爱公道，食衣住用即失其保障，是仁爱公道一贯为人类之生命。""公道为政治枢纽，合之则治，离之则乱。""官当以公道制人，不可以权力擒人。"在军事上实施"防共""剿共"。1935年9月议决组建"防共保卫团"、划分防共区、防共区内各县联防、沿河各要隘建筑碉堡等。随即把全省划分为12个防共保卫区，并设立带有军事性质的基层防共组织"山西防共保卫团"，其职责是"平时好像宪兵警察，维持地方治安，红军来时用他们前去抵御"。在此之前，1934年冬，派出第71师方克猷旅进驻河东之离石军渡和河西之宋家川、绥德等地，配合陕军之井岳秀、高桂滋部"围剿"陕北红军。随后，又任命正太护路军司令孙楚为"陕北剿匪前敌总指挥"，进驻晋西重镇柳林，指挥所辖孟宪吉旅、陶振武旅、马延守旅，以及临时附属之陈长捷旅、方克猷旅，参加陕北"剿共"。1935年，中央红军到达陕北后，阎锡山的反共军事改为以防为主，除以原河防部队继续实施防御外，又进行了纵深配置——任命第34军军长杨爱源为总指挥，把晋绥所有7个师的兵力，编为4个纵队，各纵队均附设炮兵一个团，并以炮兵副司令刘振衡为炮兵总指挥，随时准备应战。

1936年2月20日，中国人民红军抗日先锋军渡河突破晋绥的河防工事和碉堡封锁线，实施东征。阎锡山一面调兵遣将，全力阻击；一面急电蒋介石中央速派援兵。3月6日，阎锡山下达总攻击令，发起汾孝会战。调集14个团的兵力，在汾阳孝义一带，与红军激战，迫使红军变更战略，兵分两路，转向晋西北、晋南挺进。3月21日，在蒋介石派出的10万援军陆续赶到后，阎锡山再次向红军发动进攻，指挥晋绥军各部及中央军援晋部队，在晋西北、晋西、晋西南以至晋南的广大地区与红军展开激战。战斗持续了一个多月，直到红军回师陕北。

在经过准备抗战时期和全面抗战爆发初期的合作抗战阶段之后，中国共产党及其领导的抗日武装迅速发展、日益强大，主要表现为：一、抗日民族统一战线性质的组织"山西牺牲救国同盟会"和"第二战区民族革命战争战地总动员委员会"的影响与日俱增，并在广大的战区和敌后实际起着政权的作用。二、以抗敌决死纵队为代表的山西新军不断壮大，截至1938年冬，仅决死纵队各部即发展到43个团，4万多人。此外还有大约20个团的游击队、自卫队等非正规部队。其时，南京政府给山西的军队编制番号共150个团，阎锡山给了新军50个团的番号。旧军（指原晋绥军）从雁门关一带溃败下来，只剩下名额不足的四五十个团。实际上当时新军的数量已占到了山西军队的二分之一左右。三、红军改编而成的八路军三大主力第115师、第120师、第129师，通过山西挺进敌后，迅速开辟了晋察冀、晋绥、晋冀鲁豫三块抗日根据地。与此相反，阎锡山的旧晋绥军在经过南口、平型关、忻口、娘子关、太原守城诸战役后，损兵折将，不得不一路南撤，退居晋西南一隅。面对近在咫尺由秘密而公开，迅速壮大起来的同盟者，阎锡山感受到了前所未有的威胁。于是，从1938年2月临汾失守后，开始改变策略，限制新派、扶持旧派。其扶旧抑新的做法，随着时间的推移愈演愈烈，并进而演成十二月晋西事变。

1939年1月，国民党第五届中央执行委员会第五次全体会议在重庆召开，会议通过了《限制异党活动办法》，并决议成立防共委员会，严密限制共产党的思想、言论和行动。以此为标志蒋介石策划的第一次反共高潮拉开了帷幕，反共摩擦在相关地区时有发生。与此同时，阎锡山的扶旧抑新政策初见成效，经过一年多的整顿扶植，旧军已恢复到战前的建制，无论人数还是装备都大大超过新军。在上述背景下，阎锡山与中央政府议定，新军问题解决之后，中央给山西提供30万法币的军费和2万新兵；反之，就撤销阎第二战区司令长官的职务。1939年底，蒋介石发动了一场几乎遍及整个正面战场的"冬季攻势"。这次攻势的重点置于豫南、晋南及皖南地区，以阎锡山的第二战区为主负责"攻略晋南三角地带"。阎锡山在根据中央军事委员会的作战命令，进行相应部署的同时，集中晋西的晋绥军6个军，密谋策划先"解决"决死2纵队；得手后北上进攻驻扎在晋西北的决死 4 纵队、工卫旅、暂 1 师等；同时借助中条山地区的中央军"解决"决死 3 纵队；对于决死 1 纵队则相机而动。

1939 年 12 月 1 日，阎锡山向驻扎在晋西的决死 2 纵队发出向同蒲路霍县至灵石段进攻，实施"冬季攻势"的命令。企图把决死 2 纵队放在第一线，而以旧军第 61 军、第 19 军为第二线，在决死 2 纵队发起对日军的进攻后，由旧军从背侧包抄。在做出如上分析后，决死 2 纵队断然拒绝了"冬季攻势"的命令，并于 12 月 7 日向阎锡山发出电报，指责旧军的进攻行为，表示不能不实行"自卫"。阎锡山据此宣布 2 纵队政治部主任韩钧（中共党员）"叛变"，通电讨伐。紧接着就向新军展开大规模进攻，"十二月事变"爆发。"十二月事变"从 1939 年 12 月初开始，到 1940 年 3 月结束，前后持续了整整 100 天。期间，晋西、晋西北、晋东南都发生了新旧军之间的军事冲突。冲突的结果是决死 2 纵队被迫从晋西撤出，转移到晋西北与八路军和新军其他部队会合；旧晋绥军第 7 集团军赵承绶部骑 1 军、第 33 军等部在新军决死 4 纵队、工卫旅、暂 1 师以及八路军彭 8 旅的联合反击下，撤离晋西北原驻地，转向晋西；晋东南的决死 3 纵队损失严重，不得不分散转移，1940 年 3 月重组。鉴于新旧军各有损失，战略态势发生变化的现实，阎锡山接受中共"以汾阳经离石至军渡的公路为晋西北、晋西南的分界线，晋西南为晋绥军的活动区域，晋西北为新军和八路军的活动区域"的建议，与中共划路而治。此后，以阎锡山与中共的统一战线裂而不破，一直坚持到抗战结束。

1945 年 8 月 14 日，日本宣布无条件投降，中国人民的抗日战争取得了最后的胜利。随着抗战的结束，在"大敌当前，一致对外"前提下形成的抗日民族统一战线不复存在，国民党以执政党地位急于"统一"军令、政令，共产党则坚持民主主义要求独立性，昔日的同盟者互为敌手，第三次国内战争爆发。在抗战胜利第二次国共合作面临解体的历史关头，阎锡山的反共旗帜再一次公开举起，并且一打到底。

1945 年 8 月 15 日，日本宣布无条件投降的次日，阎锡山即命令第二战区部队配合行政接收全面挺进，与共产党八路军争夺山西地盘——派第 8 集团军副总司令楚溪春率一个军分五路向太原挺进；派第 7 集团军总司令赵承绶赴太原组织前进指挥所；派第 6 集团军总司令王靖国督率第 34 军、第 61 军分别向临汾、运城挺进；派第 19 军军长史泽波率所部及第 2 挺进纵队、第 5 区保安团向长治（上党）挺进。15日，第61军占领运城；16日，第34军占领临汾；同日，楚溪春所部占领太原；23日，史泽波所部进入长治，并先后占领长子、屯留、襄垣、潞城、壶关五县城。

"太行山、太岳山、中条山的中间有一个脚盆，就是上党地区。在那个脚盆里有鱼有肉，阎锡山派了13个师去抢。"对此，共产党不答应。中共中央和中央军委决定：集中太行、太岳优势兵力首先歼灭进入长治的军队。9月10日，共产党晋冀鲁豫军区太行纵队首先向屯留的晋绥军发起攻击，上党战役打响。阎锡山一面命令所部坚持，一面急派援军长途驰援。晋冀鲁豫军区部队集中优势兵力，围城打援，仅10天的时间，长子、屯留、襄垣、潞城、壶关五城得而复失，长治城也被团团包围。10月8日，在援兵被围的情况下，长治城中的晋绥军不得不兵分三路实施突围。围城部队乘胜追击，晋绥军全部被歼。作为抗战胜利后反共战争的第一个回合，上党战役给阎锡山留下的是一页失败的记录。

上党战役后，阎锡山不遗余力地准备新的战争。为此他不惜借助日军的力量，搞所谓的"日本寄存武力于中国"，亦即所谓的日军"残留运动"。其具体做法是：以日本军人的自愿为原则，办理就地退伍手续，然后重新编制，置于阎锡山的指挥之下；留用的日本人享受军官待遇，在现有级别上一律提升三级；合同期暂定为两年，届时由山西地方负责归国事宜。据此残留下的日本人先被编为6个护路大队，兵力大约5000人，分驻太原、榆次、阳泉等地，负责守护抢修铁路交通线和掩护运输。接着又组织"特务团"，随即改为第10总队。这些部队都参与了同共产党军队的作战。

就在阎锡山积极准备与共产党决战到底的时候，1946年6月26日，国民党军队对中共领导的中原解放区发动大规模进攻，全面内战爆发。合着全面内战的节拍，山西的局部战争迅速升级。1946年7月初，阎锡山以"打通同蒲南段，席卷晋南，寻歼中共军队主力于洪洞、赵城地区，与胡宗南争夺晋南"（此前胡宗南部东渡黄河，占领了晋南解放区的460个村镇）为目的，与中共晋冀鲁豫部队进行晋南战役。经过洪赵、临浮诸役，至9月24日，晋绥军的三个师各一部约2.5万人被歼。此后，晋北战役、汾孝战役、正太战役相继发生。又是一页页失败的记录，到1948年来临之际，阎锡山及其晋绥军所能控制的地区只剩下临汾、大同、太原几座孤城。阎锡山收缩兵力据守城池，作最后的挣扎，直到 1949 年 4 月太原城破之前。

由于战场上的彻底失败而成为光杆司令的阎锡山，在失去军事反共的资本后，并没有就此偃旗息鼓。1949 年 5 月，不甘寂寞的阎锡山在广州倡议成立"反共救国大同盟"，并被推举为主席。接着又于出任行政院长后，拟订《反共救国实施方案》。下野赋闲后，阎锡山念念不忘的仍然是反共，先后出版了《世界和平与世界大战》《共产主义的哲学共产主义共产党的错误》《收复大陆与土地问题》《反共复国的前途》等著述。

阎锡山坚持他的反共立场直至终老。

CONTENTS · 目 录

第一章　家世教养

一、出生在山西省五台县河边村一个亦农亦商的殷实之家　2

二、自幼丧母，从小养成了刚烈的个性　4

三、六岁入私塾，接受启蒙教育，从《千字文》
《三字经》读起　7

四、十四岁辍学习商，开始涉足社会　9

第二章　弃商习武

一、"打虎"失败，遭遇人生的第一次挫折　14

二、二度入塾，奠定国学根基　15

三、报考武备学堂，寻找新的出路　18

四、负笈东瀛，先入东京振武，继进陆军士官　21

第三章　追随革命

一、不满清廷腐败，在东京加入同盟会　26

二、聆听孙中山先生教诲，探究"平均地权"　28

三、奉同盟会总部之命，回山西进行革命考察　30

四、参加"铁血丈夫团"，成为二十八名军事骨干之一　32

第四章　光复太原

一、朝鲜归来，感慨"亡国之民，不如丧家之犬"　36

二、1909 年完成在日本的学业回省就职，三个月后升任山
西陆军小学堂监督　37

三、参与发起倒夏，夤缘时会做了一标之统 41

四、暗中结纳同志，改造军队，准备举义 43

五、响应武昌起义，成就太原光复大业 46

第五章　初握权柄

一、少年得志，二十八岁生日那天登上山西都督的宝座 52

二、军事当先，东、北、南三路出兵，扩充战果 54

三、吴禄贞被刺，"燕晋联军"夭折 57

四、大兵压境，娘子关一朝陷入敌手，山西东部门户洞开 64

五、危急时刻，兵分南北，亲率北路军转战绥包 67

六、折冲樽俎，以退为进返省复任 69

第六章　政坛小试

一、着手削平"山头"，实施省政"统一" 74

二、顺时应势，推行"新政" 76

三、联合各省都督，阻挠袁氏集权 79

四、孙中山先生巡晋，称赞"山西襄助共和之功" 81

五、反对沙俄侵略，力主武力征蒙 86

第七章　韬光养晦

一、以屈求伸，在袁世凯的控制中自保 90

二、"二次革命"中"呼吁和平"，"调和"南北 92

三、面袁言事，谈论"军国主义" 94

四、看风使舵，推波助澜促帝制 97

五、一段插曲，一个谜 101

第八章　崭露头角

一、投桃报李，与段祺瑞的一段"师生"谊 104

二、府院之争，明确拥段立场 105

三、张勋复辟，征讨并举 107

四、终于将山西军政大权集于一人之手 110

第九章 政治统御

一、确定"行政之本",推行"村本"政治　　　114

二、实施精神统御,倡导"洗心"　　　118

三、"进山会议"开了两年零四个月,只为谋求所谓的
"适中制度"　　　121

第十章 军事经略

一、晋军征湘,偷鸡不成反蚀米　　　126

二、军阀混战中扯起"保境安民"大旗　　　128

三、睦邻友好,坚守山西地盘　　　130

四、唯力是视,扩充军队与扩充军备双管齐下　　　132

五、翻手为云,拥段联冯倒直军　　　137

六、覆手为雨,联直附奉讨伐国民军　　　141

第十一章 省政初步

一、水利种树蚕桑禁烟剪发天足"六政"与种棉造林畜牧
"三事"齐抓共管　　　148

二、视国民教育为"人群之生命",置于施政之首　　　152

三、推行"厚生计划",倡导官方民间并举,
兴办地方实业　　　160

四、开办山西省银行,以钱赚钱　　　167

五、"宏大"的筑路计划及其实施　　　170

第十二章 易帜北伐

一、改弦易帜,太原城头竖起了青天白日旗　　　174

二、"清党"一箭双雕,既打击了共产党又实现了
"党"不干政　　　176

三、出兵讨奉,受挫而返　　　179

四、二次北伐,先声夺人　　　182

五、政略先行,得到了华北地区的控制权　　　186

六、后发制人,文章做足方登场　　　190

第十三章　掉阖中原

一、编遣会议后，蒋介石着手"削藩"　　196

二、唇亡齿寒，从助蒋压冯到拉冯抗蒋　　198

三、谋而不断先机尽失　　201

四、当上了反蒋阵线的"领袖"　　204

五、电报论战风云突起，借反对"武力统一"、个人独裁，
维护"党统"发难　　207

六、一箭离弦，中原大战成定局　　210

七、败局已成，政治善后无方，只身下野　　217

第十四章　东山再起

一、"三十六计，走为上计"　　224

二、蛰居韬晦黑石礁海滩，思前想后成败得失尽在不言中　227

三、闲适隐居生活的背后，是一刻也不能放松对山西局势
的遥控　　231

四、秘密回省，等待时机东山再起　　235

第十五章　"十年建设"

一、以"自强救国"相号召，提出"山西省政十年建设
计划案"　　242

二、从整顿金融入手，组建"四银行号"与"实物准
备库"　　245

三、酝酿了二十年的同蒲铁路建设计划付诸实施　　250

四、西北实业公司——一个门类齐全的"公营"经济实体　254

五、统制经济的"土货运动"，浓厚的地方保护色彩　　257

六、"寓兵于农"，以"造产救国"相号召，垦殖绥西　　260

七、在禁烟的口号下官卖鸦片，一桩扯不清的历史公案　　263

第十六章　"防共""联共"

一、面临共产主义的运动，祭起"公道主义"的法宝　　268

二、为拦截红军，"临时抱佛脚"请来了中央军　　271

三、"在三个鸡蛋中间跳舞，哪一个也不能碰着"　　277

四、拒蒋、联共、抗日，一个权宜之计　　　280
五、在抗日救亡运动的浪潮中，"山西牺牲救国同盟会"
应运而生　　　282

第十七章　　"守土抗战"

一、"守土抗战"，有地方特点的抗战主张　　　288
二、绥远抗战，"守土抗战"的第一次实践　　　290
三、以第二战区司令长官总领晋绥抗战军务　　　298
四、出兵南口　　　300
五、阳高、天镇失守，以李服膺祭刀　　　305
六、平型关进退失据，腹背受敌撤兵内长城　　　311
七、死守崞县、原平与血战忻口　　　315
八、痛失娘子关与太原陷落　　　321

第十八章　　"民族革命"

一、提出"民族革命战争"论，对当前的战争进行
理论阐释　　　326
二、与共产党合作抗日，组成"第二战区民族革命战争
战地总动员委员会"　　　328
三、适应战争需要，组建山西新军　　　331
四、"非常时需非常策"，一系列抗战政令由此而生　　　335
五、顾此失彼，"反攻"太原不成又失临汾　　　338
六、改变战略，试行敌后"游击"　　　341

第十九章　　反共"摩擦"

一、"扶旧抑新"的理论依据——"今日不改用新作
法，就不能存在"　　　346
二、统一领导各部门工作的组织机构——"民族革命
同志会"　　　348
三、国民党山西省党部在停顿了七年之后得到恢复　　　350
四、"十二月事变"爆发，与共产党的摩擦演变为军
事冲突　　　353

五、划路而治，统一战线裂而不破 356

第二十章 "克难"求存

一、偏安于晋西一隅的"南村坡" 366
二、发起"克难"运动，"克难"求存 368
三、追求"新的统御"，以"洪炉训练""锻造""同志魂" 372
四、新经济政策的推行和"兵农合一"的发轫 375
五、重振西北实业公司 378
六、整合教育资源，兴办各类学校 380

第二十一章 "议和"待机

一、"两一相加大于一" 384
二、议而不决，约而不践，马拉松式的与日"和议" 386
三、"晋西保卫战"，对日作战的"最后风景" 390
四、"开展政权"，向共产党领导的根据地扩充地盘 393

第二十二章 乘胜"接收"

一、等来了抗日战争的最后胜利 398
二、捷足先登太原城，四面出击争"接收" 401
三、上党得而复失，"赔了夫人又折兵" 404
四、"寄存武力"，"残留"日军，受者、降者"合谋" 408

第二十三章 图谋再振

一、"奋斗年"整训军队，项庄舞剑意在沛公 412
二、"肃清伪装""净白阵营"，与整训军队异曲同工 416
三、"三自传训"——"自清""自卫""自治" 419
四、"平民经济"——控制物价与简化生活 422

第二十四章 连战连输

一、"停战协定"的烟幕下，小战不停 426
二、汾孝战役，元气大伤 428

三、晋南作战三战皆输，"一个月打通同蒲路"的计划
化为泡影 432
四、晋中惨败，对外联络的东部通道中断 435

第二十五章　困守孤城

一、"碉堡城"，一个"固若金汤"的神话 440
二、拒绝和平解决，摆出困兽犹斗的架势 442
三、四面楚歌中，应李宗仁电召离晋 445
四、遥控太原，直到城破之时 451

第二十六章　出掌中枢

一、往返于穗桂之间，做起了蒋李之间的"调停人" 456
二、"反侵略大同盟"，一张政治王牌 460
三、出长中枢圆"旧梦"，"入阁拜相"任院长 462

第二十七章　败走台岛

一、"手无寸铁"，只能"纸上谈兵" 466
二、决心将国防部长一兼到底 467
三、"束手无策，坐以待毙"，落花流水春去也 470

第二十八章　菁山遗梦

一、出力不讨好，在一片非议声中卸任 476
二、回归自然，恬淡久居菁山中 479
三、闭门造车，构想"大同主义" 483
四、故弄玄虚，自拟挽联预嘱身后事 486
五、终老台北，魂不归里 488

阎锡山大事年表 496

阎锡山一生

Biography of Yan Xishan

第一章

家世教养

一、出生在山西省五台县河边村一个亦农亦商的殷实之家

五台山，与峨嵋、普陀、九华并称中国佛教"四大名山"；五台山，五峰环抱，风景秀美，是著名的"清凉胜地"。

五台县，因五台山而得名，同样闻名于世。

流经五台县的滹沱河水，曲曲弯弯，来到了一个有近千户人家的大村子边，这个村子便以此得名"河边村"（河边村现属山西省定襄县）。

河边村，得川流不息之滹沱河哺育滋养，拥有数千亩良田沃土，既利稼穑，又有交通之便，富裕繁华自盛唐而始。因此，当地一直流传着"县不如镇，镇不如村"（县指五台县，镇指河边村属东冶镇，村指河边村）的说法。

河边村背靠文山，因地势的自然起伏，南北绵延五华里，依山而筑，形成各具特色的十八个堡子，其中的一个坐落在村东南面的土丘上，堡中建有供奉主管功名禄位之神的"文昌庙"，人们因而习惯称为"文昌堡"（亦称"永和堡"）。文昌堡虽位居河边要地，但历史上并没有什么值得特别记载的内容。它的出名得之于阎锡山。

阎锡山祖籍并不在河边。相传大约在三百年前的明末清初时期，一个姓阎的汉子流落到了河边这个晋东北的大村子里。据说，他祖籍洪洞，先世早在明洪武年间即从洪洞棘针沟移民到阳曲县坡子街，再从坡子街移居五台县长条街。经过整整一个朝代的更替，不知什么原因，他孤身一人来到河边村。他无家无业，以给人放羊、打短工为生，50岁上才娶妻生子，定居在河边村。这个汉子就是阎锡山有姓名可考的始祖——阎思悦。

阎思悦定居河边后，世代相袭，经过六代的繁衍，到阎锡山的曾祖父阎兴泰这一辈时，家道才开始呈现出上升的势头。阎家的兴盛得之于营商。阎兴泰系阎思悦的六世孙，兄弟二人，父名阎锦绣。兴泰自小聪明过人，为求出人头地，其兄安泰以终年驮炭（河边附近的窑头出产煤炭）的收入供他进私塾读书。由于天资颖慧，又刻苦好学，学业日佳。18岁时，因家境所迫，辍学习商，到山阴县广武镇永恒粮店当了小伙计。阎兴泰的辍学，不仅是他本人人生道路上

背靠文山的阎锡山故居

的一大转折，而且成为阎家家道兴盛的起点。

识文断字的阎兴泰，不仅长于文字，而且精于计算，工于心计，在当时无疑算得上一个人才，加之机灵勤快，很得掌柜赏识。从小伙计做起，四个月后就开始料理文案事务。习商三年掌柜就让他顶了四厘的股子，成了永恒粮店的一个小股东。又过了六年，阎兴泰的股份占到了一成，并进而掌管经营事务。只可惜天不假年，事业蒸蒸日上的阎兴泰染病不起，壮年早亡。阎兴泰作为阎氏发家第一人，不仅开家族营商之先河，而且利用积蓄置田买地，成就了一个拥有田产的殷实之家。

阎兴泰生有两子，长子阎腾云，次子即阎锡山的祖父阎青云。阎兴泰去世后，阎青云弟兄，在子承父业，继续营商的同时，经营父亲遗留下的五六十亩土地，家境较为富裕。

阎青云生有两子一女，长子即阎锡山的父亲阎书堂，次子名书典，女名改变。阎父书堂（字子明）出生在富裕之家，7 岁入塾读书，但不喜四书五经，却对易卜有着浓厚的兴趣。赵戴文为他写的墓志铭中说："方在乡塾，即忱玩易象卜筮，涵濡既久，于阴阳否泰、阴虚消长之理，深有所悟而善观时变。"也许

阎家的吉庆长钱铺

是受父辈的影响，阎书堂十四五岁开始辍学习商，到别人的商店里做了小伙计。几年后，习商有成，便在五台县城开了"吉庆长"商号，自己做起了掌柜。同时，依照惯例，兄弟分家，由祖业上分得二十多亩好地。接着，以多年积蓄再置地二三十亩，一并交给佃户耕种，继续着亦农亦商的家世。

阎书堂成年之后，娶同村小堡经商世家曲成义之女曲月清为妻，可谓门当户对。

1883 年 10 月 8 日（清光绪九年农历九月初八），阎锡山降生在山西五台河边村文昌堡中这个亦农亦商兼农兼商的殷实之家。据说，母亲曲月清曾梦游五台山大孚灵鹫寺，隐隐约约从寺中抱出一个男孩，随即便生了阎锡山。他长大得知此事后，一直自命不凡，并对大孚灵鹫寺顶礼膜拜。

二、自幼丧母，从小养成了刚烈的个性

阎锡山是其祖阎青云一门的第一个男丁，他出生那年阎青云已五十有六。老年得孙，喜不自禁，故命乳名"万喜"，依当地习惯，村中人称"万喜子"。

阎锡山上承祖父呵护，下有父母疼爱，度过了一段幸福的童年。

1888年（清光绪十四年），阎锡山5岁时，母亲不幸身染重病，一病不起。生离死别的关头，最令曲氏放心不下的就是她的独生子万喜子。弥留之际，牵肠挂肚的母亲，拉着娘家侄儿曲清斋（阎锡山舅父曲昌清之子，名容静，字清斋，乳名吉惠，长阎几岁）的手，泣不成声地说："吉惠子，姑姑就万喜子一个儿子，今后就靠你拉扯他长大了。"说完就闭上眼睛，撒手西去了。人常说，幼年丧母是"人生三大不幸"之一。母亲的去世，是阎锡山人生道路上的第一次创痛，同时对他性格的造就产生了直接的影响。

母亲去世不久，父亲娶回了续弦夫人——年仅17岁的陈秀卿。陈秀卿出生于与河边村相邻的定襄县陈家营村一个秀才塾师之家，性情温顺，待人和气。陈秀卿虽只长阎锡山12岁，阎对她却一直执礼甚恭，养老送终。但嫁娶之初，陈氏以一妙龄少女，给人续弦，一个首要的条件就是"不养前家子"。这样，失去母亲的阎锡山，又不得不离开对他疼爱有加的祖父和生活了五年的文昌堡家中，到外祖父母家与表兄弟们一起生活。

在小堡外婆家，阎锡山一住就是四年，这四年是他从幼年到少年的一个重要的过渡时期，特殊的生活环境造就了他特殊的个性。

小时候的阎锡山既聪明又机灵，加上丧母的不幸遭遇，很得外祖父母怜爱，外祖母尤其对他关怀备至。曲家原为堡中大族，远近表兄弟甚多，与众多的表兄弟在一起生活，阎锡山也还过得无忧无虑。

在所有的表兄弟中，特别值得一提的是，对阎母曲氏负有"托孤"之责的二表兄曲清斋。曲清斋虽只长阎锡山几岁，但省事较早，时时不忘姑姑的临终"遗言"，对寄养家中的表弟倍加爱护。在外婆家生活的几年中，阎锡山几乎成了曲清斋的影子，他们吃在一起，住在一起，生活起居，读书上学几乎形影不离，情同手足。同时年长几岁的曲清斋因了姑姑的嘱托，又以父执的身份，对他的这个表弟严加管束，规范言行。四年的朝夕相处，阎锡山与表兄曲清斋之间结下了深厚的友谊。不管在什么场合、什么情况下，阎锡山对曲清斋总是尊称"二哥"，即使是做了一省之长也不例外。

阎锡山托养在外婆家后，祖父阎青云，仍然记挂着他的宝贝孙儿，隔三差五便亲往亲家处探望。其父阎书堂得闲时也接他回家住上三五日。陈秀卿到了阎家后，一直无出，所以虽有"不养前家子"的"约法三章"在先，久而久之也就自然地开始承担起了母亲的责任，为阎锡山做鞋做袜缝补浆洗。

"母爱是人类最伟大的爱"，这里面不仅包含着母亲的关怀爱护，而且有母亲对子女施予的正常的教育和管束，这一点是任何人都不能代替的。由于家庭的娇惯，阎锡山自幼就比较任性。幼年丧母的创痛，疼爱有加管束不足的生活环境，使他的任性进而发展成为刚烈。

母亲死后，幼年阎锡山的性格发生了很大的变化。他失却了童年的天真烂漫，变得沉默寡言，情绪飘忽不定，有时默默无语、独自发呆；有时桀骜不驯、信马由缰；有时温和随便；有时着急暴躁。同时还好打抱不平。

在外婆家居住期间，有一次祖父将他接回文昌堡中小住几日。回到家中后，听说村东头的大野地里有个狼窝，狼窝里新近添了一窝小狼崽。年少的他在好奇心驱使下，竟然独自出村，趁老狼不在之机，从狼窝里把两只小狼崽抱了出来，拴在堡子外的大槐树下，挑逗玩耍。小狼崽尚在"襁褓"之中，断了奶水饿得直叫。老狼不见小狼崽，便四下搜寻，找到了大槐树下，围着它的崽狂奔乱叫，闹得堡中人心惶惶。祖父得知后，狠狠将他教训了一顿，他才不得不把狼崽送回狼窝。狼崽虽然不能继续再玩，但阎锡山的顽皮与胆大却在村中出了名。

阎锡山儿时拴过狼崽的大槐树

有这样一件事情很能反映少年阎锡山的性格特点。大约在他十一二岁时，因与村中一个叫曲满堂的同龄少年发生口角，曲满堂出言不逊，说："不那样，你妈还不早死呢？"一语激怒了生性好斗的阎锡山，猛不防拿出了一把小刀，照直向曲满堂刺去，将其刺伤（据《阎锡山早年回忆录》说，是"为抱打不平，曾以刀刺村中一恶人"）。这一"壮举"，在村中为阎锡山挣下了"万喜子不是好惹的"的"名声"。

三、六岁入私塾，接受启蒙教育，从《千字文》《三字经》读起

光阴荏苒，转眼之间阎锡山进入了学龄期。1889年，6岁的他被外祖父就近送入村中小堡曲姓公立之私塾，开始进行启蒙教育。

出生以来，众人一直以祖父所赐乳名"万喜"称之（根据忻州、定襄一带乡俗，自然在名后加一个"子"字，成为"万喜子"）。现在要正式进学了，必须起一个官名。于是，其父阎书堂求到了一个颇有名望的老先生门下。老先生在摇头晃脑地大谈了一通"名"、"字"演变史之后，说："起名号是个大事，宗族家谱，生辰八字，秉性属相，身世事业，样样都要顾及到，得慢慢来。"过了几日，阎书堂带着儿子，再访老先生。老先生告知："万喜子的名字起好了，就叫阎锡山吧。"接着，解释说，"按阎家家谱，这孩子排在'锡'字辈上，所以得在'锡'字上做文章；而这孩子又是他娘梦中从庙里抱来的，跟庙有缘，还得在禅上用心。杨载赠惠山长老诗云：'道人卓锡问名山，路绝岩头未面攀'。'锡'者，禅杖也。老道手柱禅杖，欣赏名山，悠哉游哉。将诗中的'锡'字与'山'字连在一起，既合了家谱排行，又融进了禅道，可谓两全齐美，至玄至妙。"老先生一席话，说得阎氏父子心花怒放，连连称是。从此，万喜子正式以"锡山"为名。

阎锡山的启蒙教师姓曲，名近温，是一位颇具学识的秀才。阎锡山虽性格孤僻、顽劣，但却天资聪颖。师从曲老先生后，很快就读完了启蒙教材"百家姓"、"千字文"。先生对他的悟性十分赏识，不无夸赞地说：此子"异于常童"，"先一日所教者，翌晨多能背诵"。从"三字经""千字文"启蒙开始，阎锡山在曲老先生的指导下，进而攻读《论语》《孟子》《大学》《中庸》，并习作古文。其间，祖父为加强对他的督导管教，责成每三五日归家一次，由继母陈秀卿亲加抚育。

启蒙教育一晃进行了三年。1892年春，阎锡山离开小堡私塾，离开照顾了他四年的外祖父母以及朝夕相处的表兄弟们，回到文昌堡，改入祖父阎青云所设之大堡义塾，继续接受旧学教育。

在大堡义塾，阎锡山师从曲本明先生。这位曲先生也是一名秀才，不仅有学识，而且对学生严厉有加。初入义塾时，阎锡山虽然学习努力刻苦用功，但顽劣的脾性却一如既往。为此，没有少受老师的责打。当时，在同学中流传着

阎锡山祖父阎青云（1828–1914）

这样一首顺口溜："万喜子，挨板子，双手肿成毡片子，头发扭成一卷子，鼻涕掉了两管子，裤裆滴出尿点子，草包从此露馅子。"

在恨铁不成钢，严加责打的同时，曲本明对阎锡山的聪颖也是很赏识的。曾不无喜悦地对阎青云说："此子记忆力强，悟性特好，虽不多言，时有奇论。"俗语说："不打不成才"，"严师出高徒"。阎锡山在曲本明先生的教导下，在启蒙教育的基础上开始研读经史之书——先学《诗经》，继读《书经》《易经》，再读《礼记》《春秋》《左传》及《纲鉴》等，从而打下了较为坚实的国学基础。及至私塾前后共读八年，四书五经多能随口道出，纲鉴大事亦知概略。

除博闻强记诵读经书之外，这时的阎锡山还在曲老先生的指导下习作"八股文"。但由于生性使然，他对形式呆板、僵化，不能自由发挥，专为科举应试而设的"八股文"极其反感，偶尔习之，只是为了应付先生。对此，他后来还不禁感慨系之，称："为笼络才智而开科取士，亦为维护君位的一个重要政策。这一政策发展到八股文时代，可谓极尽控制人思路、耗尽人脑力的能事了。我就读私塾时，尚习作八股文，深感其在人脑中是悬崖绝壁，有时苦思终日，写不出一个字来，不同于研究科学之有道路，有阶梯。所以我常说：假如把作八股文的精神用于研究物质科学，其成效不知有多少倍。"

在大堡义塾学习期间，由于回到自己家中，既有祖父朝夕督导——教以人情练达、处事诀要；又有继母接手管束，弥补母爱之不足；加上读书"知理"的缘故，阎锡山开始通达人情事理，桀骜不驯的脾性逐渐转变，进而养成深藏不露的作派。以至后来，曲老先生在赞赏他的悟性的同时，说他"亦不多与诸儿童相嬉"。

阎锡山祖父阎青云参与兴办的义学旧址及学童

四、十四岁辍学习商，开始涉足社会

在小堡私塾和大堡义塾，阎锡山一共读了整整八年旧学。1897年，是他人生道路上的第一次重要转折。这一年元宵节过后，14岁的阎锡山结束了在大堡义塾的学习，随父亲来到五台县城中自己家开的"吉庆长"商号里经商习艺，开始接触社会。

大概是受论语中"行有余力，则以学文"思想的影响，在山西，不知从什么时侯起，形成这样一个习俗，但凡男丁，幼入私塾，读完规定课程后，大多要投身于社会，谋取一种职业，作为入世立身之阶。然而，在自给自足的自然经济状态下，谋取职业，除了科考入仕，无非是学做生意与学习工艺。而学做生意与学习工艺因性质之不同，又有高下之分。也许同明清时期晋商的勃兴有关，一般家庭更愿意让自己的子弟到商号店铺里去当学徒，学做生意，而不大看得上学习工艺。出于上述缘由，加上三代营商的传统，阎锡山在经过八年私塾的学习之后，得涉足商海经见世面。

吉庆长是阎书堂经营多年的商号，除销售一些日用杂货外，还出"钱帖子"

（旧时一般有信誉的商号自行印发的一种代币券，可以在与该商号有生意往来的商家之间流通）。商号由阎书堂自任东家兼掌柜，只请了一个帮手，这就是他的大姨子陈秀卿大姐之子梁世爵（亦即阎锡山的姨表兄，后来一直追随阎锡山，成为阎之"得力助手"，太原解放前夕自杀身亡的梁化之就是这个梁世爵的儿子）。

在吉庆长，阎书堂要求他的儿子不是以少爷，而是以一个普通学徒的身份出现，从最基础的东西学起。所以阎锡山进店之初做的是扫地、抹桌子、冲茶端饭、提烟袋、拿火柴等杂务，仅仅是一个小伙计。杂务之余兼及接待宾客、应对顾客。

尽管在商号做了学徒，但阎锡山并没有彻底放弃学业。每当晚上商店打烊之后，他便在父亲的督促下秉烛桌前，或温书习字，或操练珠算、学记账簿。

五台是县城所在地，又因了五台山的缘故，所以在当时来说还是比较繁华的。除了商业的发达之外，还有一县之政治、文化中心的优势，这一切的一切都是阎锡山生于斯长于斯的那个河边村所无法相比的。在五台县城，阎锡山在开始涉足社会的同时，经见了前所未见的世面，领略了书本外面的知识。

一县之中，最最威严的莫过于县衙。就是这个普通百姓畏惧回避的县衙却是阎锡山在五台初涉商海时最喜欢去的地方。工余闲暇，适逢知县审案，他必约伴前去观看，时在五台崇实书院读书的康佩珩（距河边二十里之五级村人）常与他结伴前往。阎锡山每每看完审案，归来必作一番议论，孰是孰非，品评有加。这是他关注时政的开始。对于县太爷审案，阎锡山感触较深者莫过于大堂上的重刑。他对犯人动辄被责以重板的做法大不以为然，认为"这种刑法大都失却人的尊严，将来必须加以废除改革"。

县城之中的文化生活也较之普通乡村要丰富得多，庙会集市、节日庆典，凡此种种，届时总要热闹一番，或红火秧歌，或开台唱戏。在诸多热闹之中阎锡山最钟情的可以说是唱戏了。传统的中国戏剧既蕴含着普通的历史知识，又贯穿着根深蒂固的忠孝节义思想，是一种形象化的人生课堂，为一般仕人所青睐。阎锡山也不例外，看戏可以说是他少年时期的一大嗜好，凡有戏场，只要得闲他必邀人去看。一场戏看罢，几日之中仍余兴不减，评头品足，忠奸良莠、悲欢离合自有理论，得失胜败头头是道。

山西农村素有早婚的习俗，一般殷实人家子弟不及弱冠就纷纷说媳妇娶亲，以期早得孙嗣。阎书堂只有阎锡山这一根独苗，故而对他的婚姻大事表现得就更加急切。1897年后半年，阎锡山刚过14岁生日，父亲就迫不及待地张罗着给他娶亲。经过一番操持，婚事订定。

这年腊月的一天，阎家张灯结彩，宾朋满座，一派喜庆气氛。这一天，只有 14 足岁的阎锡山，按照"父母之命，媒妁之言"，为了阎家"香火"的永续，懵懵懂懂做了人夫。娶的是与他同庚的徐竹青。

徐竹青，字友梅，系距河边村十华里之大建安村人。徐家为大建安村的大户，徐竹青的父亲名一敬，与同族兄弟六人合开有经营煤炭的"六合店"，家境殷实。徐竹青的族叔徐一清曾以全县头名秀才的殊荣声震五台，更以与徐一鉴兄弟同榜题名传为佳话。徐竹青相貌端庄，秉性纯厚，虽未进学，但出生于耕读之家，于妇道礼仪方面不乏修养。徐竹青没有生育，后随阎锡山去了台湾，1970 年 3 月 21 日病逝于台北，享年 87 岁。

阎锡山与徐竹青少年夫妻，两小无猜，诚实相待，关系一直比较融洽。有诗为证：1938 年，徐竹青患胆结石病，阎锡山作《忧妻病》诗一首，诗云："子电传来妻病沉（抗战期间阎锡山身在晋西南，衔领第二战区，妻小则安顿在后方），远道流离糟糠心，胆石原系缠手病，重病无由听发音。"令人遗憾的是，作为阎锡山的发妻，徐竹青婚后一直不孕。"不孝有三，无后为大"，这对于一脉单传的阎书堂来说，是无论如何也不能接受的。1914 年春，阎锡山谨遵父命，继娶大同徐兰森。

阎锡山故居中的徐竹青居室

徐兰森，生于 1901 年，大同人氏，本姓许，因嫁阎锡山而从徐竹青所姓。1948 年 2 月 9 日病逝于太原。徐兰森生有五子：长子志恭、次子志宽、三子志信、四子志敏、五子志惠。志恭、志信早夭。

志宽，字子尚，生于 1919 年，娶妻赵秀金，徐沟县赵家堡村人，太原光华女子中学毕业。抗战初期夫妇避居四川灌县，志宽患癫痫而亡。遗有一子一女，子名树楹，女名树榕。被阎锡山视如掌上明珠。树楹 10 岁左右时病死于太原。1948 年夏赵秀金携女树榕到上海，1949 年 4 月又去了台湾，后移民美国。阎树榕退休前在纽约柯达公司工作，任公司科级职员。

志敏，字功甫，生于 1926 年，1946 年与毕业于辅仁大学的裴彬结婚，生子名大为，耶鲁大学学士、宾州大学法律博士。1948 年底，志敏夫妇一起去美国读书。志敏在美国取得电机数学硕士后，即入 IBM 公司钻研电视制造，后又研制电脑及太空卫星通讯等高科技工程。退休后居于纽约上州，安享田园生活。裴彬为教育硕士，在当地中学任教四十余年。2010 年 3 月 16 日，志敏因心脏病突发在纽约上州去世。

志惠，字怀之，生于 1927 年。一度在阎锡山安排下入设在成都的陆军军官学校学习，1948 年底阎志惠辍学到上海。1949 年 4 月，去了台湾，后赴日经商，与志宽的遗孀赵秀金结为夫妻，生女树枋，子树楠。后全家辗转移民美国，先住在新泽西州，后来迁居加利福尼亚。2011 年 3 月 25 日，阎志惠病逝加州。此皆为后话。

两个徐姓夫人，在一个较长的时期内同处共居，也还相安无事。徐竹青一直跟随阎锡山到了台湾，并晚阎十年于 1970 年 3 月 21 日病逝台北，享年 88 岁；徐兰森则早在 1948 年 2 月 9 日就在太原病故，只活了 49 岁。此为后话。

徐兰森与二子志宽（后右）、二媳赵锦绣、四子志敏（前右）、五子志惠（前左）在一起

阎锡山一生

·Biography of Yan Xishan

第二章

弃商习武

一、"打虎"失败，遭遇人生的第一次挫折

娶亲之后，一过年阎锡山就数上了 15 岁。经过一年的磨炼，耳濡目染，迎来送往，加上父亲的耳提面命，他已经初步掌握了商号的基本业务，账目、铺面均能应付裕如。八年私塾打下的文化功底，加上勤思好学的个性，这时的阎锡山于生意上的事情已有了一些自己的见解，常以所见事之得失、人之真伪与其父交流。阎书堂起初并不重视，然屡有所验，久而久之，但凡生意上的人事便多向阎锡山垂询。在生意场上，所谓"事之得失"自然是对于市场、商情、金融走向的预测；所谓"人之真伪"也就是关于往来人事关系方面的分析。商业竞争是极其残酷的，只有对人事、商情了如指掌，才能稳操胜券。"青出于蓝胜于蓝"，初涉商海一年时间，精明的阎锡山已经开始表现出他在这方面的才能和见识，大有后来居上之势。假如没有接踵而至的挫败，他可能会沿着父辈们走过的那条从商之路继续走下去，成为一个地地道道的商人。

1898 年（清光绪二十四年），也就是阎锡山 15 岁的那年，阎书堂见儿子一年来于商务方面已属精通，吉庆长的区区业务有表兄弟俩已能够应付裕如，就想进一步扩展业务和经营范围。经过一番调查了解，求利心切的他瞄上了一种不是生意的"生意"——"打虎"。

"打虎"是当地人对买空卖空的投机生意的形象比喻。所谓"打虎"就是钻当时五台、定襄一带银两和制钱比价没有一定之规，时起时伏的空子，利用两者的差价，在金融市场上买空卖空，牟取暴利。由此而及，金融市场称为"虎市"；操纵市场者称为"虎头"；银两和制钱的比价称为"数子"。"数子"一般由"虎头"控制，每日开市之前即由"虎头"参照省城及邻近各县的近日行情做出，入市者则根据当日"数子"，加上自己的分析，进行操作，买进卖出，类似于股市。阎书堂初入虎市时，只是小打小闹，尝试性地买卖一点。时机把握得好，也曾有些赚头。

然而靠投机赚钱，毕竟不是长久之计，也绝非正经生意人的经营之道。经

过此前的尝试，阎书堂便一发而不可收了。在高额利润的引诱下，他的"注"越下越大，吉庆长大把进出，也曾风光一时。"常在河边走，岂能不湿脚"，也怪阎家父子命运不济，正当阎书堂大出大进，踌躇满志的时候，却看走了眼，买错了"子"。一子下错，满盘皆输，吉庆长在"虎市"上一败涂地，年终结算，亏空累计折合白银达六七千两之多。如此的巨额亏空，对吉庆长来说，无异于晴天霹雳。

"打虎"投机不仅没有使阎家大发横财，迅速暴富，反而连阎书堂苦心经营多年的吉庆长也输了个精光。商号的一应什物变卖出去都不足以抵债。闻听阎家"打虎"失败，一时持吉庆长"钱帖子"的客户纷纷拥上门来要求兑现。阎氏父子愁眉紧锁，一筹莫展。

"打虎"的失败，是阎锡山有生以来所经历的第一次挫折。它使阎锡山在少年时代就领悟了投机的利害得失，上"天堂"与入"地狱"，往往取决于一念之差，旦夕之间。关键在于把握时机，看风使舵，从而一生受益匪浅。是它改变了阎锡山的人生道路，破产的境遇致使他无法继承祖上的传统，继续习商营商，成就一个商人，而必须另觅他途。

二、二度入塾，奠定国学根基

债务如同一团乱麻，"剪不断，理还乱"。面对络绎不绝的讨债者，阎锡山失却了往日的"精明"，和他父亲一样不知如何是好。但是总不能这样一天一天地挨着。"三十六计走为上"，在将残存的几样不起眼的东西秘密运回河边村后，吉庆长一夜之间关门大吉，阎氏父子离开五台城打道回府。

这时的阎家虽然商号倒闭，商业之路断绝，幸田产尚在，生活还不至无着。父子回到河边时已近年关，合家团聚先过了一个团圆年。

1899 年（清光绪二十五年），16 岁的阎锡山因商号破产，闲下无事，再入义塾学习。其父阎书堂则因多年在外经商，不善稼穑，而到别人的商号里去帮忙做些杂事。

经过两年的商海浮沉，阎锡山已由一个不谙世事的少年成长为见过一般世面的青年，他逐渐地成熟起来了。阅历的增加，见识的扩大，使他日益感觉到学识的短拙，早萌复学之念。这次挫折，也算歪打正着。

阎锡山复入义塾后，仍然师从曲本明先生。由于有先前八年私塾的"功底"，这次入塾，在曲老先生的指导下，温习《四书》《五经》，选读"子书"，进而研究宋明理学，了解周、程、朱、陆各派主张。

宋明理学在中国古代哲学史上占有十分重要的地位，其代表人物为周敦颐、张载、程灏、程颐、朱熹、陆九渊、王阳明等。

这个时期，阎锡山在对宋明理学各家各派的理论广泛涉猎之后，"发觉理学与心学，原本是同源"，对宋明理学尤其是王阳明的"心学"颇感兴趣。在此期间，曲本明先生除了要他研究理学外，还指导他研究经学。经学者，经世致用之学也。鉴于理学过于空泛，务虚而不务实，明末清初的思想家顾炎武、黄宗羲、颜元、李恕谷等提出重视实用之学，以"经世致用"，强调"习行"、"习动"，认为"纸上之阅历多，则世事之阅历少；笔墨之精神多，则经济之精神少"。因而主张文武合一、政教并重。有七字富天下、六字强天下、五字安天下之说。七字者，垦荒、均田、兴水利；六字者，人皆兵、官皆将；五字者，仁、义、礼、智、信。主张"正德、利用、厚生"。

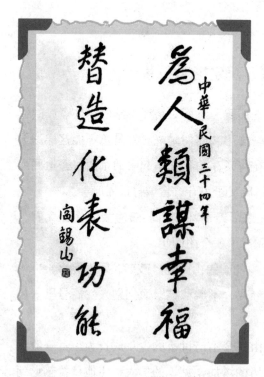

阎锡山遗墨：为人类谋幸福

由于这次复学是在家境一落千丈，且经历了一番挫折之后，这就使阎锡山不得不暂时抛却一切向往，横下一条心，潜心苦读。课间余暇，他将诸书中修身治人之名言分门别类摘抄成册，名之曰"补心录"，永久保存。

二度入塾研读理学与经学，在阎锡山的身上打下了深刻的烙印。前者提高的他的思辨能力，为其"中"的哲学思想的形成奠定了一定的基础；后者则成为他执掌山西之后施政的根据——"厚生计划"、"六政三事"等的提出和推行，可以说都与他悉心研读过的"经学"有着不可分割的联系。

世纪之交，一场由山东兴起的义和团运动几乎席卷了整个北中国。1900年前后，这场运动也波及到山西地方。义和团与官军的对抗动摇了地方政府的统治，带来了地方的不靖，各地纷纷组织防范。在此情况下，正在义塾潜心研读"圣贤"之书的阎锡山，因其素有的勇敢之名，被举为村中"纠首"（相当于村民委员会委员，代表文昌堡。亦说是相当于村长），学业再次中断，时年17岁。

在担任纠首期间，阎锡山有一件颇令村人额首的"义举"。就在1900年五六月间，面对八国联军的进攻，清廷调甘肃马玉琨、董福祥部进京"勤王"、"护驾"。两军将由太原经忻州、定襄、五台一带北上。听说马、董所部军纪很坏，沿途百姓多被骚扰，村人甚为恐惧。年少气盛的阎锡山遂出面召集各纠首及村中长者会商防止过境军队滋事和土匪窃贼趁机行事，提议组训壮丁，以保护村民利益。为解决经费问题，他又私取继母陈秀卿首饰典当。他的提议得到了众人的支持和响应。随即，将村中壮丁纠合起来，略加训练，配以刀矛、土枪及农具等，守卫村边、路口，严加防范。有赖于此，在兵荒马乱之际，河边村中竟然无恙。阎锡山因此得到村人赞誉。变当首饰之事，陈秀卿得知后，表示谅解，因而村中有"母义子勇"之说。

由于义和团出自文化落后、闭塞的农村，自身不可避免地带有浓重的迷信色彩，采取画符、念咒、请神等所谓"法术"，自称能练成"神拳"，刀枪不能伤身，还能使对方的刀枪失灵。对此，阎锡山闻听之初就持怀疑态度。义和团传入山西后，他想方设法与"拳民"接触，进行实际考察，得出所谓"刀枪不入"纯属"伪妄"的结论，并向各村民宣传，告诫不得轻信，不得听从。由此可见，当时的阎锡山虽然远没有踏上仕途，但是源之于他所受的传统教育和家庭环境的熏陶，其思想方法和意识形态同一般士子一样，自然是从维护现存统治集团的利益出发的（当然也不能排除某种程度上的求实和理智）。尽管如此，阎锡山和中国大多数知识分子一样，还是从义和团运动和八国联军入侵的事实中，看到了清政府的腐败和无能。正如他后来在回忆录中所说："在我的幼年时期，中国正处于政治窳腐，军事失利，经济落后，外交无能的极度黑暗时代中。清政府黯于时势，当维新而不维新，有志之士咸认政府即亡国之前导，救国之障碍，无不义愤填膺，期以改造政府挽救国家为己任。"

三、报考武备学堂，寻找新的出路

　　1900 年的"庚子之变"（义和团运动和八国联军入京）在清政府的妥协退让下，以《辛丑条约》的签订，中国殖民地化的程度进一步加深为代价，宣告平息。历史进入了 1901 年。这年，阎锡山已届 18 岁。学商的挫折，二度求学的半途而止；家境的每况愈下（虽时过境迁，吉庆长的那些债主仍不断找上门来，年关更甚），清廷政治的腐败和外交的失败……这一切迫使阎锡山不得不重新思考自己的出路与前途。秉性使然，以及数年来经史之书的熏陶，他是不会甘心屈居于河边一隅，长此下去的。到外面的世界里去闯荡一番，就成为自然而然的事情了。关于这些，他向父亲阎书堂这样说："凡人从事农工商贾，毕生志虑所及，辛苦所得，多不出家室之谋，钟釜之计。况商复难有成，而易致败，父亲智能虽高。而事多困厄，儿不如父，曷能有望。窃意欲有为于时，有益于世，若不继续读书，多求知识，无以自了，遑论其他。"一句话，就是要设法继续求学。

　　既然要继续求学，那么到哪里去求学呢？经历了诸多变故，尤其是担任过几个月的"纠首"之后，河边村的义塾，对决心自己闯一条路子出来的阎锡山来说已经远远不能满足了，他要到一个更广阔的天地里去看一看。也正是在这个时候，其父阎书堂迫于讨债者的不停纠缠，也想远走高飞，"彻底"予以摆脱。于是，父子俩不谋而合，决定出走省城太原。

　　此时的阎家，由于"打虎"失败带来的巨大亏空，虽不至无米下锅，但经济上可谓一筹莫展。为筹措出走省城的盘缠，父子俩很是费了一番周折，东挪西凑，最后连继母陈秀卿仅存的几样首饰和妻子徐竹青给人做针线活赚的几个小钱也加在一起才勉强得以成行。

　　在做了一些必要的准备之后，1901 年春季的一天，天刚蒙蒙亮，阎锡山与他的父亲阎书堂一起背着简单的行李,悄然离开河边村,向省城太原的方向走去。

　　河边距离太原大约有二三百余华里的路程，在当时可以说几乎没有什么交通工具，一路走来全凭两条腿。阎家虽不大富，但作为独生子，阎锡山从小娇生惯养，何曾吃过这般跋涉之苦。晓行夜宿，真是疲惫不堪。幸得半路搭了一个便车，才勉强走完这漫漫长路。

经过几天的旅途劳顿，阎家父子终于到了省城。

对于囊中羞涩的阎锡山来说，要在省城太原直接求学是不可能的，首要的是先找到一个立足之地。所以，到太原后，稍事安顿，他就在父亲的带领下分别拜会同乡故旧。得之于故旧的帮忙引荐，父子俩很快分别在省城找到了工作——阎书堂与人合伙包揽土木工程，过了一段时间，又在巡抚衙门"稿房"（负责管理收发公文）里找了个闲散差事；阎锡山则在地处太原繁华闹市区的"裕盛"商号做了小伙计。

当时的太原，得之于始自明清之晋商的兴盛，是华北金融商业的中心之一，富商巨贾云集，加上一省政治、文化中心的独特地位，甚为繁华。其世面之大，不仅河边没法与之相提并论，就是五台县城也是望尘莫及的。在这里，一个新的广阔天地在阎锡山的面前次第展开——灯红酒绿、纸醉金迷的豪华阔绰，官僚绅士、富商阔少的排场显赫，无疑进一步诱发了青年阎锡山个人奋斗、出人头地的心气与志向。同时，这一切又是与民族的危机，国家的存亡相伴而行的。对于民族危机的感受，在一省政治中心的太原，要较之偏居一隅的五台河边更加深切，作为一个读过书的初级知识分子，在传统的爱国主义思想影响下，他也不能不同时迸发出一种民族自尊和历史责任感。由此，阎锡山走到了他思想和人生道路上的一个转折时期。

在"裕盛"商号做小伙计期间，阎锡山始终不忘他动意到太原时的"志向"和"抱负"，在做工的同时，利用业余时间进行自修。随着社会交往的扩展，阎锡山结识了一些朋友，与"四海店"的伙计黄国梁、张瑜更成为莫逆，并结了"金兰"之好。

就在阎锡山暂以"裕盛"商号为栖身之地，为另觅出路伺机进取之际，得悉山西武备学堂复办的消息。山西武备学堂始创于1898年，初起时只招过一期学生，后因义和团运动而停办。《辛丑条约》签订后，朝野上下痛感国防力量之薄弱，疾呼编练新军。清政府鉴于"将才端由教育而成"，命各省广建武备学堂。这样山西武备学堂在停办一年之后，得以复办。

1901年，山西武备学堂正式复学，招收第二期学员。这年阎锡山已经整整

青年阎锡山

18岁了。武备学堂作为清政府培养陆军军官的学校，待遇是相当优厚的，不仅无须像普通学校那样交纳学费，而且学员每月伙食等费，还由公家给银三两。这对于经济上处于窘迫之境的阎锡山来说，无疑是很具吸引力的。加之当时国家民族危机频现，凡有志之士，皆有"投笔从戎"的普遍认识，从戎习武之于阎锡山无论从哪方面讲都是最好的出路。于是，他决定弃商习武，报考武备学堂，并邀约黄国梁、张瑜等好友一同应试。

山西武备学堂面向太原及各州、县招生，凡年龄在18岁以上，身家清白，体格健壮者即可报考。考生要求粗通文字，能作三百字以上文章，文理通顺。阎锡山虽未入过新学，但凭借将近十年的旧学功底，一篇"韩信将兵多多益善"的文章自当不成什么问题，顺利通过入学考试。黄国梁、张瑜也同时被武备学堂录取。

进入武备学堂，不管是对阎锡山本人，还是对阎氏家族都意味着一个重大的转折。阎家自阎锡山的曾祖父开始，到阎锡山的父亲阎书堂，三代营商，虽未大富，但亦可算得上小康。阎锡山作为其父阎书堂的独生子，本来可以顺理成章地沿着父辈们的道路走下去，保持营商的"家风"。然而事与愿违，一次惨重的失败，彻底破灭了他的营商之梦，且家境由此而衰，迫使他不得不去寻找新的出路。弃商习武的选择，使阎锡山走上了一条与父祖辈截然不同的发展道路，宣告了阎家营商历史的结束，并由此而造就了一个掌握山西一省大权近三十年的阎锡山和"显赫"一时的阎氏家族。

落魄中的阎锡山把武备学堂看作自己的安身立命之地。因而入学后，即格外勤勉，学习刻苦，操演用功，敬重师长，友睦同学，不敢稍有懈怠。由于天赋不差，基础扎实，加上处处用心，勤于学习，武备三年，收获颇丰，各科成绩均名列前茅，国文一门尤其突出，位居同期120名学生之冠。学堂主持人李廷飏对他很是赏识器重，多加褒奖，并欣然命笔赠字"伯川"。伯川者，百川之谐音也，"百川汇海"，与锡山之名"山"、"川"呼应，义取高深广大。自此，阎锡山开始以"伯川"为表字。

在武备学堂，阎锡山于思想方面也多有受益。当时，虽然一代志士仁人发动的戊戌维新运动已经过去了几个年头，但是运动造成的深远影响，在民众尤其是知识阶层中产生的震撼，并没有随着时间的推移而消失。康有为"公车上书"、六君子慷慨赴义，仍然是一般青年学生议论的话题，对于刚刚从河边村走出来的阎锡山而言，这些话题在新鲜中蕴含共鸣；"君主立宪"、"维新变法"一类口号，仍然对他有着极大的感召力。作为一个沦落到社会底层的旧式青年知识分子，他对社会的不满，很大程度上源于自己的境遇，所以很容易地就接受了变法维新的主张。在他后来撰写的《早年回忆录》中，开宗明义就斥责清政府"当维新而不维新"，以致"丧失帝业"，字里行间不难看出他当年的思想轨迹——维新变法，君主立宪。

四、负笈东瀛，先入东京振武，继进陆军士官

在武备学堂一晃就过去了三个年头，毕业在即。这一年是 1904 年，阎锡山 21 岁。

就在阎锡山武备学堂修业届满之际，适逢一个百年不遇的出洋留学机会。原来，清政府鉴于屡屡受制于外人的教训，为加紧培养一批具有西方近代知识技能的军事干部，决定从 1904 年起逐年增加公派日本学习军事人员的名额，并责成各省武备学堂根据分配名额推荐学生。这一年，山西武备学堂分配到了整整 20 个名额，其中由清政府支给公费者 3 名，由省支给公费者 17 名。

出洋留学生的推荐一般以学生在学校的表现作为依据。阎锡山既以成绩优良得到主持人的赏识，又以敦睦师友受到圈内教官同学的推崇，自然成为入围人选，并得以列为 3 名清政府支给公费者之首。一同入选的还有张维清、姚以价（享受政府公费者）、黄国梁、张瑜、温寿泉、乔熙等 19 人。

在紧张的准备中，出洋的日子一天天临近了。

阎锡山出洋留学，在家人眼里自然是出人头地的开始，全家上下喜不胜喜。

祖父阎青云颤巍巍地拿出家中珍藏的当朝五台籍大学问家徐继畲所著《瀛环志略》（中国近代最早介绍世界地理及各国概况之专著）刻本，嘱爱孙详加阅读，预先了解域外风情，概览世界大势。

自国门渐开以来，山西虽也偶有外出留学者，但大规模地公派成批学生出洋却是前所未有的。为了表示对于此事的重视，所谓"五大宪"——巡抚、布政使、按察使、提学使、冀宁道道台，亲自接见了所有留洋学生。并以"专心学习"，"以图报效"相嘉勉，"万不可接近革命党人，听信邪说，误入岐途"相告诫。

1904 年 7 月，阎锡山一行由太原出发，经天津转乘日本轮船，漂洋过海，负笈东瀛。

在日本轮船上，第一次离家远游的阎锡山，所见所闻无不新鲜异常。眼前的一切，与过去习以为常的东西两相比较，不禁感慨系之，赞叹道："人家船上的员工做甚务甚（这句"做甚务甚"后来成了阎锡山的口头禅，他在山西执政的几十年里，一直口称做甚务甚，并以此责人），谦虚和蔼，人少事理，与我们中国人的做甚不务甚，骄横傲慢，人多事废，显然是一个进步与落后的对照。"比较对照之中，旅途中的阎锡山已经深深感觉到落后的中国与先进的日本之间的现实差距所在，萌动了变革的初衷。

经过数日的海上颠簸，阎锡山与他的同伴们终于抵达日本。

阎锡山到日本后，先入东京振武学校。振武学校作为日本士官学校的预科，是专门为中国留日学习军事的学生设立的，始设于 1903 年。在此之前，中国留日学习军事者，由日本陆军部委托成城学校实施预备教育。后鉴于留日学生逐年增加，成城学校遂改名振武学校，专办训练中国陆军学生事宜。阎锡山这一批学员是 1904 年进入振武学校学习的，当属该校改名后的第二期。由于学员均系各省武备学堂所推荐，已具备了初步的军事知识，所以在振武学校，主要是学习日语和一些必要的现代科学知识，为下一步进入士官学校学习军事专业知识打基础做准备。

在振武学校，阎锡山修业二年。1906 年秋，修业期满，随即转入日本弘前步兵第 31 联队实习。

弘前步兵第 31 联队的实习期限为一年。其时阎锡山已经加入了孙中山领导的同盟会。有鉴于此，他在完成规定的科目之外，潜心研究近代兵书，并动手

日本陆军士官学校中国留学生与教师合影

撰写教义，草成《革命军操典》和《革命军战法》两本小册子，前者注重军队编制之革新；后者侧重夜战。

1907年夏，实习期满。暑期过后，正式进入士官学校。

士官学校是日本政府培养陆军军官的专门学校，相当于美国之"西点军校"。1868年创办，初名"兵学寮"，1874年改称士官学校。士官学校正式接收中国学生始于1900年，阎锡山系士官学校中的第六期中国学生（其间可能有年代的空缺）。

在士官学校学习期间，阎锡山读书的兴趣骤减。这主要归结于两个方面的原因：其一，由于同盟会中革命热潮的影响，这时的他以主要的精力用于联络同志，发动反清革命，时常与李烈钧、唐继尧、李根源、朱绶光同学等评析时事，研究政情。其二，由于校方对中国学生露骨的戒备心理使然，产生了一种莫名的抵触情绪。原来士官学校第一期中有一位名为蒋百里的中国学生，其人以卓越的军事天才和勤奋好学夺冠于应届诸生之中，得到了日本天皇亲赐指挥刀的殊荣。对此校方一直耿耿于怀。从此，对中国学生采取"留一手"的政策，严加防范。并自第四期起中、日学生分班上课，分开吃住。致使中国学生颇有不平之感。作为中国学生中的一员，阎锡山对校方的做法当然也深感不满，因而更加疏于课程。据他自己后来回忆：当时"实际用于功课的时间不及其半，故每逢考试则以意为之，尤其算术一课，多不按公式计算，虽得数能对，老师亦仅给以及格分数"。

阎锡山在士官学校学习一年半。1909年3月修业期满毕业返国。

阎锡山一生

Biography of Yan Xishan

第三章

追随革命

一、不满清廷腐败，在东京加入同盟会

出国之前，阎锡山接受的基本上只是变法维新、君主立宪的思想，虽然通过亲身的体验依稀感受到了政府的腐败，但是就思想认识而言，与觉悟到反清革命是有着质的区别的。

然而一迈出国门，阎锡山就与他的同辈学子一样，被一种新的情绪所感染。以至于还在旅途之中，他就开始考虑这样一个问题——"日本何以国小人少而强？中国何以国大人多而弱？"

与此同时，阎锡山在日本留学的五年，正是中国资产阶级民主革命进入高潮的时期，而阎锡山等一批留学生荟萃的东京，则正好是当时革命的组织宣传中心所在。原来，自1901年清政府废除科举取士制度，诏令各省选派学生出洋以来，知识界多把出洋留学作为进入仕途的一条通道。而中国的近邻日本，由于距离、习俗、语言、文字诸方面的便利，又成为出洋留学的首选之地。因此，留日学生的人数迅速增加。一般青年学子，在国外较少受到政治思想方面的束缚，思想日益活跃。知识分子传统的爱国主义思想，在民族灾难的强烈刺激下，自然而然演变成了反清革命的行动。

阎锡山从山西出发，负笈东瀛，实际上是将自己投身于资产阶级民主革命的大潮之中。尽管他起初并没有认识到这一点。

阎锡山到达日本的1904年前后，受到清政府迫害的革命派人士——包括华兴会、科学补习所、光复会、兴中会等革命组织的骨干分子和反对清廷卖国投降的爱国青年、立志求学救国的知识分子已经从四面八方汇集到这里，鼓吹民主革命的书刊如雨后春笋般涌现出来；宣传爱国反帝的集会讲演随处可见。这些令一直生长在闭塞的山西，只闻维新不知革命的阎锡山耳目一新。对于清廷的腐败，他与一般知识分子一样不满。在新思潮和革命浪潮的冲击下，他对变法维新产生了怀疑。

阎锡山抵达日本的那年，日本和俄国在中国的土地上开战厮打，爆发了轰动世界的日俄战争。腐败的清政府对此做出的唯一举动是宣布中立。这一事件，极大地刺激了留日的中国学生，也使阎锡山更进一步看清了清政府的不可救药。进而对曾经信奉的维新派代表人物康有为、梁启超（其时已变成了保皇派的代表）等产生了怀疑，提出了"保皇党怎么能够救中国"的疑问。当他在保皇党的刊物《中国魂》上看到康梁的所谓救国主张时，即断言如此而行，"断难有望"。由此不难看出，到日本不久，由于革命潮流的感染和清廷腐败加深的刺激，阎锡山的思想认识就开始发生变化，开始朝着摒弃维新主张的方向发展着。正如他在回忆录中所说，到日本后，"逐渐由所听到的话和所看到的书中，感到清政府误国太甚，特别是有一天偶尔翻阅保皇党书刊之《中国魂》，益谂知清廷之腐败无能，清廷官吏所吩咐千万不可接近革命党人的话，至是在我脑中全部消失，遂决心加入推翻清政府的革命"。

　　阎锡山到达日本时，伟大的民主革命先行者孙中山先生正在欧洲为革命奔波。次年——1905年7月孙先生由法国来到日本东京，与黄兴、宋教仁等会晤，商谈组建全国统一的革命政党等问题。7月30日，孙先生在东京赤坂区桧町三番黑龙会，召集中国同盟会筹备会议，并推举黄兴、马君武等起草会章。8月13日，东京留学生1300余人，在鞠町区富士见楼举行盛大集会。大会盛况空前，气氛热烈。孙中山先生被与会学子当作"中国英雄中的英雄"、"四万万人之代表"，受到了极其热烈的欢迎。中山先生在会上发表演说，号召与会者摈弃改良主义，走革命道路。8月20日，中国同盟会在东京赤坂区灵南坂本珍弥宅召开正式成立大会。出席大会的代表达100余人（除甘肃外，17省的留学生都有代表参加）。会议确定孙中山提出的"驱除鞑虏，恢复中华，创立民国，平均地权"十六字为会纲；推举孙中山为总理。

梁启超，号任公，字卓如（1873–1929）

1904 年，山西选派的留日学生合影，中排左二为阎锡山，其余有：马开崧、乔熙、温寿泉、姚以价、黄国梁、张瑜等

孙中山先生抵日、留日学生集会、中国同盟会成立，三件大事，极大地鼓舞了留日学生中的革命民主主义者，也对处于思想转型期的阎锡山起到了不可忽视的影响。阎锡山在资产阶级民主革命新高潮的推动下，由开始怀疑康梁保皇党的政治主张，到热切关注资产阶级民主革命的动态，终于在不少同仁学子踊跃入盟，以推翻清廷腐败统治为己任的革命大潮中，于1905 年10 月28 日（农历十月初一日）加入了同盟会，成为最早加入同盟会的山西籍留日学生之一。同批加入的同乡者中有后来一同参与辛亥太原光复的赵戴文、温寿泉、张瑜、乔熙，以及谷思慎、王用宾等十余人。至此，阎锡山终于抛弃了武备学堂时期接受的维新变法的改良主义思想，开始追随孙中山领导的资产阶级民主革命运动。

二、聆听孙中山先生教诲，探究"平均地权"

在参加同盟会前后，阎锡山曾多次聆听过孙中山先生的教诲，这对他走上追随革命的道路无疑起到了重要的作用。

鞠町区富士见楼的留学生集会，阎锡山是与会的1300 名留学生之一。在会上他第一次看到了孙中山，并听取了先生的即兴讲演。他后来回忆道：集会中，孙先生指出中国积弱之原因，在中国倾于保守，故让西人独步。中国从前之不变，因人皆不知改革之幸福，以为我中国之极盛，如斯已足。主张以三民主义救中国，并要将"政治革命"同"民族革命"并行。实行民族革命、政治革命之时，需同时改革社会经济形态。认为社会问题在欧、美是积重难返，因中国还是幼稚时期，欲加防止，尚较容易。我们需先患预防，故应三种革命同时并举。中山先生进而指示我们：救国家要从高尚的方面入手，莫要取法乎中间，以贻我四万万同胞子子孙孙后祸。若我们今日改革不取法乎上，则不过徒救一时，万不能永久太平。并谓绝不要随天演的变更，其进步收效方速。听了孙先生的讲演，阎锡山的革命情绪日益高涨，意志更趋坚定，与初到日本时相比，对时政的认识判若两人。

孙中山，本名孙文（1866–1925）

此后，他对孙中山先生的理论进一步产生了兴趣，为探其究，除在公众场合聆听先生演讲外，还特地登门拜访。在加入同盟会后与中山先生的一次访谈中，阎锡山因对入盟誓言中的"平均地权"问题不甚了解，提出请教。由此同孙中山进行了一场深入浅出的问答。

问题提出后，孙先生解释说："平均地权的'权'字，不是说量，亦不是说质。既非指地亩多少，也非指地质好坏，是说一种时效价值。"

阎锡山表示仍不明白。孙先生不无耐心地进一步阐述道："举例说：如纽约原来是大沙滩，可说不值一钱，现在繁华起来，一方尺即值银七百两。"

阎锡山没有问这里所说的是英尺还是公尺，而是满怀好奇地说："难道美国也是使银子，论两数吗？"

对如此幼稚的问题，孙中山先生没有丝毫的不耐烦。继续解答说："不是。美国货币叫'Dollar'，用汉语讲就是'达拉'。一达拉也就差不多等于中国的一两银子。我若说一达拉，你一定不知道是多少，所以我将达拉换算成银子。"

29

他接着问："那么，所谓'平均地权'，就是平均这原本不值一文，后来涨到相当于七百两银子的地价吗？"

孙先生笑了笑说："你说对了。为什么这样说呢？因为原来不值一文钱的地亩，今天涨到了七百两，既不是人力所为，也不是进化所予，纯是国家经营所提高，所以不应让地主所有，应归国家所有。问题在于这种情形并非纽约所独有，而是世界之普遍现象。我国的一些大都市，如上海、天津、广州、汉口等，都有这种情形。当今之时，这种现象不仅没有改变，而且继续发展着。有鉴于此，当务之急就是实行平均地权。"

阎锡山想了想，又问："平均地权是只适用于商埠码头，还是也同样适用于普通都市？"

中山先生不容置疑地回答："普通都市也一样。凡有上述情形的地方，均应实行平均地权。"

话谈至此，阎锡山兴趣一点不减，继续打破砂锅问（纹）到底："耕作地是不是也存在平均地权的问题？"

孙先生根据现实情况作答："耕作地，因国家经营而提高价值的情形甚少。"

他又进而提出："既如此，那么，因人力改良而增涨之地价，可否归国家所有？"

答曰："不可。因人力改良者，应归出人力者享有。"

就这样，两人一问一答，就"平均地权"问题，一口气谈了半个小时。

这次谈话给阎锡山留下了深刻的印象，以至于他在几十年后仍然记忆犹新，对孙中山先生那种诲人不倦的精神表现出发自内心的服膺。他说："这一席话历时三十分钟，在此短短三十分钟的谈话中，中山先生问我：'你明白了吗？'总在十次以上，那一种谆谆诲人的亲切态度，至今思之尤觉敬服不置。"

三、奉同盟会总部之命，回山西进行革命考察

同盟会成立后，为了进一步扩大影响，遂以在东京发行的《民报》为舆论阵地，一方面积极鼓吹革命，一方面展开了与康梁保皇党的斗争。作为同盟会的一员，阎锡山在组织活动中经受了初步的锻炼，开始主动地投身于革命运动之中。

1906 年，23 岁的阎锡山到日本已经三个年头了。这年夏天，他结束了在振

武学校的学习，按照既定步骤，将于秋后进入弘前步兵第31联队实习。其间有大约三个月的假期。

就在阎锡山准备趁休假之机回国探亲的时候，孙中山先生为实现组织革命军，推翻清王朝，建立军政府的目的，制定《革命方略》，开始着眼于组织武装起义。鉴于北方地区闭塞落后，民气不开的现实，同盟会总部要求阎锡山与同行的山西籍同志赵戴文，借返国休假之便，在北方秘密考察，相机宣传革命。

根据总部的指示，阎锡山与赵戴文做了必要的准备后，即行起程。动身时，根据组织安排，两人各随身携带一枚炸弹，以便他日发动起义之用。炸弹作为易燃易爆物品，在一般情况之下也属违禁之例，更何况在风声鹤唳的当时。这样如何闯过海关的检查就

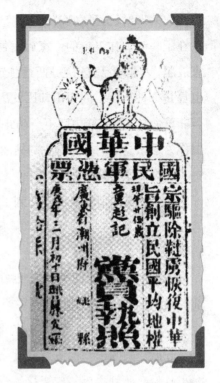

同盟会党员执照

成为至关重要的问题。是阎锡山从小表现出的过人胆识帮了他们的忙，他在后来撰写的回忆录中不无得意地对过去的一幕作了如下描述：

"民国纪元前六年（清光绪三十二年、公历 1906 年）奉中山先生之命，偕盟友赵戴文各携炸弹一枚返国布置华北革命。至上海港口时，因知海关检查甚严，乃将赵君所携之炸弹亦集于己身，并向赵君说：'如果检出来，我一人当之，你可不承认是与我同行之友。检查时，我站在前列，你站后列。'赵君说：'我站前列，你站后列如何？'我说：'站后列有畏惧检查之嫌，易被注视，仍我站前列为宜。'果检查人员检查后列较检查前列细密，我遂得渡此难关。其后我向赵君说：'愈危难处愈不可畏缩，畏缩则引人生疑。'"

诚然，阎锡山此说不能排除自我标榜的成分，但是他确实是把两颗不大不小的炸弹顺利带回了山西，并且一直保存到了辛亥革命前夕。

在上海海关有惊无险，平安闯过检查，阎锡山不由得暗自庆幸。接着，溯江而上，两人抵达号称九省通衢、后来成为辛亥革命策源地的武昌汉口。此时的阎锡山，经过整整两年的留学生涯和革命浪潮的洗礼之后，正如他自己所说，

与初出茅庐时已经"判若两人"。刚刚接受的革命思想，使他凡事都与革命联系在了一起。在汉口的一家旅馆住宿时，偶见粉墙之上有墨笔所题"事到难为宜放胆，人非知己莫谈心"两行诗句。诗意正好与他们在上海海关的经历相验证，也算是一种巧合。阎锡山却因此大受感染，断言该句定系革命同志所题。认为若非革命党人，脑筋中就不会动此感想。这件事虽与他们的行动并无实际关联，但作为返家途中的一个小小的插曲，还是饶有兴味的。

在汉口做短暂逗留后，阎、赵二人转乘平汉线火车北上，再经正太路向西。一路风尘，车船劳顿，辗转回到了一别两年的山西故乡。

游子归来，祖孙、父子、夫妻得以团聚，自是欢喜。探亲访友一番忙碌，转眼之间就过去了五天。

五天，是阎锡山预先规定好在家停留的时间。由于临行前接受的同盟会总部的指示，阎锡山探亲期间的一项主要任务是秘密考察，相机宣传革命。于是，在家停留五日之后，他便再一次别妻离父，到五台山周围各县及雁门关内外旅行。

此后，阎锡山与同志赵戴文一起，用了近三个月的时间，遍游这一地区的大小县份。所到之处，广泛接触学生、教师、商人、僧侣各色人等，在考察各地社情、民情的同时，秘密进行反清宣传，运动革命。

1906年秋，阎锡山休假期满，按时返回日本，进入弘前步兵第31联队实习。

四、参加"铁血丈夫团"，成为二十八名军事骨干之一

三个月的考察实践，使阎锡山从社会的各个层面进一步了解到清廷的腐败和不可救药，认识到发动政治革命推翻清政府的必要性。因此增强了追随革命的自觉性，进而以更大的热情和精力投入到革命活动之中。

1907年春至1908年4月，根据同盟会组织武装起义的既定方针，在孙中山直接领导下，革命党连续在华南地区发动了六次武装起义。其中，在爆发于1907年春的广东钦廉抗捐起义中，革命党人曾一度攻入钦州城。此事极大地鼓舞了广大的同盟会员。阎锡山得知后，情绪异常激动，跃跃欲试，准备亲身投入行动之中。他后来回忆这段往事时如是说："在弘前步兵第31联队实习的阶段，看到上海报载，广东钦州被革命军占领，兴奋之余，即向联队提出因病请求退学之条呈，因为那时我的《革命军战法》已经编成，急欲亲往钦州参加革命行动，

对我的《革命军战法》实际作一试验。结果日本联队长未批准我的退学请求。当批驳之条呈发下，又见报载钦州已被清军克复。于今思之，方觉我当时的举措未免冲动。"

1907年夏，阎锡山正式进入士官学校。与此同时，出于组织武装起义及至日后夺取政权的需要，以孙中山为首的同盟会领导人对清政府公派留日军事学生中的盟员给予了极大的关注。考虑到回国后掌握军队的便利，这批同志以不暴露身份，不多参加外部活动为宜。但"深感革命须冒险犯难，实践之责，须由军人负之"，决定在同盟会内部建立一个秘密的纯军事同志组织。

大约在1908年前后，根据孙中山的指示精神，由黄郛、李烈钧等人发起，上述团体在东京组成。这个团体就是"铁血丈夫团"（简称丈夫团）。"丈夫"，取自孟子"富贵不能淫，贫贱不能移，威武不能屈，此之谓大丈夫"一语；"铁"者，武器也；"血"者，牺牲也。三层意思合而为一，作团体名称，以表示军人于革命中的一种牺牲精神。

铁血丈夫团作为同盟会内部军事干部中的一个秘密团体，所有成员只有28人，多属同盟会员中的留日士官学校学生。阎锡山当时正在士官学校学习（一说丈夫团成立的时间是1906年，阎锡山当时还没有入士官学校，依此，他就不可能加入。但据史料记载，阎锡山又确系丈夫团成员，所以丈夫团成立的时间也就只能是1908年了），又因为在革命活动中的积极主动态度，自然被吸收加入了丈夫团。除阎锡山外，山西籍的丈夫团成员还有温寿泉、乔熙、张瑜等三人。其余团员有：黄郛、李烈钧、程潜、仇亮、唐继尧、罗佩金、张凤翙、张益廉、尹昌衡、何成浚、李书城、孔庚、朱绶光等。

丈夫团成立后，孙中山先生

黄郛与蒋介石在日本合影

指示保持团员的秘密身份，以避免引起清政府注意。从长远考虑，从他日负革命实施之责的需要出发，丈夫团成员应专心学习军事，一般不可参加外部活动。因此从参加丈夫团开始，到1909年3月结束学业返国的一年时间里，阎锡山与其他团员只保持内部接触和联络，基本上没有参加什么公开的组织活动。只是常与李烈钧、唐继尧、朱绶光等分析时事，研究政情，增加军政知识的积累。

在此期间，令阎锡山深有感触的是日本人的尚武精神。他在谈及日本明治维新以后所呈现的振兴气象时，这样说：

"日本人崇敬军人的精神，也使人十分感佩。我在士官学校时，有一次舍营，演习之后，汗透重衣，人民拿出他们的衣服，让我们穿上，然后替我们将衣服洗净熨干，并招待我们饮水吃饭。

"又有一次行军路经一个乡村，见有些老年女人向军队拱手，若敬神然。我以后向日本人请问为什么如是恭敬军人？他们说早年日本政府有云：'敌人的军队来了，你们敬神神不能替你打敌人，能替你打敌人的是军人，你与其敬神，莫如敬军人。'因此老年的女人尚有这种印象。

"日本维新，以发扬武士道，提高军人精神，为其主要目标。我到日本的头两年，正值日俄战争时期，我曾问过日本友人说：'俄国是一个大国，军队装备又好（那时管退炮日本尚不能制造，战场上掳俄国制造者，始行仿造），你们日本有没有战胜的把握？'他说：'有。'我说：'你这话有何根据？'他说：'俄国人警告顽皮小孩子的时候，常常说：你再不听话，就送你到军官学校。他们存着这样的轻军心理，我们对他一定有胜利的把握。'"

对上述现象，阎锡山后来评价说："但凡事过犹不及，这一段时期在尚武上俄国是不及，日本是过，俄国在日俄战争时固然招致了失败，日本在第二次世界大战时，由于军人骄横，自由行动，亦难免于失败（第二次世界大战中日本的失败是取决于侵略战争的失道寡助，世界反法西斯力量的共同努力，阎锡山此说未免以偏盖全）。"然而，当时当地对于日本人的尚武，他还是持赞赏态度的，以至将其与日本的"国小而强"联系起来。正如他在于1915年所写的《军国主义谭》一书中所说的那样："余留学东瀛时……尝欲研究其强盛之由，进而考察其政教风俗，凡社会所表现、报纸所记载，随在均含有军事意味，纯然军国主义之国也。"基于这样的思想认识，他曾一度不遗余力地鼓吹军国主义，写成《军国主义谭》。及至执政山西后，埋头于发展军事力量，骄纵军队。

阎锡山一生

·Biography of Yan Xishan

第四章

光复太原

一、朝鲜归来，感慨"亡国之民，不如丧家之犬"

1909 年，阎锡山 26 岁。这年 3 月，他结束了在日本士官学校的学习，准备返国，一展抱负。

留日四五年，除了 1906 年的那次返国探亲外，阎锡山没有去过日本之外的任何地方。当下学业虽然完成（尽管成绩不佳），但又追随了革命，今后必定更无闲暇。于是他与一同返国的同学同志商定，借机绕道与日、中皆为近邻的朝鲜旅行游历，在领略风情的同时，松弛一下精神。

阎锡山一行兴致勃勃地由东京出发向西南，穿过朝鲜海峡，由釜山登陆，踏上了地处东亚的朝鲜，准备尽兴游览朝鲜半岛的绚丽风光。然而，在朝鲜的所见所闻却令他们心境全无。

朝鲜作为与中国接壤的邻邦，古时曾经臣服于我。晚清时期，随着我外交和军事的失败，逐步易手日本。中日甲午战争以后，逐渐被日本吞并。1905 年 2 月 23 日，日本以武力迫使朝鲜签订了《日韩议定书》；接着，又于同年 11 月签订了《乙巳保护条约》，使朝鲜成为日本的保护国。1907 年 7 月 24 日，日本又强迫朝鲜签订了《丁未七款条约》，将朝鲜各级政权机关完全置于日方的把持之下。1909 年开始，日本又秘密策划以武力吞并朝鲜，并于同年 7 月以日本内阁的名义通过了吞并朝鲜的决定。在日本帝国主义的殖民统治下，朝鲜国中上自王公大臣，下至庶民百姓，人人噤若寒蝉。尤其是那些王公大臣在日本人面前表现得是那样的俯首贴耳，全无一点自主精神。

阎锡山一行到朝鲜时，正值日本帝国主义加紧策划武力吞并朝鲜之际。在朝鲜旅行几日，目之所及，一派弱国之象，亡国之兆。

行于街巷，屡见日本人上下车以朝鲜人为马蹬者。

居于旅馆，有朝鲜记者来访，知为中国人，欲言又止，掩泪而别。

由南而北，从汉城到达北方大都市平壤。在平壤市区但见一幢崭新的高楼拔地而起，鹤立鸡群般傲视着周围那些低矮的破旧建筑。这"不同凡响"的建筑，既不是政府的办公之处，更不是培养人才的正规学校之所在，竟然是一所堂而皇之的妓女学校，是为培养泯灭个性、供人泄欲取乐的妓女而专门设立的。

阎锡山后来对他们在朝鲜的所见所闻作了如下描述：

"民国前三年（清宣统元年、公历 1909 年）毕业返国，绕道朝鲜旅行，经京城（今汉城）时，适逢朝鲜大臣下朝，人人皆沿墙边小路而走，且每行数步，即掉头向我窃视，其状如鼠之畏猫然。因我穿的是西装，与日本人无大分别。一望朝鲜大臣之可怜模样，即知其常在路上受日人凌辱，以故未敢坦行，亦未敢直视。住旅馆后，朝鲜报社记者来访，最后含泪无言而别。至平壤见有一座建筑崭新的楼房，经询问获知为妓女学校。"

朝鲜之行的见闻，在年少气盛的阎锡山心中烙下了深深的印记。面对亡国之后的朝鲜臣民忍辱负重苦不堪言的境遇，他深感："亡国之民，生命、财产、廉耻，均无以自保"，"亡国之民，不如丧家之犬"。联想清政府治下的中国岌岌可危之现状，也就进一步认识到了救亡的必要，从而更加促进了参加反清革命，变革社会的行动。

特别值得指出的是，朝鲜之行不仅对阎锡山回国后的作为产生了一定的影响，而且一直影响到他执政山西后施政方针的着眼点。阎锡山执政山西近四十年，尤其是抗日战争期间，救亡始终是他的中心议题，可以说与此不无关系。对此，他颇感得意地自诩："我当时深感亡国之民，生命财产廉耻无以自保，因而于辛亥革命成功之后，向山西人民普遍讲述亡国之可怕，大声疾呼地提出'亡国要在国未亡之前努力'的口号。为进一步使省人以目睹事实自警警人，曾发动山西各界人士组织朝鲜参观团，由冯曦领导，前往朝鲜参观，他们于回国后曾将参观报告印散山西省人民，以是山西人民对亡国惨痛都有比较清楚的认识。"

二、1909 年完成在日本的学业回省就职，三个月后升任山西陆军小学堂监督

孙中山早在 1906 年制定的《革命方略》中，就具体规划了各地武装起义行动以及在全国的进军路线。设想在东南沿海地区首先发难，夺取两广为根据地，造成一支声势浩大的军队，然后挥师北上，在长江两岸革命党人的响应下，以破竹之势夺取全国政权。后来只是由于南方的起义连遭挫折，革命中心才逐渐转向武汉。然而无论是南方发动，还是武昌起义，表里山河的山西都是一枚重

要的棋子。山西地处京畿之侧，正太、京绥两条铁路线分别向东、北延伸。由正太东出娘子关，可截断京汉线，阻滞清军南下；沿京绥北出大同，可直捣京师。鉴于山西地理位置的特殊优势，同盟会给予了特别的关注，留日的山西学生大部分加入了同盟会，28名丈夫团成员中山西籍的就占了4名，就是最好的例证。据说，阎锡山等返国时，曾与同盟会约定，革命军打到河南时，山西即起而响应，出兵石家庄接援（一说是打到武汉）。

1909年4月，阎锡山学成返里，回到山西。其时，中国的资产阶级民主革命正处于低潮时期——1906至1908年，同盟会领导的一系列大大小小的起义都归于失败；经费告罄，筹款乏力，运转不灵；党内争端迭起，党人意志消沉；同盟会机关报《民报》被日本政府查封（1908年10月）；在清政府的影响下，孙中山被迫远走欧美。与此形成鲜明对照的是清政府的预备立宪活动却搞得轰轰烈烈热闹非凡，各地咨议局纷纷成立，立宪派四处活动，动辄以几万、十万人签名上书，轮流伏阙请愿。在这样的形势下，革命活动处于更加秘密的状态中。有鉴于此，阎锡山审时度势，为自己选择了一条审慎而便捷的道路，这就是从上层入手，先站稳脚跟。

大约是出于一种防范心理，晚清时期的惯例是，军校毕业的学生，尤其是留洋学军事者，一般不直接到军队中任职，而是先在军事教育机关担任教练员一类的虚职。这样，回到山西后，阎锡山也就未能直接置身于军队之中，而是被任命为陆军小学（原武备学堂，1906年改称陆军小学）教官。与他同期回国的张瑜、马开崧等同盟会员，以及黄国梁、姚以价（没有加入同盟会，属于革命的同情者）充任山西陆军督练公所教练官；温寿泉充任山西大学堂兵学教官。

军事教官作为军中的文职人员，虽有一定的地位，但却不能直接与军队接触，不便于掌握军队。而掌握不了军队，又怎么"发动革命"？是故，阎锡山不能满足于陆小教官的职位。这样，为了得以掌握军权，他开始实施自己的行动计划。

他所进行的第一步就是结交山西新军协统姚鸿发。

当时的山西军队分为新军与旧军两部。新军为一个混成协（旅），下辖步兵两标（团）、骑兵、炮兵各一营，工兵、辎重兵各一队（连），全协共约4000余人，驻于省城太原。旧军为巡防队13个营，虽亦有约4000人，但大多分驻绥远、大同、代州、平阳四道，留在太原的共计只有3个营。新军作为正规部队，不仅装备较好，而且又常驻省城，是当然的骨干力量。协统姚鸿发统领新军，也就当然是实际军权的握有者。所以阎锡山首先设法疏通与姚的关系。姚鸿发之父姚锡光，官居清政府陆军部侍郎。据说，阎锡山回国之时就已预先了解了当时山西的"护官符"。路经北京时即捷足先登，以山西学子的身份拜访了那位姚侍郎，言谈举止颇得姚之赏识。侍郎随后即修书给令郎姚协统，予以引荐。由于走通了乃父之路，姚鸿发对阎锡山一开始就另眼相看。以后两人进一步结交，甚至到了能过机密的程度。对于与姚鸿发的关系，阎锡山后来这样说："姚协统鸿发是非革命党人，但与我交情甚笃。他升任山西督练公所总办（主全省兵事者），曾向我说他已与北京方面洽妥，我出五千两银子，他所遗协统之缺由我升任。因为他父亲时为陆军部侍郎（次长），他向陆军部主管人呈说此事，甚有把握。"

在结交姚鸿发的同时，他还利用各种关系设法攀附上了山西咨议局议长梁善济乃至山西巡抚丁宝铨。梁善济，山西崞县人，不仅中过进士，而且得点翰林。梁善济既系山西立宪派代表人物，又与巡抚丁宝铨私交甚好。在阎锡山的上层路线中梁自然是一个重要的突破口。五台、定襄、崞县是晋西北各县中政治经济相互交往密切的县份，据说阎锡山之父阎书堂与梁善济在历史上有一定的交往。于是，阎锡山先以父执礼投到了梁的门下。接着，又设法与梁的门生、

北洋新军操练情形

咨议局秘书邢殿元结交，并采取拜把子的手段，与邢订了"金兰之好"。这样，逐步取得了梁善济的好感。进而通过梁善济又把号挂在了丁宝铨处。由于梁的介绍，巡抚丁宝铨对他也就有了一定的印象。随即再通过接近丁宝铨的亲信、山西督练公所教练处帮办夏学津，进一步得到丁的信任，"登堂入室"作了丁宝铨的门生。

在此期间，阎锡山还以晚辈后学的名义先后拜访了杜上化、渠本翘、谷如墉等各界名流。

得力于三晋商界的熏陶和东瀛留学的锤炼，人情练达、世事洞明的阎锡山通过成功的上层路线和良好的工作表现，仅仅任了三个月的教官即被提升为陆小监督（校长）。

1909年秋冬之际，阎锡山又遇到了一个表现自己的机会。这年11月，为了量才使用，清廷召集服务于各省的士官学校毕业生到北京举行会试。他虽然在士官学校时成绩不佳，但凭借以前的学识和功底，加上临阵磨枪，仍然得以名列上等，取得了步兵科举人的名分，并被授予协军校的军衔（其时，科举已废，举人的名分是为留日学生特设的）。

会试带来的一个直接结果是，清政府通令各省，此后新军协统以下军官须以学生或统带过新军者充任。这对急于掌握军队的阎锡山来说，无疑是打开了一扇方便之门。

会试如同往日之"公车"，散于各地的士官生名正言顺地汇聚京城，又给他们之中的同盟会员相互会面交流情况制造了一个机会。一些同盟会的中坚分子，诸如李烈钧、唐继尧、尹昌衡等都参加了会试。会试期间，阎锡山不仅与他们相互通报了各自的情况，而且进一步交流了在军队中开展工作的经验，商讨了彼此联络策应的问题，得益匪浅。

会试和陆军部的通令事实上成了阎锡山等士官生直接进入新军部队，进而掌握军事力量的阶梯。会试过后不久，1909年12月，清政府陆军部整编新建陆军，山西新军编为暂编陆军第43协（旅），下辖第1、2两标。与此同时，阎锡山被任命为第2标教练官（相当于副团长）。黄国梁充任第1标教练官；温寿泉充任督练公所帮办兼陆军小学堂监督。

三、参与发起倒夏，夤缘时会做了一标之统

山西新军整编后，领兵大员也相应发生了变化，协统由谭振法接任，第 1 标（后改称第 85 标）标统齐允，第 2 标（后改为第 86 标）标统先为马龙标，后由夏学津接任；原任协统姚鸿发调任督练公所总办。督练公所负全省军事总责。

在这次整编中，阎锡山等虽得以踏入新军之门，但屈居副职，与确实掌握军队的既定目标尚有一定距离。因此，下一个行动计划就是设法取齐、夏而代之。

继任第 2 标标统夏学津，原任督练公所帮办，于治军颇有一套办法；第 1 标标统齐允，虽庸碌无能，但自恃籍隶旗下，骄横跋扈。这些人的一个共同特点就是顽固守旧，竭力维护清廷统治。因而也就自然成为阎锡山等革命党人夺取军权，发动反清革命的障碍（阎锡山本人虽然通过上层路线曾经取得了丁、夏的好感，但从长远而言是靠不住的）。换句话说，革命党人如欲在山西执掌军权，就必须发动一场倒旧军官的运动。这场运动是以倒夏而始终的。

夏学津其人，虽治军有方，在腐朽的晚清官场称得上能员，但说到个人操守却口碑不佳。而又因能干以及其他方面的关系颇得巡抚丁宝铨之倚重。于是，阎锡山等同盟会员以及个别革命的同情者便以夏学津为突破口，策划通过倒夏进一步殃及于丁。为此，他们成立了一个专门小组，暗地里搜集夏学津的劣迹，查访其不良行为，以便相机予以打击。

1909 年，山西新军军官合影

世上没有不透风的墙，不久，即侦知夏学津年轻漂亮的妻子，常常自由出入抚院，与丁宝铨关系暧昧。这样，夏学津就有凭借裙带关系升迁之嫌。而这在当时，可以说是很见不得人的事情，因此这也就被阎等视为倒夏及丁的一个有力的切入点。于是，这条桃色新闻通过小组成员的加工，借诸《晋阳公报》公之于众。在此之前，由于积怨甚多和革命党人的推波助澜，齐允贪赃枉法、平庸鄙俗的面目也被揭露出来。

新闻媒介的曝光，使巡抚、标统当众出丑。盛怒之下，丁宝铨严令缉拿敢于诋毁官长之人，逮捕了参与其事的《晋阳公报》访员（报社外勤记者的旧称）蒋虎臣、第43协协本部司书弓尚文。同时也不得不将夏学津调离第2标，改任军械局总办，以平息舆情。夏学津所遗标统之职复由马龙标暂任。这样，通过合法斗争，阎锡山等革命党人取得了第一回合的胜利。

调夏学津离任第2标标统，对丁宝铨来说是不得已而为之。所以事后，又处处寻找机会，准备促成夏的复任。不久，恰逢丁宝铨欲在文水、交城两县强行禁绝种植罂粟，遂派夏学津率第2标第1营及骑兵五六百人前往执行。由此，又爆发了轰动全国的"文交惨案"。

原来晚清时期，腐败的清政府为了增加税源，曾经听任农民种植罂粟。山西省内数交城、文水两县种植最多。后迫于形势，虽通令自1909年起分六年禁绝。山西巡抚丁宝铨在并无切实查禁的情况下，为标榜政绩，便向上虚报已经禁绝。不料，1910年春，朝廷突然要派员实地勘查。丁宝铨一时慌了手脚，于是派了夏学津前往，以武力强迫农民铲除烟苗，以掩耳目。此外，丁还有一个用意，就是让夏通过禁绝种烟，以"功"抵过，重回新军。岂料事与愿违，因夏学津处事不周，革命党人推波助澜，不仅夏学津倒了霉，连丁宝铨的乌纱帽也一起给弄丢了。

奉丁之命，夏学津率队星夜赶往文、交一带。勒令地方官立刻将烟苗铲除净尽。农民迫于生计，聚集队前，请求宽限时日，同时表示待收割完毕，即行全部铲除。夏学津因有丁宝铨的成命在身，且立"功"心切，遂命士兵直接动手强行拔苗。看到自己赖以养家糊口的烟苗将毁于一旦，情急之下，农民一拥而上，与拔苗的士兵发生了冲突。在此情况下，夏学津头脑发热，竟令开枪，冲突愈烈。争斗之间，农民数十人被打死打伤，演成了轰动全国的"文交惨案"。

文交惨案发生后，阎锡山等同盟会员便以此为契机，进一步推动倒夏，及至倒丁运动。先是由同盟会员张树帜等前往实地采访,写成新闻报道,连篇累牍在《晋阳日报》上发表,揭露山西抚院"刻意蒙蔽朝廷"在前,带兵将官又"纵兵擅杀百姓"于后,将惨案真相公诸于世。同时,印制揭帖,张贴于大街小巷,晓谕百姓。接着又把问题捅到了北京,一方面在山西籍同盟会员景定成创办的《国风日报》上连续转载《晋阳日报》的报道;一方面以在京的同盟会员狄楼海运动御使胡思敬向清廷参劾丁宝铨。在从省内到京城,从朝中到舆论的一致动作下,丁、夏一败涂地——丁宝铨交部察议,离开山西;文水知县刘彤光革职永不叙用;交城知县刘星明革职;夏学津撤差褫革。

同盟会员革命党人初战告捷,倒夏成功累及巡抚丁宝铨。树倒猢狲散,第1、2两标标统齐允、马龙标亦因故先后去职。1910年,根据清政府关于新军中协统以下军官须由学生或带过新军者充任的命令,阎锡山与他在裕盛商号时的结拜弟兄、革命的同情者(不是同盟会员)黄国梁相继接任标统——阎任第2标标统,黄任第1标标统。实现了初步掌握山西新军的目的。同时,由于阎锡山在倒夏活动中出色的谋略机变和组织调度,使其隐隐成为山西革命党人的中坚。

四、暗中结纳同志,改造军队,准备举义

归国一年的时间里,阎锡山一面通过上层路线疏通,一面积极参与同盟会员革命党人的反清活动,及至在倒夏成功的情况下,既赢得了地方政府的信任,迅速升迁,做了一标之统;又提高了在同志中的地位,实际上已经成为山西革命党人的领袖之一。

标统大权的在握,并不意味着真正掌握了军队。要使山西新军彻底为革命党所用,必须在中下级军官中培植自己的力量。因此,阎锡山在就任标统之后,即利用已有的地位和关系,竭力举荐军中的同盟会员充任各级军事干部,促使

马开崧,字琴荪(1886-1922)

赵戴文，字次陇（1866-1943）

同盟会员中的一批骨干分子先后就任要职——常樾任第 85 标教练官、南桂馨任第 85 标军需官、马开崧任第 86 标教练官、乔熙任第 86 标第 1 营管带、张瑜任第 86 标第 2 营管带。

在此期间，为了在新军中进一步奠定基础，预做准备，阎锡山还暗中结纳，在推动部队改造上下了一番功夫。

还在就任标统之前，他就以"铁血丈夫团"成员的身份，利用同学、同乡的关系，与同盟会员赵戴文、温寿泉、南桂馨、张瑜、乔熙、常樾等共同发起，成立了"山西军人俱乐部"。以此将山西新军中的同盟会员革命党人团结起来，开展有组织的活动（同盟会的组织本身比较松散，各省的会员并没有固定的组织联系）。关于成立军人俱乐部的目的，阎锡山自己这样说，"表面上研究学术，实际上团结革命同志，暗中鼓动革命"。其后发生的倒夏运动中，俱乐部在某种意义上就起了领导核心的作用。

为了进一步掌握军队和提高军队素质，阎锡山还在时任山西督练公所总办姚鸿发以及省咨议局议长梁善济的支持下，与第 85 标标统黄国梁共同谋划，采取了如下两项措施：

一为改募兵制为征兵制。募兵制是在中国长期的封建社会中，形成的一种以雇佣形式募集兵员的制度。募兵制下招收的兵员因系招募而来，所以没有固定的服役期。其直接后果是军中兵员严重老化，从当时山西新军的情况看，所谓的"老营混子"占到了十之八九。此外，由于新军的统一编练，造成军队中本省籍兵士所占比例很小，仅及十分之二。鉴于上述情况，阎锡山借鉴近代国家尤其是日本的经验，提议废除落后的募兵制，在山西试行征兵制，实行在省内征兵，发动社会上的有志青年，入营当兵，同时实行"旧兵退伍，补充新兵，教育一年"的办法。从而在克服兵员老化，"老营混子"充斥军营之弊端的同时，逐步提高山西省籍兵士在军中的比例，加强部队的凝聚力。征兵制度实行的当年，新军步兵两标中山西籍的劳动农工即占到十分之六以上，次年，新兵与旧兵之比就达到了八比二，在兵员结构改变的同时，部队习气也焕然一新。

一为组织"模范队"。在山西新军领兵官重大的人事变动（剔除旧军官，代之以军校学生）之后，总办姚鸿发为了使军队与之两相适应，提出整理军队的计划。这对革命党来说，是一个顺理成章发展组织扩充力量的机会。于是阎锡山乘势与黄国梁商定，以整理军队为名，努力促成姚鸿发同意，在新军中成立两个模范队。其具体做法是从第85、86两标中分别挑选若干名优秀士兵，各自编组为一个队，独立训练，独立活动。阎锡山称模范队是"名义上作训练的表率，实际上作起义的骨干"。模范队组成后，他又动员同盟会员王嗣昌、张德荣分任了两标模范队队官。这样，表面看来是响应了当局整理军队的积极措施，实则是趁机建立起了革命党的基本军事队伍。

此外，为了开展基层兵运工作，他们还借机让一批有文化的同盟会员下队当兵，深入兵棚，直接接触军中兵士。在后来的起义发动中起了重要作用的杨彭龄，就是在这种情况下下队当的兵。

"旧兵退伍，补充新兵"，无疑是兵役制度上的一个进步。然而，任何事物都有其两重性，兵士的新旧更替，在解决兵员老化问题的同时，又产生了一个旧兵安置利用的问题。原来，经过一年多的兵运工作，旧兵中已有许多人成为同盟会员，且有不少是军队中最基层的干部——正目（相当于班长）。对这些职业军人来说，退伍谋生不易，所以退伍就意味着失业。如果简单地把他们推向社会，既不合乎情理，又严重削弱了既有的革命力量。这样，妥善地处理老兵问题，使他们退有所往，就成为一件至关重要的事情。

武昌起义的前四天，1911年10月6日，在太原德盛园饭店，第43混成协内的同盟会主要成员，以及本届退伍老兵中的正目们，借一年一度的中秋佳节欢聚一堂，举行宴会，歃血为盟。

原来，阎锡山等人通过深入兵棚的杨彭龄了解到老兵退伍中的上述问题后，从巩固既有力量，稳定同志内部团结的目的出发，决定设法筹集几千两银子，作为启动基金，在绥远后套地区购买一定数量的土地，创办农庄，设立退伍老兵安置基地。同时，在沿途开设旅栈，安插退伍老兵并负责接待来往人士，开展联络工作。这样做，既解决了退伍老兵的出路问题，又利于革命力量的集中联系，因而得到同志和广大退伍老兵的赞同。中秋佳宴即是标统阎锡山及两标

训练中的山西新军

中的同盟会员为即将退伍的老兵们举行的一次饯行宴会，亦是深相结纳，加强革命力量为目的的一次同志聚会。

席间，参加宴会的同盟会员各棚退伍正目八十多人，群情激愤，歃血注碗，举誓结盟，以"从事革命，誓不背盟"互为约束。一旦当局遣散令下，即按计划步骤进行；一待革命事起，各人依具体情况而行，或听命集中，或就地响应。

不料，宴会过后仅仅四天时间，武昌起义爆发。鉴于形势急剧变化，山西当局遣散老兵的计划自然搁浅。虽然由于遣散命令迟迟未下，以及随后发生的太原光复，在后套购地安置退伍老兵的构想并未实施。但是通过举誓为盟，深相结纳，却毫无疑问起到了进一步团结同志的目的。那些在太原光复时未及遣散的老兵头目们，以自己积极勇敢争先恐后的先锋作用证实了这一点。对于阎锡山来说，虽然后套创设农庄的计划未及实现，但可以说一直是他的一个梦。这个梦延续了二十年，最后落实到了晋绥军绥西屯垦的实践中。

经过一系列的努力行动，到辛亥革命太原光复前，山西新军中同盟会员和同情革命的分子占到了相当大的优势——两标六个管带（营长）中同盟会员及同情革命可以利用的就占到了四个，中、下级头目中则同盟会员占了绝对多数。可谓"万事俱备，只欠东风"。

五、响应武昌起义，成就太原光复大业

据阎锡山自己后来回忆，"同盟会因种种关系，把革命任务分开江南江北两部分。中山先生与同志们研究发动起义的地点，大家都主张在江南。因为一方面江南离北京远，发动起来，北方的清军不容易集中反击，一方面江南有海口，易于输入军需品及得到外力的援助，且江南的革命潮亦较江北为高。因此，江

南江北所负的任务就不同了。当时决定山西所负的任务是革命军到河南时，山西出兵石家庄接援革命军北上。这是辛亥革命以前的决策。"然而，疾风暴雨式的革命浪潮并没有沿着预定的路线发展——清廷腐朽统治的垮台已经不可逆转，十八行省处处宛如一座座火药库，一触即发。

1911 年 10 月 10 日，武昌的革命党人在配置炸药失慎爆炸、清政府当局大肆搜捕的紧急状态下，毅然发动了武昌起义。起义犹如在遍布干柴的中国大地燃起了熊熊烈火，很快即成燎原之势。10 月 22 日，与湖北毗邻的湖南和北方

太原起义时的阎锡山

革命党人活跃的陕西首先响应，接着江西于次日宣布光复。10 月 29 日，根据疾速变化的形势，阎锡山等革命党人以及革命的同情者姚以价等，在太原树起义帜，使山西成为继湖北之后的第四个起义省份。

山西的起义和太原的光复并非如事先所定，待革命军到河南时，再出兵石家庄接援革命军北上，而是抢先于此提前发动的。武昌起义的爆发，极大地震动了清廷上下，从朝廷到各省大员，都处在极度的恐慌之中，在混乱中进行紧急防范。山西也不例外，政权内部各色人等，面对邻省陕西的起义光复和充斥省垣的革命气氛，纷纷施以对策。咨议局议长梁善济、督练公所总办姚鸿发，主张实行所谓"和平让渡"的办法，一面劝巡抚自动交出政权，一面联合直接掌握军队的人士如阎锡山等稳定局势；继丁宝铨后续任山西巡抚的陆钟琦则一面急召其子陆光熙（与阎锡山等系士官学校同学），并以同学名义与阎锡山等周旋，行缓兵之策，一面策划将山西库存的 5000 支德国造步枪中的 3000 支急运河南，将新军第 43 协第 85、第 86 两标立刻调离省城，分别驻防临汾、代州，省城卫戍代之以旧军巡防营，釜底抽薪与调虎离山双管齐下。

1911 年 10 月 25 日（农历九月初四），山西巡抚陆钟琦在省城太原召集军政官员会议，决定将分驻各地的巡防队调集太原，镇慑省城；将第 85 标黄国梁

部移防蒲州（今永济市），防堵陕西革命军东渡。鉴于情况紧急，着标统黄国梁率标本部先行出发，各营待领到武器后再行开拔（原来，清政府为防新军造反，平时士兵一般是有枪无弹，只有奉命开拔时，才能在前一日领到一定数量的弹药），开拔时间为10月29日拂晓，违者"军法论处"。

军情紧迫，时不我待，若听任第85标遵令开拔南下，势必削弱已有的革命力量。于是，同盟会核心分子决定提前发动武装起义。抚署会议之后，阎锡山即召集张瑜、温寿泉、乔熙、南桂馨，以及革命的同情者黄国梁等，在黄国梁家中召开紧急会议，计议起义实施办法。黄国梁虽不是同盟会员，但一贯同情革命，又兼与阎有金兰之谊，故而一系列行动均能与阎锡山保持一致。起义付诸实施，必须争得这位统兵官的有力支持，计议起义的核心会议选在黄的家中召开，足见发动者的良苦用心。

会议开始时，意见不尽一致，南桂馨等主张待第85标开到晋南后，联合起义的陕军，反攻太原；阎锡山、黄国梁则主张第85标一领到弹药，即行举义。鉴于省城起义有利于新军两标集中力量，互相配合，又能比外地产生更大的政治影响，加之阎、黄两人都是标统职位，他们的意见最后占了上风。经与会者一致商定，于10月29日（农历九月初八日）拂晓，借第85标出发之机，一举起义。

同盟会核心分子在黄国梁家中紧急会议的起义决定及其实施办法，迅速通过三个渠道传达了下去：一是由第85标军需官、同盟会员南桂馨，通过在第85标工作的同盟会员王嗣昌、杨彭龄等，逐级向下传达；二是由阎锡山委派之同盟会员张树帜前往第85标，直接向有关人员见面布置，责成他们动员乃至胁迫各官长参加起义；三是由阎锡山直接向第86标中下级军官中的同盟会员传达。而为了掩人耳目，黄国梁则按巡抚谕令先行率85标标本部离开太原，南下蒲州，该标参与起义的军事行动实际由第2营管带姚以价指挥领导。

据阎锡山回忆："起义的前一天，我派张树帜同志去1标（第85标，习惯上仍称1标）运动，并吩咐先运动同志中的下级官和头目。将下级官和头目运动好后，以下级官和头目带起军队来，逼迫营长。"同时"我即召集2标（第86标，习惯上仍称2标）中下级军官同志十一人开会。我首先问他们：'我们是遵命开拔，还是起义？'大家同声说：'我们应该起义。'我又问他们：'1标不同情怎么办？骑炮营有没有办法？'他们说：'炮兵可以设法，骑兵没甚关系，1标至少可以拉出一半人来！'讨论至半夜。1标有电话来，知道运用成功，当时就决定让他们回去按计划于翌日早晨开城门动作，1 标打巡抚前门，2 标打巡抚后门"。

如阎锡山在回忆中所说，第 85 标的起义运动是成功的。由于杨彭龄等人前期兵棚工作的良好基础，起义的决定一经传达，即得到较为广泛的支持。为了便于号令，杨彭龄、张树帜等还争取到了第 2 营管带姚以价的响应。姚以价，字维藩，山西河津人，日本士官学校毕业。虽非同盟会员，但与标统黄国梁一样，亦属革命的同情者，且由于军事学、术两科均优，在山西新军中颇有威信。在得知革命党人的起义计划后，姚深以为然，便在杨、张等的公推下出任司令。

1911 年 10 月 29 日（农历九月八日）凌晨，按照事先约定，第 85 标中接受发动之各部（主要是 1、2 两营），在公推的起义司令姚以价指挥下，进抵新南门（正式名称为承恩门，光复后改称首义门），旋即由城内关系接应夺门而入，攻进城中（第 85 标驻地在太原城外），打响了起义的第一枪。接着，姚以价亲率第 2 营杨彭龄、张煌等部，直攻巡抚衙门，先后击毙闻变赶到的协统谭振德，以及巡抚陆钟琦与其子陆光熙等。

阎锡山作为起义的发动者之一，按计划是率所部第 86 标配合第 85 标攻打巡抚衙门后门。但其实际行动则落在了第 85 标之后。原来，28 日他在第 86 标的部署会议一直开到夜半。会毕，与会者出门时，迎面碰上了本标第 3 营管带旗人瑞墉之弟瑞禄，并受到了盘查。其中一个头目叫作李执中的，担心事情败露，情急之下便投入井中。打捞救治，已至次日两点钟。经过这样一番折腾，他便放心不下，深恐事有泄露，不敢冒然行动。

及至第 85 标攻入，城中枪声大作，估计第 85 标已如期发动，阎锡山方当众宣布"第 85 标兵变"，遂以保护巡抚衙门为名发出命令——以队官陈锦文率队守护军装库；以模范队队官张培梅及另一队官金殿元率部前往抚署西北九仙桥；队官

炮兵在阎锡山指挥下攻击新满营

悬挂太极旗的原山西巡抚衙门

王缵绪、吴信芳率队至抚署东。同时亲督一部，赶往抚署后门，攻打守卫在那里的巡防营马队。

由于巡防营的战斗力本来就很差，且又疏于防范，加之第85标已从前门攻入，局面呈不可逆转之势。阎锡山所部几乎没费什么周折，即令巡防马队放下武器束手就擒。

解决巡防营马队之后，抚署衙门已无战事，唯有新满营久攻不下。阎锡山见大局已定，遂率所部前往新满营助战。据亲历战事的张树帜回忆："树帜以抚署既陷，急去满营，时督队官苗文华、统带（标统）阎锡山率军登城并攻满营，复调炮队兵士于凤山、高永胜、刘德魁等，向满营南门轰击，满兵初犹抗拒，继则溃散。"至此，太原城内已无清廷势力。

这样，阎锡山虽经过一番迟疑和观望，最终还是履行了他加入同盟会时立下的誓言——"驱除鞑虏，恢复中华"，响应武昌起义，在太原树起义帜。以其所部第86标，与姚以价指挥的第85标相互配合，一举成就了太原光复大业，宣告了清廷在山西二百余年专制统治的结束。

太原起义后发布的"安民告示"

阎锡山一生

Biography of Yan Xishan

第五章

初握权柄

一、少年得志，二十八岁生日那天登上山西都督的宝座

1911年10月29日（农历九月初八），对阎锡山来说是"一元复始，万象更新"的日子，这一天依农历是他的生日；这一天他终于在行动上挣脱了清廷的羁绊，举起了反清革命的义旗；这一天他由一个不起眼的标统一跃而成为名震三晋的都督，并从此开始了他对山西将近四十年的操控。

10月29日，一个高度紧张的早晨过去了，巡抚没有了，协统没有了，清廷的统治推翻了，山西一刹那间变成了权力的真空。刚刚从攻打满营的战斗中脱出身来的阎锡山，略微整理了一下纷乱的思绪，马上意识到了一个问题，这就是权力的真空必须有人填补。于是，援引先行起义省份的成例，他首当其冲向众人提议尽快推举山西都督及各方面领导人。

阎锡山的提议得到了同盟会领导核心及各起义首领的响应，大家一致同意召集紧急会议。与会者除起义军方面的阎锡山、温寿泉、姚以价、乔熙、张瑜、常樾、赵戴文等，还有督练公所总办姚鸿发、学界徐一清、警界贾英和咨议局议长梁善济及在并议员。

正式会议之前，阎锡山先行召集同盟会领导核心成员赵戴文、温寿泉、张树帜等在他的标本部碰头，预为筹划。阎锡山首先提出推举姚鸿发为都督，理由有二：一是姚曾任第43协协统，便于统御两标；二是姚父陆军部侍郎的身份，便于代为转圜。阎锡山言出于此，是囿于资产阶级革命的局限性（武昌起义不就是抬出了一个黎元洪），抑或是一种欲擒故纵的手段，不得而知。然而其结果则是与会者就此达成共识——若姚不允，即公推阎锡山就任山西都督（据说，事后曾派温寿泉征求姚之意见，姚"坚辞不允"）。

当日午前，各方面代表会议在山西省咨议局召开，会议由咨议局议长梁善济主持。会议伊始，阎锡山作为起义的主要策划者和推选都督的首先提议者，慷慨陈词，发表演讲说："清政黑暗，专制已久，国事日非，民不聊生。我们早有革命思想，因为时机未到，所以没有行动。现在武汉、西安已经起义，全国震动，良机难得，不可失去，因有这次的山西起义。"接着各人相继发言，

山西省咨议局旧址

温寿泉表达了大致相同的意思；姚以价则称他虽非同盟会员，但是汉人，"驱除鞑虏"，责无旁贷。

一番表态性的发言，权且作为各自的竞选演说。之后，自然而然进入了推选都督的正题。

一省权力的归属在此一举，兹事体大，各方都不含糊，因此，在咨议局的会议厅里上演了一出"文武"全场。

只见老官僚出身的议长梁善济不慌不忙拿出一叠选票，亲向众人散发，一副民意代表者的样子，似有自我推荐之意。

而同盟会员方面，舍出身家性命得来的成果哪肯轻易相让，表现出一派寸土必争之势。因有事先约定，说时迟那时快，张树帜一个箭步登上主席台，把主持会议的梁善济挤到一边。然后，抽出乌黑锃亮的手枪往桌子上一拍，大声说："选都督还要什么选票，举手好了。大家应当推选阎标统为都督，同意的举手。"

张树帜的话音刚落，周玳等同盟会员立刻群起响应，高呼："选阎标统为大都督，大家一齐举手！"

一时，"选阎标统！""选阎标统！"的呼声此起彼伏，不绝于耳，形成了压倒优势。

一众议员面对张树帜黑洞洞的枪口和不可逆转的局势，于惊愕相顾之中，一个个战战兢兢地举起了右手，"一致"通过了选阎锡山做都督的提议。这样，在同盟会核心成员的推戴下,以手中的枪把子作依恃,阎锡山一朝之间身价倍增,登上了山西都督的宝座,开始在风云变幻的政治舞台上扮演他那特定的角色。

在会议厅内一片"选阎标统"、"选阎标统为大都督"的呼声中,议长梁善济自知大势已去,悄然从后门退出会场。与此同时,阎锡山以当选都督的身份即兴发表了他的就职演说:"太原虽然光复,不可认为成功。因革命如割疮,我们以往等于医学校的学生,今天才是临床的大夫,亦可以说今天才是革命的开始。原与孙先生约定革命军到河南时山西再动,今不得已而早动,对全局好处固多,而我们的困难亦甚大,愿与诸同志军民本高度的革命精神与清军作战,先求固守。"

二、军事当先,东、北、南三路出兵,扩充战果

1911 年 10 月 29 日,阎锡山当上了山西都督,时年 28 岁,可谓"少年得志"。然而,在得志的同时,他所面临的形势也是十分严峻的。山西成为全国少数几个起义的省份之一,又近在京师肘腋之间。内则政权的交替只是皮毛的改变,诸事繁杂,一时难于摆平;外则需要承受清廷随时可能发动的攻击镇压。对此他自己这样说:"经过整天忙乱之后,傍晚才到寓所接受亲友对我的道贺,因为这一天适为我 29 岁(虚岁)的生辰。在我自己实在没有兴致顾及这些私事,

山西革命党人纪念黄花岗七十二烈士合影

因为从这一天起，革命的担子更深重地压在我的双肩，一切一切都需要亲身处理与担当。"

太原光复的当天晚上发生的一件事情，更加深了阎锡山对于严峻形势的认识。那日晚，阎锡山宿于第 86 标第 2 营中。时近午夜，忙碌一天的他还沉浸在少年得志的喜悦和纷繁的政务之中。突然门卫来报，第 85 标 3 营管带熊国斌带队来见。说话之间，熊声称"我是保护都督来了"，进得门来。阎锡山知熊素与革命党人相左，已有几分警惕。便以"你先命你的队伍架枪集合，集合好后向我报告，我给他们讲话"作答。待熊回转身来，准备行刺时，他先发制人，拔出手枪，将熊击毙（一说熊是阎的护兵击毙的）。阎锡山后来自称，"从献身革命迄今，自分必死而未死的场合，这可说是八次中的第一次"。

熊国斌事件虽以熊被击毙，所部两队收编留下，其余溃散画上了句号，但却给新任都督阎锡山敲了一记警钟——当此新旧更替的变革时期，绝不能高枕无忧，只有安抚民心稳定地方，一鼓作气扩大战果，才是当务之急。

与阎锡山出任都督的同时，同盟会员温寿泉被推举为副都督，当下由都督、副都督牵头，成立了山西革命军政府。并宣布废弃宣统纪元，改用黄帝纪元（仿武昌起义之作法），从四千六百零九年称起。军政府悬挂"八卦太极图"白旗，以取代清朝的龙旗。

军政府成立后，面对千头万绪的问题，注意力首先集中在军事方面，集中在随时可能到来的清廷的镇压和全省的光复上。起义的当天，身为都督的阎锡山做出的第一个重要决定就是"扩充武力，光复全省"。具体做法是：在都督帐下成立四个标，由原有两标起义新军扩充而成。同时兵分三路，向东、北、南出击。东路以姚以价为总司令，赵戴文为参谋长，率第 1 标，兵发娘子关，防堵由正太路来犯的清军；北路以张瑜为总司令，率所部——新编成的第 4 标，攻取雁门关，并向大同进军；南路以刘汉卿为总司令（原第 85 标队官），率所部——新编成的 3 标，南下河东，光复临汾、运城。鉴于情况紧急，责成东路军当日黄昏即行出发，北、南两路军亦先后于 11 月初、中旬分向南北。

也正是因为阎锡山为首的革命军政府忙于军事问题的解决，忽略了省城的卫戍和地方的安定，导致了太原光复之后，兵痞流氓兴风作浪，抢劫殷实商号之不良事件频频发生。起义的当天，就有许多士兵在商号和老百姓家里出出进进抢劫财物。到了晚上，乱兵进而放火烧了藩库。同时，钱商、银号、

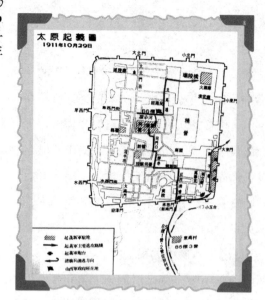

太原起义图

票庄集中所在街市，如麻市街、活牛市、通顺巷、大中市等处均遭放火抢劫。只听见人喊声、枪弹声、犬吠声、火爆声，声声震耳，一夜未停。

维护治安，稳定地方如同军事问题一样成为刻不容缓之事。次日，阎锡山即开始着手解决太原城内的治安问题。他一方面责成副都督温寿泉专司维护省城秩序之事，派出兵队进行弹压，明令凡抢劫者一律格杀勿论，不得姑息；一方面亲自带执法队上街巡查，当场格杀抢劫士兵百余人。由于当机立断，从重处罚，从 30 日开始，太原城内的抢劫之风渐次平息，秩序趋于平稳。

出于安定人心的需要，阎锡山随后又处理了两个有关旧官吏的问题。一是将起义中被义军击毙的巡抚陆钟琦、协统谭振德等"礼葬之"。对此，他的说法是："陆巡抚、谭协统、陆公子，与我们的立场虽异，而他们忠勇孝的精神与人格则值得我们敬佩。因为立场是个别的，人格是共同的。"这番话除了表明他头脑中根深蒂固的传统道德观念外，也表明当时的他虽然举着革命的旗帜，但与被革命所推翻的那个封建王朝还有着藕断丝连的关系。二是对总办姚鸿发、布政使王庆平、提法使李盛铎等保留下来的官员，采取了"劝降任用"的办法，规定凡此等官员，只要顺从新政，即行任用。因有提法使李盛铎出任民政长之事。

在此期间，阎锡山还以都督的名义发出安民告示，告示云：

> 照得本军起义，恢复大汉江山。
> 省垣一朝平定，各县早已均安。
> 省外府厅州县，诚恐不免讹传。
> 土匪乘机抢劫，业经举办民团。

所有村乡市镇，一律保护安全。

凡尔士商民等，切勿误听谣言。

应当各安生业，得以地方为先。

要知本军此举，实与种族有关。

倘敢立意反对，兵到万难瓦全。

三、吴禄贞被刺，"燕晋联军"夭折

以阎锡山为代表的山西军政府成立后，即针对日益迫切的军事问题，做出决定：招募新兵，扩充武装，操练队伍，光复全省。于是在改编新军，组建山西民军的同时，组成"敢死军"，以同盟会员杨彭龄为司令；派专人到各地招募新兵；抓紧时间操练军队。

鉴于"山西在崇山峻岭之中，对清廷影响尚小，顶好是出兵直隶（今河北）正定，一方面可堵住山西的门户，一方面可断绝平汉路的交通。唯感力量不够，又不敢轻作尝试，于是仅先移师一部进驻娘子关，视清廷对我行动，再作攻守之计"。

姚以价受命任山西民军东路军总司令，所辖部队虽然号称一标，实际上主力仍是第85标第2营。10月29日黄昏后，先头部队在新任标统张煌率领下乘正太火车出发。10月30日，东方欲晓，部队到达娘子关。张煌留下一部分人守关，等待总司令姚以价率大队人马到来之后接应；一部分驻守关前约10里之地的乏驴岭；其余人马攻占娘子关东南约15里的晋冀险要通道北天门——旧关。

守旧关的是从平阳府调来的太原镇巡防队一个哨，哨官申洪吉。民军前进到旧关附近，哨兵听得动静，即鸣枪报

姚以价，字维藩，号龙门（1881–1947）

警。民军停止前进，佯称是自己人，不要开枪。少顷，不见动静，遂继续前进。得到关上，已无一人，原来申洪吉已率部逃逸。民军据关以后，遥见一队清军骑兵由东向关而来。来到旧关的张煌亲自率队锁上关门，准备迎敌。清军接近关前时，民军一阵排枪，吓得清军骑兵掉转马头，落荒而逃。

10月31日，守旧关士兵正在整修工事，张煌命令说，前面五六里处的清平原是个紧要关口，遂派右队官尹太钧率本队人马前往防守。接着，姚以价到娘子关巡视，鼓励大家坚守阵地。至此，民军在山西的东部门户——娘子关和旧关，以及前进阵地乏驴岭和清平原，驻守妥当，严阵以待。清平原配备了一门小钢炮，旧关则配备一门英国造的九尺长的大炮。

与此同时，清廷的反击也接踵而来。太原起义虽然迟于武昌，以及湘、赣、陕三省，但是近在咫尺的地理位置，无异于在清廷的后门放了一把大火。光复的次日——10月30日，驻防保定的第6镇统制吴禄贞即奉命，率部进军山西。

吴禄贞，字绶卿，湖北云梦人，毕业于湖北武备学堂。1900年即与唐才常组织过自立军，在安徽大通县起义，失败后赴日本陆军士官学校学习，系士官学校四期生，是早期革命组织兴中会、华兴会的成员。1910年冬起，任新军第6镇统制。武昌起义爆发时，吴禄贞正率部驻防京畿要冲保定。随即，他便联络驻滦州之第20镇统制张绍曾、驻奉天之第3镇第2协统领蓝天蔚，拟分由南北夹击北京（后因清廷有所觉察而不能实现）。

接到出兵山西的命令后，吴禄贞认定"大局所关，尤在娘子关外。革命之主要障碍为袁世凯，欲完成革命，必须阻袁入京。若袁入京，无论忠清与自谋，均不利于革命"。决意与山西联合，以"晋军东开石家庄，共组燕晋联军。合力阻袁北上"。

11月1日，吴禄贞率部由保定南下石家庄。

11月3日，吴禄贞到达石家庄，下榻石家庄车站站长室。

与此同时，吴禄贞一面派所部新任第12协参谋、同盟会员何遂前往山西

姚以价下达的起义军"军法令"

民军的前进阵地娘子关面见东路军总司令姚以价，名为宣抚，实则"与山西民军联系，商讨联合进军北京之事"。一面于11月4日使副官长周维桢持密函到太原面见山西都督阎锡山，当面转达组织燕晋联军的提议。为了迷惑清廷，吴还致电清内阁，谎称山西民军势壮，要求增加兵力。

何遂在娘子关会见姚以价，说明来意后交将吴禄贞致阎锡山的亲笔信转交。信中说："公不崇朝而据有太原，可谓雄矣！然大局所关，尤在娘子关外。革命之主要障碍为袁世凯，欲完成革命，必须阻袁入京。若袁入京，无论忠清与自保，均不利于革命。望公以麾下晋军东开石家庄，并组燕晋联军，合力阻袁北上。"

"正与诸将领及幕僚人员集议如何迎击清军进攻"的阎锡山接信后，权衡再三，决定"先与吴军合歼旗军，以清燕晋联军之障碍。当托周维桢君建议吴将军先令旗军攻固关，晋军击于前，吴军击其后，旗军歼，燕晋联军之举自可实现"为条件，接受"燕晋联军"提议。

11月4日，一列火车满载支援前线清军的械弹、粮食、服装和饷银，由北京开往武汉。火车行至石家庄时，被吴禄贞指挥所部予以截获。

当日，清廷任命吴禄贞为山西巡抚。

早在1908年被罢黜家居的袁世凯，于辛亥武昌首义后，被清廷起用为湖广总督兼钦差大臣，在湖北孝感指挥清军与起义军作战。旋即，又被任命为内阁总理大臣。然而，由于吴禄贞所部扼控石家庄而不敢北上。当得悉第6镇官兵又截获运往武汉前线的辎重后，遂密谋刺杀吴禄贞。

1911年11月5日（农历九月十四），根据事先的约定，吴禄贞、阎锡山在娘子关会晤。吴轻装简从，只带几名参谋人员，深入山西民军的防地，表示了极大的诚意。会晤在友好的气氛中进行。会谈中吴禄贞说："兄弟们！现在山西的成败很要紧，山西独立使京畿震动。我已和20镇统制张绍曾、协统蓝天蔚联系好，山西的军队，张、蓝的军队加上我们第6镇的队伍会师北京是一定可以成功的。现在袁世凯派人到武汉捣鬼，他是有阴谋的。我们如果早到北京，就可以把他的计划完全打破。因此，山西成败关系重大。再则山西是我们中国民族最重要的堡垒。将来中国一时对外有事，海疆之地是不可靠的。那时候，山西要肩负很大的责任。所以，山西要好好地建设。"这一番话，使在场的人无不感动。吴接着又说："现在北京授命我做山西巡抚，我是革命党，这对我

吴禄贞，字绶卿（1970－1911）

真是笑话。阎都督是你们山西的主人，我是替他带兵的。"

在谈话中"述及袁世凯所练六镇新军，除第1镇为旗人，第6镇为吴部外，其余统制，皆为袁之私人，清廷虽忌袁，此时又必须用袁，故九月十一日宣布摄政王载沣退位，内阁总理大臣庆亲王奕劻罢黜，十二日即授袁为内阁总理大臣，袁一入京，则六镇新军为袁用，吾辈欲成大事，必须阻袁入京"。阎锡山对吴的看法，"立即表示赞同"。

吴禄贞的讲话博得与会者的热烈掌声。会议在友好的气氛中，宣告组建"燕晋联军"，"公推吴禄贞为燕晋联军大都督兼总司令，阎锡山为副都督兼副总司令，温寿泉为参谋长；并决定山西民军派两个营开赴石家庄，归吴指挥，共同执行截断京汉路的任务"。然后挥师北上，直捣北京。

娘子关会晤的当天，吴禄贞抱着统帅燕晋联军北上，与张、蓝成功会师北京的坚定信念返回防地石家庄。紧随其后，根据吴、阎会晤达成的决定，划归吴禄贞指挥的山西民军先头部队祖树棠营，乘车出发，抵达石家庄。随后，发《山西革命军公电》到全国各地，电报称：

"各省军政府、各同志、各机关鉴：晋军起义，天人顺应，第一要务，唯在直捣燕京。前以未得东南声息，故据险暂守。嗣知南省联兵悉起，晋军队分二路北攻：一路占娘子关前方及石家庄；一路规略宣、大，现在已抵南口之背。袁世凯拒战无效，近遂别施诡计，时造谣言，谓晋已与彼连合，冀图解散人心；讵知晋军为恢复而起兵，为和而战，一心一德，绝无他念。三晋士民，莫不赞同此义，决不受袁运动。现在唯待东南义军，刻期北伐，直抵燕云，以成大业。树德务滋，除恶务尽，我晋千万同胞，人人皆负此责也。乞代宣布。"

同时，吴禄贞又致电清内阁、军咨府、陆军部和资政院，谎称已招抚山西民军一个协、巡防队二十余营，要求停止战争，并劾陆军大臣荫昌等人在武汉

山西民军抵达石家庄

前线治军无状，应予严行治罪。

组建燕晋联军，截断京汉路，然后挥师北上，直捣京师，在当时的形势下确实是具有远大战略眼光的举措。在清廷惊慌失措、袁世凯立足未稳之时，按计划实施，应该说是可行的。假如得以实现，辛亥革命的历史就会重写。然而令人遗憾的是，这样一个具有战略意义的计划却因为主帅吴禄贞被刺身亡而夭折。

一切都在按照计划进行着。岂料祸起于青蘋之末。燕晋联军的计划，山西民军的开赴石家庄，加上京汉路的被截断，以及吴禄贞对陆军大臣荫昌等人的弹劾，进一步加深了袁世凯与清廷忌惮，必欲杀吴而后快。

吴禄贞"为人虽英爽有魄力，但因事不机密，计划不周，他所部的某统协正是袁世凯的心腹，于是他的革命布置，都被北京的良弼和彰德的袁世凯所侦知"。参谋何遂曾回忆说，副官周维桢在石家庄车站同他讲过这样一件事：张绍曾等电请清政府实施改革，吴禄贞奉派到滦州宣抚时，同行的有军咨府官员陈其采。因陈其采系革命党人陈其美之弟，吴想当然地以为兄既革命，弟至少亦是革命的同情者。于是，竟毫无防备地将联合张、蓝夹击北京的计划和盘托出。殊不知实际情况恰恰相反，陈其采与其兄走的却是两条路。到滦州的当晚陈就不见了，想必是回京密报去了。由此推及，吴禄贞到石家庄后的一切举动当躲不过清廷的耳目。所有的不幸实际上早已种下根子。

吴禄贞与阎锡山达成燕晋联军的协议后，认为前景光明，形势大好，乐观之余放松了警惕，面对危险的处境却不以为然。

1911年11月5日，就在吴禄贞从娘子关返回石家庄的同一天，石家庄来了两个不速之客，一个是第6镇原协统周符麟，一个是军咨部官员陈其采。"周符麟者，第6镇第11协统领，被吴撤职……因此怀恨，久思报复。周东北人，骑兵第3营营长马惠田亦东北人，吴在延吉时（吴禄贞曾任延吉边务大臣），马即跟随吴，吴颇信任其人，故令其为卫队长，狼子野心，吴不知也。十五日（公历11月5日）周到石家庄，到后不谒见吴，即与马惠田等约集军官开会，引诱军官。何遂报告吴，吴说：'不要紧，卫队长马惠田是靠得住的。'天黑时陈其采来，亦与周等开会。何又报告吴：'危险，要警惕！'吴态度仍安详，说：'我有何惧！'不知彼等以银三万两给马，密令其行刺也。"

吴禄贞的无所畏惧和放松警惕使他失去了摆脱险境的时机。6日晚，对周围动向丝毫不介意的吴禄贞与往常一样与参谋张世膺、副官周维桢在石家庄火车站的办公室里批阅机密文件。忽见马惠田带同参谋夏文荣、队官吴云章、排长苗得林等四人走了进来。待吴再看时，"马说：'来向大帅贺喜'，说罢，就从衣服下拉出一支枪来。吴一看不对，一手拉出枪，从窗口冲到小院里，跳上墙。马等连击，吴腿中弹，跌下回击，马等向外跑去，吴在后面追。走到墙外，伏兵起，头部中弹倒地死，并丧其元。张世膺、周维桢同时殉难"。

吴禄贞的参谋何遂在睡梦中被枪声惊醒，出门一看，才发现吴禄贞、张世膺等已经被刺身亡。当他明白是发生了兵变后，悲恸之余，不顾一切地向山西民军的驻地跑去。后来又受到同盟会员倪德薰（普香）的保护，才发现副官齐燮元带领约一个连，臂缠白布，宣布起义。禁卫军的一个旗兵团，听说有人起义，吓得向北逃跑了，武器弹药扔了一地。

吴禄贞被刺对燕晋联军的计划是一个致命的打击。主帅既失，风云突变，原来极不稳固的内部迅速分化——附属的第1镇第1协旗兵，"恐被6镇暗算，抛弃械弹，纷纷逃散"。基本部队第12协，统领吴鸿昌是一个没有正式上过战场的军官，始终以为"稳为上计"，放不开手脚。统制一失，即萌去志。于是在口头答应山西方面，集合第6镇兵马，与山西民军一道，"为吴统制举哀，并誓师北伐"的同时，趁何遂按照事先决定发电报联络张绍曾之机，带着队伍跑到滦城去了。面对一盘散沙般的队伍，第6镇里的同盟会员何遂、孔庚、王家驹、

位于石家庄的吴禄贞墓

刘越西、李敏等束手无策，不得不悉数投靠山西民军。

令人遗憾的是，山西民军亦属初创，力量薄弱，无力趁乱增兵，进占石家庄。扼京汉路而阻袁世凯北上，进而再图北京。无奈之下，原调驻石家庄的山西民军被迫退却，将吴部所遗"几百箱枪弹炮弹，还有几十包大米都装到货车上运往娘子关"。并"把吴禄贞和张世膺的尸体运到娘子关临时埋葬，同时将通往娘子关的铁路破坏了一段"。重新布防于井陉、雪花山等处，以防清军进攻。燕晋联军计划昙花一现即告失败，进军北京的雄图大略也就成了纸上谈兵。

燕晋联军举义北方的计划功败垂成，野心勃勃的袁世凯解除了达到权力顶峰的一个重要障碍，后方得以稳定；阎锡山及山西民军则失却了同北洋军中的革命势力联合反清的一个良好契机。此后，山西的形势迅速逆转。

关于这件事情的因果，《中华民国史事纪要》的分析鞭辟入里，直指要害："吴禄贞之死，使北方革命运动，失其领导，燕晋联军合力阻袁北上计划不克实现，破坏第6镇、第20镇夹攻北京策略。虽仅延迟'满清'数月灭亡，而与袁世凯个人权位关系甚大。倘禄贞不死，计划得以实现，则袁氏夺取政权之阴谋无从实现，此后中国之政局亦将大不相同。"

台北《中央日报》的评论也如是说："兵逼京师的壮举因吴禄贞被刺落幕，但影响却至为深远。关系整个辛亥革命运动的成败至大。吴禄贞当时是北方党人的重心所在，当他据石家庄时，除截留军火，减轻南方革命军所受的压力外，也使山西、陕西保持独立的成果于不坠。等到吴禄贞被刺后，袁世凯顺利进京，北方局面在他的控制下，直、鲁、豫、奉等省的独立运动一一被化解。独立的山西、陕西也在北洋兵力的进攻下，危岌不保。后来袁世凯得能与南方革命军谈判，就是以北方各省作为他的筹码。等到民国成立之后，北方各省尽是北洋的势力。同时，袁世凯认为吴禄贞、张绍曾、蓝天蔚、阎锡山等人，均为日本士官学校毕业生，自是不复重用留日学生。"

对此，阎锡山亦深感遗憾，他说："此一意外祸变，使我们阻袁入京之谋成为泡影，饮恨之深，实非言语可以形容。而吴将军之英俊豪爽，肝胆照人，料事之确，谋事之忠，在娘子关之短短一会，在我的心目中永远留下不可磨灭的印象。为表彰其壮烈精神，特于民国二年（公历 1913 年）发起铸铜像，建石碑，撰文表于成仁地点，以纪念之。"

四、大兵压境，娘子关一朝陷入敌手，山西东部门户洞开

太原光复，民军在华北首树义帜，使山西处于清廷势力的包围之中，幸得吴禄贞作奥援，始有缓和。吴禄贞被刺，燕晋联军计划功败垂成，使山西民军重新处于孤立的境地。面对严峻的形势，阎锡山做出的第一个反应，就是后撤山西民军，布防于井陉、雪花山等处。同时接收吴部所遗枪械辎重，并悉数运回娘子关内。接着，以他为首的山西军政府致全力于筹款练兵，准备应付随时可能发生的突然事变，准备迎击清廷组织的新的进攻。

在此期间，形势急剧变化，11 月 9 日，清廷正式任命袁世凯为内阁总理大臣；11 月 10 日，袁世凯派代表与武昌方面接洽议和。然而，袁世凯出主内阁，不仅没有丝毫减轻山西民军所面临的压力，而且因为燕晋联军的"一箭之仇"，使其变得更加严重。就在袁世凯出任内阁总理后的第五天，11 月 14 日，清廷任命张锡銮为山西巡抚；同日，命北洋嫡系第 3 镇曹锟部，由奉天入关，开往石家庄，准备攻取山西。

11 月 24 日，曹锟第 3 镇从奉天出发，同月 30 日到达天津。遂接陆军部命令，到石家庄待命。阎锡山得知清军的动向后，便通过在娘子关前线指挥作战的姚以价，设法同第 3 镇中的革命党人取得联系，与炮兵第 3 标标统刘某密谋设计

破敌。并亲临前线视察督战。

12月5日（农历十月十五）午夜，第3镇第3标奉命由石家庄乘列车西行，拟开至井陉，然后与山西民军对阵。井陉位于山西、河北交界处，与山西东部门户娘子关遥相对应。井陉到娘子关之间，四面高山林立，如屏如障，中间则深陷下去一块平地，形势就像是一口井。一旦从娘子关穿过谷底平地，占领井陉，即可形成高屋建瓴之势，虎视石门，进能攻，退能守。曹锟恐革命军从娘子关乘虚而入，占了有利地形。故命令炮兵第3标先行出发，沿途疾驶，不许停车，务期以最快速度赶到井陉，在娘子关对面山上布置好阵地，一方面发炮攻击，一方面扼守河北境内之险要。然后亲率步兵乘坐第二列火车接踵而至，对娘子关发动进攻，以期一举夺关。

针对清军部署，山西方面将计就计，事先遣人送革命军帽与标识给刘标统密收。计划待军列开出将到井陉时，随车而行的刘标统率心腹卫士十余人化装成革命军，直下车头，胁迫司机过井陉而不停，直开娘子关。然后以预先埋伏的民军，对昏昏欲睡，措不及防之炮兵发起攻击，并吃掉之。这列军车上不仅有第3镇堪称精壮的炮兵第3标全体官兵，而且有第1协协统卢永祥。这条被称为"驱狼入围，瞒天过海"的妙计，若果能实现，连卢永祥带第3标官兵非死即降，甚至于影响所及，曹锟既已马失前蹄，自己亦贸贸然地坐着第二列车赶来，多一半也是糊里糊涂自投罗网。那么也就自然多了一次重写历史的机会。

然而，后来的事实是预谋不幸败露。过井陉之前，本来刘标统已按事先安排胁制了司机。岂料火车开过井陉未按原定命令停靠的情况，引起了时任炮3标第1营管带的吴佩孚之警觉。原来，吴率队上车后，竟全无倦意。于是两眼望着窗外，一个小站一个小站地熬时间。眼看

曹锟，字仲珊（1862-1938）

着井陉已过，列车仍然不停地向前开去，猛一醒神即觉有变。立马带人穿过好几节车厢，找到顶头上司刘标统，方知发生的变故。可惜正在暗自庆幸成功在即的刘标统，疏于防范，被突然到来的吴佩孚缴械就擒。接着在吴的指挥下，列车紧急停驶，倒退而行，滑回井陉。吴佩孚这一警觉，在为北洋军立下汗马功劳，日后得以青云直上的同时，却使山西民军功亏一篑，不仅失去了一个沉重打击清军的极好机会，而且在大军压境的情况下，痛失雄关，形成败局。

那日夜里，以阎锡山为首的民军领导人在娘子关上枕戈待旦静候佳音。一夜过去仍不见动静，不知是计谋败露，只当是受了刘标统的欺蒙。无奈之中，只好重新部署，据关死守。至娘子关失守，阎锡山在通电全国时还不无痛惜地说："娘子关之役，锡山……一人失算，万众蒙耻。愧对我三军，愧对我父老，愧对我表里形胜之山河！"

就在民军重新部署的同时，曹锟所部也经过相应的调整。12月6日，双方即行交手，寡不敌众，民军退守乏驴岭。由12月8日第3镇大军进攻乏驴岭开始，民军与来犯之敌激烈战斗逾五日。民军的英勇顽强，使得北洋第3镇统制曹锟、第1协协统卢永祥恼羞成怒，竟将请求停战议和的绅民代表残酷杀害。21日，因了南北议和的缘故，袁世凯派段芝贵到井陉宣布停战令。曹锟又以两军酣战，不决胜负，万难制止为由，予以拒绝。民军虽殊死以战，无奈众寡悬殊，渐渐不支。

12 月 13 日，敌军在攻占乏驴岭等险要之后，集中兵力向娘子关发动总攻击。民军抵挡不住敌方重火力的轰击，弃关后撤，曹锟率领他的第 3 镇兵马开进娘子关。山西东部门户——娘子雄关一朝尽失。

五、危急时刻，兵分南北，亲率北路军转战绥包

娘子关为入晋天然险要，此关既失，省城太原自然直面敌锋。而太原则既无屏障可以依恃，又非民军的一统天下。由于阎锡山等民军领导人在太原光复后，主要致力于迫在眉睫的军事斗争和地方治安，而忽略了政治的安定。一帮清朝遗老不甘心退出历史舞台。在清廷任命张锡銮为山西巡抚后，咨议局就邀集了一伙人，准备欢迎新抚，署府局面竟至全行改换。娘子关形势危急，阎锡山从前线返回时，又被咨议局长梁善济闭门不纳，说："北京政府不承认你是革命党（其时南北议和已开，袁世凯有山西不是起义省份之说，以此为北洋第 3 镇进攻山西民军辩护），你如进城，清军就要攻城，全城百姓都要跟着你遭殃。现在你最好到远处避避，等南北议和能争取到北京承认你是革命党人时，你再回来。"

娘子关失，太原难守，从保存现有力量出发，撤出别图，以退为进就成为题中应有之义。早在得到曹锟率兵进攻娘子关的警报之时，军政府中就有"袁奴远交近攻，欺人太甚！唯有一战，不可退让；胜则长驱北上，败则分兵南北，另作计划"的议论。

关失之后，形势扭转直下——总司令姚以价"弃队出走"；民军残部退回省城；内部意见纷呈，有主张毁灭省城付之一炬者，有主张保全省会以图再举者，有主张全军入陕协助陕军起义者……那些清廷遗老们则跃跃欲试，准备彻底推翻革命迎接新抚。面对纷乱的局面，阎锡山在军政府会议上竭力给大家打气：革命的工作是以小胜大，以寡胜众。我们看了历史，凡革命的事业，没有不是经百败而后成功的，今日的失败，正是我们全面发动义军蜂起的机会。之后，说："我主张分退南北，发动民众，再次合攻太原。"

在娘子关失守的危急形势下，阎锡山重提分兵南北的旧话，虽被温寿泉等人看作是其心怀私念，临危失措的举止，提出反对意见；但终因得到了赵戴文等人的赞同和支持而得以成立。于是，阎锡山以军政府的名义于仓促间做出决

温寿泉，字静庵（1881–1955）

定：暂时放弃太原，兵分南北两路，退守晋北、晋南，北路军由都督阎锡山统领，南路军由副都督温寿泉指挥。

娘子关失守之后的第三天，12月16日，根据上述决定，山西民军分兵南北而行。阎锡山偕赵戴文等亲信撤出太原城，率参差不齐的残兵败将，向清廷统治薄弱的（归）绥（今呼和浩特）包（头）一带转进。

数十日的戎马困顿，穷于应对，使年轻的阎锡山亦感身心俱疲。出得城来，暂时摆脱繁杂的军政事务，突然有了一种无可名状的轻松之感。他自己后来谈及此事时说："我乘马出北门，与总参议赵戴文、总司令孔庚（孔庚其实并非由太原同阎一起出发，而是在阎行至五寨时才赶来会合的）、兵站司令张树帜诸同志振辔而行，我自起义至退出太原，历时近五十日，未脱衣，未就床，今日始有如释重负之感。"看来，没有实力的都督也不是那么好当的。

民军撤出后，清军节节推进。1912年1月5日，卢永祥率部进驻太原；10日，巡抚张锡銮由石家庄到并赴任。清军入据太原后，又分兵向南北进攻，北至忻州，南至平阳府，所到之处，大肆抢掠，危害地方。

阎锡山率部由太原撤出，一路北上。沿途先后与从大同、雁门关撤出的孔庚、张瑜等部会合。行至五寨时，吴禄贞旧部、新任朔方招讨使孔庚由大同来投。遂在孔庚建议下，通电全国，声明此行是进军北路。同时发出《致黎元洪书》，建议北伐，称："为今之计宜水师由海道攻津沽，与齐鲁之众联合，缢其腹喉，一师由陆北上。锡山不敏，亦愿率晋军偕同秦豫之师西出燕郊，据其腹脊，务使首尾不相顾，则成功直旦夕间事也。……兵贵神速，亦贵果决，若迟疑不断，则晋孤悬一隅师久无功，将使中原父老望断汉家旌旗也。"

一路北上，一路收容散兵残部。及至到达与绥远一河之隔的河曲时，阎锡山已经拼凑起了大约有3000人的队伍。望着这一支还算可观的队伍，都督阎锡山不由得平添了几分信心。

12月23日，阎锡山率队行进在九曲十八弯的黄河滩上。因偶得同治年间铸造的大炮四尊（炮身镌有"神功大将军"字样），而群情振奋士气昂扬。便乘势集会"盟誓"，"凡我北伐诸同胞，同为汉族，同为军人，自当克尽天职，捐躯效命"，以进一步鼓舞士气。

黄河"盟誓"后，经过短暂的休整补充，北路民军在阎锡山统率下，向绥包转进。

1912年1月初旬，阎锡山兵临包头城下。

1月12日，民军分两路进攻包头，守城清军1500余人闻讯弃城而逃，被民军击溃。包头各界举行仪式欢迎革命军，阎锡山以山西都督身份进驻包头。

进驻包头之后，阎锡山首先安民告示：改包头为包东州；接管盐务、垦务机关；开监释囚；整军扩军。接着，继续展开军事行动。

1月20日，民军进攻萨拉齐，大败谭永福的清军巡防队，清军溃退刀石村。

1月26日，民军与据守刀石村的清军接战。因连克两城，民军产生了轻敌情绪，致使指挥官统带王家驹阵亡，进攻受挫。

1月28日，民军在刀石村失利后，兵不血刃和平进驻托克托，阎锡山随军入驻托城。

六、折冲樽俎，以退为进返省复任

阎锡山率部北上绥包后，全国形势急剧变化。

1911年12月18日，南北和议开始。

12月25日，孙中山先生由海外归国抵达上海。

12月29日，南京17省代表会议选举孙中山为中华民国临时大总统。

1912年1月1日，孙中山在南京宣誓就任中华民国临时大总统。

与此同时，作为议和的条件之一，南方代表提出了山西等省停战问题；清军占据太原后，又复行撤出南下。

在上述情况下，1912年1月中旬，即有山西咨议局副议长杜上化所遣之代表赴绥邀阎锡山返省主持。因其时局势尚未明了，他未置可否。民军进占托克托后，太原方面再次派人持咨议局的公函往邀。其时，阎锡山见南北议和已接

孙中山与总统府职员合影

近尾声，许多问题已趋于明朗化，遂以清军已增兵，难以得手为由，否定了孔庚等一再坚持的攻取归绥的主张，决定南下返省。

据自起义开始一直追随阎锡山的张树帜称："阎都督以托城既得，筹划进攻归绥之策。适有赵熙成奉清抚李盛铎（太原光复前的山西提法使。民军撤出太原后，张锡銮未到任前，李曾以布政使护理巡抚）及咨议局公信，仍请都督停战，克日旋省。是时都督与赵戴文、杨沛霖等俱持南旋主意，唯总司令孔庚、参谋李毳，以王家驹阵亡，若不歼灭归化（即归绥）满虏，无以对死者。兵站司令张树帜亦主进攻归化，组织军政府，为民军根据地。数日间意见分歧，南旋与否，未能解决。嗣后张树帜以军士皆动归思，无有斗志，亦劝孔庚改北伐为南旋。孔庚勉于众意，然为王家驹复仇之心，终不能忘。"

决定返省后，为"师出有名"，2月5日，阎锡山发表通电，报告"山西局势及演变经过"。称："锡山督师无状，兵败娘关，放弃太原，罪尤万死。……山川阻深，邮电隔绝，满腔心血，无可告语，唯以共和未成，徒死无益，乃与副都督分投南北，相约太原以南副都督任之，太原以北锡山任之，由是赴雁门、临保德，集合朔方诸军共计8000余人，由府谷渡河，取道归绥，并约秦、蜀两军同践旧约，会师北伐，自为秦晋蜀北伐先锋队司令官（入包头后，阎确曾称秦晋蜀北伐先遣军大都督），期与南方北伐队互为声援。幸而大军齐至，包头、萨拉齐之清兵，望风自溃，归绥行将欲下，突有南来侦兵传到代表伍翁真、蒸两电，殊属进退维谷，进则恐违临时政府之命，退则恐蹈太原议和（太原光复后的11月中旬清廷曾派山西绅商渠本翘为宣慰使，摆出议和的架势，同时又在积极准备镇压，议和遂不了了之。继之而来的就是北洋第3镇攻打娘子关——作者）

之故辙。加以太原咨议局不足为全晋人民之代表，一误再误。山西一隅不足惜，其如中华民国之大局何？用特不揣冒昧，遣员返忻，电恳仍认本军政府前派到刘绵训、李素、刘懋赏三人为山西国民会议代表，所有太原咨议局及所派代表，全晋人民决不公认。锡山当谨遵电示，不日返旌太原。"

2月6日，阎锡山复电南京和议代表伍廷芳，"请电袁照约撤退清兵"。

一切打点停当后，2月7日，正式下达返省令，改"北伐"为"南征"，号令"回攻太原"。

2月9日，阎锡山率部由托克托出发南下，依两个月前北伐时的路径南返。2月17日（农历辛亥年除夕），抵达晋西北重镇忻州。

就在阎锡山返抵忻州的前五日，1912年2月12日，清朝末代皇帝溥仪宣布退位，清廷延续了二百余年的专制统治宣告结束。在五色旗猎猎遍城野，一片共和声中，阎锡山被迎进了忻州城内，这与两个多月前北上时的情形确有天壤之别。

正当阎锡山踌躇满志，打算在忻州稍事停留即行返省，复位都督之时，却接到了逼宫告成，即将登上"中华民国临时大总统"宝座的袁世凯"就地待命，不准擅自行动"的电令。与此同时，抵忻州的次日，接获北洋宿将段祺瑞电，嘱在忻州小住，勿攻太原，俟清抚张锡銮退出后，再行回并。这对阎锡山来说无异于兜头一瓢冷水，浇了一个透心凉。

袁世凯逼清帝退位，意在"自重"，本与共和无关，实为司马昭之心。作为一个野心家，袁世凯决不会容忍"卧榻之侧"，有他人"酣睡"，所以停战在即尚纵容北洋第3镇攻晋。为彻底消除山西民军势力，在后来的南北和议中，北方代表又以都督出走和起义初期的掳掠行为为借口，提出不承认山西为起义省份。此番鉴于南北议和的结果，阎锡山及其民军就要返省，更为袁世凯所不能容忍。于是便亟亟于在取得临时大总统名义的次日（2月14日临时参议院在接受孙中山辞职后，选袁世凯为第二任临时大总统），给了阎锡山一个当头棒喝。阎锡山在不知个中原委的情况下，只好暂住忻州，以求转圜。

其时，虽就全国来看，停战早已实现，然而，由于袁世凯对民军势力的成见和必欲去之而后快的心理，入驻山西的清军却迟迟不作撤出的打算。加上都督返省受阻的情节，就不能不成为一个明显的原则性问题，故而得到孙中山极大的关注与重视。2月以来，孙先生亲自数次或通过和议代表、或直接电袁世凯，要求清军退出山西，召还晋省都督。对于袁不承认山西为起义省份之议，孙中山表示："此议我们决不承认，宁可和议决裂，不能不承认山、陕的革命同志。"

在孙中山先生为其力争的同时，阎锡山自己亦设法通过各种关系和手段进行试探和疏通。他一方面以退为进，提出辞呈；同时，通过原军政府所派山西国民会议代表向孙中山建议以狄楼海（山西人，同盟会员）为宣慰使，出面调解。狄氏遂于3月7日，以宣慰使身份分电大都督、民政长（清帝逊位后，已改巡抚为民政长，山西民政长由李盛铎署理）及咨议局、国民公会、各报馆，提出："公恳阎都督，顾全大局，力任其难，毋固言辞职"；"安插未撤驻兵，取消河东军政分府（温寿泉南下后，在晋南组织的临时政府——作者），以定统一机关"；"调和旧日意见，急收各属人望，以期一致进行"等七条意见。阎锡山即刻复电，以"政府爱晋，简君宣慰使，且感且喜。条示政见，具见我公关怀桑梓，顾全大局，唯山一节，则自审才力薄弱，绝不敢肩此重寄，只以接替无人，未便遽行脱卸"等语表示响应。

另一方面，多方展开说项。一是由孔庚以同乡之谊游说黎元洪。黎自武昌起义阴错阳差做了湖北都督后，扼重兵坐镇长江上游，颇为各省所看重，黎的向背无疑颇具分量。二是通过董崇仁直接向袁世凯疏通。董氏乃山西定襄人氏，因祖上几代包揽皇宫工程，得以出入宫廷，混熟了宫中的太监、王公，并因此与袁世凯有了较深的交往，阎锡山认定董崇仁能向袁世凯说项，便当面请托，以求疏通。

在忻州受阻，疏通返省的问题上，阎锡山折冲樽俎的本领得到了初步的施展。由此也不难看出，身任都督的他已非昔日坚拒姚鸿发以5000银元贿买协统的建议的那个阎锡山，他决不肯丢掉得之不易的都督宝座，他要想方设法保住自己的地位。

经过以上一系列的运作，事态迅速出现转机。3月10日，袁世凯在北京宣誓就任临时大总统。碍于各方面关系，遂不得不于3月15日下达阎锡山为山西都督的正式任命。同时作为交换，亦正式任命李盛铎为山西民政长。

4月4日，阎锡山在滞留忻州将近五十天后，率部返省视事。这一年是民国初年，亦即公元1912年。

阎锡山 一生

· Biography of Yan Xishan

第六章

政坛小试

一、着手削平"山头"，实施省政"统一"

复任都督后，阎锡山面对的是一个极其繁难的局面。社会上，由于清军的掳掠骚扰，地方不靖，治安混乱；政治上，风云变幻，人心不安；组织上，省城的督署与晋南的河东军政分府各行其事，缺乏统一；民军内部，则滋生了居功自傲的情绪。这时的他，虽因少年得志的缘故，权力欲日增，但毕竟年轻气盛，决心"革故鼎新"，一展抱负。于是，复职伊始，便着手省政建设。

鉴于政令不一，兹事体大，他首先向河东军政分府开刀，动手"削平""山头"。温寿泉率南路军转战晋南时成立的河东军政分府，虽属临时机构，但地处晋省南部的棉麦产地，富庶之区，依恃优越的自然条件，试图相对独立。故前此狄楼海有"取消河东军政分府"之意见，温寿泉亦有撤销副都督名义，撤销河东军政分府的表示。阎锡山返省后，立派专人迎温回省，随即任温为军政司长。但河东军政分府实际上并没有撤销，仍在担任旅长的实权人物李鸣凤、张士秀掌握之下，对阎锡山持不合作态度，自行其事，不受督署节制。为了彻底削平这个"山头"，达到政令的"统一"，阎锡山对李、张大张挞伐。先以统一财政为由，任巡警道南桂馨为河东筹饷局局长，至晋南筹饷。后又借南与河东方面发生冲突被李鸣凤等人囚禁之事，大作文章指责李、张叛乱，致电北京，造成北京政府派驻河南的毅军统领赵倜率军将李鸣凤、张士秀逮捕，解到北京的结局。李、张一去，河东军政分府不解自散。

除掉河东军政分府之外，可以称得上"山头"的还有一个忻代宁公团。忻代宁公团是续桐溪（西峰）、弓富魁等人在太原光复后，集结忻县、定襄、崞县一带的同盟会员，由都督阎锡山拨发部分武器，组建的一支武装力量，曾攻取过代州城、也曾协助张瑜攻打过雁门关，一度还进入大同城，人数最众时达3000余。南北议和实行停战后，由大同撤出，移防于代县、五台、崞县地区。公团领导人续桐溪自恃才高，一贯与阎锡山不睦，实际上亦不受阎锡山节制。适逢袁世凯就任临时大总统后，通令各省裁减军队，山西只准保留一师，其余

续西峰（左三）与忻代宁公团同志弓富魁（右二）、贺炳煌（右一）在一起

解散。阎锡山便一方面以此为由挟制续桐溪解散公团，一方面给续本人许以巡警道一职。经过多方着力，续桐溪就范，出任巡警道，忻代宁公团宣布解散。到此，南北两个"山头"终被阎锡山一一削平。

"山头"的削平并不意味着天下太平。由于政治风云的激烈变幻，新旧事物的迅速更替，必然带来一些不容忽视的问题，这在当时的山西则集中反映在新旧两派的矛盾上。新派以谷思慎、黄国梁等为代表，多系留学生、同盟会员和革命的同情者；旧派则以杜上化等为代表，主要是一批科举出身的前清官员。新派在太原光复时起了先锋的作用，以共和的功臣自居，目空一切；旧派则自认虽非革命者，但亦没有阻挡起义，且于光复后的过渡时期在稳定人心、维持地方秩序方面起了不可忽视的作用。新旧两派各不相让，互为排斥。这样，协调好新旧两派，理顺关系就成为厉行"统一"的重要一环。所以，阎锡山从施行"统一"，稳固自己的地位出发，在削平"山头"的同时，也十分注意平衡关系。他权衡利弊，左右逢源，既重用新派，照顾新派利益——军政方面的重要职位交新派任之，如以赵戴文任秘书厅厅长、孔繁霨任参谋司司长、黄国梁任军政司司长（一度改由温寿泉但任）、刘绵训任司法司司长、王大祯任实业司司长等；又适当地拉拢、利用旧派——将徒有虚名的职位让给旧派做，如继李盛铎之后又先后以周渤、赵渊等任民政长（民政长虽为一省行政长官，但在民国初年的特殊历史时期，多得听命于都督），如推举杜上化为临时省议会议长等等。除了一系列人事安排之外，他对那些旧派前清官员表现得十分恭敬，常常拿一些事务去请教，以博得旧派官员的好感，保持平衡。这样，随着时间的推移，在新旧两派矛盾渐渐淡化的过程中，阎锡山在山西政坛的地位也得到了巩固。

复位之初，在厉行"统一"的同时，阎锡山还施行了军队的整编。山西旧有新军两标（第85、第86标），太原光复后，扩充为四标（系出于军事斗争的需要，并无十足兵员）。其时根据北洋政府的通令，核准整编为一个师，以孔庚为师长，下辖两个步兵旅，旅辖两团，共四团；师又直辖骑兵团、炮兵团各一个。从而加强了部队的战斗力和正规化程度。

二、顺时应势，推行"新政"

进过新学，留过洋，接受过近代文明的阎锡山，不管他在权力的问题上怎样替自己打算，怎样为巩固自己的既得利益而不遗余力，但是，有一点是可以肯定的，这就是他对那些摧残民众身心健康之旧文化旧风俗所持有的否定态度。如同对科举制度的深恶痛绝一样，他对数千年封建社会演变而来的女人缠足、男人蓄辫等落后愚昧风俗一如既往地表示反对。他当权之初，虽辛亥革命的成果落入袁世凯手中，但作为历史的潮流，共和开始深入人心，除旧布新正逢其时。于是，便顺时应势在山西推行以放足、剪辫、兴学堂为中心内容的"新政"。

说起阎锡山推行"新政"，真还有不少故事。

话说阎锡山1912年4月4日返并复任山西都督，是年为民国初年。复任不庶日，即通令全省男人剪辫子，女人放足。与此同时，提倡兴办学校。规定"听从者奖，违抗者罚"。"新政"率先在其家乡五台、定襄一带推行。

为了在家乡先行一步，搞好示范，阎锡山委托他在五台习商时结识的朋友、亦曾留学日本的同盟会员康佩珩负责，联合当地士绅名流，在河边村邻近的东冶镇，搬掉"十虎神庙"里的神像，设立"保安社"，作为专门机构，推行放足、剪辫，维护地方秩序。

康佩珩年轻好胜，对阎锡山的"新政"表示了极大的热情，他率先垂范，从自己家里做起。首先动员妻子、弟媳放足。当动员不能奏效时，即行威胁，有"你不掺（方言，意即解开——作者）脚板子，我枪毙了你"之语。在软硬兼施下，康之妻及弟媳还是带头放了她们的"三寸金莲"。一波未平一波又起，康佩珩在迫使家中女子放足后，又动员其父及弟弟们剪辫。据说为此康被他的父亲臭骂一顿，说："叫你到东洋学本事，想不到你回来却要我的命！"康遂以"你不剪辫，我就不能出去做事"，苦苦哀求，终于说服父亲与五个弟弟剪去了辫子。

由于手下一班人的努力实施，动员、强迫双管齐下，放足、剪辫在五台的几个大集镇迅速推行开来。具体做法是一方面树立典型，现身说法；一方面在行人过往的要道上设立关卡，由保安社派人盘查，强行剪、放。

缠足、蓄辫是延续了成千上百年的陋习，要想一朝革除，并非易事。因此，必然要遇到阻力和抵制，康佩珩家中开始演出的那幕，只不过是一个小小的缩影。果不其然，阎锡山剪辫、放足的"新政"招致了一帮守旧派的极力反对，及至事情从河边村闹起，直到诉诸武力。就在"新政"开始推行后不久的一天，河边豪绅曲汝霖等纠集邻村镖头（武术师）及习武练功之人一千余名，包围了阎锡山家的府邸，扬言要烧房子、杀人。在挟持阎父书堂后，分两路前往东冶镇保安社。在保安社里，这些人不听康佩珩等的劝解，蓄意闹事，与社中武装发生冲突械斗，竟将两名保安社成员打死，酿成了流血事件。事件发生后，阎锡山采取强硬手段，处死了为首的曲汝霖，以儆效尤。接着由保安社出告示，制定乡规民约，局面终于一步步打开。

阎锡山注重以经济手段解决问题，他对于剪辫、放足的奖罚规定是切实施行的，以放足为例，就有放足者奖小洋二角（一双袜子钱），拒不放足者罚款一元的规定。他这样说："女人们放了脚，不缠裹脚布，也得穿双袜子吧！有钱人家好说，穷人家的女人也不能叫光着脚板子走路。每人发给两毛钱，扯上三尺土布，够做一双袜子。"

此外，阎锡山还发动了广泛的剪辫、放足的宣传运动。一时间，小学生们胸佩上书"不娶缠足的女人"之布条，出入于集镇街肆，几乎成了山西的一大景观。

由于极力推行，剪辫、放足在民国初年的山西即取得了一定的成效。但是，作为封建社会的残留物，蓄发、缠足的彻底根除必须假以时日。以至到1917年阎锡山开始推行"六政三事"时，仍须旧话重提。

在推行剪辫、放足的同时，阎锡山还提倡创办学校，并以此作为其"新政"

77

建于庙宇学校旧址上的河边生活学校

的内容之一。限于经济条件，他倡导各地发动群众搬掉神像，以庙宇作教室，兴学办校。此风也是从五台、定襄一带刮起，然后推及各地的。

阎锡山的这些"新政"，尤其是搬神像建学校的举措，多不为世人理解，一些守旧分子更是诽谤有加，以致当时在五台、定襄地区流传着这样一首顺口溜："初三十三二十三，河边出了个阎锡山。阎锡山灰拾翻（方言，意即胡折

阎锡山出资一万元在河边村创设以父表字命名的"子明慈幼院"，用来收养当地孤儿和贫家子弟

腾），剃了辫子留了洋，搬了神像立学堂。"

三、联合各省都督，阻挠袁氏集权

袁世凯窃据临时大总统职位，是辛亥革命的悲剧，是资产阶级革命派的悲剧。袁世凯作为封建残余势力的代表，上台伊始，即与民主政治格格不入，他任用私人，破坏责任内阁，独断专行，引起了各省都督的不满与反对，于是各省联合展开了一场阻袁集权的活动。在这场活动中，阎锡山与众都督电报往来，发表意见，表现得极为活跃。

1912 年 5 月 25 日，广东都督胡汉民致电阎锡山，反对中央集权，主张各省分权。7 月 12 日，江西都督李烈钧亦致电阎锡山，在列举袁世凯操纵的北京政府，"极端集权，实行军民分治，收军权财权暨一切重大政权，悉褫中央，惧各省都督之反对，则大借债，以操纵之，虽失权于外人，亦在所不惜"之做法后，提出"以地方监助政府，不使政府操纵地方，庶失权外人，复陷专制之险象，或可消弭"。

对于胡、李提出的问题，阎锡山亦有同感。他在收到李烈钧电报一个星期后的 7 月 19 日，给李复电，在引经据典说明地方分权之利与中央集权之弊后，称："尊电极言中央集权之非，欲以地方监助政府，不使政府操纵地方，卓识伟论，锡山深表同情。唯锡山尚有请者：现当建设时代，伏莽未靖，军政民政其权不容分属。为今之计，首应取消军民分治之说，仿中国行省旧制，与各国属地总督之例，授各省都督以行政特权，限以年岁，使其厉行整理，因循玩忽，届期不举者，严加惩处，使政府与地方互相维持，互相监督，庶政府之野心不萌，而各省亦不致逾权越限。"在对"反对中央集权"的意见表示赞同

袁世凯，字慰亭，号容庵（1859-1916）

的同时，进一步提出在各省"取消军民分治"，从而把议论的中心转移到推动实行"军民合治"的实质问题上。

此后，阎锡山与各省都督文电往来，共商"反对中央集权"、"实行军民合治"大计。

7月27日，胡汉民再电阎锡山，指出："民国初建，百废待举，各省都督，允宜联合一致，结一坚固之团体，方足以进行要政，保障共和，对于中央为有力之主张，对于各省期一致之进步。从前各省之于中央，只有翘首望治之心，绝不实行监督，遂至政府成立数月，绝鲜良好之效果。此时各省宜改变方针，中央政府如能实力图治，则拥护维持之，如仍照前补苴敷衍或有不当之举措，足危民国者，则联合力争之。务使心志齐一，方能举监督之实效，素仰血诚救国，谨为国民请命。即乃极力提倡，联络各省，一致行动，民国幸甚。"

阎锡山接电后，迅即响应，于7月29日通电全国，"盼各党牺牲党见，共维国家信用"。

接着，于7月30日再电李烈钧，表明，"敝处前电已承转达粤都督采择，感甚。陕、滇、黔各都督处，当即遵示电催。"

同日，致电陕、贵二督，告知"赣都督连日来电，极论军民不宜分治，联合各省力争，事关安危问题，敝处极表同情，并电催各省联名会电中央"。并江苏都督程德全来电，提出"中央政策不妨发布，而对于各省须分别施行"。

8月2日，复电程德全，就军民合治问题交换意见。电文曰："民国肇造，百为纠纷，治军治民，处处有连带关系。晋自实行分治，遇事扞格甚多，忍之则百端颓废，不忍则龃龉丛生。补救调停，困难万状。徒以官制尚未交议，虽不便首先违异，亦不敢遽表同情……顷接京友确报：东三省、河南、陕西，对于总监之任命，均有电反对，政府已将省制、省官制及省议会法三案撤回，似对于军民分治问题，大有转圜之机。敢请斟酌妥善，乘便进言。抑锡山犹有进者：晋省系实行分治省份，似不妨声明滞碍情形，身受者言之较切，或能耸动听闻。如以为然，俟胡都督寄稿到宁，望即裁核，挈名译发。"请程联名上书，取消军民分治。

如此文电往来，在从7月19日到8月中旬不到一个月的时间里，竟达十数次之多。这次反对集权的政治行动虽然由于袁世凯的一意孤行，并没有什么实质性的效果，但却成为此后地方实力派一系列反袁斗争的先声。对此，阎锡山在回忆录中如是说："这一联电力争的行动，李烈钧同志和我曾广为联络，经过一个多月的努力，明白复电给我不表赞同的，只有四川都督胡景伊，积极表示赞同的，则有湖南都督谭延闿，江苏都督程德全，奉天都督赵尔巽。……结果这一行动并没有收到预期的效果，反益增中央对地方之疑忌。这是二次革命以前的一件事，亦可以说是二次革命的前因。"

四、孙中山先生巡晋，称赞"山西襄助共和之功"

辛亥革命后，一些同盟会员鉴于"不良之政府虽倒，而良政治未尝有也"，以及政治团体纷纷涌现、同盟会已由一秘密结社变为公开政治团体的现实，试图通过议会道路，掌握国家政权。为此，他们积极开展政党活动，于是有了国民党的诞生。1912 年夏秋之际，宋教仁在孙中山、黄兴的帮助下，以同盟会为基础，几经曲折，与统一共和党、国民公党、国民共进会、共和实进会达成了联合共组国民党的协议。8 月 25 日，国民党在北京举行成立大会，发布《国民党政见宣言》，推举孙中山为理事长。阎锡山作为同盟会员，也就当然地成了国民党员。同时，他与张继、于右任、李烈钧、胡汉民等 29 人被推为参议。

国民党召开成立大会时，适逢孙中山先生应袁世凯之邀赴京晤谈，"共商国家大计"。原来孙中山先生于南北议和成功，让位于袁世凯后，决心致力于经济建设。袁世凯遂顺水推舟，授予他"筹划全国铁路全权"，以使其埋头建设不问政治。此次应邀赴京，即有顺便考察各省铁路，巡视地方建设情况之打算。

孙先生到京的消息传出后，山西各界人士群情振奋，热切盼望先生能亲临山西视察。阎锡山顺应民情，一面致电中山先生，表示"此间铁路实业及诸要政，俱待先生解决，请速示行期，以便通告各处"。敦请早日赴晋；一面特派代表赴京迎迓。先生接电后，当即回复："此次来京，本拟游晋，以领诸同志大教。乃先辱蒙电招，感激无似。一候事竣，即当奉命。"并确定在京之事办毕后，起程赴晋。

1912 年 9 月 17 日午，孙中山先生在阎锡山所派代表的陪同下，离开北京。为了考察铁路，先生特邀交通部的叶恭绰一同到山西。

1912年，阎锡山与孙中山合影

中山先生巡晋，是民国初年山西人民政治生活中的一件大事。有鉴于此，山西方面组织了隆重的欢迎场面。9月17日下午6时30分，专车抵达石家庄，即有山西老同盟会员景梅九专程等候迎接。同时，山西都督派出卫队200名抵石家庄护卫。次日上午8时，专车自石家庄出发，正午时分到达山西境内的岩会站。都督阎锡山早已在站上伫立恭候。车一到站，阎锡山即上车与中山先生晤面，并陪同前往太原。下午5时左右，专车到达终点站省城太原。各团体到车站迎接者达3000余人，只见军乐齐鸣，欢声雷动，热烈至极。欢迎的队伍从火车站一直排到新南门内大街。许多人为一睹孙中山这位革命先行者的风采，自发地涌上街头，把一条新南门街挤得水泄不通。中山先生在阎锡山的陪同下，乘坐特备的马车，一边向欢迎的群众频频致意，一边穿过大街，驶向省议会。

阎锡山自从日本回国后，三年多的时间没有与孙中山先生谋面。三年多的时间里，中国已经发生了翻天覆地的变化，昔日谋划的革命虽已实现，但仍有许多不能尽如人愿的地方。阎锡山虽已"贵"为都督，但初出茅庐的他尚感底气不足，必须借助于外力的作用，需要对他的一些做法做出必要的解释。因此，就在孙中山先生抵达太原的当天晚上，他即与先生作了一次长谈。

谈话是在孙中山先生下榻处进行的。

谈话开始，孙先生问："你原与我约革命军到河南后，山西出兵接应，你提早在太原起义，对革命之影响很大。"

阎锡山解释道："我早动作，是出于不得已。山西巡抚陆钟琦之子亮臣，为我日本同学。陆巡抚有感革命势力之威胁，调其子亮臣来晋对我说：'山西不要早有举动，大势需要造成革命时，可整个赞成。'但不数日，陆巡抚命令山西新军两标，1标开平阳府，2标开代州，调巡防队七营接太原防务。并令黄国梁的1标先开拔，我的2标后开拔。我认为这是反革命的布置，开拔之日，不得不于1标弹药到手之后，即冒险发动。"

孙先生表示理解地说："我与清廷议和时，最后争执的就是山西问题，我坚持一定要将山西包括在起义省份之内，和议几陷僵局。但因我力争，方才奏效。"

话题还涉及到吴禄贞被刺，以及燕晋联军等问题。对于吴禄贞的被刺和燕

1912年9月19日，山西同盟会支部欢迎孙中山先生纪念

晋联军的夭折，孙先生表示了深深的惋惜。

事先的接触和交流，加深了彼此的理解和认识。因此，孙中山先生对山西革命党人及其阎锡山本人颇多赞誉。

9月19日上午，孙中山出席山西军政界在山西大学礼堂举行的欢迎会。

首先由阎锡山宣布开会，继由马甲鼎代都督致欢迎词，称："中山先生提倡革命，奔走海外者二十余年，卒举禹域四千年专制淫威摧除廓清，以成共和之制，高勋隆绩，近古以来所未尝有也。"

接着，孙中山以"建设时代要比破坏时代加倍牺牲"为题，发表了热情洋溢的演说，高度赞扬了山西响应南方起义，牵制清军南下的功绩。他说："去岁武昌起义，不半载竟告成功，此实山西之力，阎君伯川之功，不唯山西人当

感戴阎君，即十八行省亦当致谢。何也？广东为革命之原初省份，然屡次失败，'满清'政府防卫甚严，不能稍有施展，其他可想而知。使非山西起义，断绝南北交通，天下事未可知也。今日五族共和，天下一家，建设方法非各省联络一气，同舟共济，万不足以建稳固之基础。""必要我四万万同胞，一齐努力，

1912 年 9 月 19 日孙中山在太原与起义人员合影，前排左六为孙中山，前排左七为阎锡山

方可以造成共和自由幸福。且今日幸福，虽人人皆知，而幸福真谛，究竟尚未达到，此时不过有幸福之希望而已。但既有此希望，即须以此为目的，务必达到，而后可享真正幸福。所以当建设时代，还要牺牲个人，为大家谋幸福。"

同日中午，孙中山出席山西农工商学界在劝工陈列所举行的欢迎会，发表题为"吾人必牺牲目前小利以求将来之幸福"的演讲，指出："革命虽成，而吾济不能暇豫以处，天下事往往破坏易而建设难。今日最要之事，乃各省当统一是也。晋省于民军起义之际，即立此好榜样，则今后于中国重行建立之事业，亦当为各省模范……革命非即能使中国富强也，不过借此过渡，以达彼岸。吾人必牺牲目前私利，而求将来之幸福。"

同日下午，在阎锡山以都督名义举行的欢迎会上，孙中山以"山西赞助共和之功"为题，再次发表演讲。演讲称："武昌起义，山西首先响应，共和成立，须首推山西阎都督之力为最。今非享福之时，尚须苦心建设十年后，方可言享福。文摒弃一己权利，为四万万同胞谋幸福，愿与各位共勉之！"

9 月 20 日，孙中山出席山西军界欢迎会，发表演讲，谈"军人的责任即在

国防"。他说:"去岁革命成功,全赖军人之力,方今维持民国,亦须赖我军人。军人责任即在国防一方面,因二十世纪立足于地球上者,群雄角逐,未能至于大同时代,非兵力强盛不能立国。是立国之根本,即在军人。""我辈军人不愿中华民国亡,中华民国就可以不亡。诸君人人皆能以国家存亡为一己之存亡,何忧外患!"

孙中山先生在太原一共逗留了三天。其间,除出席各界欢迎会外,还在阎锡山的陪同下会见了山西的同盟会员、游览了太原城、考察了实业情况。当他了解了山西的资源情况后,遂很有远见地提出,"在山西设一大炼钢厂,制造最新武器,发展独立的军事工业,以供全国扩张军备之用"。中山先生当年的

孙中山给阎锡山的题词:博爱

提议,为山西后来的工业发展道路提供了基本框架。

据阎锡山回忆,孙中山先生离开太原时,特嘱他:"北方环境与南方不同,你要想尽方法,保守山西这一革命基地。"

孙中山先生亲临巡晋及其间的一系列演讲,在充分肯定太原起义光复于辛亥革命之地位的同时,高度评价了阎锡山个人的力量和作用。其本来用意是在于鼓舞勉励革命党人,"牺牲目前私利,而求将来之幸福"。然而这一切也在某种程度上为阎锡山个人提供了政治资本,成为阎锡山在此后的政治角逐中,从维护既得权益出发,疏远当初同志,翻云覆雨的"护身符"。想来这是孙中山先生所始料未及的。

9月21日上午,孙中山结束了他的山西之行,乘车离开太原。

五、反对沙俄侵略，力主武力征蒙

1912 年 10 月 9 日，阎锡山被北京政府授予陆军中将，加上将衔。同期受衔的还有蔡锷、李烈钧等。也就是在这个时期，发生了沙俄插手分裂蒙古事件。

俄国处心积虑，图我外蒙古，已有历年。清宣统三年，外蒙古各地受俄国胁持，已纷纷独立，驱逐中国官吏和军队，俄使并曾向清廷提出蒙古自治与中国不得在外蒙古驻兵，不得向外蒙古移民等条件，但清廷均未予承认。民国元年，中国政府正拟进兵外蒙古，维护领土主权之完整，忽接俄使照会：若中国进兵，俄当干涉。进而于 11 月 8 日迳以私下炮制的"俄蒙条约"通知中国外交部，公然将从前向清廷所提而未承认的条件列入条约之中，俄国扶助蒙古编练军队，且在蒙古享有特权，中国政府虽严词拒绝，但已成事实。

沙皇俄国觊觎外蒙古的行径，激发了全国上下的民族义愤，纷纷要求政府采取强硬态度。外蒙古邻近山西，也是晋商从事边境贸易的一个主要市场，从维护国家主权和省境安全、地方经济利益出发，阎锡山竭力反对分裂蒙古，力主出兵征讨。

阎锡山当时认为"俄国乘我民国新建，力量未充，夺我主权，攫我领土，吾人断不能坐视我版图内之一部，不亡于前清专制之时，而亡于民国告成之日，无论外交折冲能否有效，均应以武力为其后援"。

1912 年 10 月 11 日，当沙俄对外蒙古的领土野心渐趋明朗，"探闻外蒙古派白彦台吉带胡匪蒙兵多名潜袭归化土默特，确有候补佐领图森额塔清阿潜往库伦，暗结内应"时，阎锡山即致电北京政府大总统、国务院、陆军部，要求："援前清成案（指清代每年 10 月即派军队前往山西朔平、宁武一带驻扎固边的做法），酌派陆军两营分扎旧日出防地点，略加变通，化散为聚，剿防兼顾。"

北京政府无视举国一致的反分裂情绪，坚持所谓的"外交解决"。于 10 月 28 日，通令全国："民国初兴，根本未固，为免造成列强群起环争，将由中央循外交途径，维护领土完整。而各省都督则应练兵筹饷，以为来日军事需要时，护卫国防。"同时着令严加取缔以私人或团体的名义，自由组织敢死队或征蒙队。

政府的禁令并没有彻底打消阎锡山征蒙的念头。在沙俄将其与外蒙古傀儡政权（1911 年 12 月 1 日，沙俄趁我国政权更替之机，扶植活佛哲布尊丹巴成立所谓"大蒙古帝国"的傀儡政权）签订的严重侵犯中国主权（规定沙俄在外蒙古享有训练军队、自由居留、控制外交、免税贸易等特权；中国军队不得进入外蒙古，汉人不得移居外蒙古）的所谓"俄蒙条约"照会北京政府后，11 月 13 日，他再次致电大总统、国务院，及参谋部、外交部、陆军部。表明："俄助蒙古独立，订定协约，不准中国派官驻兵殖民，逼我政府承认。闻之不胜骇异……锡山之愚，以为民气不可摧残，军心尤宜激励。前项协约，现虽由部严词拒绝，据理力争，值此强权时代，无论交涉能否有效，均应以武力为后援。……晋虽瘠苦，当悉索敝赋，勉效驰驱，不揣冒昧，拟恳大总统俯准锡山亲率马兵一独立旅，步兵一混成旅先行屯驻萨拉县属之包头镇，相机进取。万一事机决裂，及率所部占据内蒙各盟旗，然后进窥库伦。"

然而，阎锡山对于外蒙古问题的积极态度恰似"剃头挑子一头热"。此时的北京政府正醉心于对付南方的资产阶级革命势力，根本无意于在边防诉诸武力，只以"外交解决"相搪塞。

延至 1913 年 5 月，沙俄更唆使外蒙古傀儡军分东西两路犯境，驻包头及大同之晋军首当其冲。前线告急。阎锡山以"北部锁匙，关系重大"为由，旧话重提，于当月 27 日致电袁世凯，说明："塞上风云，万分紧急。虽经派兵赴援，急切未能应手。且查东路司令部驻包头一带，该处距省甚远，交通不便，文报往来，多需时日，难免贻误戎机，锡山熟思深虑，非亲督各军前赴战地一带，扼要驻扎、相机进剿，无以重晋防而固边圉。"要求以第 1 师师长孔庚代行寻常军政事宜、财政司速筹巨款接济。30 日，袁世凯复电都督不必出省，令派孔庚赴绥协防。31 日，阎锡山电复袁世凯，仍然力电亲征，认定"于 6 月 3 号带队出发，俟到防布置一切后，或再电请以孔师长接替防剿"。袁世凯仍不允，坚持要阎锡山"照常坐镇，不必出省"。无奈之下，阎锡山不得不于 6 月 3 日复电，表示："即奉大总统电令，敢不唯命是听，即饬孔中将统带派定军队，即日成行，与张将军（指绥远将军张绍曾）协商办理，以固边圉。"

1913 年 11 月，袁世凯操纵的北京政府与沙俄签订了屈辱的《中俄声明》，承认了外蒙古自治实际上也就是承认了沙俄对外蒙古的控制权。在木已成舟的情况下，阎锡山又向袁世凯面呈防俄计划，认为"古称移民实边，今则非先实边而后移民不可，有兵卫农，方能持久"。建议在"内蒙古一带，择定要塞，实行屯田政策"。并结合山西实际，提出《晋边屯田办法》。

屯田实边作为古已有之的固边方略，无疑有其合理性和可行性。当时经阎锡山提出后，亦曾核准照办。但生性多疑的袁世凯对曾为"革命者"的阎锡山一直持不信任态度，深恐他借机向蒙绥扩张，因而多方掣肘，终使其事流于空谈。

阎锡山一生

Biography of Yan Xishan

第七章

韬光养晦

一、以屈求伸，在袁世凯的控制中自保

袁世凯就任中华民国临时大总统，意味着资产阶级民主革命胜利果实的易手。从此，袁世凯以帝国主义列强为后盾，以北洋军为王牌，以手中的权力为依恃，一步步消除革命势力，把中国带入长达16年的北洋军阀统治时期。

袁世凯一上台，就剑拔弩张咄咄逼人，在中央实行极端集权，以行独裁统治；在地方则搞军民分治，以削弱都督职权（因各省都督多由革命党人担任）。面对袁世凯强大的压力，阎锡山目睹阻袁集权不了了之、李烈钧等反袁的都督一个个被罢黜、二次革命失败、宋教仁被刺……鉴于地位不稳、力量有限，以及大势所趋的事实，从维护既得利益的愿望出发，一个时期之内，基本上采取了以屈求伸貌似庸碌的策略。虽然对一些问题也一再表明自己的看法和立场，如阻袁集权、征蒙等，但大多数情况下是有所保留，不敢锋芒太露，并不时向袁世凯表现出一种合作的态度。

民国初年，国会议员选毕。阎锡山接袁世凯密令，要求"对山西议员有所联系，进而有所组织"。他遂遵袁令先后派出邢殿元（前咨议局秘书）、南桂馨入京活动山西议员，并左右之。

1913年（民国二年），阎锡山接受袁世凯传见。对于袁的威仪，他早有耳闻，觐见之前就不无担心地对随从说："此次去见，凶多吉少，如我进去时间太长，你们要留心探问。"见面后，袁世凯果然威严有加，声色俱厉，滔滔不绝，对阎锡山这个"革命党"都督丝毫不假以辞色，令人没有回话的余地。阎锡山在描述当时的情景时这样说："他一见面就把我想要对他说的话先说了，然后问我还有什么话，使我再无可言。"

面见袁世凯加深了阎锡山对袁的畏惧心理，联系袁在政治上的种种手段，他不禁为自己的韬晦之计暗自庆幸，认识到"临深履薄"，只有倍加小心才能立足。

尽管阎锡山处处小心从事，但仍不能取信于袁世凯。据说，还在1912年阎锡山复位不久，袁世凯因对这个近在肘腋的"革命党"都督放心不下，就曾动议将他调任黑龙江省。阎锡山得知后，多方疏通，关系走到总统府秘书长梁士诒门下。在梁的担保下，袁才不再坚持。

一计不成又生一计，1913 年，袁世凯在保留阎锡山山西都督地位的同时，将其亲信党羽金永派任山西内务司司长，一方面履行监视之责，一方面逐渐掌握省政大权。

1914 年 5 月，袁世凯为加强中央集权，"废省改道"，明令撤销各省民政长，改设巡按使。借此机会，金永摇身一变做了山西巡按使。金永，浙江钱塘人，前清时曾在东三省任过知县，是有名的酷吏。此番受袁委派到得山西，飞扬跋扈颐指气使，俨然一副"钦差大臣"的架势。金永不仅管辖山西民政各官及巡防警备队，而且受袁世凯的特别委任监督财政及司法行政。他遵袁之命，一方面奉行赶尽杀绝的政策，滥捕滥杀同盟会员革命党人和无辜群众；一方面致力于对付握有军权的阎锡山——首先成立了三个警备队，后又陆续扩大到十一队，还编练了马队四营，建成了一支足以与阎锡山相抗衡的武装力量；而且不断派警备队到阎锡山督署进行挑衅。

对于袁世凯的猜忌，以及金永的张狂和明争暗斗，阎锡山一本以曲求伸的既定方略，装出一副碌碌无为的面孔，以逢迎、放纵、忍让对之。

首先，缩编军队，明确宣布晋军由原来的三个混成旅改编为第 13、14 两个混成旅。1915 年袁世凯帝制运动之前，又将两个混成旅缩编为两个团，另由北洋将领李炳之在山西招募一个旅，称为第 15 旅，李任旅长。这样，晋军即成为一旅两团，兵力不足 7000 人。

其次，要求将晋军按照"中央混成旅次序定名"，划归陆军部直辖。

再次，对军事表现得漠不关心，一切委之于军政司长黄国梁处理。据说，一度凡有请示军事者，阎锡山只以"找少斋（黄国梁字）去"作答。以致久而久之出现了山西军界只知有黄国梁，不知有阎锡山的怪现象。

最后，在对待捕杀革命者的问题上，

"同武将军督理山西军务"时的阎锡山

则采取表面上反对，暗地里通报声息施行保护的做法。据南桂馨回忆："此时，正在赋闲的原督署军马处长杨彭龄，甚为金永所注意，岌岌可危。阎令我转杨，请他离省回鲁，并由阎助资五千两遣行，始免于难。"

阎锡山的韬晦之计颇见成效，在袁世凯的削弱与打击下，各省都督（后为将军）之籍隶国民党者（辛亥初始共有八个同盟会员都督）仅剩阎氏一人。后袁世凯在撤销民政长制的同时亦撤销各省都督之制，无论中央与地方将领，都授予将军或上将军官职，他亦得授"同武将军督理山西军务"之职衔。

二、"二次革命"中"呼吁和平"，"调和"南北

袁世凯窃据大总统权位后，不择一切手段地实现个人军事专制独裁，1912年6月，故意制造事端，搞垮了第一届责任内阁——"同盟会中心内阁"，并借机塞入他的私人，使责任内阁制形同虚设。1913年3月，主谋刺杀了力图以国会多数党地位重建政党责任内阁制的国民党代理事长宋教仁，造成了轰动全国的"宋案"。

袁世凯的所作所为，尤其是"宋案"的发生，激起了革命党人的强烈义愤。孙中山闻讯（时正在日本考察）后，意识到让渡政权给袁世凯的历史性错误，拍案立誓"非去袁不可！"主张立即起兵讨袁。中山先生的主张由于国民党内的意见分歧（黄兴等主张"法律解决"；汪精卫等主张依靠"议会"）而没有能够迅速付诸实施。

在国民党内部意见不能取得一致的情况下，袁世凯却依仗强有力的北洋军，做武力解决的准备。他一手转移视线，把"宋案"说成是国民党内的"内讧"，指使其党羽控告黄兴为刺宋主犯，以贼喊捉贼的手法，阻挠破坏《宋案》的司法审判。一手撇开国会，擅自与英、法、德、日、俄五国银行团成交2500万英镑的"善后大借款"，以扩充军队，准备内战。在经过一番筹划之后，袁世凯首先发难，于1913年6月，找借口先后撤销黄兴陆军上将军衔，罢免李烈钧、胡汉民、柏文蔚都督职。

面对袁世凯的一派杀机，国民党中枢终于下了讨袁决心，立志背水一战。7月12日，李烈钧在江西宣布独立，首张义旗，揭开了"二次革命"的序幕。随即，黄兴在军队的支持下，逼江苏都督程德全宣布江苏独立，兴师讨袁。接着，

安徽、上海、广东、福建、重庆等地相继独立。"二次革命"全面展开。

"二次革命"是国民党内一致的讨袁战争，范围所及达数省。阎锡山作为与革命有着深厚渊源的国民党参议，并没有与党人采取一致的行动，而是始终把自己摆在"中立"的地位上，以息事宁人的态度对待这场"共和"与专制的较量。他的说法是："本党对此问题之态度颇不一致，中山先生主张兴师讨伐，黄兴先生主张循法律途径解决。中山先生之主张系一秉为党为国之大义，而黄兴先生之主张亦系基于保全革命力量之苦心。武昌黎元洪副总统为平息政治风潮，提出宋案划归法律，静候法庭解决，借款予以追认，而审计用途，颇获多数省份的赞同。衡诸当时本党同志所能掌握之武力，实不足以与袁军抗衡，审时度势，我遂一面联络各省呼吁和平，一面连电黎副总统请其迅速领衔调处。"同时与左右商酌，"仍本辛亥革命前辙，只要湖北发动，陕西、山西立即响应。否则不能衔接，势必为北方军阀各个击破，事甚危险，不能唐突"。

当因宋案与大借款闹得沸沸扬扬，南方国民党人与北方袁世凯政府公开对立之际，黎元洪发表通电，出面调停南北争端。5 月 24 日，阎锡山即致电黎元洪，表示拥护其主持调停，主张各方持克制态度，勿因相互攻击"加增恶感"。

5 月 25 日，阎锡山再致电黎元洪，认为黜陟进退，虽系大总统特权，但对疆吏相逼太甚，易使其铤而走险，兵连祸接，涂炭生灵。在反对胁迫李烈钧的同时，请黎权衡主持通电各省，静候和平解决，不要动辄以兵威挑衅。

随即，又于 5 月 26 日电李烈钧，指出，"深悉我兄手创民国，不变初心，云过太虚，光明磊落，唯祈查照副总统元皓两电，所有宋案、借款，静候法庭及国会解决，但求设身处地，略迹原心，自当有转圜余地。倘再别生异议，致陷危亡，返之革命初衷，既无以对诸先烈，更何以对我同胞"。幻想"消融意见，力主和平，共济艰难，维持危局"。

6 月，以袁世凯罢黜三都督为标志，南北双方已成水火，大有一触即发之势。阎锡山仍以息事宁人的姿态进行周旋。就在江西宣布独立的前五天，1913 年 7 月 7 日，他还电报袁世凯，不厌其烦地申明他的调解主张。电报在将袁与孙中山、黄兴相提并论，称其为缔造民国之功臣的同时，抹煞是非，把严肃的政治问题说成是"今以一事之误会，意见之微异，酿成同室之争，但略予疏通，即可涣然冰释"。最后，提出，"望我大总统开诚布公，敦请孙、黄二公入都，共图国事，破除党见，一致进行"。

然而，阎锡山的息争只是单相思式的一厢情愿，在水火不容的政争面前是没有调和余地的。国民党方面不会因此而放弃武装斗争，袁世凯也不会为一己私欲放下屠刀，更不能立地成佛。就在阎锡山喋喋不休的调解声中，国民党人卫护资产阶级民主共和制度的革命行动——"二次革命"终于爆发了。

"二次革命"由于国民党内部的意见不相一致和双方力量的悬殊，在发动两个月后，即以失败而告终。发起省份既没有能够坚持下去，湖北也没有发动响应，阎锡山的所谓"湖北发动，立即响应"也就成了一句空话。

据资料记载，就在南北交恶初见端倪的时候，5月13日，阎锡山曾与陕西都督张凤翙联名发表过一个指责黄兴、胡汉民、李烈钧等"不惜名誉，不爱国家，谗言殄行，甘为戎首。始以宋案牵诬政府，继以借款冀逞阴谋"的通电。表示，"自今以始，倘有不逞之徒，敢以谣言发难端，以奸谋破大局者，定当勠力同心，布告天下，愿与国民共弃之"。

作为老同盟会员、国民党人，值此关键时刻，来个一百八十度大转弯，非但不和组织采取一致行动，而且与同志反目，长他人志气，灭自己威风，这似与阎锡山之前后言论与素行不相吻合。对此他自己的解释是："在这段时期中，中山先生深知山西处于北洋势力包围之中，形格势禁，呼应为难，曾秘密派人告我沉默勿言，以保持北方之革命据点，俟南军北上，再与陕西会合，进攻北京。我刚奉到此指示不久，陕西都督张凤翙给我一个电报说彼已与我联名拍发一电，反对李烈钧等行动。我当复电责询其故，张答复我说：'此举孙可谅解。'我才知道我所得到中山先生的指示，他亦得到了，以故未得我之同意而出此。这时李烈钧亦有电给我表示不满，因李与我在士官学校同屋而居交情甚笃，故他对此颇觉意外，经我复电解释，他才知道这原是一种未曾得他同意也未曾得我同意的苦肉计。盖当时北方诸省除我与张凤翙外，余皆为袁氏基本势力范围，张氏此举，亦可谓为保存北方仅有革命力量的一种权术。"

三、面袁言事，谈论"军国主义"

"二次革命"失败之后，袁世凯并没有就此罢手，而是变本加厉地对国民党人穷追猛打——迫使国民党开除了李烈钧、柏文蔚、陈其美的党籍；以串通乱党为名逮捕了国民党议员朱祖念等七人。1913年11月4日，更诬"二次革命"

为"内乱"，并以此为由，武力解散了国民党，并取消了国民党籍国会议员的资格，追缴了国民党议员的徽章、证书。与此同时，国民党内部也因此而变得更加涣散。形势急转直下，阎锡山日益表现得疏远国民党而接近袁世凯。

1915 年，阎锡山已逾而立。这时的他经过几年政坛风雨"磨炼"，棱角渐去，多了几分见风使舵，少了几分锋芒。阅历与现实教会了他回避客观实际和用空洞的理论装饰自己。就是在这一年，阎锡山印行了他的《军国主义谭》。

1915 年以袁世凯接受日本提出的灭亡中国的"二十一条"为标志，拉开了多事之秋的序幕。就在日本提出"二十一条"后不久——1915 年 2 月，阎锡山应袁世凯之召到北京述职。

在这样的情况下，面对袁世凯的召见，阎锡山实在是心中无数。到京后，他没有贸然去见袁，而是先期往访了梁士诒与唐在礼。事情之经过，据他自己在《早年回忆录》里说："我于四年二月应袁总统之召赴京述职，此时正是日本提出二十一条件不久之时，我见总统秘书长梁士诒时，梁对我说：'总统准备三年后打日本，着我主财政，唐质夫（唐在礼字）主军事。'我复询诸唐，一如梁言。我对梁、唐都说：'兄弟应该劝阻，不可将总统促居炉火。'他们虽同情我的看法，但他们以为内里的人不好说话，最好由外边的人说。"

按照阎锡山的说法，袁世凯曾在其时提出过"三年以后打日本"。如果确有其事，那么袁世凯于接受"二十一条"后，又这样说，其用意是不言而喻的，除了在全国上下一片反对声中替自己开脱卖国罪名，混淆视听之外，没有任何实际的意义。而阎锡山却假戏真作，"认认真真"做了一回"说客"，并就此借题发挥，空泛地大谈"军国主义"。

紧接着上边的话，阎锡山的回忆中继续说："我当时并不是不同意抗御外侮，意为打日本须有能打胜的力量，否则轻言实足以招损。""我见袁总统时，曾特地向他陈述：'我们应以备战而止战，以强兵而睦邻，万一因国家权力不得已而决裂，须切实有战胜他国之把握。战胜之要，不外完全之物质与良好之精神，前者可操战胜权十分之三，后者可操战胜权十分之七。所谓完全之物质，极重要者厥为二事：一为军械制造之进步，一为征兵制度之实行。尤其征兵一事，今世大陆诸国容有征兵而不强之国，断无不征兵而能强之国，盖非此不足明养一兵、暗收十兵之效，以故百政可缓，唯此为急。至实行手续则不妨渐进，且不难在军政机关之举措，而难在民政机关之筹备。民政筹备必须配合国民教育之普及，国民实业之发达，地方警察之健全，地方自治之实行，官吏职任之专一等。所谓良好之精神，就是要养成最后五分钟之精神。此精神由人民忍苦耐劳之体力与舍身就义之心理合组而成，此二者之锻炼在军中，其所以能受此锻炼之素养，则在民政，民政方面如何完成此良好之精神？一在国民武德教育，一在社会尊军风尚。精神物质，兼营并进，军力方可日强，国力方可日固，无论攻守，始能操必胜之左券。'他听了之后，嘱我写一文件提出。我回晋后，即本我的主张，写了一个军事问答，送呈采择。"

阎锡山所说的那个"军事问答"，就是印行于1915年7月的那本名为《军国主义谭》的小册子。

《军国主义谭》源于他留日期间对日本军国主义的观察与思考，全书采取问答形式，共13问，约35000余字，是阎锡山公开印行的第一本著作。全书阐述了五层意思：

其一，何为军国主义？他认为，自19世纪以来，地运转移，全球交通，以前视一国为天下世界者，现在一国仅为世界的一个单位，彼界此疆，尔诈我虞，处此时代，国界綦严，世界大同无期，万国促裁虚设！至所号为强国者，实则半文半野之团体也。其对内则通商惠工，立宪自由，有最文明的法律；对外则连横合纵，兴兵构怨，有极野蛮之行为，考生民草昧初开，弱肉强食，有如兽生，经数千年之递嬗演变，至今野性未能铲除净尽，实令人惋惜不置，所以国为人类之竞争最高团体，军国主义者，国家实以军事为立国之基准也。政府以军国为政策，教育以军国为教育，社会以军国为组织，便是真正的军国主义。

其二，怎样强国？他说，古代为军政社会，凡一切军政上设施，都成为发达军事之补助，今世为产业社会，凡一切军事上设施，都成为保护产业之补助。因此，现在当以包罗万象的军国主义立国，近世所谓工商政策、殖民政策、关税保护政策，一切产业上之设施，无不以军国主义是尚，所以如欲竞争于世界，舍军国主义莫属。

其三，强国即战胜国之代名词。在他看来，今日之时代，乃国家已进文明，而世界尚在野蛮之时代也，必须采军国主义，以备战而止战，以强兵而睦邻。至因国际权力，不得已而决裂，非有确具战胜他国之资格，然后未强者，始能一跃而跻于强国之林，已强者乃可保持其一等国之身价也。至此，我们敢说：所谓强国者，实战胜国之代名词也。

其四，战胜依恃什么？他的观点是，战胜要素有二：一为精神，一为物质。近世战争，乃金钱战争、学术战争、道德战争是也，故不外乎精神与物质二要素。物质之重要点在于军械制造之进步与征兵制度之实行；精神之重要点在于武德教育与尊重军人。

其五，武德教育与尊重军人。他把武德教育分为军国民之精神教育和军国社会之精神教育。所谓军国民之精神教育，就是要普及国民爱国尚武之教育；所谓军国社会之精神教育，就是要造成一种尚武的社会氛围，以使多数非兵者，不能消磨少数在役者的精神，且使助长少数者的精神。从而养成一种尊重军人、热爱军人的社会风气，如同他在日本所看到的那样。

鉴于在日本留学期间所接受的近代文明，阎锡山在《军国主义谭》这本小册子里，夹杂了德国、日本等后起帝国主义国家的不少"强国"之道，企图以此影响袁世凯，仿效德、日，在中国实行军国主义的强国政策，"以备战而止战，以强国而睦邻"。使中国"屹然独立于竞争生存之今世界"；使"吾国古之兵家所谓之'深谋密计'，寄之于国家平时行政，造成'军军岳家军'，'处处背水战'。"

《军国主义谭》印行后，不仅呈送北京政府大总统袁世凯，而且分发山西全省各机关学校研读，造成了一定程度的影响。然而，一心做着皇帝梦的袁世凯其时并不在意"强国"与否，《军国主义谭》也就自然被束之高阁，停留在空泛的理论探讨阶段，仅仅成为阎锡山理论门面的装点。

四、看风使舵，推波助澜促帝制

袁世凯虽然做了中华民国临时大总统，但他作为一个封建专制独裁的忠实奉行者，其所作所为与民主共和南辕北辙，他的最终目标是要"黄袍加身"，取清帝而代之。因此，袁氏于实际上取消了责任内阁制，以武力镇压了"二次革命"后，紧接着就为复辟帝制皇帝自为奠基开道。在袁世凯的帝制运动中，鉴于形势进一步险恶，出于自保的需要，阎锡山电报往返，虚与应付，将袁氏"促居炉火"。

镇压了"二次革命"后，袁世凯进一步破坏国会和《临时约法》。1913年10月，威逼国会把自己选为大总统。1914年1月，宣布解散国会。同年5月，通过其御用的政治会议炮制了一部"字字皆袁氏手定"的《中华民国约法》，规定取消内阁制，实行总统制，"大总统为国家元首，总揽统治权"。同时，撤销国务院，在总统府下设政事堂为办事机构，设参政院代行立法机关职权，分别帮助赞襄总统和审议重要政务。接着参政院根据袁世凯的旨意提出了一个新的《大总统选举法》，规定总统任期为 10 年，连选连任无限制。

在专制独裁被法律肯定下来，"共和民政，一切荡然"的情况下，袁世凯迫不及待地加紧向帝制迈进。首先，仿效封建帝王祀孔祭天的惯例，下令恢复旧制，并于 1914 年 9 月、12 月两次亲率文武百官举行祀孔祭天大典，以使"群相兴感，潜移默化"，直至"服膺圣道"。接着，为了取得列强的支持，不惜于 1915 年 5 月 9 日接受日本提出的灭亡中国的"二十一条"。同年 8 月，通过其所谓"宪法顾问"、美国政客古德诺等，发表文章，鼓吹"中国如用君主制，较共和制为宜"；授意杨度、严复、刘师培等组织"筹安会"，作为鼓吹帝制的专门机构。与此同时，通过北洋将领联电拥护帝制；采取威胁利诱的手段伪造民意，造成全国上下一致拥戴的阵势。

对于袁世凯的复辟帝制活动，阎锡山并不是一开始就表示赞成态度的。1913 年 10 月，阎锡山与蔡锷、张绍曾等 11 人共同发起组织"军事研究会"，其时袁世凯已经开始为复辟帝制清障扫路。1914 年 6 月 30 日，阎锡山被袁世凯任命为"同武将军督理山西军务"。同年 11 月 19 日，阎锡山曾致电北京政事堂、参政院、内务部，针对有人倡议"还政清帝，变更国体"之事，指出国体既定为"共和立宪"，即不能随意改变，"建议查禁，嗣后如有敢造作此等莠言者，惩以应得之罪，以靖人心"。

之后，随着袁世凯紧锣密鼓的帝制浪潮，阎锡山看风使舵，态度发生变化，转而做出了表示赞成的姿态。

1915 年 8 月 25 日——"筹安会"成立的第三天，阎锡山致电该会，称"贵会讨论国家安危根本问题，卓识伟论，无任纫佩。已遵嘱派遣代表崔廷献、南桂馨赴会讨论，乞赐接洽，时盼教言"。

1915 年 9 月 3 日，阎锡山直接密电袁世凯。电文中有"自欧战剧烈，益为列强趋势所注重，而军国主义必借帝国主义以推行，共和政体决不造于生存"；"辛亥革命之初，尝以共和为新旧递嬗时代之权宜手续，四年以来，默察国情，征诸经验，乃确信之不足以安中国"；"非君主不足以救中国，非天纵英辟，为全国军人所推戴大有为之君主，不足以救中国，此系国家主义所驱迫，不能参与君臣旧说之空谈"；

"民国成立，于前清已断绝关系，今民国以鉴于列强趋势，国民请愿，由民主而移之君主，天与人归，各当其时，于前清更毫无关系"；"恳乞我大总统力予主持，早定国是，不拘于迂儒旧说之谬，致扰国家长治久安之计"等语。

次日，由奉天上将军段芝贵领衔致袁世凯拥戴电中，列有阎锡山之名，他以不表示反对的做法，在实际上予以默认。

1915年9月16日，阎锡山再致电参政院，要求早日议决实行君主立宪。电曰："国是一日不定，人心一日不安，锡山窃日夜延颈企盼，私心默祝早日议决，以符舆情而巩固国基也。审之国是，察之民情，考之历史之沿革，方舆之博大，种族之繁庶，非大有为之君，建设强有力之政府，施以统一之政治，励精图治数十年，不足以振国是而救危亡。即证之国际之趋势，欧战发生，公理显无足恃，欲维持国际之和平，必须有上等之势力。吾国苟不足自立，将为东西不和平之导线。自立之道非厉行军国主义，不足以图强。欲厉行军国主义，非先定君主宪政，断不能收上下一致精神贯彻之效。……如蒙毅然主张君宪，则长治久安之策，莫大于是。……恳乞钧院，审各省公民请愿书，迅予表决，救国救民，利赖实深。"

在上上下下真真假假一片拥戴声中，袁世凯于1915年12月12日，正式发表接受皇帝位申令。次日，在中南海居仁堂接受百官朝贺，大加封赏，同时下令查禁反对帝制的活动。接着，成立"大典筹备处"准备"登极"大典。31日，袁世凯通令全国，改1916年为"中华帝国洪宪元年"。由于阎锡山的看风使舵随机应变，12月21日，在袁世凯策封要员的程序中被封为一等侯，不日之后与蔡锷等在云南宣布独立，发动"护国战争"的唐继尧也同时被封为一等侯。

袁世凯的倒行逆施，激起天怒人怨，举国同声"诛除逆贼，以谢天下"。1915年底，孙中山

阎锡山被封为一等侯后所建的"得一楼"

蔡锷，字松坡（1882-1916）

相继发表《讨袁檄文》和《讨袁宣言》，历数"奸雄窃国"的种种罪恶，表示了革命党人粉碎袁氏帝制阴谋的决心。"二次革命"后被袁世凯羁绊在京的蔡锷更设计辗转回到云南，树起反袁护国大旗。

面对上述情况，阎锡山见形势尚不明朗，仍一如前此，对帝制推波助澜。1915年12月底到1916年1月初，阎锡山陆续接到湖南将军汤芗铭、成都将军陈宦、浙江将军朱瑞等电，请联名谴责声讨唐继尧等，促袁"早正大位"。1915年12月29日，阎锡山致电北京政事堂，表达了相应的意思。1916年1月8日，阎锡山再次密电袁世凯，表示山西军民拥护君主政体，反对护国起义。

在全国一致的反对声讨中，连北洋军内部也分化瓦解，袁世凯众叛亲离，被迫取消帝制。这时，阎锡山话锋一变，转而响应冯国璋等的"调处"提议。

1916年6月6日，袁世凯羞愤成疾不治而死。以反对袁世凯称帝为中心内容的"护国战争"遂自行中止。

阎锡山在他的《早年回忆录》中有这样一段话："我曾对有些熟朋友说：你们是要将大总统促居炉火。可以说怂恿帝制的人，大多数是为富贵利禄所驱，或者是另有别图。"由此推及他本人，也正是"为富贵利禄所驱"，而一再背弃自己曾经追随的民主革命，而反复做出拥护袁氏称帝的表示。反过来说，如果那些怂恿帝制的人是将袁世凯促居炉火的话，那么阎锡山的所作所为也就无异于给炉火上添了一把柴，从而在客观上加速了袁氏的灭亡。

对于他曾经表示拥护的帝制，阎锡山说："我事后想到一件事的因果关系，种下什么因，即要结什么果。袁世凯改行帝制有因，国人起而推翻帝制亦有因。辛亥革命推倒清廷统治，由于同盟会自身力量不够，借重了汉族疆吏力量，其结果即种下汉人皇帝之因。幸而中国文化是民本文化，孟子所说'民为贵，社稷次之，君为轻'的道理深入人心，民主很合乎民本的心理，故一经变君主为民主，绝大多数的人谁亦不愿再倒退回君主的窠臼，以故袁氏称帝卒遭到全国人民的唾弃。"

五、一段插曲，一个谜

阎锡山的《早年回忆录》，在谈到"袁世凯称帝过程中我的处境与观感"时，提及他与蔡锷之间的一段往事，他说："蔡锷原虽为立宪党，且与梁启超有师生之谊，但其在日本时即对革命深表同情。我与蔡氏相识甚浅，而相知颇深。他居京期间，曾力示堕落，以图避祸。当他离京前不久，特托士官同学（我的参谋长）李敏之携何绍基所书绣屏四幅、绣联一副赠我。联之上集为'雅量风清兼月白'，下集为'高情涧碧与山红'。我问李敏之说：'松坡（蔡锷字）还说什么没有？'李答：'没有。'我说：'你不要将此事告人。'李问我何故？我说：'将来再说。'比至蔡已离京，我才告李敏之说：'松坡以屏联赠我而无言，我就知道他已离开北京，当时不让你告诉别人说，是怕机警的人识透其意，致他不能成行。'"

透过这段闪烁其词的文字，作为袁世凯称帝过程中的一个小小的插曲，蔡锷赠绣联之事被罩上了一层神秘的面纱，成了一个谜。

据说，赠绣联确有其事。这副为蔡锷所赠的绣联过去一直悬挂在河边阎府的会客室里。经过八十多个年头的风雨，在山西省定襄县河边村民俗馆阎锡山

悬挂在阎锡山旧居的蔡锷密赠绣联

故居一所院落的小西屋里，仍然可以一睹其貌。

绣屏上的两句联语——"雅量风清兼月白"，"高情涧碧与山红"，极其工整对仗。据曾为阎锡山秘书长的贾景德解释："上联之'量'与下联之'情'二字为全联之关键，'如风之清兼月之白'（光至极明则成白色）正形容了'量'之美好大方；'涧下之碧水与山上之红花'正形容了双方相处的优美高尚的情操，且有自谦为涧下之碧水，而将对方友情比作山上之灿烂红花（山者锡山之山也）。同时隐含着希望对方以其大量保守秘密；希望双方之友情发展为如碧涧之水与高山之花一样互相配合互相映衬的美丽风光；预示着反袁革命的光辉前景。"

毫无疑问，蔡锷在离京出走之前，密赠此屏给阎锡山，除了说明两人曾经过从甚密之外，还不难看出彼此在当时的敏感问题上有着趋于一致的认识，同时亦隐含了通报情况求得支持与配合的用意。否则，蔡锷是不会在关键时刻，以这种特殊的方式把自己的行踪密告阎锡山的。

阎锡山与蔡锷的关系按照他自己所说，是"相识甚浅，而相交颇深"。所谓"相识甚浅"，大概是说，两人虽均出身日本士官学校，但当阎锡山1904年赴日时，蔡锷已于一年前毕业归国；阎锡山1909年学成回国，其后几年中，一北一南，加之蔡锷虽反对袁世凯帝制自为甚力，但却非党中之人，实无缘结交。"而相交颇深"则可从蔡锷被袁世凯羁留北京之后的一些情况看出端倪。早在1913年10月，蔡锷调京不久，因觉察袁世凯将有异图，而组织"军事研究会"，以联络志同道合者。阎锡山是军事研究会的11名发起人之一。在袁世凯的帝制运动热火朝天之际，阎锡山派其参谋长李敏之（云南人，亦为日本士官学校毕业），以云南同乡身份，与蔡锷秘密联络，数度往来于北京太原之间，互通声息。及至蔡锷托李敏之以绣屏赠之。

阎锡山在回忆录中旧事重提，有以与蔡锷的交情和友谊来冲淡世人对他在袁世凯"帝制"自为，以及在此前后的种种表现进行责难的嫌疑，可以被认为是在委婉地替自己的行为辩护。事实上，在此期间阎锡山的所作所为也确实有令人不解之处。客观地看，袁世凯复辟帝制，对他未必有什么好处，这从袁世凯自始至终处处掣肘不难看出。从阎锡山的成长经历、思想基础，以及政治倾向分析，狂热主张帝制也不符合逻辑。这样，保全自己，韬光养晦就应该是一个接近事实的解释。

阎锡山一生

·Biography of Yan Xishan

第八章

崭露头角

一、投桃报李，与段祺瑞的一段"师生"谊

袁世凯败亡后，由他一手把持的北洋军阀集团群龙无首，迅速分裂成为直皖两系——直系以冯国璋为首领（冯为直隶河间人，故有直系之称），皖系由段祺瑞掌握（段系安徽合肥人，故称皖系）。此外，张作霖的奉系及其他地方军事头目，也趁机拥兵自重，扩大地盘，成为雄踞一方的地方军阀。从此中国出现了军阀纷争内战频仍的混乱局面。

袁世凯死后，副总统黎元洪继任大总统，而实权则操在国务总理兼陆军总长段祺瑞手中。段氏出身天津武备，又有留德学习军事的历史。民国初年，历任陆军总长，一度还兼任国务总理。袁世凯被迫取消帝制时段得任参谋总长，接着又受命组织责任内阁。袁世凯帝制败亡后，段祺瑞便以国务总理兼陆军总长，在实际上执掌了北洋政府。

阎锡山曾与人言，"袁世凯是余平生唯一畏惧者"（这似可作为他在袁世凯称帝问题上一些做法的注脚之一）。从这个意义上讲，袁世凯的死无疑是去掉了压在阎锡山心头的一座大山。另一方面，段祺瑞在北洋政府中地位的加强，又为阎锡山在政治舞台上的进一步施展提供了极好的契机。何出此言？事情还得从头说起。

早在民国初年，阎锡山就向好为人师的陆军总长段祺瑞递了门生帖子，拜段为师，段对阎也多有照拂。据参与其事的周玳后来回忆说：袁世凯掌握北京政权后，"对于与同盟会有瓜葛的各省都督，都一律看成是眼中钉，肉中刺，要拔除而后快，对阎锡山自然也不例外。但是阎锡山居然能够保持他山西都督的

段祺瑞，字芝泉（1865-1936）

位置，一方面固然是因为他对袁世凯极力逢迎，博取了袁的欢心。而更主要的是段祺瑞对阎曲予维护，尽量在袁面前替他讲话的缘故"。原来，段祺瑞从小站练兵时起，就给袁世凯办了各种各样的军事学堂。袁世凯当了总统，便委段祺瑞为陆军总长。段祺瑞最感到得意的是：全国的督军和师、旅长，半数以上都是他的门生故吏。人之患在好为人师，段祺瑞既然如此，阎锡山便投其所好，在他进京谒见袁世凯的时侯，首先具了门生的帖子，拜见段祺瑞，三跪九叩行了拜师大礼。在谈话中间一口一个老师，极尽恭维之能事。这样一来，段祺瑞便在袁世凯面前力保阎锡山，说阎锡山虽参加过同盟会，但是绝对靠得住。

1917 年（民国六年）8 月，黎元洪听信孔庚、黄国梁对阎锡山的控诉（指阎排斥孔、黄之事），加以他左右四大金刚（金永炎、哈汉章、黎澍、丁佛言）的怂恿，为了稳固他的总统地位，就决心用调虎离山的手段，以商讨国是为名，电召阎锡山进京，拟借机在山西撤换阎锡山而代之以孔、黄。徐树铮在国务院得悉这一情报，私下报告了段祺瑞。段念在师生之谊，忙把阎锡山找去，替他指出了一条明路——即日化装悄悄离开北京，间道回太原。阎遵计而行，一面稳住黎，一面秘密潜回太原，遂使黎的计划落了空。

这样，阎锡山与段祺瑞之间，投之以桃报之以李，结下了既有"师生"之谊，又有"保位"之恩的不解之缘。因了这份不解之缘，阎锡山在袁死段继的情况下，从拥段切入，终于抓住了崭露头角的契机。

二、府院之争，明确拥段立场

1917 年，直、皖两系因政争而对立。段祺瑞以国务总理兼陆军总长的身份掌握着北京政权；冯国璋虽于 1916 年 10 月由国会选为副总统，但为了保持自己的实力地位，仍留任江苏都督而不到京。继任大总统黎元洪，名为国家元首，却并无实力，一心想利用直皖之间的裂痕，借冯国璋以自重，排斥段祺瑞。于是就有了总统府和国务院明争暗斗的"府院之争"。"府院之争"在"参战"问题上达到白热化。

1914 年爆发的第一次世界大战，几乎将所有的欧洲国家都卷入战争的旋涡，自顾不暇，各列强在中国争夺势力范围的局面一改而变成为日、美之间的抗衡。

1917 年 2 月后，美、日加入协约国，对德、奥同盟国宣战。随即，段祺瑞在日本的支持下，亦主张对德宣战，以借此向日贷款购置军械，扩充实力；黎元洪政治集团和直系军阀冯国璋则受美国的操纵，先是主张参战，继而又引国会为助，反对段祺瑞提出的"参战案"。于是，府院之争在参战问题上愈演愈烈。先是4月25日段祺瑞以国务总理身份召集各省都督及都统在北京开会，商讨加入协约国对德宣战问题，决定参战，并强令黎元洪在参战案上副署。接着5月10日段又在国会审议参战案时，以军警包围国会，强迫议员通过。议员拒绝通过参战案，黎元洪下令免去段祺瑞的国务总理。段在暂处劣势的情况下，以天津为基地，另起炉灶，唆使各省督军提出解散国会、脱离中央。

在黎、段相互对立的府院之争中，阎锡山以实力为尺度，权衡利弊后，采取了一边倒的政策，始终站在段祺瑞的立场之上。并晓之以部下："段先生正派，做事肯负责，是个爱国军人。"

3月4日，阎锡山接到段祺瑞致各省督军省长支电，告"已请辞来京"。次日，即复段一电，称段氏"硕望元勋，担荷天下。逮乎共和再造，手挽狂澜，身系安危，苍生托命。此次处理外交，内审国情，外观大势，早为当世有识者所共谅。邦基未固，诸待护扶，环顾国人，畴克当此重任。务望我公以国家为重，勉抑渊衷，早徇众请，返驾视事，徐图挽拯"。3月6日，又以"总理赴津，意欲辞职，现正设法挽留"等因，致电黎元洪，指出，"总理以硕望元勋，遽尔去职，关系之重，无待赘陈。敢恳钧座本饥溺犹己之心，循宫府一体之义，速挽行旌，徐图大计"。

4月25日，段祺瑞召集督军会议。已于当月12日应召到京的阎锡山以山西督军身份与会。会上他与河南督军赵倜、山东督军张怀芝、江西督军李纯、湖北督军王占元、吉林督军孟恩远、直隶督军曹锟、安徽省长倪嗣冲、察哈尔都统田中玉等及其他各省代表一起表示赞成段祺瑞的主张，支持对德宣战。

督军会议后，阎锡山虽为避免黎元洪的纠缠，借口内蒙古不稳，太原连电催返，迅速返并。但仍在5月18日由北京发出的、各省督军响应段祺瑞号召要求解散国会的电文之上署名。

段祺瑞被黎元洪免除职务后，5月23日，安徽省长倪嗣冲首先宣告与中央脱离关系。随即，奉、黑、直、鲁、陕、豫、浙、闽等省相继响应。安徽、河南、山东各省军队北上，奉军入关。在各省督军纷纷宣布独立的声浪中，阎锡山于6月初，奉段祺瑞旨意，宣布山西独立，脱离北京政府。与此同时，命晋军第1旅旅长商震率部进驻石家庄，对黎元洪实施武力威胁。

阎锡山在此期间的积极表现引起了世人的关注。因此，当北洋元老王士珍出面斡旋时专电予他，告知已请张勋、徐世昌合力调停，要他"转饬已动之队，暂驻现至之地，未动之队仍行驻扎原处"。并有"情急陈言，万盼采纳"等语。

面对上述情况，阎锡山在以"已饬进驻石庄之梯队停止前进，续发各队并令暂驻所到地点"回复王士珍的同时，派参谋台寿民、参事李庆芳赴京接洽，与段祺瑞进一步联络。并于6月7日，再次致电段祺瑞，说明："昨委托李参事庆芳呈上芜函，计蒙赐览，大局纠纷，国事方急，保持统一，全仗我公。前派参谋台寿民赴总参谋处接洽一切，并饬晋谒钧座，伏乞俯赐接纳，时加训诲，俾有遵循。"

在段祺瑞的一手导演威逼下，黎元洪招架不迭。迫于情势，不得不于6月13日下达解散国会令，各省方取消独立。段氏虽已辞职，但因实力使然，国务总理本非他莫属。只是出于缓冲的需要，有以温和派王士珍暂行组阁，作为过渡之议。有鉴于此，阎锡山于6月17日致电冯国璋，"请劝王士珍组阁"。电曰："得悉西南各省已有动机，赖我公调停劝阻，不致戈操同室，老成匡国，言重邱山。……窃以欲保共和，必当先谋统一，又必当先组内阁。今揆席尚悬，各省争推王聘老出长斯席，即系为早日得人，维持统一起见。锡山曾电各省略谓：国会宪法未竟事宜，尽可公诸全国，从长计议。但俟阁揆定日，应即行恢复原状。"不失时机地再次表明了他的态度和看法。

这样，阎锡山在以"府院之争"为表现形式的北洋政争中，以鲜明的拥段立场，与各方函电往来，同时不惜以武力为手段，从而在袁世凯死后的政坛上崭露头角，开始改变庸碌无为的形象，逐渐为世人所瞩目。

阎府家训：力凭理壮，理凭力伸

三、张勋复辟，征讨并举

"府院之争"的一个直接恶果就是引发了张勋复辟的丑剧。

张勋，字绍轩，江西奉新人。辛亥革命时任江南提督，有着浓厚的封建帝王思想。共和以来，还仍旧保留着长长的发辫，表示仍忠清室，故被时人戏称为"辫帅"。清廷退位后，张勋所部被改编为武卫前军，驻扎在山东兖州，兵力发展到近两万人。早在1913年4月张勋就企图拥戴溥仪复辟，后因机密泄露而流产。袁氏称帝一败涂地，张勋非但没有从中吸取教训，反而荒唐地认为袁的失败是他"辜负皇恩"出卖清王朝的结果。因此，张勋的复辟之火由于袁世凯的败亡而更加狂热起来。

"府院之争"为张勋提供了一个求之不得的机会。1917年，张勋已升任长江巡阅使兼安徽督军。"府院之争"白热化之时，张勋趁机多次在徐州召集各省代表会议，壮大自己的声势，企图左右局势。张勋的这一手果然奏效，黎元洪为与段祺瑞相抗衡，于6月2日，"明令"张勋、徐世昌"合力调停"。此举正中张勋下怀，遂率领他的十营辫子兵，共3000余人日夜兼程，由徐州北上进京。经过一番策划，7月1日凌晨3时许，张勋身穿朝服，头戴花翎，在300余人簇拥下进入清故宫，拥小皇帝溥仪"登极"，上演了臭名昭著的复辟丑剧。

张勋的复辟企图蓄谋已久，所以还在其北上之初各方就有传说。阎锡山耳闻之后，即于6月12日致电察哈尔都统田中玉，表示"复辟谬说，危清室，害国家"。当"出兵讨伐，救平政变"。

7月1日，张勋复辟的当天，复辟王朝便发布诏命，任阎锡山为山西巡抚。依照惯例阎锡山应该谢恩即位，他没有这样表示，而是于接张勋"合词吁请复辟即正大位"电后，分别致电曹锟以及相关各省督军省长，要求互通声息，一致进行。同时，"整饬师旅，准备进讨"。

张勋复辟的丑剧登台后，总统黎元洪一时慌了手脚，一边只身躲进外国使馆，一边电令冯国璋代行总统职权，并重新任命段祺瑞为国务总理。

7月3日，在舆论哗然之中，冯、段分别发出"誓讨复辟"通电，段在马厂誓师"讨逆"。

次日，阎锡山便派张子其、台寿民

张勋，字绍轩（1854-1923）

分赴南京、天津，晤见冯国璋、段祺瑞，"请授方略"。并根据事态发展，连连实施军事行动——7月5日，先派商震第一混成旅由石家庄会师北上，配合曹锟北伐；旋即接到京报称张勋扣押火车三列，拟逃窜蒙疆的消息，又令大同镇守使张树帜带一支队进扼居庸关，会同察哈尔都统田中玉，防止张勋兵败北逃。同时，积极参与戎机——一面将截获的张勋与口北强匪卢占魁勾结的密电电转段祺瑞，请通知前线军队注意，建议派兵一旅北上分头进剿；一面致电冯国璋，指出徐州为张勋"老巢"，请派兵进攻，

孔繁霨，字云生（1885-1969）

断张后路。7月7日，又续派第3混成旅旅长孔繁霨率领所部进驻石家庄，以为后援。

在各路大军的合力征讨下，张勋节节败退。7月8日，讨逆军在京城外围大败张勋部，张勋坚闭城门不出，请王士珍为调人出面调停。这时，段祺瑞正兵驻丰台，遂命各路讨逆军暂勿前进。对此，阎锡山不肯苟同，力主从根本上解决问题。因而特致电曹锟，指出："我军迫压都门，逆勋穷蹙可想，趁此时机，都城一鼓可下。近日微闻有调停之说，确否尚未敢信。鄙意时不可失，务恳我兄坚持到底，商同香岩（段芝贵）大哥，根本解决，冀绝后患。"

张勋退入城内后，坚持不答应各方取消复辟、解除武装的要求，继续顽抗。7月12日，讨逆军发动总攻。晋军商震、孔繁霨两旅长分别被委为讨逆军西路第5、第6纵队司令，奉命向城内进攻。

"讨逆军"在紫禁城东门与"辫子军"作战

晋军团长李敏首先率部攻克德胜门,各路大军亦次第攻入京师。直军旅长吴佩孚、冯玉祥等攻天坛,王承斌等攻南河沿,均先后报捷,而天安门等处复辟军仍顽固抵抗,炮火甚烈。晋军商震旅乃急调山炮一团发起攻击。在炽盛的火力下,张勋残部放弃了抵抗,纷纷缴械投降。张勋复辟终以彻底失败而匆匆收场。

张勋复辟被粉碎后,冯国璋、段祺瑞因讨逆有功,分任总统、国务总理。段祺瑞更是以"再造民国"的功臣自居,再次主宰了北洋政权。阎锡山也因"府院之争"追随段祺瑞崭露头角,以及反对张勋复辟的鲜明立场、征讨逆军的积极表现,在北洋政府新的政治格局中,初步站稳了脚跟,从而为独掌山西军民两政奠定了不可或缺的基础。

四、终于将山西军政大权集于一人之手

张勋复辟的闹剧落下帷幕后,孙中山清醒地看到张勋虽败,而段祺瑞等以假共和取代真复辟的事实,毅然南下广州,组织军政府,发动"护法战争",与北洋政府南北对峙。对待护法战争,阎锡山比照"二次革命"如法炮制,虽曾经密派代表到广东响应,但并没有实际行动。与此同时,则抓紧时机进行内部调整,实施集权统治。

在袁世凯当政时期,阎锡山为了保存山西实力,维护既得权位,不惜韬光养晦,装出一副庸庸碌碌的样子,造成了大权旁落的局面。然而,依他的精明,是不会不知道长此下去将会产生的后果。因此,袁世凯一死,他就不失时机地改变了过去韬光养晦、明哲保身、"睡大觉"的做法,动手消除前进道路上的障碍,向着总揽山西省政的目标迈进。

如前所述,山西巡按使金永是袁世凯安插在山西的一颗钉子,阎锡山当初对金永的所做所为不动声色,是投鼠忌器。袁世凯死后,金永的靠山已失,阎锡山当然也就不用再顾忌什么了。但是金永手中掌握有十一个营的警备队,问题必须通过武力来解决。所以,1916年秋,他即与金永兵戎相见。据说,一时间阎锡山的将军府和金永的巡按使署均严阵以待,附近的鼓楼街和皇华馆都架起了大炮。对峙之下,有解荣辂等人出面调停。金永见大势已去,山西实际上已经没有了他的立足之地,愿意交权;阎锡山的本意只在集权,并不想结怨。遂顺水推舟,网开一面,护金离晋。

　　赶走金永之后，阎锡山的下一个步骤就是设法兼掌山西民政。袁世凯时期，曾倒行逆施，将各省军事长官由督军改称将军，行政长官由省长改称巡按使。黎段上台之后，又改了回去，恢复督军、省长的旧称。这样，阎锡山便自然由同武将军改任山西督军。行政长官——山西省长则鉴于金永的去职，由北洋政府改委沈铭昌担任。

　　早在1912年阻袁集权的时候，阎锡山就对"军民分治"提出不同看法，认为"军政民政，其权不容分属"，要求授各省都督以行政特权。今袁世凯既倒，他自然要想方设法"军民合治"，揽省长一职于己身。所以，沈铭昌的任命一下，他便指使民意机关省议会炮制提案，以种种理由表示反对。在阎锡山的操纵打击下，沈铭昌就职不数日即被迫离晋。1916年10月7日，北洋政府又改任孙发绪为山西省长。孙发绪上任后，阎锡山仍采取不合作态度。当时适逢督军团会议的一个电文中有不利于孙的内容。他便加以利用，借故攻击。由于阎锡山掌握了省议会议员中的绝对多数，加之取得了议长杜上化的支持，孙发绪招架不迭，做了沈铭昌第二，在位仅半年多，即于1917年6月5日离职他往。孙发绪离职之时正值"府院之争"激烈之际，阎锡山便趁机以"护理"（即代理）的名义，自兼了山西省长。由于生米做成了熟饭、先斩后奏的既成事实，加上他的种种"表现"，以及事后的多方疏通，1917年9月3日，北洋政府正式任命阎锡山兼山西省长。如此，经过数度韬光养晦和一番"苦心孤诣"的运筹，阎锡山利用他日渐老道的政治手腕和"匠心独运"，终于如愿以偿，得在山西"军民兼治"。

　　在着眼于"军民兼治"的同时，阎锡山还在军队中上下易手，借内部调整，排除了黄国梁、孔庚、董崇仁等，将一度旁落的军权重新收归己有。

　　黄国梁，作为阎锡山的盟兄弟、同窗好友，以及革命的支持者，时任山西军政司司长、督军府参谋长、第12混成旅旅长。在袁世凯时期的特定环境下，黄国梁被阎锡山推到了前台，一度俨然主宰了山西军务。加之手中握有晋军主力第12混成旅，实际已成尾大不掉之势。在袁世凯死后的新的政治格局中，阎锡山要收回旁落的军事权力，黄国梁首当其冲。黄氏实乃一标准军人，缺乏政治头脑，昔日在阎的放手下，跋扈专权，有点飘飘然。政治是残酷的，在残酷的政治面前是不能讲交情的。为了把这位盟兄弟拉下马来，阎锡山彻底抛却了他与黄国梁之间往日的情分，一面以"黄国梁独断军事，虽无叛逆事实，实已迹近骄横，军人如此，国家纪纲，尚复何在"为辞，电请北洋政府撤销黄国梁的职务；一面密派宪兵一连，包围了黄的住宅，禁止黄与外边接触，迫令黄国梁离境，给了黄一个措手不及。重压之下，黄国梁只得亟亟于次日晨乘火车离开太原，到北京另谋出路。阎锡山背后下手，出其不意，逼迫黄国梁束手让权，扫除了他集山西事权于一身的一个重要障碍。

孔庚与黄国梁不同，原系吴禄贞的中校参谋，与阎锡山并没有什么渊源，只是因为燕晋联军的关系，加入晋系。孔庚精明强干，加上鞍前马后多方效力，也曾得阎的重用，任过朔方兴讨使、山西陆军第1师师长等职，时任晋北镇守使，驻守晋北重镇大同，手中也握有一个旅的兵力。袁世凯称帝时，孔庚曾通电反对，恰与阎锡山的做法相左。非晋系"嫡出"的身份，使阎锡山无论如何也不能放心孔庚继续在山西北部"封疆"的位子上待下去。于是，夺回孔庚手中的兵权就成了阎锡山的又一个行动计划。1917年3月，阎锡山导演了所谓"大同驻军异动事件"。然后，派时任参谋长的赵戴文至同，以慰勉的名义，观察动向。经过一番铺垫和安排之后，便以此为由强制孔庚交出兵权，只身出走。

黄国梁和孔庚离开山西后，因为湖北同乡的关系，都投靠了时任大总统黎元洪，并多有不利于阎的举动。无奈阎锡山在山西的统治地位已趋于稳固，又有段祺瑞的维护，终不能奏效。

董崇仁，即阎锡山昔日受阻忻州时被邀来在袁世凯面前代为说项者也。后

因为这层关系，阎锡山主动举荐他做了威震一方的晋南镇守使。袁死后，董自然也就失去了存在的意义。董既已无可利用，又兼董作风和缓，对晋南反阎势力不加过问。阎锡山遂将董撤职，另委亲信张培梅任了晋南镇守使。

如此这般，在袁去之后短短一年多的时间里，阎锡山军事政治一齐运动，既清除外部又整肃内部，不仅兼掌了山西民政，而且一步一步地收回了一度旁落的军事权力，终于将山西军政大权集于一人之手，充分表现出日渐成熟的政治权谋。

孔庚，字文轩，号雯掀（1873-1950）

阎锡山一生

·Biography of Yan Xishan

第九章

政治统御

一、确定"行政之本"，推行"村本"政治

1917 年，是阎锡山政治生涯中的一个新起点。这一年，34 岁的阎锡山实现了他集山西军政大权于一身的既定目标,成了名副其实的"山西王"。这一年开始,在起自北洋政府,迄至南京国民政府,长达三十余年的历史时期,走马灯式你来我往的政治环境中,阎锡山的这一地位基本上没有发生变化。他到底凭借着什么? 何以能够如此? 原因自然是多方面的,但有一点是可以肯定的,这就是他一步步成熟起来的政治手段和他所施行的独特的政治统御。

说到阎锡山的政治统御,就不能不提到阎锡山始终如一积极推行的"村本政治"。何谓"村本政治", "行政之本在于村"是也。

"村本政治"的核心在于"用民"。阎锡山认为, 政治作用与民生发展的方向一致的即为用民政治。过去政治的弊端就在于只提用官不提用民,故而有了专制独裁。今既反专制,就要推行用民政治。推行用民政治,就是要"启民德,长民智,立民财", 就是要做到能够把每一个人的聪明才力都用得上。为此,他不厌烦冗,亲订了囊括三大类、十二款、百数十条,涉及到政治、思想、文化、教育、行政、经济、司法等各个方面的"用民政治大纲"。并于 1918 年 4 月 13 日,召集用民政治大会于督军署,议定设立政治研究会,作为用民政治之常设讨论机构,自任会长,聘请各界绅士,主管政治研究事宜。

然而, 用民政治仅仅是阎锡山的施政纲领,是阎锡山政治统御的实质与目的。对于用民政治的推行,他则辅之

1917 年，兼山西省长时的阎锡山

以便于操作的"村制"。村制，顾名思义，就是以村为行政建制单位，建立以村为单位的行政统治网。在阎锡山看来，"大凡世界各国，其行政网愈密者，其政治愈良好，愈进步"。所以，他热衷于从构成严密行政网的最基层——编村着手，以使行政网"从不漏一村起，然后再做到不漏一家，由一家而一人"。从而做到政令通畅，依靠严密的行政网，进行有效的统治。有鉴于此，阎锡山自兼任山西省长以后，即开始在全省范围之内推行"村制"。

阎锡山手书碑刻

村制首先从训练民众开始。具体做法是：成立"行政人员训练所"，传授施政内容；编印《人民须知》广为散发，使村村皆有，户户皆知。接着，相继颁布了《各县村制简章》（1917年10月）、《村编制现行条例》（1918年4月）、《修正山西各县村制简章》（1918年11月）等政府规章。随即，在户口调查的基础上，"编行村制，划定村界"。

根据有关规章，"编行村制"就是在原有行政的最基层单位——村，设立村、间、邻三级管理梯次。其具体内容是："将300户左右定为一编村；每编村选一村长，超过300户的编村，则选一村副，并设村公所作为办事机构；每编村下设若干'间'，以25户为一间，间设间长。间下设'邻'，以5户为一邻，邻设邻长。"

村制实施后，鉴于"一县的区域相当辽阔，村的范围较小，数量较多，由县直接统辖所有的村不方便"，作为行政机构的补充，1918年开始增设区一级行政机构，并逐步全面推行。因此，村制又称"区村"制度。区制的具体做法是："各县分为3至6区，置区公所，设区长1人，酌设雇员1至2人，区警4至12人。区长由省委任，直属县知事，有给职；主要掌理县署委办事件，督饬村长办理行政事务。"

村制的推行，使阎锡山得以在山西建立起上下贯通、运用自如的行政组织网络，使其政策法令得以由上而下，一以贯之。时人有捧场者曰："自有村制而村政渐举，自有区制而讼盗赌案均少，自有政治实察所（1919 年政治研究会改称政治实察所，专负考察各县行政工作之责——作者）而官吏功过之考核严，自有六项县掾属而知县有尽心民事之余暇无交待不清之缪葛。"阎锡山亦在村制实行五年之后的 1922 年，曾不无得意地说："五年以来，凡教育普及，实业整兴，户口编查，人事登记，以及一切兴利除弊等事，得力于村制实多。"

1922 年，在村制推行的基础上，阎锡山又进一步提出了"行政之本在于村"的"村本政治"，倡导所谓"把政治放在民间"。关于这个问题，他说："咱这回的办法，不外一句话：'要把政治放在民间'。因为政治实在是民间的事，按理应该如此。这种主张也不是我个人的见解。今日世界言民治者甚多，不过他们所谓民治，与我的意思不同。他们是加上教育，使人民明白以后，把人民拉到政治台上；我是要于启发人民公道心入手，把政治放在民间。"那么放在民间是放在哪一级呢？"一省之内，依土地之区划，与人民之集合，而天然形成政治单位者，村而已也。村以下之家族主义失之狭，村以上之地方团体失之泛，惟村则有人群共同之关系，又有切身生活之根据，行政之村舍此莫由。譬彼导河，村则其源；譬彼行车，村则其规；譬彼建屋，村则其基；譬彼绘事，村则其素。"因此，政治必须放在村一级，这就是"村本政治"。

阎锡山的"村本政治"，以实行村政为中心内容。村政的主要事项是：整理村范、设立村民会议制度、定村禁约、立息讼会、设保卫团等。用他的话来说，这些村政的作用在于："整理村范，是要把村中的坏人去掉了，把好人扶起来"；"村民会议"则是村中的民意机关，是对村民进行"民治之练习"，以达到参与政治程度之目的的首要环节；"村禁约，村宪法也"；"息讼会，村司法也"；"保卫团，村武力也"。他设想通过这些村政，辅之以"主张公道热心爱群八字鼓励社会"，达到所谓"做好人，有饭吃"。对此，阎锡山手订的"整理村范歌"作了很好的说明：

> 督军教人学好，定下村范一篇，
> 盼望人民程度，一天高于一天。
> 没有开场聚赌，没有窃谷偷田，
> 没有窝赃聚盗，没有金丹洋烟。

没有持刀行凶，没有打架挥拳，

没有男子不孝，没有女子不贤。

没有儿童失学，没有游手少年，

没有家庭不睦，没有残忍可怜。

这样模范村子，大家住得安全，

做好人有饭吃，快乐好比神仙。

从前乡下涣散，遇事没人向前，

如今村间邻长，都有管事的权。

这个整理责任，就在你们双肩，

爱家必要爱乡，千万不要推延。

机会且莫错过，别人着了先鞭，

奉劝诸君努力，荣誉流传万年。

　　这样，阎锡山通过推行"村制"和"村政"，短短几年之中，在山西全省范围内普遍建立起了一套自成体系的行政管理网络，这个网络由省长起至邻长止，层层迭选多达九级，即：省长—村政处—禁烟股、考核股、总务股—区主任—县知事—小段主任—编村—闾—邻—民户。故有"头上顶着九层天，千查万问

河边村公所旧址

永不完"的说法。

阎锡山执政伊始所面临的问题是："累于政治的更迭和风气的不开化"，行政管理十分混乱，"户籍杂乱，人口不清"，乡村尤甚。有鉴于此，他从维护长久统治，进一步巩固自己的既得地位出发，自然而然产生了建立自己的行政组织机构，厉行有效管理的强烈愿望。通过村制和村政，形成政令可以达于广大民众的基层组织，从而将自己的权力渗透到每一个村，每一户，每一个人，就是阎锡山这种愿望的具体体现。有史家认为，"阎锡山将'六政'与'村政'同时并举，约经数年之后，为他割据山西，独霸一方奠定了基础"。这就说明，阎锡山的上述目的在某种程度上是达到了。也正因为如此，阎锡山当时在山西的做法深得北洋政府之赞誉，多次通令各省仿效之，山西也因此而得"模范省"之称。

二、实施精神统御，倡导"洗心"

阎锡山在推行"用民政治"的同时，还"创造性"地搞起所谓"洗心"。通过"洗心"，对官员乃至民众进行精神统御。

阎锡山有一句名言，就是"为政当从人心上入手"。意思就是说，拥有政权，必须首先赢得人心，所谓"得人心者得天下"也。"洗心"就是阎锡山"从人心上入手"，施行统治的独特方式。在行政上强化管理的同时，他还要在精神上统一民众。所以"洗心"与"用民政治"实际上被阎锡山当作施政这挂大车的两个轮子，相辅相成，共同为他的政治统御服务。

用阎锡山自己的话来说，所谓"洗心"：

一、"私心为人类之蟊贼，非洗尽

　　《时代》周刊封面人物阎锡山

不可"。私心人皆有之，所以人人都必须"洗心"，以成为一个全新的有用之人。

二、"救国必先救人"。孟子说："教人以善为之忠"，"洗心"就是要"教人以善"，从而使人人都善，根绝天下的坏人坏事。

三、"祸福无不自己求之者"。"凡人皆愿远祸而得福，何以求之？求之在己。其故为何？人生有理、欲。欲求福，攻恶克己。欲免祸，抉植善念，申张公道。""抉植善念，申张公道"，"攻恶克己"的唯一途径就是"洗心"。

总而言之，"凡人意念所动，顺理者乐，顺欲者苦。人能顺理寡欲，即乐多苦少。顺与寡全由自心起"。"凡人自省，乃知己过多。悔过，始觉无过好。推而言之，人群之幸福，实基于净白之人心，已过人群之悲惨，多由人心污秽所造成。今欲为人群谋幸福，先必去人心之污秽，吾辈应遵从洗心古训，以正人心。"

既然"洗心"在阎锡山眼里如此神通广大，能去掉万恶之渊薮，那么，他从兼任山西省长开始即在山西倡导"洗心"，推行"洗心术"就成为"顺理成章"的事情了。

在阎锡山倡导下，1917 年 3 月 11 日，由赵戴文、孟炳如等人出面发起，在太原宗圣总会内成立了实施"洗心"的社团性组织机构——"洗心社"总社。总社推举阎锡山为社长。此后，各地纷纷效法，复在各大县成立分社。

洗心社内设有"自省堂"，以供人们反省悔过。太原总社建了一个能容纳500 人的大"自省堂"，大"自省堂"内，书有阎锡山亲笔题颁的"悔过自新"四个大字之牌匾高悬于正面墙上，作为警示。每周日为例行之"洗心日"，届时，洗心社派一人主持，阎锡山亲率文武官员到会，进行集体"自省"。各地则仿而效之。"自省"的仪式有：参加者全体一致静默，时间长达十分钟之久，近似于基督教的祈祷忏悔；由选出的讲长（多由洗心社成员担任）作"洗心"讲话，阎锡山只要到会，也几乎每次必作讲演，主要是对宋明理学进行阐释，中心意思是教人"攻恶克己"，"去人欲"，"存天理"，"悔过自新"。此外，还允许基督教传教士到会布教演讲。

对于"洗心"，阎锡山实际上是把它作为一场政治运动来搞的。一个时期之内，几乎所有的宣传鼓动、文化教育机关都在鼓吹"洗心"。阎锡山有关讲话、训词中的"警句"，如"信、实、进取、爱群为民德四要"；"自己不做坏事，使人亦不做坏事；自己做好事，使人亦做好事"；"悔过自新"、"攻恶克己"，等等，被书写成标语，张贴于大街小巷，达到了俯拾皆是的程度。此外还刊行了《来复》杂志。《来复》周刊以鼓吹"洗心"为职志，每周一期，是为周刊，发行至最基层的行政单位——村。

洗心社由于有阎锡山的推行，在山西一直风行到 1925 年，共计存在了整整八年。1925 年以后，省内各地分社相继关闭，活动才随之逐渐停止。

洗心社虽然是在阎锡山的亲自倡导下发起成立的，但是阎锡山却又在这里给历史留下了一个疑点。洗心社总社的成立时间是 1917 年 3 月 11 日，而且开始即把阎锡山推为社长。然而，他却"经久未承认"。直到一年多后的 1918 年 6 月 3 日，才"始行接受"，第一次以社长身份到会讲演。对此，他自己的说法是："始不敢任社长者，以自己无什么成就，今天愿求'成就'与诸友共勉。""洗心社推阐圣人之道，'成己成物'之学也，如能以此自勉而共勉，我始可任会长。"这显然是阎锡山的托词，既是"以此自勉而共勉"，本应与有否"成就"无关。透过他的闪烁其词，"成就"二字似可认为是指独掌山西军政之事，那么就只是一个时间问题了。阎锡山惯于制造玄机，这也可算作他的一个小小玄机吧。

"洗心"作为阎锡山执政山西之初，在思想意识形态领域进行的体现自己世界观的一次尝试，到底起了多么大的作用，不好妄下结论。权且将梁漱溟先生的一段讲演词作为一个小小的注脚。梁先生于 1922 年 1 月，在山西农业专门学校讲"如何可以使人的行为合理"时说："我未来山西以前，看到许多关于山西'洗心'、'自省'的印刷物。办法都不大对。到太原以后，第一次在督军署大自省堂，一进门就看见四个大字'悔过自新'，很使我受一种特别的刺激，很不愉快。这种办法，很省克自己，很严厉去管自己，其结果终不能使人跳出过恶的圈子。固然，山西这样设法使人如何变成好人，在别的地方是没有人理会的，我们当然应该赞叹，不过做法的确是不对，我们也不能不说。这种过于刺激，过于紧张的空气，即使偶然能收效一时，也绝不是长久的。只有合常理的是能长久的；不合常理的不但不能长久，实在全无效力。所以如何培养人的自然的愉快心理是很必要的。"

三、"进山会议"开了两年零四个月，只为谋求所谓的"适中制度"

　　20 世纪初叶，世界风云变幻，激烈动荡。1914—1918 年的第一次世界大战，几乎席卷了整个欧洲；1917 年的俄国十月革命，在世界帝国主义体系的链条上诞生了一个社会主义国家，即苏联。"十月革命一声炮响，给中国送来了马克思列宁主义"，中国革命的知识分子开始探索新的民主主义道路。1919 年爆发了闻名于世的五四运动；1921 年中国共产党成立。面对新的世界潮流，政治上极其敏感的阎锡山，做出了一个直接的反应，这就是"怎样对由资本主义的弊病而造成的社会主义潮流"进行预防，进而产生一种介乎于资本主义与社会主义之间的"适中"制度。由此出发，他主持召集了被称为"进山会议"的政治讨论会。

　　召集"进山会议"缘于一批旅居苏俄的山西商人被驱逐回国。挟长袖善贾之遗风，晚清时晋商足迹几乎遍及十八行省，更有旅居国外称富一方者。沙皇统治的俄国，晋籍经商者也不乏其人。十月革命后，在苏联的集体化运动中，一批外籍商业资本家被驱逐。1921 年 4 月初，阎锡山接东三省巡阅使张作霖电告：由莫斯科驱逐回国之山西汾阳县侨民已到哈尔滨，因无路费返家，请派员携款接回。

　　那批被苏联驱逐的山西商民，被接回山西后，公推五人为代表，进见阎锡山面呈谢意时，声称："苏俄强迫农民对所产之食粮交公，因农民不从，杀人无数。后来俄国警察也消极怠工，苏俄即招雇中国人近十万，并给其中一人以将军衔，指挥抢收食粮。后因受雇之中国人亦不忍为，遂将中国人驱逐。"同时递上一份题为"苏俄共产党怎样统治人民"的书面报告。报告对共产党领导的苏联进行了夸大其词的攻击。

　　阎锡山从统治者的地位和立场出发，对返晋旅俄商民所说的一切深信不疑，加上平素的理解和认识，他得出的结论是："资本主义与共产主义是两极端的错误，人类应谋求适中的制度，以期消除制度形成的痛苦与残酷，创造长久的安和与幸福。"

　　有鉴于此，为了谋求所谓的"适中制度"，从 1921 年 6 月 21 日起，阎锡山假山西督军署进山之上"邃密深沉之馆"，召集学政各界及"社会贤达"24人会议，进行对策讨论。会议依会场地点命名为"进山会议"。会议以"由于

"邃密深沉之馆"梅山会议厅

资本主义之剥削劳动群众，故演出一个共产主义来，而共产主义之统治暴政，控制人民生产生活，有如洪水猛兽，形成两个极端之错误。就世界人类说，应该产生一适中的制度，以次幸福人类的生活。一面去除资本主义之剥削，一面免遭共产主义之控制"。亦即所谓"人群组织怎样对？"为中心议题，展开讨论。

会议从首次集会的 1921 年 6 月 21 日开始，每周两次、每次两小时的例会，一直开到 1923 年 10 月 21 日，纵跨两年零四个月；参加讨论的人数从最初的 24 人逐渐扩展到 500 余人；议题由"人群组织怎样对？"进一步及于"人生与家庭的研究"、"经济制度的研究"、"教育的研究"、"政治的研究"，等等。

会议主要是从理论上探讨对付共产主义的方法和途径，谋求一个所谓的"适中制度"。经过马拉松式的讨论，得出的结论是：

首先，"人群组织怎样对？"要为人类谋求一个"合理而幸福人生的社会"，使人类能够不分地域、不分种族、不分肤色，在家能够互敬互爱、养老育幼，天下一家。要达到这个目的，首先必须使国家富强文明。而要使国家达到富强文明，就必须有一个"放之四海而皆准"的做法，这个做法就是"主张公道"。只有主张公道，才能使任何地域、任何国家、任何人种，人与人、人与国、人与世界，处处都是公平合理。以达于"世界大同"。

其次，"适中制度"为何？资本主义之弊在"资本生息"、"金银代值"。自金银代值资本生息以来，人皆贱布帛菽粟而贵金银；是以人皆不存布帛而争聚金银；舍耕植而专以掏金挖银是务。如何去人群欲呢？惟有"资不生息，信以代值"。资不生息，骄奢淫惰者无所恃其为骄奢淫惰；金不代值，除必要之士农工商外，贱耕植而求美衣食者无所图。共产主义之弊则在"各尽所能"、"各取所需"，"各取所需"是"强人作圣贤，又强人作禽兽"，"违背人性，反乎人情，不适合生产，不利于人生"。唯有"公平制度"，既能克服资本主义的弊病，又能预防共产主义之流传。"公平制度"以"中的哲学"为原理，既消弭"资本生息"、"金银代值"的人群欲，又去除"各尽所能"、"各取所需"的强制行为。实行"资公有"、"产私有"、"按劳分配"，发达物质，鼓励生产，使"劳享合一"，劳动多少，享受多少。如此，劳动者享受愈大，生产就愈发达，经济资本就愈提高，国家就愈富强。

"进山会议"在得出上述主要结论后，于1923年10月21日正式宣布结束。由500人参加讨论所形成的二百余万字之会议记录，以《进山会议录》的书名编辑出版。阎锡山为"会议录"亲笔写序。序文在简述了"进山会议"的前因之后，称："余以为因资本主义之剥削，演出共产主义，是两极端之错误。就世界人类说，应产生一个'适中的制度'，遂于民国十年六月二十一日，先召集二十四人，在太原督军署进山'邃密深沉之馆'开会讨论，后参加者增至五百余人，每星期开会二次，每次二小时，共讨论二年零四月，会议记录达二百余万字，恐保存失慎，将所留者编为'进山会议录'，以备忘耳。"

阎锡山遗墨：中是治，仁为从

　　历时两年有余的"进山会议"，不仅反映出阎锡山从根本上对于共产主义的抵制，而且还表现了他反对共产主义的决心。从此开始，他几乎是不停顿地致力于此，至于终死。"进山会议"所得出的结论，诸如"公平制度"、"资公有"、"产私有"等，形成了阎锡山整个理论体系的"雏形"，后来进一步提出的"按劳分配"、"物产证券"、"土地村公有"等，都是由此派生出来的。从这个意义上说，"进山会议"为阎锡山探讨所谓介乎于资本主义与共产主义之间的"适中制度"，以及后来形成的所谓"大同思想"，奠定了理论基础。

阎锡山 一生

Biography of Yan Xishan

第十章

军事经略

一、晋军征湘，偷鸡不成反蚀米

在因"护法战争"而起的南北对峙中，一些地方军事首领为对抗段祺瑞的武力统一与扩大自己的实力，借助孙中山的威望，趁势打出"独立"的旗号。1917年9月初，湖南零陵镇守使刘建藩宣布独立，借助广西军力量发起倒湖南督军傅良佐的军事行动。时任国务总理的段祺瑞电报阎锡山，要山西派一个混成旅的兵力远征湖南，援助傅良佐，敉平三湘之乱。阎锡山在此之前，对段即有过"国家有事山西军队愿为前驱"的承诺，所以尽管当时的晋军无论是装备还是训练都比较差，但他还是勉为其难，遵命行事。

阎锡山接到段的电报后，立即召集紧急军事会议，参谋长、军务处长、四个旅长以及炮兵司令周玳等出席了会议。阎锡山首先说明，接到段的来电，命山西出兵援湘，我们服从段命，这是义不容辞的事。大家看，派哪一旅去最合适。说罢没有等大家表示意见，他就自己得出了结论，说："依我看，启予（商震字）在外边跑的地方很多，经验丰富，声气也比较灵通，最好是启予去，大家以为怎样？"大家当然不会表示反对。阎锡山又对周玳说："子良（周玳字）你也带上一营炮兵，和启予一同去。"于是就这样决定了。第1混成旅两个团，第1团团长蔡荣寿、第2团团长王嗣昌，全体出动。一营炮兵，由炮兵司令周玳率领。

晋军远征几千里以外的湖南，可以说是破天荒的事情。因为当时普遍认为北军战力远胜于南军，而且晋军在征讨张勋"辫子军"复辟之役享有威名，商震以下所有的军官都是兴致勃勃，劲头十足，觉得师出有名，胜券在握，大军南征，马到功成。于是全部人马浩浩荡荡从太原出发，坐正太车到石家庄，换京汉车，一直开到汉口大智门车站，然后行军南下前线。

晋军到达湖南后，即在傅良佐的指挥下，直接开到永丰前线，很快就投入战斗。战场上与晋军对阵的是桂军马济、韦永昌部。晋军以2团、炮兵、1团的次序投入战斗。马、韦两部以传统的牛角号壮大声势，左突右袭，企图突破晋军的薄弱环节。由于晋军的严密防守，一直不能得手。双方相持了四五日。

对方见晋军阵线无懈可击，攻势逐渐放松。后来桂军以谭浩明部加入，战事才又激烈起来。初出茅庐的晋军，根据商震"本旅奉命死守永丰阵地，敢私言进退者，以军法从事"的命令，拼命抵抗，在阵地上一连坚持了十数日。

正当晋军激战前线坚守待援的时侯，北洋系湘军总司令王汝贤、副司令范国璋在长沙发表通电，主张停战撤兵，迫使傅良佐出逃，晋军遂成孤军。商震鉴于全盘形势不利，即率所部经湘乡退于湘潭县城。因情况不明，被湘军包围缴械。远驻城外的炮兵在撤至易家湾后亦被缴械。商震等负责军官，被送至武冈。后买通外国传教士，才得以设法乘日本小火轮逃至汉口，收容所部士兵。

出征湖南既为晋军初次远征，阎锡山作为统帅自然时时记挂。那边出征晋军先胜后败，几近全军覆没，这边阎锡山坐镇太原心中难免忐忑，一得到北军不利的消息，即派副官荣鸿胪等先后赴汉口、岳阳探听虚实。荣等到岳阳时，商部败局已成。阎锡山接荣电报，获悉详情后，立刻电商返并。但这时的商震却因出征当初曾以必胜许之，不料想落得如此结局，一则自觉无颜见江东父老，一则恐全军覆没不能见谅于阎，加之湖北督军王占元有延揽之意，故盘桓在汉，没有动身的表示。阎锡山得信后，又急派副官长李德懋到汉口抚慰劝归。对商震说："兵家胜败，古之常理，老总叫你们一定要回太原，老总绝不怪你。"晓之以理，动之以情，终于使商震感到盛情难却，即随李副官长返回山西。

征湘惨败的商震率几员败将、几百名残兵回到太原后，阎锡山果如先前所说，丝毫没有责怪的表示。不仅如此，还在督军公署准备了丰盛的酒席，为一行军官接风洗尘。席间阎锡山在谈到湖南作战时说："这一次战事，因为段先生和冯总统有意见，才发生这样的事。事先我一点也不晓得，累得你们吃了一场苦头。"几句话，轻轻地卸去了压在众人头上的战败之责，给军官们吃了一颗定心丸。

处理征湘失败之事的经过，足见其时的阎锡山已经颇懂御人之道，对不可逆转的事实，主动承担责任，比诿过于下属往往要更上算一些。征湘将领上自旅长商震，下至团、营长蔡荣寿、王嗣昌、周玳、杨爱源等，在此后的一个长时期内忠实地服务于晋军，就是最好的例证。

在"护法"战起，南北对峙的关键时刻，阎锡山作为老同盟会员、辛亥革命的中坚、孙中山先生曾经寄予厚望的国民党参议，于密派代表赴粤应付南方的同时，接受段祺瑞的驱使，远征湖南，无疑带有极大的功利主义色彩。然而，由于政局的瞬息万变和军阀内部的尔虞我诈，却只记下了一页败绩，正可谓"偷鸡不成蚀把米"。当时山西军政界流行的两句打油诗就不无形象地反映了这一事实，诗云："大将南征胆气豪，缴枪没有打收条。"

二、军阀混战中扯起"保境安民"大旗

孙中山发动的"护法战争"，由于军阀们导演的"南北议和"而偃旗息鼓。在北洋政府中，先是皖系段祺瑞号召"武力统一"，结果战事失利；然后是直系冯国璋主和，逼段辞职。1917年11月15日，段祺瑞辞去国务总理职务。自此冯段失和，形成直皖分裂。

晋军征湘失败后，面对纷繁动荡的政治局势，阎锡山从"大将南征胆气豪，缴枪没有打收条"的惨重损失中认识到，依山西眼下的实力，远不足以武力称雄。在各派势力逐鹿中原雌雄难决的形势下，要想分一杯羹，谈何容易。唯有吸取教训，退出纷争，休养生息；抓住机遇，发展自己，暗中积蓄才是上策。于是，他罢兵息争，打出了"保境安民"的旗号。宣布奉行"一不入党派，二不问外省事，三不为个人权利用兵"；"一要服从政府命令，二要保卫地方治安"的所谓"三不两要主义"。

1918年2月21日，晋南镇守使张培梅，因"邻省兵匪不分，为患堪虞"，要求增派部队，隔河布防，断绝交通，以防侵扰时，阎锡山回电指出："现在大局纷扰，我省自卫政策，在'保境安民'四字，然必须与邻省联络，使能不为我患，或使邻疆乐与合作，进而为我用，代我御侮，而后民始可安，非漫无区划，公用闭关政策可以自卫也。凡事当计其远者大者，毋仅顾目前。"首次表明了敦睦近邻，保境安民的态度。此后，他多次在相关的电文中重申了上述立场。

1919年5月26日，在复段祺瑞宥电时称："外交棘手，时事益艰，老成谋国，统筹全局，孰权利害，硕划尽筹，敬佩无已。晋省地方现尚安谧，自当力保治安，共维大局。"委婉表达了力图自保，不愿搅入军阀派系之争旋涡的愿望。

1920年6月，直、皖两系之争日趋激烈，终于酿成北洋军阀的第一次派系混战——直皖战争。在此期间，阎锡山与宁夏马福祥、济南田中玉、保定曹锟，

以及徐世昌、靳云鹏等电报往还，屡申"晋军不出省一步，客军不许通过"的保境安民宗旨。

7月13日，以"减少兵祸保全生机事"电大总统徐世昌。电报云："迥思频年以来，南北失和，生灵涂炭，兵多饷少，火将自焚，凡百现象，久报悲观"。"祸起无端，变生不测，同舟皆敌，无人不危。俄国过激之党起于行武，墨国党争之祸，即在目前。瞻顾前途不寒而栗，伏思我大总统身系兆民之重，心怀万类之仁，宁人息事必有良谋。目下旱象已成，危机四伏，但能减少一分兵祸，即可为人民保全一分生机，国家幸甚，人民幸甚。"

立于 1921 年的阎锡山清明植树碑

7月17日，复田中玉筱电，表示："敝省向以保卫地方，息事宁人为主旨。对于此次战事，唯以能有和平调停之机会为希望。"

7月18日，复曹锟巧电，表示："兄以为国兴师，弟以为民保境，相差甚远，对之殊生愧色。兹承来电称许，益证同心，唯外间谣言纷起，不值识者一笑。此间兵队决不出晋省一步，其他客军亦决不许通过，严守此旨。"

通过一系列的通电声明和省境内森严壁垒，阎锡山的"三不两要主义"初步昭示于国中，其"保境安民"的宗旨亦为世人所接受。

从1917年征湘失败到1924年出兵石家庄前，正是北洋军阀内部纷争激烈动荡时期，整整七年间，阎锡山基本恪守"中立"、"保境安民"宗旨，不参与军阀之间的纷争与混战，致力于积蓄自身力量。与此同时，一方面修好邻邦，一方面坚守地盘，从而营造了一个利于发展自己的相对稳定的内部环境。

三、睦邻友好，坚守山西地盘

修好近邻，对邻省的内部纷争保持中立，使双方均不为己患，甚至于为我所用，是阎锡山与"保境安民"并行不悖的军事方略。

陕西与山西毗邻，1918年，段祺瑞任命的陕西督军兼省长陈树藩被建立于护法运动之中的"陕西靖国军"围困，日渐不支，频频向段氏告急。在段祺瑞三令五申下，阎锡山不得不虚与应付，委派张培梅为指挥官，编了两个支队，于11月15日渡河过陕。但张培梅遵照阎锡山的指示，一方面故意向北京政府声明兵力单薄，只可担任韩城合阳一线防务，兼顾河防；一方面又面谕支队长王嗣昌对于民军方面以和平手段相联络。所以，晋军入陕后，始终未与靖国军开衅。至翌年，各方起而调停陕事，监视停战，双方遵约实行，晋军即行返回，"秦晋之好"得以保持。

直皖战争时，曹锟、吴佩孚曾请阎锡山出兵直隶，以作呼应，因其时局势不明，阎以"保境安民"，晋军不出晋省一步为由，婉言相拒。直军战胜后，阎锡山不愿开罪曹、吴，便设法与其修好。1920年12月，阎锡山特地致函吴佩孚，称："弟以轻材，谬膺疆寄，山右偏陋，知识闭塞，勉尽保境安民之责，时有风雨飘摇之虞。所幸直晋密迩，唇齿相依，叩附同舟，实深托庇。后值旌旗驻洛，德邻相望，大河南北，受赐益多。前者政局不靖，海内骚动，我兄率师澄清，勋业灿然。挽救狂澜，众意所属。忝在胞泽，早已倾心。乃荷先施，许为知交，感佩厚意，岂有涯矣。兰谱附呈，即乞哂纳。交谊伊始，来日方长，仍盼时赐南针，以匡不逮。"为示修好，在解释前此不出兵之缘由，吹捧吴氏的同时，主动寄上兰谱，与吴"义结金兰"。

另外，阎锡山的睦邻政策又是与坚守已有地盘，寸步不让；对犯境者，以武力迎之相结合的。典型的事例是打击郭坚滋扰和樊钟秀攻晋。

郭坚，字方刚，陕西蒲城人。1916年，郭坚任西安市警备司令时，曾被陈树藩利用，参与驱逐陕西将军陆建章出陕。后陈树藩取而代之做了陕省督军，见郭实力强大，恐日后不好驾驭，便鼓动其向山西发展。1917年5月间，郭坚率所部三个团，两千余人，由山西临晋之吴王渡、荣和之庙前渡，渡过黄河。然后，分两路向新绛、运城推进。阎锡山得悉郭坚的动作后，立委张培梅为总指挥，商震为副总指挥，组织堵击。在河津、荣河、临晋一带，晋军与郭坚所部展开激战。守临晋城之谢濂步兵第 4 团杨爱源营依城作战，毙伤郭军主力五百余人，使郭军元气大伤。郭军撤至一个叫土堡子的地方，殊死抵抗，双方继续交战。然郭军孤军深入，无后方作战，不能持久。经过大约一个月的拖延，终于不得不在丢盔弃甲之余，狼狈退回陕西，山西境内又恢复了原有的平静。

在军阀混战全国大乱中勉强平稳度过了七八个年头。1925 年阎锡山又面对了一次新的挑战，这就是樊钟秀攻晋。彼时山西处境十分危急，形势非常紧张。与直系军阀对垒的国民军第 1 军冯玉祥部驻于北京，国民军第 2 军胡景翼部驻于豫、陕两省，国民第 3 军孙岳部驻于直隶南部，对与直系交好的山西形成三面包围之势。这时，山西的辛亥元老、忻代宁公团的创始人、做了国民军总参议的续桐溪又暗中与樊钟秀联络，策划秘密攻打山西。

樊钟秀所部称为建国豫军，驻扎在河北顺德以西至太行山一带。樊部建国豫军的称号据说是孙中山给的，但只是有一个空头名称，事实上并无归属。由于地盘不能确定，械弹两缺，军饷无着，没有出路。据说起先樊对攻打山西并没有多大信心，不敢冒进。后因听续桐溪说："山西军队之软弱，我知之甚稔，可谓静如处女，动亦如处女，一闻枪声，便会逃跑。靠你南征北战的经验，带队入晋，我保证你势如破竹，胜利在握。""山西祁、太、平之富，也是你想象不到的。民国元年阎锡山派人去借军饷，祁县渠家拆了一堵墙，就取出白银五十万两。你如入晋还愁军饷无着吗？"挡不住白花花银子的诱惑，樊钟秀终于下决心入晋。

1925 年 8 月间，樊钟秀率部由涉县出发，经峻极关向山西进攻。樊钟秀攻晋的消息早有徐永昌通报给了阎锡山。徐永昌，山西崞县（今原平）人，时任国民军孙岳部参谋长。徐永昌因对续桐溪策动攻晋有不同意见，又有维护山西利益的私心，便遣人将樊军动向告阎。

由于事先得到了情报，阎锡山预为布置——以蔡荣寿旅两个步兵团及一个手掷弹营，在峻极关、东阳关、娘子关一带防守，准备御敌于省门之外。不料，樊军来势凶猛，下庄一战，晋军大败，伤亡惨重，不支而退。樊军一战告捷，再战于蛤蟆滩，又获全胜。随即乘胜直下辽县。樊军的迅猛攻势大出阎锡山意料之外，急调驻潞安的荣鸿儒第 6 团全部，由南向北增援辽县；另派商震率第 2 旅王嗣昌部第 3 团李培基全部、第 4 团侯守常部两个营，以及第 3 旅李维新的第 5 团文海部及炮兵一营、手掷弹一营，向辽县星夜前进。同时，将第 6 旅杨爱源部由寿阳调驻榆次，第4团王靖国营由榆次向八伏岭前进堵截，傅作义率第8团由原平驰往辽县……为了坚守住山西这块地盘，阎锡山几乎动员了晋军所有精锐。与此同时，樊部孤军深入，人地两生，恃勇取胜，难以持久，在被晋军四下包围的情况下，不得不节节后退，撤出山西。在晋军不遗余力的堵击下，樊钟秀攻晋也以失败而告结束。

策划樊钟秀进攻山西的续桐溪，因在一些问题上和阎的意见相左，长期以来一直在外运动反阎。这次策划樊钟秀攻晋，自认为成功的把握很大，岂料功败垂成，一气之下，卧病不起，逝于天津。

四、唯力是视，扩充军队与扩充军备双管齐下

北洋时期是群雄蜂起的年代。阎锡山作为地方实力派，深谙"唯力是视"之理。他倡导"保境安民"只不过是为了养精蓄锐，积蓄力量。在他看来，保境安民并不是无为而治，而是必须以足够的实力作为凭借。所以，他在倡导保境安民的同时，也在不动声色地抓紧军备——不断扩充军队、发展军事工业、改善武器装备。

1917年，孙中山在广州就任护法军政府大元帅

阎锡山颁发的布告与训话

从 1917 年独掌山西军政起，迄止北伐前的 1927 年，十年间，阎锡山在保境安民的旗号下，先后共进行了三次大的扩军。阎锡山虽自辛亥始即任山西督军（其间一度名称有异）。然而，在袁世凯当政时期，迫于政治压力，在军事上不仅一直不敢有大的动作，甚或还不得不以裁减晋军来表示心无二志。所以，到 1916 年袁世凯垮台，五年中山西的军事实力并无太大的发展，只有区区两旅 7000 余人（金永编练之警备队除外）。阎锡山清楚，靠这点"家底"，不用说在林立各省的军阀之中争雄于世，就是自保也难以办到。所以，执政伊始，他即着手进行第一次扩军。

第一次扩军开始于 1917 年 8 月间。其时张勋复辟刚刚平定，晋军在拥段讨张小试"牛刀"之后，撤回原防。乘此时机，阎锡山先将"原来第 12 混成旅和由山西巡防营改编的警备队合并扩编为四个混成旅，每旅辖步兵两个团，炮兵一个营"。南北两镇守使继续保留，各辖一个混成团。外加两个骑兵团，以及五个特种营。次年秋，再增设两个步兵团，即第 9 团、第 10 团，第 9 团团长由第 1 混成旅旅长商震兼任，荣鸿胪任中校团副；第 10 团团长由原第 1 团团长蔡荣寿改任（第 1 团遗缺由营长杨爱源升任）。名义上隶属第 4 混成旅，实则人事、经费等一应事项均直接由督军署统辖。"并利用段祺瑞所给的参战借款，向日本购买大批武器弹药，计有大正六年式山炮 12 门，三八式野炮 12 门，三八式

133

步枪3000支。"

1923年，出于推行"军国民教育"的需要，为了扩大后备兵源，分别在晋中、晋北、晋西北、晋东南成立了四个在乡军人训练连——第1连，驻平定，连长原屏藩；第2连，驻朔县，连长王振恩；第3连，驻五台县台怀镇，连长冯鹏翥；第4连，驻长治，连长崔凝祥。分期（每年三期）训练回乡军人。与此同时，各军驻外县的步兵团也先后成立了一个训练连，对驻地壮丁进行军事训练和教育，平时居乡务农，战时可以随时征召入伍，以确保有充足的后备兵源。

这次扩军从1917年8月起，分段进行，一直延续到1923年。经过第一次扩军，到1923年底，山西地方兵力达10个步兵团、2个骑兵团、2个混成团、4个炮兵营，共约2万人。

第一次扩军，晋军不仅由小而大，力量倍增；而且有了正规的建制和统一的指挥（此前既有督军掌握的混成旅，又有原巡按使掌握的警备队）；武器装备也得到了一定程度的改善。阎锡山由此奠定了他的军事班底，开始跻身于地方实力派的行列之中。

此后，阎锡山又于1925年和1927年分别进行了第二次、第三次两次大的扩军。值得一提的是，其间徐永昌率国民军第3军投晋。徐永昌系孙岳国民军第3军之参谋长兼第1师师长，深得军长孙岳信任。徐因籍隶山西，又对阎锡山之"模范省"有好感，故有虽在对垒一方，却不同意续桐溪攻晋，进而为阎锡山通风报信之举。樊钟秀攻晋时，徐随孙岳转攻天津。1926年1月，直鲁联军反攻，兵败退守包头。这时，军长孙岳患病休养，徐永昌受孙之托，代理军长职务。是年9月17日，冯玉祥在五原誓师响应北伐，同时电请徐"共举大事"。徐永昌想起当初段祺瑞曾向他说"冯玉祥难共事。你是山西人，不如接近阎锡山。阎锡山为人稳健，在国内外有些声誉，大有前途"的话，遂拒绝了冯之所请，转而加入晋军。据说，徐与阎第一次见面，阎锡山即表示"恨相见太晚"。徐则说："我是山西人，不愿对晋军作战。张作霖贪得无厌，凶狠异常，祸国殃民，如要讨张，我愿为前驱。"阎对徐抚慰备至，优礼有加。不久，徐永昌便率部进入山西。徐永昌及其国民军第3军的投晋（初时因孙岳仍兼军长，一度保持原有番号，孙岳病故后，方才正式加入晋军序列），不仅进一步加强了阎锡山的军事实力，而且使阎锡山得到了一个可以信赖的朋友。他与徐永昌之间，在后来的合作共事中，相交相知，历数十年而不变。

正是在徐永昌加盟、收编谭庆林等部，实力进一步增强的情况下，阎锡山于第二次扩军后不久，紧接着进行了第三次扩军，以师改军，成立了八个军。

这样，经过前后三次扩军，晋绥军（1926年攻打国民军之役后，随着地盘扩大到绥远，晋军已改称晋绥军）迅速崛起，总兵力增至13万余人，成为国中屈指可数的几支主要的武装力量之一。"乱世英雄起四方，有枪便是草头王"，阎锡山也就随之自然成为颇具声势的地方实力派人物。

军事人员与军事装备作为军备的两要素，就像两个轮子一样，共同支撑起军事实力这挂战车。因此，阎锡山在军队扩充的推动下，同时也把注意力放在了军事工业的发展上。从而使山西的军事工业随着晋绥军的不断扩充而产生、而发展。

近代山西最早的军事工业是创立于晚清的"山西机器局"。"山西机器局"以修理枪械为主，唯一的产品是用英国福公司提供的金属主件，配制枪托生产的"二人抬"火枪。在山西机器局的基础上，阎锡山从他执政开始，自筹资金，因陋就简，网罗人才，引进技术，经过山西陆军修械所、山西军人工艺

徐永昌（字次辰，1887–1959）与夫人李西铭

冯玉祥，字焕章（1882–1948）

135

实习厂、太原兵工厂等几个时期，一步步地发展起了自己的颇具规模的军事工业体系。1927年1月，几乎与第三次扩军相同步，阎锡山将山西军人工艺实习厂更名为太原兵工厂。以此为标志，山西的军事工业无论是设备规模、生产能力，还是技术水平都达到了一定的高度——拥有机器设备3800部、职工15000余人；月产量轻重炮35门、迫击炮100门、步枪3000支、机枪15挺、冲锋枪900支、炮弹15000发、迫击炮弹9000发、子弹420万发。不仅可同全国最大的汉阳兵工厂、沈阳兵工厂相媲美，成三足鼎立之势，而且在规模和现代化程度上已超过了汉、沈两厂。

对于军事工业的发展，阎锡山可谓煞费苦心。在发展初始的修械所时期，为解决经费不足的问题，他搞起了筹资的专门机构——铜元局。铜元局的作用在于用低价从民间收购旧式制钱，然后铸造铜元，从中获利。阎锡山筹谋以"三九"制钱（即含铜量99.9%的制钱）为原料，用三文制钱改铸可当20文制钱的铜元一枚。在全省流通制钱中约用50余亿文，改铸铜元19亿枚，可当制钱340亿文，使币值扩大5.8倍。按当时主币银元与制钱的兑换率，所铸铜元即相当于1700万银元；若按流通中的约50亿文制钱计，则不过值250万银元，一经改铸，即可获毛利1450万银元。利用政权的力量，通过金融投机的方法，阎锡山筹得了一笔可观的经费，从而为其军事工业的初步发展奠定了物质基础。

此外，在发展军事工业的同时，阎锡山还致力于军事学校的创办和军事干部的培养。早在1912年冬，他就以整编军队时编余的军官为骨干，成立了"将校研究所"。将校研究所以赵戴文为所长，侧重于军事理论方面的探讨和研究，目的在于提高高级将领的军政素质。1917年后，由于军队的不断扩编，对军事干部的需求也迅速增加。阎锡山又先后创办了多所军事学校和军官训练班，要者有：学兵团干部训练队（创办于1918年秋）、学兵团（创办于1919年6月）、山西军官学校（后改称北方军官学校，创办于1926年10月）、晋绥军官教导团（创办于1926年）。此外，还举办了各种类型的专门学校，如：山西陆军辎重教练所、山西航空学校、第三集团军骑兵教练所等。其中，举办于1928年10月的骑兵教练所，作为阎锡山改造军队的一个典型范例特别值得一提。

事情是这样的，北伐胜利之后，阎锡山在领有晋、冀、察、绥四省的同时，

136

收编了这些省份的一批骑兵队伍。这些队伍都是在北伐的浪潮中，临时招编当地土匪扩充成军的，素质不良，军纪败坏，不听命令，不服从调动，只知要饷要粮，因之必须加以改造。阎锡山在将这些队伍统一编成骑兵军后，便接受骑兵司令赵承绶的建议，在骑兵司令部所在地大同创办了"第三集团军骑兵教练所"，作为改造这支队伍的第一步棋。教练所从赵承绶旧部步一团招收青年军官和兵士为学员，分军官队和军士队两个大队，施以骑兵科的专门教育与训练。然后，采取"搅沙子"的办法，把经过一年学习的 320 名学员大部分分配到骑兵军各团队任各级基层干部。这批学员下到团队后，从基层直接控制了成分复杂的骑兵军，从而对骑兵队伍实施了较有成效的改造，使之成为晋绥军的中坚力量。

通过创办这些军事校所，阎锡山先后为他的晋绥军培养出了近万名军事骨干。如后来升任高级将领的于镇河、刘召棠、马良等都是从山西自己的军事学校培养出来的。

五、翻手为云，拥段联冯倒直军

"保境安民"是北洋军阀统治时期，地方实力派和地方军阀在实力不足的情况下，为了积蓄力量以屈求伸，所惯用的一手。而当他们自感羽翼丰满时，则必然以手中的武力为依恃，利用一切机会进行军事扩张。所以事实上保境安民只是一个权宜之计，永远的中立是没有的。阎锡山正是这样，当他在保境安民的旗号下，通过"致力于教育、实业之发展"，使实力逐渐膨胀起来之后，参与军阀纷争就成为势所必然。

1920 年的直皖战争，1922 年的第一次直奉战争，阎锡山都是以"局外人"的身份，以"中立"为名，冷眼旁观。然而，等到第二次直奉战争爆发后，他就再也按捺不住了。

第一次直奉战争结束后，直系挟连胜皖、奉之余威，把持北京政权，目空一切。曹锟贿选总统，国人共愤；吴佩孚高唱"武力统一"，受到各派军阀势力的抵制。在第一次直奉战争中受到直系严重打击的奉张，遂利用这一有利形势，响应孙中山的讨曹宣言，与孙中山先生及皖段结成"反直三角同盟"，共同对付曹、吴。在此背景下，1924 年 9 月，以皖系浙督卢永祥与直系苏督齐燮元争夺上海地盘的"江浙战争"为序幕，第二次直奉战争爆发。第二次直奉战争，双方以山海关一带为主战场，共投入兵力 50 余万人，堪称北洋军阀混战史上规模最大、战斗最激烈者。奉军将领张学良、郭松龄等部奋力作战；直系"讨逆军"总司令吴佩孚亲赴滦州督战。正当前线酣战，交战双方相持不下之时，10 月 23 日，直军将领冯玉祥乘北京空虚，倒戈回师，发动了北京政变。吴佩孚腹背受敌，陷入困境，兵败如山倒，形势急转直下，11 月 2 日，曹锟辞去总统职务；11 月 3 日，吴佩孚率领残部两千余人南下。第二次直奉战争以直军主力基本被歼而告结束。

第二次直奉战争爆发之初，阎锡山表面上仍取观望态度。但实际上已经倾向于拥段联冯倒直。在三角联盟与新直系（指曹吴时期的直系，区别于冯国璋时期的老直系）对峙之际，据说孙中山曾让张继以私人名义，函达阎锡山、赵戴文及南桂馨，大意以同盟会的旧关系，要求晋方协助，使孙中山北伐得到成功。而段方亦派温寿泉回晋联阎倒曹。

阎锡山感到京保两派的骄横诡谲，自己受到压迫（把持中央政权的曹、吴，想把山西纳入自己的势力范围，故而不免向阎施加压力，并曾有索要饷械之事），心有不甘，故决定附段，于是对张继所请，顺水推舟，慨允如命。但阎不出名复张，而以赵、南两人名义各复一信。赵函大意：孙先生此次参加北伐，同志无不欢欣，自当尽力相助。南函大意：协助孙先生北伐，乃是北方同志的夙愿。山西数年来保境安民，励精图治，模范省之名，中外皆知。而在广东同志，优容反晋分子，疏远起义的旧同志，未免使晋方同志有所寒心。两函都是由阎锡山亲拟，令秘书缮写，交张继来使带回。而温寿泉转达的段意则是，出兵石家庄，堵截吴佩孚所部，不使通过，阎锡山也予默许。

直奉双方酣战之时，阎锡山一面预做准备，一面静观事态发展。直到得知段祺瑞将要出山主持国政以及北京政变的背景，直军败势几成定局后，他才应冯玉祥电请，于 11 月 1 日出兵石家庄，截断京汉铁路交通，阻止直系援军北上，正式介入反直军事。

出兵石家庄是晋军自 1917 年入湘作战失利之后，首次出省作战。它标志着阎锡山几年来一直为之标榜的"保境安民"，晋军不出省一步"宗旨"的终结。

出兵之初，阎锡山先以第 3 混成旅旅长孔繁霨为总指挥，率第 3 旅黄金桂部、第 4 旅谢濂部、第 5 旅刘树藩部、第 7 旅龚凤山部，共六七千人（为虚张声势，称团为旅）。后又改派晋南镇守使张培梅全权指挥。关于作战原则，阎锡山在给张培梅的电报中作了如下规定："不准我军先开仗，是此次本军之宗旨，已与各方宣布。且本督军现正与各方周旋和议，我军若攻入，则我计穷矣。""只可吸取增灶故智，虚张声势，使敌望而生畏，不敢北越雷池，即足以应付段方；损兵折将，虽胜不取。"

晋军到石家庄后，分别布防于定县以南，京汉路沿线附近地区。首先袭击了由湖北北上增援的直军，并解除其武装；接着，又一鼓作气阻击了来自河南的增援部队。也算旗开得胜。不料问题却出在内部。原来，晋军虽在几年中不断扩大迅速发展，但因久不作战，又失之于阎锡山的骄纵，"顽皮松懈，士气颓弱"（张培梅语）。开入石家庄后，对总指挥军令多有不从，号令难以统一。总指挥张培梅为整肃军纪，决定杀人立威。遂以指挥不力和谎报军情为由，先斩后奏，将龚凤山、刘树藩两旅长枭首示众。龚、刘被杀后，一时谣言四起。阎锡山对张培梅不经请示，擅杀将领，深表不满，疑张有独立之心，并由此引发了张培梅率部撤防后不久的去职返乡。

晋军驻守石家庄，切断了南北交通，直军不知虚实，不能北上。牵制直军北上的战略目的已经达到。大约在 12 月底，国民军第 2 军胡景翼部由石家庄过

1909 年春，就读于直隶陆军速成学堂（后来的保定军官学校）的山西同乡合影，前排右三为张培梅

境，一时间几支队伍混杂，市面秩序不稳。有鉴于此，阎锡山准张培梅所请，将晋军悉数撤回娘子关内。

晋军虽以出兵石家庄的军事行动，参与了反直战争。但是，由于阎锡山准确地把握了时机，所以并没有经历大的战事，在某种意义上说，只是做了一个姿态。是阎锡山将其势力向娘子关外扩展的一次预演。以此为开端，在后来的一个时期中，阎锡山以他的晋军为资本，在军阀混战的旋涡里"摸爬滚打"，也曾"辉煌"一时。

在出兵石家庄参加反直军事的同时，阎锡山一方面顺应拥段出山主政的呼声，与各方频频电报往返，极力推戴段祺瑞出主中枢。在各方表面一致的联合拥戴下，段祺瑞于11月24日正式就任"中华民国临时执政"。

与此同时，亦加强了与孙中山先生的联系。曾几何时，阎锡山从保护自己既得利益出发，以冠冕堂皇的理由，一步步地疏远了与孙中山及昔日同志的联系。对于这一点，他自己也不得不承认。他在"国父二次北上之忆述"中说："我了解本党的理论，是在东京一个短时期。民国之后因山西处于北洋军阀包围之中，与广东形格势禁，我对总理的言论，则了解不多。"然而随着形势的变化，善于掌握时机的阎锡山开始改变以前的一些做法。因而有了对张继的默许响应。1924年11月10日，孙中山在广东发表"北上宣言"，主张"速开国民会议，废除不平等条约，以民族民权民生为基础，以谋中国统一与建设，造成独立自由之国家"。11月13日，启程北上，辗转于12月4日抵达天津。在此情况下，11月27日，阎锡山派出专人赴津迎接中山先生，"并请训示"。同时，策动每县各推举代表二人，一人代表政府，一人代表民间，组成山西国民会议促成会。

1924 年 11 月 13 日，孙中山携宋美龄北上途中合影

设会址于海子边教育会，由山西大学教授李翰章担任主持人。以示响应孙中山先生"北上宣言"中"速开国民会议"的号召。12月21日，孙中山先生向"各省各军民长官"发出"马电"，声明："文对于时局主张，以国民会议为解决方法。日前发表宣言，谅承鉴察。兹特选派同志分赴各省区向民众宣传，每一省区约二三人，务使国民咸灼然于会议性质及关系，其宣传范围，以此为限，不涉及地方政事军事。"阎锡山接电后，于23日复电先生，表示："马电奉悉。尊处选派同志宣传政见，具见伟筹，已饬属知照矣。"

六、覆手为雨，联直附奉讨伐国民军

北洋军阀混战时期，各方势力皆从各自不同的利益出发，翻云覆雨，今日甲乙联手以制丙，明朝乙丙合作以对甲；忽而称兄道弟，山盟海誓；忽而剑拔弩张，视为寇仇。阎锡山既已置身于军阀混战的旋涡之中，也就自然不能脱此窠臼。第二次直奉战争之后，随着形势的变化，他一步步转换向背，由联段、冯反直，而联直吴、联奉张，与冯玉祥的国民军兵戎相见。

只要有拥兵自重的军阀存在，国内纷争就不会平息。第二次直奉战争的结束，并不意味着天下太平，而是与新的分化组合相伴随。由于政治主张的不同，孙中山先生到京后，因"召开国民会议"的号召得不到响应，忧愤之中病情恶化，突然逝世，"反直三角同盟"首先瓦解。接着，直系再起，控制了湖北及东南五省。继而奉军内部发生了郭松龄倒戈事件。同时，为争夺地盘和军队，奉、冯反目。奉张、直吴与冯玉祥的国民军三方面的关系发生了急剧变化，曾经两次开战厮杀的直、奉，在1925年底、1926年初又重新携起手来，共同对冯，迫使冯玉祥宣布下野，借考察之名去了苏联。

面对新的形势，阎锡山并没有贸然行事，而是在增强自身实力的同时，等待时机。出兵石家庄作为军事扩张的一次预演，使他看到了晋军的弱点和不足。所以，在石家庄撤兵后，即着手进行了第二次扩军。第二次扩军主要是将原有的十个旅进一步充实起来，使之名实相符；另外再新设一个旅，由一至十二依次排列。基本建制为：旅辖团，每旅二团；团辖营，每团三营；营辖连，每营三个普通连，一个机炮连（配有机关枪四挺，迫击炮二门）。同时编成第1、2两师，分别辖第1、第2和第3、第4旅。从此，晋军的序列里有了师的建制。

另设两个骑兵团、两个混成团；原南、北两镇守使仍旧。第二次扩军也先后延续了两年。经过第二次扩军，晋军员额在原有的基础上再翻一番，由第一次扩军结束时的2万人，增加到4万人左右。

此时，冯玉祥的国民军借倒戈反吴之新胜，迅速扩编，兵力扩大到三四十万人。人多饷缺，军械无着，扩大地盘势在必然，于是山西成了首选目标。为了向山西发展，国民军三个军分别驻在察绥、关中豫西和河北，从北、南、东三个方向扼住了山西。直接构成了对山西的严重威胁，阎锡山无论是向外发展还是守土自保，都必须首先打破国民军的三面围困。

为了摆脱困境，阎锡山走出了修好吴佩孚的棋子。1925年夏，他派时任《晋阳日报》经理的梁航标到武汉面见吴佩孚，以释前嫌，联合倒冯。梁在汉口与吴进行了这样一番对话：吴问："山西情形如何？"梁答："山西已被国民1、2、3军包围得水泄不通，兵工厂用的材料，也运不进来。由天津购运感到困难，才改由汉口进行，不料运经河南，又为国民2军扣留。"吴说："伯帅（指阎锡山）的精神如何？"梁说："去年他误听别人的话，不但不制止冯玉祥叛变，反而助长其气焰，现在冯军窥伺山西，所以他极为苦闷。"吴又问："伯帅当前有何计划？"梁马上答曰："他派我来，第一表示他悔过之意；第二恳请大帅不念旧恶，共图中原，解民倒悬。"吴继续问："山西目下有多少兵力？"梁告之："十万。"接着，声明："大帅率师北上之日，山西军队可以南出陇海，东出太行，打击国民2、3两军，然后以全力共击国民1军。"就这样一问一答之间，梁航标代表阎锡山与吴佩孚商定了双方配合对付国民军的行动计划。接着，阎锡山又与奉张取得联系。

1926年春，奉军、直军，以及张宗昌的直鲁军联合向国民军发起进攻，所谓的"讨赤"之役拉开了序幕。在此之前，吴佩孚要求阎锡山予以配合，先行出兵京汉路，肃清驻扎京汉要津顺德（今邢台）的国民第2军郑思成部，扫清由武汉北上之障碍。由于当时直吴军队尚在江南，奉张所部主力也未入关，阎锡山担心公开与国民军对立，会引火烧身，首先对山西不利，便以抓孔庚为借口，出兵顺德。

孔庚自1917年被释兵权，出省谋职后，即策动反阎。1925年，樊钟秀进攻山西，孔就参与过策划。其时在郑思成部任职。1926年3月初旬，阎锡山应吴佩孚之请，继出兵石家庄后，再一次兵出娘子关。所派部队系商震第1师、

与国民军作战时的大同北门

杨爱源第 6 旅，外加周玳的一个炮兵团。为了"师出有名"，阎锡山对这次出兵行动的解释是："孔庚现在顺德，他对山西始终野心不退。我们出兵顺德，完全是为了解决孔庚，这是山西内部的问题。"部队出关，先取石家庄，然后沿京汉线南下，一路肃清元氏、高邑、赞皇等地的国民军后，集结于顺德附近。接着，以炮兵为先导，始行攻城。经过一番激战，城破而入，郑思成出逃，孔庚被俘。

孔庚是在藏身的天主教堂里被俘的。孔庚被俘后，被带回了山西，软禁在督军府庆远楼。两个多月后，阎锡山又悄悄将其放走，据说，临行时还送了 3000 元旅费。

郑思成部被解决后，商、周等部北返石家庄待命。随即，为部署对国民军直接进攻山西的作战，杨爱源部返防山西，其余各部再由石家庄北上保定，收编了魏益三的国民第 4 军（魏部不久前刚被冯部收编，编为国民第 4 军）。对于魏部的归附，阎锡山深表欢迎，遂授予"正义军"之名义，仍以魏为军长驻守石家庄。至此，晋军由石家庄而顺德，再由石家庄而保定，打通了京汉路，为吴佩孚北上先行开道。

收编魏部后，阎锡山命出关晋军稍事休整，即行撤兵返防。

尽管阎锡山以抓孔庚为借口，多方掩饰晋军出兵的真实意图。然而既与国民军交火，即成骑虎之势，正面开战只是一个时间问题。晋军回防后不日，

与国民军作战中的晋军前敌总指挥商震　　　　周玳，字子梁（1887–1972）

吴佩孚就率部北上开到保定。在此之前，阎锡山与直、奉议定的作战计划是：直、奉军分别由京汉、京奉两路进军，直攻京津；晋军则由大同一带进攻察绥的国民军，从外线对国民军形成大包围态势。吴佩孚进驻保定时，奉军已提前于4月中旬压迫国民军撤出北京，退往南口和西北地区。面对直军北上的形势，国民军各部兵分东西两路，东路军以鹿钟麟为总司令，在南口和多伦两地与奉、直军作战；西路军以宋哲元为总司令，攻打雁门关，试图趁机占领山西。

　　1926年5月18日，国民军以八万之众进攻山西。对此早有防备的阎锡山，大约在4月份即开始陈兵大同一带。一俟国民军来攻，严阵以待的晋军即发起反击。与冯玉祥部的正面军事冲突终于爆发。由于交战双方都是有备而来，战斗异常激烈。国民军韩复榘部曾一度打通京绥线，直逼大同城下。受整个所谓"讨赤"之役形势的影响，战事断断续续，时而打得难解难分，时而胶着对峙；此消彼长，彼消此长，一直进行到8月中旬。

8月，直、奉两方联手向南口的国民军发起攻势。中旬，国民军从南口悉数撤出，退往西北。与此同时，在晋北战场，经过一番厮杀胶着对峙之后，国民军由于指挥不统一、无后方作战、内部分化等原因，开始陷入被动。晋军则由于积极调整部署、弹药供应充足、各部据险死守——傅作义部死守天镇，达三月之久；李生达部坚守大同城池，国民军数度强攻，都未能破城——逐渐由劣势转为优势。有鉴于此，国民军于撤出南口后，不得不开始从山西撤军。以8月18日大同解围为标志，阎锡山与国民军在山西境内的战事宣告平息。

国民军撤兵后，阎锡山瞅准此千载难逢的良机，趁势以三路追击，一鼓作气占领绥远的丰镇、集宁、平地泉。9月3日，兵至绥省首府归化（呼和浩特）。他又不失时机地发表通电，以"敝军占领绥远后，维持秩序，镇抚地方，急需得人"为由，"权委前敌总指挥商震代理绥远都统"。至此，攻冯之役以国民军势力从山西境内撤出，晋军占领绥远，为阎锡山的谋划画上了一个圆满的句号。从此以后，绥远归入阎锡山的势力范围。因为领有绥远的关系，晋军自此被称为晋绥军。

此次阎、冯交恶，阎锡山以八万大军持久作战，最终转败为胜的事实，充分显示了晋军的实力。通过这次作战，还夺取了绥远地盘，收编了国民军所部韩复榘、石友三、陈希圣等（分别称为第13、第14、第15师），从而使自己的政治影响力进一步增强，在北中国拥有了举足轻重的地位。从这个意义上说，阎锡山由此迈开了走向他一度拥有之"华北王"宝座的第一步。

时而大动干戈，时而握手言欢，是中国军阀混战中的一大"景致"，阎锡山当然也难出其右。战胜国民军后不久，形势再度变化。1926年9月，冯玉祥从苏联回国。随即，于17日举行"五原誓师"，就任"国民联军总司令"，宣布"与国民党结合为一，实行孙中山先生三民主义"。五原誓师使国民军大旗再树，被各方击溃的国民军旧部纷纷重又归于冯玉祥的号令之下，原先投晋的三师人马补发了欠饷，换发了服装，补充了弹药，不久即离阎而去，到五原和冯玉祥"会师"去了。阎锡山闻讯，虽深感惊异，但鉴于大势所趋，不仅没有追击，而且还做了顺水人情，借机缓和了与冯玉祥的敌对关系。韩、石等部脱离山西后，阎锡山给冯玉祥拍了一个电报，电报绝口不提开战之事，只说：你的队伍经我代管了几个月，幸在饷弹无缺，现在你既回国，他们自应仍由你指挥。轻描淡写将大事化了。以此为开端，阎锡山与冯玉祥一时或直接或间接地函电往来，口头表示了在"三民主义"与"合作救国"问题上的"共识"。这样，两位总司令在反目为仇，兵戎相见之后，又握手言和了。

阎锡山一生

·Biography of Yan Xishan

第十一章

省政初步

一、水利种树蚕桑禁烟剪发天足"六政"与种棉造林畜牧"三事"齐抓共管

"六政三事"列为阎锡山的省政之首,被称为"山西政治始基",是其"用民政治"的重要组成部分。

辛亥革命之后,山西面临着严峻的经济形势。"海内多故,丧乱迭经,地方有司,仅能以维持现状为尽职,而于保育政策,国民经济之所在,或不知其要,而视为无关,或明知其要而姑从缓议,驯至共和已将六年,民力毫无进步。"阎锡山亲订的《六政宣言》指出:"晋民所恃以谋生者,农业而外,向重商业,非但迹遍行省,亦且角逐外藩,人数有20万之多,岁入在2000万以上,此不仅汇兑一业,执全国金融之牛耳已也。"但经过辛亥革命,竟至"商人失业,而致岁入归于乌有,向之富者已贫,向之贫者亦困,以故正货短少,金融闭塞。以近年来各镇市之周转,现金日益缺少,纸币日益加多,可谓入不敷出之明证。社会经济,既少来源;国家财政,自行竭蹶;若不为民生筹补救之策,将见公私日益交困,赋税亦难有起色"。"筹补生计多端,大要不外地力与人力二者也。以晋省地力而论,幅员号称百万方里,其中实在耕种之地,不外50万余顷,特10万方里之数耳!此10万方里耕种之地亩,水田甚少。霍山以南,田高川下,蓄泄难施。忻代而北,水劲浮沙,涸溢无定,有水利者向仅38县,而亦兴废无常……晋省官有荒地,51万余亩;民有荒地,170万余亩。此项荒地岂不宜林木?"

有鉴于此,为了"筹补晋民之生计","另辟生利之途,以弥此向来商业之损失,使失业之人日少,游惰之风渐去",1917年9月3日,阎锡山被北洋政府正式任命兼山西省长。很快便召集地方绅士和幕僚集会研究兴利除弊施政大要,以求一展"抱负"。同年10月1日,宣布将原有考核禁烟成绩处改组归并,成立"六政考核处",发表"六政宣言"。"六政"施行的过程中又增"三事"。"三事"与"六政"相提并论,合称"六政三事"。

所谓"六政",即水利、种树、蚕桑、禁烟、剪发、天足。所谓"三事",即种棉,造林,畜牧。阎锡山认为山西民众贫苦之源,在于生产少而消费多。

究其患贫之因，积弱之源，所以开发兴利除弊之项，以厚民生。简而言之，六政乃兴水利、蚕桑、种树之三利；除吸烟（抽大烟）、缠足、蓄发之三弊。三事则推广种棉、造林、畜牧。

六政三事既被阎锡山认定是必兴必除之要务，那么自然是要极力推行的。因考虑到如果单靠人民自行举办，一时定难开展；单以省方积极提倡，不足以形成时尚之风气；只有严加考核，让各级官吏关心从事，方可通过奖罚激励而促进行。为此，他设立了六政考核处，专门负责检查督促各地推行情况，作为地方官政绩考核的主要依据。六政考核处成立之初，阎锡山还标新立异地宣称，办公经费由兼省长薪俸中支出。

自六政考核处成立之日起，阎锡山即一边试行，一边报呈北京政府。半年之后，1918 年 5 月 31 日，接北京政府指令："所呈筹办事项，大裨民生，且指拨公费，极意提倡，深堪嘉尚。着即按照地方情形，循序渐进，期收实效。"遂正式推行。

阎锡山的一个最大的特点就是事必躬亲，即使"贵"为省长、督军，仍然初衷不改，乐此不疲。对于六政三事的推行，他可谓煞费苦心，上自施政方针，下至具体操作，事无巨细无一不加过问。他亲自为之规定的实施办法是：

关于水利——"凡是有河流者逐渐疏凿，其有渠可凿而力不足者，由公款补助之。然库储有限，恐其难以为继者，今复定水利贷金之条，以善其后。自兹提倡水利或易为力者，当六政考核处成立之初，即制定渠道表式，委实察员携往各县，会同知事依式填列。翌年，取其所报，令实察员一一复勘，误者更，遗者补。并稽其源流之所自，水量之余绌，附诸表末，以供参考。""近年省北新开之渠，渐有成效。他如忻县之金山铺，神池之贺职村，榆次之天一渠等处，均拟勘测兴工。此外，清泉浊潦，巨川细流，未及利用者，所在多有。嗣后或浚新河，或疏废渠，或筑蓄水池，或用凿井新法，以补助之。"

关于造林、种树——拟分为两种办法：除"荒山，荒地，面积稍大者，令其择宜造林外，凡家宅田园之隙地，或河流道旁之旷土，可容树株者，均令植树。前曾劝导五台人民，选择果实等树，各种 1 株。近拟通令各县仿办"。同时规定：其一，每年清明节为植树节；其二，建立 6 个林区，专事育苗及调查造林适宜地段事宜，进行造林指导；其三，在各县成立林业促进会，以督促推进各县造林之事。

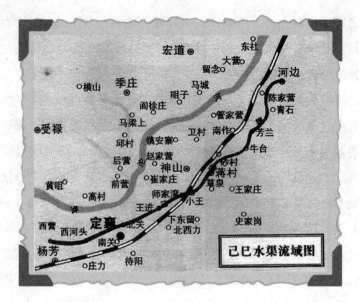

已巳渠流域示意图

关于蚕桑——鉴于"北方蚕桑甚少,此后世民惰之咎,不得委为地利不宜也。晋省向只河东、潞、泽,略有蚕织,限于一隅,不知推广。今欲养蚕,必先栽桑;桑多而后蚕丝多;蚕丝多而后商贩多;地方复有蚕桑工厂而收买之,则蚕茧可以随地变价,自必踊跃争趋"。为推广蚕桑,省长阎锡山"曾自捐薪俸,于全省南、北、中3区,各建1万株桑园,以为提倡。此后,广购桑籽,分给各县,实行育苗。计第1期分各县育苗之数,共种3000余亩,养成苗12000余万株。成苗之后,发给民间,以每亩植桑80株计,已可成桑田150余万亩。此项桑田生产,按年推广,以补农业之穷。"

关于种棉——鉴于之前一直以来因气候原因所致,恐怕棉桃裂不开,韩侯岭以北多不种棉的实际,推广之初的1917年,先以"3000块大洋登报悬赏,教人民种棉,秋天将各县所开的棉桃,送到省城,开会陈列",以为示范。第二年,再拿3000块大洋对响应号召,积极种棉者实施奖励。同时,制定试验规则,开设试验场。培育早熟种子和改良品种。

关于畜牧——规定在省北不宜种棉之地,开办畜牧,以弥补农民收入之不足。畜牧首推畜种为羊,而养羊又以养收入较高之外国羊为好。有鉴于此,特从"澳洲购回美利奴种羊600头",同时在省城"设立模范牧场一处,并晋南北各设分场一处"，分别饲养，以培育优种羊，进行繁殖，进而向各县推广。

关于除弊之事，剪发，以劝导禁绝为主，但限定期限必须逐渐剪除净尽方可罢休；吸食毒品与女子缠足两项，阎锡山视为民生大害，决心根除。尤其是吸毒，更为必除之"痼疾"。禁绝毒品，包括"禁止种植、贩卖、吸食鸦片"等。鉴于山西"向系产烟最旺省份，吸食之户，比较他省尤多，（民国）六年六月吸烟禁绝以后，官厅赓续查禁，不遗余力。而前此烟民，因戒后犯病断而复吸，或吞服代用药品者所在多有；又兼以山西北界内蒙（古），西邻秦地，近数年来盗匪骚动，出没无常，黠民趁机窃种，奸商无赖，藐法输运，希图渔利；贩运一日未绝，则吸食一日难净"。"拟将前此烟民，因戒犯病者，由省派员，会同县知事，督率村长副，一律按户调查，非烟民者，令其五家出具互保切结，无互保者，以烟民论，分配药丸，限期治疗，期满后，再经发觉，依刑律及吗啡治罪法，从重处办……"同时，"如遇大宗贩运鸦片，或贩运吗啡及含有吗啡之药丸者，拟援照滇省禁种烟苗所定军法从事办法，尽法惩治，以绝来源"。

从1917年10月1日六政考核处成立算起，到1923年春六政考核处裁撤（归并到村政处及其他机关）为止，阎锡山推行六政三事，前后历时将近六年，卓有成效。据有关资料记载：女子缠足"已属少数"，以兴县为例，至七年底（1918年）"15岁以上妇女尽去木底，15岁以下女子已一律解放矣"；男子辫发"已完全剪尽"，仍以兴县为例，"六年（1917年）八月下剪发令"，"七年（1918年）五月另定惩罚充赏办法，不一月而全境肃清矣"；水浇地增加120余万亩；种树5000万余株（其中成活2945万余株）；植桑（包括实生桑和湖桑）1亿余株；种棉面积由1918年的5299余顷增加到1921年的8761余顷，棉产量由1918年的1770余万斤增加到1921年的3761余万斤；造林（包括林区及各县）1920年、1921年两年即完成4000余万株；破获烟案5万余起，戒除烟毒12万余人。

然而，由于阎锡山在六政三事的推行中，采取了急功近利的做法，强迫命令，形式主义，不顾客观，整齐划一，致使在取得一些成效的同时，也产生了许多负效应，譬如强迫命令引起的广泛不满；譬如禁烟的治标不治本——重吸轻贩，使烟民越禁越多；譬如推广种棉的一刀切，造成粮棉种植失调；等等。就连他自己也不得不承认，其政"多不见谅于民"，"皆是治标的办法，尚非根本上的解决"。

二、视国民教育为"人群之生命"，置于施政之首

20世纪20年代前后，在遍布山西省内各处的阎锡山手书格言中有这样两句话：其一，"当兵、纳税、受教育，为国民之三大义务"；其二，"欲决胜于疆场，必先决胜于学校"。阎锡山于1919年10月，在太原召开的全国教育联合会第四届年会上演讲说："人群现在已陷入最危险之地位，因政治程度超越教育程度甚远。政体已成为民主，而民实无民主之智能；主之者既非民，即失却民主之精神，无民主精神而曰民主，危险孰甚！欲渡此一难关，唯有积极发展教育之一途。"

平心而论，作为一个执政者，应该说阎锡山的上述认识还是颇具战略眼光的。正是基于上述认识，他执政伊始即将发展教育放在重要的议事日程上，给予了相当的关注与重视。

推广国民教育，必须晓之于民。为此，阎锡山在他手订的《人民须知》民智篇中告谕："凡上过学的人，知识就高了，身体也壮了。为父母的，无论如何贫穷，总要使子女上学。是父母对于子女的义务，又名叫义务教育。""哪一国的人不明白，就要受别国的欺侮，也就和乡下哪一家的人不明白，就要受别家欺侮是一样的。所以国家法律定的：人民若不上学，就要罚他，罚了还得上学，又名叫强迫教育。""国民学校的功课，就是修身、国文、算术、体操、图画、手工等事，有四年工夫，就毕业，学下打算盘、写信、记账的本事。稍有钱的，再上高等小学校；实在穷的也可自谋生活。这就是求知识的第一样要事。"因而，"凡是山西百姓，不论贫、富、贵、贱的小孩子，七到十三岁，这七年内，须要有四年上学"。

阎锡山普及国民教育的措施和步骤是：一、扩充师范学校，培养师资队伍；二、调查学龄儿童，筹款设学；三、劝导入学，实行强迫教育；四、分期普及义务教育。

"民国元年本省教育机构与学生数分别为5600座、164850人，到六年则增长为12600座、329700人，教育机构与学生数均翻了一番。""民国六年（1917年）阎锡山推行'用民政治'，措施之一即是通过抓教育来启迪民智。其主要做法是：第一，推行以普及为主的国民教育；第二，创办以发展国民经济为主的职业教育；第三，推行以改良社会风俗，开通知识为主的社会教育。"从而使得山西的教

育事业取得了较为全面的发展，"许多方面走到了全国前列"。

首先是省内普通小学校在原有基础上循序渐进逐年增加。据统计，到 1921 年，全省共有普通高等小学校 500 所，在校学生约近 5 万人。男女国民学校 19463 处、722156 人——其中男校 16297 处，学生 627571 人；女校 3166 处，学生 94585 人。当时山西人口逾千万，包括在学龄范围的应不下百万，依此而言，20 年代初，山西的义务教育普及率已达 70% 以上。与两类小学相适应，普通中等学校也得到相应的发展。同年，省内各级各类中等学校达到 26 处。

在普通中学发展的同时，各类专门学校也不断扩展。

1918 年初，育才馆成立。育才馆的设立是出于"往往见有专门毕业生，虽学理明通，施于实用反觉不甚得力"的考虑，为"培养本省专门学校毕业人才使能适应现时政治及社会事业之用"。育才馆"招收专门学术试验所录取之学生，训练新人，推行新政。其后山西行政及经济建设，即以其为骨干，各机关主官及重要职员，多为育才馆所训练者。"

继育才馆之后，又先后创设外国文言学校等专科院校。成立于 1919 年 8 月的"外国文言学校"，以阎锡山为校长，聘请德国哲学音乐博士卫西琴为教务长。卫氏爱慕中国文化，先至印度、日本考察，民国元年来华，初在北京。著有《中国教育议》，由严复译成中文，于《庸言》报发表，主张中国应发扬孔子中庸之教，不可一味模仿西洋。后至太原，为阎锡山所聘。外国文言学校，设英、法、德三系，每系二班，学生由各县高等小学应届毕业前三名中考选。第一期招收 150 名，一切费用由学校供给，采自动自觉教育法，不雇工友，学生分工料理日常生活事项。

到 1921 年，除了育才馆、外国文言学校，已有的各类专门学校达 15 所之多，在校学生 4000 多人。

此外，山西大学等高等学校也得到了相应的发展。在此期间，山西充实和新建了一批高校："民国十八年（1929 年）山右大学和兴贤大学合并成立私立山西并州大学。当年 8 月，以国民师范高师部为基础，成立山西省立教育学院，设文科和教育科。山西大学到（民国）二十五年发展成了拥有文、法、理、工、教育 5 个专门学院，14 个系的综合大学。"本着"教授高深学术、养成硕学闳才，应国家需要"的宗旨，山西大学培养了更多的新式人才。截至 1937 年，山西大学（包括山西大学堂时期和山西大学校时期）各科各门各专业共毕业学生

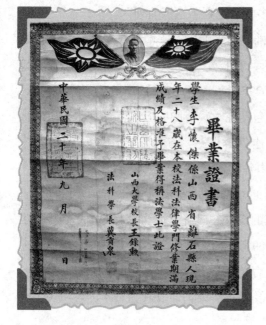

民国时期的山西大学毕业证

5788 人，若加上肄业、保送出国留学、保送特级预科、考取军官学校的学生，则总数已达 6000 余人。

在学校教育迅速发展的同时，"以发展国民经济"、"改良风俗开通知识"为宗旨的职业教育、社会教育也相应发展，一方面自高级小学起加授职业教育课，如养蚕、造林、植树、畜牧、商业等；一方面开办各种类型的实业学校、工艺传习所、补习学校等。

作为实施职业教育的重要步骤，从 1918 年 1 月至 1919 年 12 月，相继举办了一系列的训练班、讲习班。这些训练班、讲习班共分为几个大类：其一，行政研究所和地方行政讲习所；其二，其他专业培训班。此外，还在各县举办师范讲习所 105 所（每县 1 所），商业传习所 128 所，女子蚕桑传习所 14 所，女子职业传习所 4 所，社会教育学校 284 所。

如同其他一些得以发迹的人物一样，阎锡山的家乡观念也是很强的，他的好多政绩的实施都是从家乡五台开始，教育也不例外。人们不会忘记，早在民国之初，他就在五台一带推广教育，因而有了"阎锡山灰拾翻，搬了神像立学堂"的说法。执政以后，他更不惜自掏腰包，在五台县河边村办起了颇有名气的私立"川至中学"。川至中学，顾名思义，暗喻"百川归至"，创办于 1918 年。阎锡山除私人花钱修建校舍外，还出资 10 万元存入他在太原通顺巷开设的德生厚银号，以利息作为学校的永久性经费。1923 年夏，为给"复兴山西商业"造就人才，又筹资 10 万元，增设商业速成科，并为初中生设立科学奖。川至中学的校训为"公毅敏洁"，校歌中有"苦学救国嘱吾曹"等语，这些充分体现了阎锡山的办学宗旨。学校学制四年，学生多隶籍山西五台，邻县定襄籍的次之，此外还有来自周边各县及邻省直隶、陕西等地者。学校对学生施以正规化教育，建校初期除设有语、数、理、化等课程外，还讲授《四书》。后又增添外语及自然科学方面的其他内容。阎锡山常常亲自到川至视察，每到必有训话。川至中学，从 1918 年创办，到 1937 年七七事变后毁于日寇的铁蹄之下，一共存在了将近二十年，毕业学生逾千人。在这些毕业生中，不但有阎锡山的军政骨干，如高干梁化之、吴绍之、薄毓相、孟际丰，南京办事处处长方闻，交通处长朱点等；而且有共产党的重要干部，如曾任中共山西省委书记的赖若愚、原山西省政协副主席朱卫华等。

对于山西的教育发展情况，阎锡山颇感自得，他在 1922 年 9 月 30 日给北京政府教育部的呈文中这样说："振兴教育，原为育才，陶铸国民贵在普及。自兼省长后，屡集官绅，研讨倡办教育。拟定中等以上学校取'整顿主义'，小学取'急进主义'。自民国七年规定教育递进逐年计划案：专门学校增一所，实业学校增 3 所，中等学校增 17 所。又设育才馆一所，召选各专门学校优等毕业生，以道德修养植其基，以政治法律通其用。又设政治研究所，分承政、承审、主计、视察、实业技士、宣讲、区长各班，分途研究。毕业后，分派充任县掾属区长等职，期能学有实际，人无弃才。民国七年施行义务教育，分七期举办。民国十年成立国民学校 19700 余所，就学学生 72 万余名。学龄儿童已入学者，平均达 70% 以上，较之六年前增加 10 倍。各县高等小学校逐年递加 220 余所。同时为培养师资，先由各县设立师范传习所，复于八年冬设立国民师范于省垣。特设体育专修科，5 年毕业。国民教育逐渐发展。同时分立平民高等小学 7 所，一律官费。各县设立宣讲所、阅报社、通俗图书馆。"

曾在山西做过实地调查的著名教育家茹春浦对山西义务教育兴办情况高度评价。他说："义务教育在各省均尚未能实行，而山西则办理大有成绩。……经调查之各村，均设有初级或高级男女学校。各村学龄儿童入学数最高者至 90% 以上。最低者亦在 60% 以上。失学儿童甚少。据该省教育部门报告全省义务教育入学儿童，男平均在 85% 以上，女平均 40% 不足。男女平均在 75% 以上。有数县在 80% 以上。"

陈天启在《近代中国教育史》一书中说："民国十二年间，小学教育以山西最为普及，其他各省均落后很多，以女生受国民学校教育之人数而言，仍以山西省占第一位。"

当代学者杨东平就民国时期山西教育评论说："民初新教育的发展，产生了一些先进地区和典型。在兵荒马乱的（20 世纪）20 年代，山西省成为社会稳定、教育发达的'模范省'"。"山西省的教育原来并不发达。……从 1918 年起，山西教育便在全国居于领先地位，超过清末教育最为发达的江苏省。1923 年，山西省据说'已经使 60% 的学龄男童和 11% 的女童上了小学'。当年山西国民学校学生数达 108.9141 万人，为江苏省的两倍多，而山西省的人口仅为江苏省的一半。山西教育的这种先进地位一直保持到（20 世纪）30 年代初。"

美国教育家孟禄博士在同阎锡山的谈话中称："贵省教育发达，久已声闻海外，今日得幸至贵省观光，实为荣幸之至！"

美国人唐纳德·G·季林在《阎锡山研究》一书中说："通过为每个人提供免费受小学教育的机会，阎锡山彻底脱离了中国历代政府的传统做法，使山西小学生的入学人数成功地巨增，主要由于阎的民众计划带来对书籍的需求量的不断增加，所以 1920 年至 1925 年间太原的印刷所增加了 50%。他在山西教育课程中所开设的新学科体现了走向现代化的同样重要的一步。"

兴学重教的结果使得山西在 20 世纪 20 年代初即初步形成了由初级小学到高级小学，再到普通中学以及各种专门学校，直至大学，同时辅以各类社会职业教育的教育体系，从而为近代教育的发展奠定了初步的基础。

鉴于山西在教育方面的"成就"，全国教育联合会第五届年会于 1919 年 10 月 10 日—25 日在太原举行。1920 年 3 月 19 日，北京政府通令各省参酌山西办法，推行义务教育。

1932 年，阎锡山出任太原绥靖公署主任后，继续推动教育事业的发展。

首先是义务教育。为敦促实施义务教育，确定太原为义务教育试验区。为此，将原来的山西省模范两级小学和模范单级小学合并成山西省第一实验小学。1933 年，又设立了第 2、第 3、第 4、第 5 实验小学，吸收失学儿童 1600 余人。1934 年，再设立第 6、第 7、第 8 实验小学，吸收 1300 余名失学儿童入学。1935 年，山西省教育厅颁布了《实行义务教育暂行办法大纲》。之后，以县城为中心的义务教育进一步发展。仅太原一地，就有太原师范学校、太原女子师范学校、太原女子中学，第 3、第 4、第 5 实验小学，第 1、第 2 女子小学等 8 所学校附设了义务教育学校。

其次是职业教育。义务教育发展的同时，职业教育也得到相应的发展。一些职业学校的规模有了扩大，教学内容也较前丰富了许多。如 1933 年在呼延农村教育学校的基础上成立的太原农业职业技术学校就有校舍面积 50 亩（利用旧

祁县模范国民学校毕业摄影

时军人农事试验场宿舍）。开设的课程除公民、卫生、劳作、国语、算术、史地、法律常识、农村社会问题、音乐、军事训练之外，还有生物、作物、果树园艺、土壤化肥、养蜂、养兔、兽医常识、农村教育实习等。1932年，山西国民师范学校奉国民政府教育部命令改组为职业学校后，第二年便停止招收师范生，逐步增招职业班。1935年先行开设电气装置、修理、化学科各一班。1936年，太原师范学校的师范班学生全部毕业后，正式改组为山西省太原初级工业职工学校。学生除在本校工厂实习外，职业班还附属于各大工厂，如采矿、冶金科各一班，附属于西北煤矿和西北炼钢厂；机械纺织科和手工织染科各一班，附属于榆次晋华纺织厂；续招的

国民小学学生在学习

157

太原国民师范学校大门旧址

河边劝业工厂纺织部

简易化学科一班,附属于西北火柴厂。从而把学校教学与工厂实习结合了起来,产学一体,既深化了教学内容,提高了教学质量,也培养了学生把书本知识与实践知识相结合的能力。

最后是留学教育。也正是在这一时期出国留学风生水起。

由于当政的阎锡山是山西首批赴日留学生,对留学的作用和意义有较为深刻的认识,所以在他当政期间,曾数次选派学生赴日留学深造。也正是缘之于此,日本成为民国时期留学生的主要去向国。1919 年，留日预备学校监舍张子奇一次就护送该校 140 名学生，由天津乘邮轮抵日本神户，再换乘火车到东京。民国十三年（1924 年），中国与日本两国政府缔结中日文化协定，利用庚子赔款设留日学生资助费，山西的留日学生数量也一度增加。据统计，山西省的在册留日学生，1934 年为 28 人，1935 年增至 50 人，1936 年又增至 90 人，1937 年达到 92 人。1935 年度，领取留学证书的山西人共 32 名，其中留日学生 21 名。

与此同时，赴欧美留学人数呈现增长趋势，赴法"勤工俭学"从无到有。据南京国家第二历史档案馆保存的 1931 年至 1935 年《国外留学生花名册》记载：其间，山西留美学生 15 人，其中公费生 5 名，自费生 10 名。"据粗略统计，山西民国年间留学美国的学生约百余人。"另据李喜所《近代中国的留学生》一书的统计，1921 年至 1931 年，中国赴法勤工俭学人数 1600 人，其中山西 28 人。山西的赴法"勤工俭学"生虽然人数不多，"但却人才济济，李健吾、阎宗临、侯外庐等都是蜚声中外的文坛大师"。

这些留学生中的大部分人都学有所成。他们在国外学习的多是冶金、机械、化工、造纸、皮革等工科专业。学成归国后，除少数在军政界服务外，其余大都投身于教育、医卫、科研、工矿业各界，成为社会经济发展进步的推动者。如留学美国的董登山、唐敬亭、王嘉瑞、马松年、赵峥、张增、张华清，留学

阎锡山视察太原汽车修理厂

民国年间的太原洋灰厂

法国的刘敬业，留学德国的柴九思、阎树松，以及留学日本的彭士弘、曹焕文、张恺、阎锡珍，等等，他们在发展山西军火工业，以及对西北实业公司在钢铁、化学、电力、煤炭、机械、纺织、造纸、皮革等方面的发展都颇有建树。

三、推行"厚生计划"，倡导官方民间并举，兴办地方实业

"厚生计划"是阎锡山为山西制订的兴办实业计划。如果说，"六政三事"的兴利之举其意是以发展林、牧业和经济作物弥补农业之不足的话，厚生计划的着眼点则在于促进山西实业之发展，紧跟近代工业发展的步伐。

"厚生"，出自中国传统文化中的所谓"正德、利用、厚生"，取"厚民生"之意。发展实业计划，不以实业命名，不以工业称之，而独用"厚生"二字，充分体现了阎锡山的匠心，其中无疑蕴含了强调为民，以得到广泛社会支持的用意。

对于厚生实业，阎锡山有他自己的见解，他认为："政治之责，在厚民生，厚生之要，于今为急；在昔闭关时代，生计单简，虽有富源，无须开发。今则万国交通，天涯比邻，世界列强无不以民生事业之兴衰，占国力之厚薄，甚且以经济政策施诸友邦，思攫他国之蓄积，以增己国之富力。山西乃地大物博，民风古朴，宝藏甚富，久为外人所艳羡，倘不速定厚生计划以谋中正和平之发展，

则世运演进,由简而繁,百业颓废,生计艰难,其何以图自存于今之世界耶。""老成谋国者,以物质文明进步有下列诸弊:(一)宝藏不宜尽发。(二)物质发达,则由奢侈而至于争夺。(三)机器之发达,生人少而杀人多。(四)工商业发达,养成资本专横之弊。(五)中国国情重农,提倡工商未免舍本逐末。(六)即欲发展实业,亦应采自由竞争主义,国家加以保护奖励而已,何必由政治上直接为力。以上各说所见,亦各有其是;但宝藏在地,犹欲之在人心,纵之不可,禁而绝之亦属未能。山西袭此天产,为国家自存及人民幸福计,固不应安于拙惰,坐待他人伺其利而据其地以假寇兵而赍盗粮;尤不应任资本家自由经营,以造财阀而为乱阶。于此不能不发达,且不可因发达而酿成资本专制及种种流弊之二条件下,唯有一法焉。其法维何?曰审时度势,使富强散在民间,文明普惠全省,尽山西所有以发达山西,以山西全省之力厚山西民生而已。"

阎锡山的一通"宏论",除了说明当时当地发展实业之必要外,还进而表达了限制资本自由经营,避免资本专制之弊的观点。从而以所谓"富强散在民间,文明普惠全省"相号召,意欲将实业发展置于政府的统一掌握之中。

有鉴于此,20世纪20年代中期,经过一番必要的铺垫之后,在推行"六政三事",兴利除弊的基础上,年逾不惑的阎锡山雄心勃勃地推出了他的厚生计划,开始在山西进行实业建设。

1925年2月,以推行"实业"为主题,山西省"全省实业会议"在太原召开。会上,阎锡山发表了题为"关于晋民自动地开发实业的几层意见"的演说。同时,从"开发实业,不可过滥。必须选定实业的种类,各按其出产之状况,而因地制宜"为宗旨,提出一个包括"炼油计划"、"炼钢计划"、"机器计划"、"电气计划"、"农业计划"、"林业计划"在内的"厚生计划"案——山西省"发展实业之六大计划"。

提出这个庞大的实业计划的依据为:"山西煤炭久为日人所垂涎。炭是一大宗特产,我们便可利用他来炼油,因是而有'炼油计划案'。其次出产是铁,可以利用他来炼钢,因是而有'炼钢计划案'。有煤,有钢,便可以建造机器;有机器则可以减少人工,增加生产……电力也有与机器同样的效用,因是而有'机器计划案'、'电气计划案'。再次山西有广袤的土地,宜于农业;有重叠的高山,宜于造林,因是而有'农业计划案'。"其具体内容是:

1. 炼油计划:炼油计划拟采用德国最新研究成果,从石炭中炼制煤油、汽油等。当时山西用油全赖进口，据统计，仅煤油一项每年输入量即在 18000 吨左右。计划每年拨款 30 万元用于炼油计划，逐渐建成年产 720 吨之炼油厂 25 个，以敷全省之用，达到省内自给。

2. 炼钢计划：山西的冶铁业历史悠久，相对发达，却向无钢厂，所需钢铁均得从外省买进。随着近代工业尤其是军事工业的发展，钢铁的用量日渐增加。另一方面，山西则盛产煤及铁矿石。以山西之煤铁就地炼钢，确为发挥优势之举。炼钢计划由此产生。炼钢计划案拟在省内分设育才、经济两个钢厂，育才厂以培养炼钢人才为目的，经济厂以供给本省钢铁为目的。其中经济厂又分设制铁、炼钢、钢轨、电机四部。制铁部"以每日出产生铁 40 吨为标准"；炼钢部"以每日出产钢 40 吨为标准"；钢轨部"以每日出产 85 磅之标准钢轨 40 吨为标准"；电机部"以供应全厂电气为标准"。

3. 机器计划：有油，有钢，就可以制造机器。"而一切农田，水利，矿产，森林，以及各大小制造业等之改良与提倡，莫不有赖于机器。由是观之，机器之振兴，又岂能缓？"振兴机器之计划拟分期进行。"第一期先在省垣建设育才机器厂一处，其目的有二：一为培养人才机关。嗣后山西机器工人及机器管理员等，均于此厂中培育之。二为研究改良机关，嗣后改良山西产业所用各种机器，均于此厂中调查研究而改良之。第一期之培育人才，改良机器，乃为第二期推广之准备。迨入第二期，更建设经济机器厂一处。该厂规模较大，为总制造机关，将来全省机器，均取给于此，每日至少须出普通机器十副，以资推广。"这是第一步。在第一步的基础上，可进行第二步。第二步，属于普及计划，即将经济机器厂制成之机器，"按市价之半，售诸乡村"。普及的标准是"以山西现有编村（计一万有零），每村平均能分到机器十副"。预计三年达到普及标准。

4. 电气计划："力为人群发展之一要素，电气普及，则力发达，一切事业，均赖以进行。"电气计划之目的在于使"电气效用"在各村得到普及。为此将全省划分为太原、平定、襄垣、长治、晋城、平阳、运城、新绛、灵石、乡宁、汾阳、岢岚、朔县、崞县、大同等 15 个区，拟在每区设一个电气厂。太原厂为一类，规模 1500 基罗特（千瓦），其余 14 处为一类，规模为 500 基罗特，合计发电量 8500 基罗特。

5. 农业计划："晋民向多务农，农业所占财产，殆有山西富力全额三分之二。"晋省"耕地原属佳良，只以多年肥料瘠薄，未足补偿地方，遂致土质渐坏，生产渐少，每亩之收获额，尚不及东西各国三分之一。本计划案欲以科学方法，使土质变肥，产品增加，地利尽而财用富也"。"讲求灌溉，农业之发展系焉，故先之以水利计划，除病虫害，改良土壤，收量之增加系焉，故继之以农药肥料之计划，选择种子，禾苗之发育系焉，故又继之农事试验之计划。"

（1）水利计划：制定水利法；调查水源；量水。以山西省水利局专负水利之责。水利局下设行政与工程二部，行政部设总务、文牍二股；总务部设调查、凿井、河流三股——调查股调查地质、水源、水量及试验等事，凿井股专办凿井一切事宜，河流股实施开渠、建坝、治河等。进行步骤为第一步调查水源，第二步开渠灌田。

（2）肥料计划：分三期进行。山西的肥料原料，以兽骨为最多，所以第一期设骨粉肥料厂一处；到第三年度，待第一期所设之厂有了一定的经验之所，第二期增设晋南晋北二厂，增制以麦禾及其他杂禾为原料之可溶性肥料；第三期设置大规模之化学肥料厂一处，应用磷矿石硫化铁等矿物，制成硫酸肥类。

（3）农事试验场计划：将全省划为南、北、中三区，选择可以代表各区气侯土壤条件的地点，分设农事试验场，负责研究改良方法，以供农民借鉴。同时派员下乡时行调查指导。农事试验场下设农具改良、种植改良、农艺化验、病虫研究等部，各司其职。

6. 林业计划：分两期进行，1925年至1943年为第一期，共造林14万亩，期满后，每年主伐间伐各7000亩；1935年至1954年为第二期，共造林84万亩，期满后，每年主伐间伐各42000亩。预计每年约可收入大洋450.9万元，连同第一期收入，每年共收入大洋526.5万元。

上述各项计划的预定目标为：

炼油——预定10年，从第1年至第10年，每年经费30万元，10年共计为300万元，可设油厂44处，以后逐年可得总利308万元（单位银元）。

炼钢——预定10年，从第1年至第10年，总经费为141.1万元，每日可出生铁40吨，钢40吨，及85磅之标准钢轨40吨。

机器制造——预定10年，从第1年至第10年，总经费为121.2万元，所产机器每副半价售予编制各村，每村以10副计，供给产量，普及全省。

电气——预定10年，从第1年至第10年，总经费为500万元，共可发电

8500 基罗特。

农业——（1）水利，预定 10 年，从第 1 年至第 10 年，每年仅调查水源之经费即为 22433 元，10 年总经费 224330 元，水利的目标为无地不灌溉，全省耕地，均获其利；（2）肥料，预定 10 年，从第 1 年至第 10 年，总经费 442800 元，所施肥料每亩增收粮食 1 石，全省每年可增收 6000 万石，合 24000 万元；林业，预定 10 年，从第 1 年至第 10 年，总经费为 42 万元，预定植林可臻普及，可资砍伐，以为使用，10 年后渐次扩充，至 50 年，全省林业，堪为出口贸易之一大宗。

通过"厚生计划"，阎锡山为山西的实业发展规划了一幅"宏伟"的蓝图。在"厚生计划"案产生的同时，阎锡山从 20 世纪 20 年代中期开始在山西兴办实业，也就是从这个时期开始，山西才有了官办的近代工业，有了育才各厂及其他实业的兴起。

这个"计划"作为一个远景规划，不失其积极意义，真正落实起来却并非易事。受各种因素的影响，大多没有落实。比较而言，炼油、炼钢和机器计划进展顺利。到 1933 年初，炼油厂在全省已发展为 36 个，比原设计之 25 处多了 11 个。每年出产各种油料，除供应正太、同蒲两大铁路系统，西北实业公司各厂之机器使用，以及军队和民众之需外，还大量输出邻近省份及邻国。全省民众燃灯油料，以前全赖美商经营之美孚与亚细亚供应，此时完全改用省产油料，使两家公司不得不自然退出。

"实业"计划直接促进了地方公营事业的勃兴。1925 年，根据实业计划，育才炼钢厂、育才机器厂相继筹建。育才炼钢厂经过一年多的筹创，于 1926 年 4 月完成土建；同年 9 至 10 月间投入生产。主要设备从德国进口，投产初期由于技术设备问题及其他原因，生产不很正常，以后逐步得到改进。育才机器厂与育才炼钢厂同时完成土木建筑，随即着手机器安装，并先炼钢厂一步，于 1926 年 9 月正式投产。育才机器厂和炼钢厂建厂之初，正值兵工厂扩展，亟需机器供应之际。所以两厂倾全力为兵工厂制造各种工作机器，以及各种钢材，仍供不应求。到 1930 年共制出机器 1300 余部，钢材数万磅。以后兵工制造停顿，改为专门制造社会生产所用机器，不但继续制造车床、铣床、刨床、钻床等，且制造面粉机、织布机、织毛机、纺毛机、各种马力的黑油机、煤油机、蒸汽发动机，以及同蒲铁路所需用的机件工具，西北各厂建筑和设备所需的用品。炼钢部的熔铁炉、热风炉、清灰炉等全部由育才厂承制。所制造的机器不只供山西本地，而且远销到陕西、甘肃、四川等省。

育才炼钢、机器两厂的创建填补了山西在炼钢和机器制造方面的空白，成为山西近代钢铁工业和机器制造业的肇端，并带动了山西公营事业的勃兴。

继育才各厂筹建投产之后，其他一些公营工矿企业也先后创设。

1925年，作为炼油、炼钢的配套工程，山西军人煤矿开办。

1926年，山西火药厂设立。山西火药厂系军事工业及其他民用工业的配套产业，由兵工厂划分出来的酸厂和无烟药厂等部分另行组建而成，直属山西省督军公署。创建初期的机器107部全部从德国进口，仅机器一项投资即高达140万美元。总厂下分设无烟药厂、酸厂、火工厂、炸药厂、黑药厂、压药厂等几个分厂。设计生产能力：日产无烟药300磅、

太原兵工厂厂长，后来的西北制造厂总办张书田

太原兵工厂的生产场景

硫酸 2 吨。实际产量曾达到日产无烟药 400 余磅、硫酸 3 吨。火药厂规模之大、设备之新、生产能力之强，不仅省内无有匹敌者，即使国内也难有出其右者。

此外，一些公营和公私合办的工矿企业也进一步发展起来。公营企业主要有：1915 年设立的普晋银矿公司、裕晋煤矿公司，1916 年设立的蚕业工厂，1917 年设立的山西省工业试验所等；公私合办的企业主要有 1919 年设立的同宝煤矿公司，以及山西平民工厂等。

特别值得一提的是山西省工业试验所。试验所于 1917 年创建于山西通省工艺局的原址上。起初规模很小，以后逐步扩大。试验所内分窑业部、化学工艺部、分析部、机械修缮部。窑业部侧重瓷器及玻璃的研究，化学工艺部侧重化妆品、造碱及造纸的研究。民国初年，社会风气未开，社会对工业的认识不足，同时技术水平低，山西适宜兴办何种工业，缺乏具体的研究。工业试验所之设，"系就山西的原料分析研究，再加以科学的试验，以企作兴办工业的根据。在当时为山西唯一的化学工业的研究机构，有指导生产，提倡工业之作用。工业试验所对于窑业，相当成功，几个料器厂，几个陶瓷厂，具根源于此。化学工艺方面的造纸，成功太晚，致影响全所的发展。但造纸技术，则为日后晋恒纸厂及西北纸厂打下根基。工业试验所在山西工业上，亦曾起了若干的作用。延至民国十九年（1930 年）停顿取消，将其所址及工厂设备，划入山西工业专门学校，作为学生的实习工厂"。

这些在实业计划下发展起来的公营事业虽然有着这样那样的不足和局限，但炼钢、机器等重型工业的创办，具有开创性的意义，作为以后自成体系的山西近代工业之肇始，其作用是不可抹杀的。20 世纪 30 年代规模宏大以至成为山西现代工业雏形的"西北实业公司"就是在此基础上发展起来的。

除了以官办的形式兴办实业之外，阎锡山还提倡民办实业。以官方、民间"两条腿走路"的方式兴办地方实业，可以说是阎锡山在发展经济方面的基本思路。他在前述之"全省实业会议"上的讲话中这样阐述他的观点："山西的实业，不能不办，也不能专靠官办，必须人民负责自动办理。若办有成效，则人民直接蒙其惠，而三晋利赖无穷矣。且兴办实业，非仅为殖财孳利计，实则仁义礼智之培养，亦均有赖于此。"为了达到"人民负责自动办理"山西实业目的，他制定了一些有利于实业发展的政策，采取了一些奖掖工业的措施，从而使自辛亥革命到中原大战爆发前这一个时期，成为山西私营资本主义工业大发展的

"黄金时代"。

四、开办山西省银行，以钱赚钱

阎锡山常说："金融是经济的核心，掌握了金融，就是掌握了经济命脉。""钱赚钱是不用管饭的孝子，300块钱一年的利息，比一个孝子一年辛勤劳动的收入还要多。"这句话不仅一语道破了金融之于经济的重要地位，而且形象地说明了控制金融的一本万利。毫无疑问，对于独掌山西军政的阎锡山来说，不管是扩充军队，还是兴办实业，都必须有足够的经济实力来支撑，都必须有自己相应的金融机构作后盾。正因为如此，他在执政后，就竭力通过各种手段发展金融，由官钱局到省银行，完成了从旧式钱庄、银号到现代金融业的过渡。

挟晋商兴盛之风，山西曾经有过执全国金融牛耳的辉煌。然而昔日的金融机构尽管有一定的规模和资本，但其经营方式都比较陈旧落后，清末民初，随着社会经济的发展，兴盛一时的山西票号已逐渐衰落。1900年庚子之变后，作为维新之举，清政府决定由国库出资在各省设立官钱局（或称官银号）。1902年（清光绪二十八年），山西巡抚以"裕国便民"为号召，奏准清廷在山西设立了晋泰官钱局，在众多的民办钱庄、银号之中，独树一帜，成为山西官办金融的嚆矢。

辛亥起义时，晋泰官钱局遭乱兵抢劫，房屋亦被焚毁。太原光复，阎锡山就任山西都督。起初因军情紧急，无暇顾及其他，作为权宜之计，军费支出靠与大户借款筹措。次年，他由绥包返并，政局甫定，便清醒地意识到作为一个地方政府，不能没有自己的"钱局"。于是，责成晋泰官钱局总理渠本澄将局中的内外欠账作了清理。之后，由山西省军政府拨资，恢复营业。同时在名称上作了改动，去掉"晋泰"，冠以"山西"，使"晋泰官钱局"摇身一变，成了督军可以直接掌握的"山西官钱局"。

改名换姓后的山西官钱局，不仅掌握了财政司所管的地方收入以及田赋附加捐税各款，而且发行自己的"银票"，一时间成了阎锡山支付一切费用的供给机关。然而，就经营管理方式来讲，山西官钱局在创办之初，仍悉照票号习惯，并未明定规则。1913年12月，增拨资本23.1万余两后，方才重定新章，实行改组，将全局业务分为文书、会计、出纳、营业四股，进而向现代银行体制过渡。

在改组成立山西官钱局的同时，阎锡山为在经济上取得进一步的主动权，又于1913年筹备成立了"晋胜银行"。与山西官钱局不同，晋胜银行是属于半私半公性质，山西军政要人大部分领有股份，银行董事长由阎锡山之父阎书堂担任。除了普通的金融业务外，晋胜银行还通过阎锡山与旧交通系首领梁士诒的关系，代办了交通银行在山西的业务。

山西官钱局设立之初，阎锡山以都督名义实际上操纵着山西军政，财政虽归民政长管辖，但他们并无实权，不能也不敢与阎对立。待到金永做了山西巡按使后，情况就大不同前了。金氏依仗有袁世凯作后台，根本不把阎锡山放在眼里。他大权独揽，一手掌握了山西的财政。这样一来，阎锡山所能领取者只不过将军署额定经费而已。从此，不但空名义必须取消（原来在山西都督府成立后，阎锡山为照顾"有功之臣"，平衡各方关系，在都督府内外设立了许多空头衔，这批人虽不负具体责任，但却有不低的薪俸），即使实缺原官，如"秘书长"等亦由于经费原因而裁撤。虽有晋胜银行可供周转，无奈该行历史不长，局面不大，临时筹措尚可，长久支撑力有不胜。因之阎锡山一段时期在经济上甚为窘迫，因而也促使他在金融方面动了不少脑筋。

兼任省长后的阎锡山面临着两个互相矛盾的问题，这就是：一方面经济处于拮据状态，一方面又需要依靠足够的经济力量来扩充实力。而原有的官钱局既不适宜发行全省统一的纸币，又难以统制全省之金融。所以，在通过设立铜元局，以制钱改铸铜元，从中谋利，抵挡一时之后，阎锡山决定接收原山西官钱局的全部人马，筹组新的金融机构——山西省银行。

山西省银行1919年8月1日举行第一次股东大会，宣告正式成立。并在成立之日起即通过颁行了自己的章程——"山西省银行股份有限公司章程"。章程规定了银行的性质、机构、业务等。申明山西省银行"为股份有限公司"；"以经营普通银行事业，调剂全省金融为宗旨"；"设总行于山西省城，总辖各行一切事务"；"除山西省垣外拟于北京、天津、汉口、上海、张家口、归化、包头及省内太谷、绛县、忻县、大同、长治等处先行设立分行"。山西省银行的营业范围为：一、存款；二、放款；三、汇兑；四、买卖生金银；五、折收未满期限票及汇票；六、代素有交易之银行、公司、商号及个人收取各种票据之款项；七、代人保管贵重物品；八、兼营储蓄业务。仅此而言，山西省银行已经彻底跳出了旧式钱庄、银号的框框。由此也不难看出，山西省银行在经营管理和业务范围上已远非其前身山西官钱局所能相比。阎锡山在山西官钱局基础上改组而成的山西省银行，已经从原有的窠臼脱颖而出，成为典型的现代银行了。

另外需要特别指出的一点是，阎锡山筹组省银行在很大程度上是将其作为自己的筹款机关，所以除了开展正常的银行业务外，他还赋予其两个特殊的使命，这就是代理省金库和发行省钞。

山西省银行成立之初，只办理普通业务，对于山西省财政厅的款项收支，与一般银行手续等同。到了20世纪20年代初，根据阎锡山省署财政的需要，省银行在其太原分行下设了"省金库"。省金库的作用是，代财政厅收发各种款项、支付军政各费；兼管发行和兑换"金库券"。"金库券"可谓阎锡山的发明，说穿了不过就是一种在六个月之后才能兑现的代金券，相当于国库券、公债券等，1921年前后在山西开始发行。阎锡山推销金库券采取的是硬性摊派的做法，如在军政人员的薪金里固定搭配等。以固定搭配为例，具体做法是：于军政人员每月关发薪饷时，按2/10搭发，六个月后兑现，加付6厘的月息。而同期银行放款利率为月息1分1厘，一进一出月息差额高达5厘，都说阎锡山精于算计，果然不假。若想将金库券提前兑换，则须到街市小钱摊上去贴现。当时绝大多数公务员收入不多，生活清苦，实无闲钱存到银行，也绝难等到六个月后"本利双收"，所以一般是拿到金库券即上市贴现兑换。这样金库券在增加银行流动资金、为银行周转渔利的同时，客观上却是减少了公务员的收入。山西省银行发行金库券的业务，一直持续到1928年北伐胜利，阎锡山兼领了冀、察、平、津之后方才结束。

发行纸币是经济繁荣、金融发达的需要。但是，纸币发行若超过实际经济能力，到了"滥"的程度，无疑会反过来扰乱正常的经济秩序。山西民间发行纸币——钱帖子，由来已久。然而，金融的不统一和缺乏管理，使纸币的发行陷入混乱和过滥的境地。正如阎锡山在给北京政府的呈文中所说："查晋省制钱，久已缺乏，铜元亦复无多，以致各县私立商号滥发钱帖，几成不兑现之纸币，不但市面不稳，而公家财政感受周转困难之影响，非亟取缔，不足以弥隐患。"有鉴于此，阎锡山一俟省银行成立，即利用政权的力量将全省的钞票发行权统一起来，集中于山西省银行之手，使发行省钞合法化。

在统一货币发行权的同时，阎锡山就授意山西省银行发行纸币。这样，山西省银行于成立之初的 1919 年即开始发行纸币，先发行银元兑换券和铜元兑换券，进而发行正式的省钞。

众所周知，发行纸币必须有足够数量的准备金作保证。对于准备金，阎锡山从实用观点出发，颇不以为然。他称纸币为"口吹大洋"，这就形象地说明了阎氏的金融思维。由此出发，山西省银行在准备金达不到"十足"（按当时政府法令规定，发行纸币至少必须有六成现金、四成有价证券作保证，而山西省银行的准备金却只有70%）的情况下，仓促上马发行省钞。后来由于阎锡山从发行省钞中尝到了甜头，以及军政费用的不断增加，省钞发行量日渐扩大。据统计，从 20 世纪 20 年代初到 1930 年的中原大战后，10 年间山西省银行的省钞发行量高达 7500 万元。准备金不足和无限制的发行量，为后来的省钞毛荒以致不可收拾中下了祸根。

由于阎锡山赋予山西省银行得天独厚的地位，使其在省内金融业中得以独占鳌头，仅以资本为例，据南京国民政府实业部 1935 年的调查，在当时山西银行业务的总资本额 300 万元中山西省银行一家即占到 240 万元。反过来，阎锡山则通过山西省银行代理省金库、发行省钞，控制垄断金融，进而服务于他的军政需要。

五、"宏大"的筑路计划及其实施

有一种约定俗成的说法，这就是"要想富，先修路"。阎锡山从他自己的经济观点出发，结合山西的实际，在近一个世纪前就得出了与此相同的结论——"交通实文明之导线"。"若交通便利，有补于人类之进化"。"交通自便，商业振兴，人民知识渐增，教育更能进步矣"。

基于上述认识，阎锡山一直把道路交通问题摆在重要的议事日程上，"以改进交通为百政之先"。他兼了山西省长后，随即颁布了《修理道路桥梁规则》、《区长督修道路条例》等项法规，督饬各县区对所辖地区各道路，认真进行修理。1919 年，山西全省 105 县，既无航路可通，而陆路除平定、大同原有铁路两段，仅能东达外，其余均为崎岖泥淖之大道，以致转运困难，生产无由发达，人民生计日形艰窘。阎锡山对各县所属境内道路督修情况非常不满。当时瘠苦之区，因陋就简；富庶之县，划疆自封，修路政策难以贯彻奏效。且旧路失修已久，土陷石崩，工大用繁，民间根本没有力量负担。这样，欲求交通便利几近空谈。为了扭转公路建设的颓势，阎锡山又更进一步拟定了规模宏大的《山西全省修路计划大纲》。大纲详细规划了全省道路，将全省道路划分为省路、县路、乡路三级。仅省路一级，即规划修筑北起大同南至运城纵跨南北的干路一条，以及大支五路、小支六路、大支兼小支二路。要求"省路省修，县路县修，乡路乡修"，以期省路通至县，县路由此县城通至彼县城，乡路达于四乡通行。

阎锡山在其亲拟上报给北京政府的呈文中，对他的修路计划大纲作了详尽的说明，并预定前三年修干路，后三年修支路，同时陆续展修县路，拟自民国九年（1920年）一月开工，以六年时间完成这一计划。

修路计划连同阎锡山的呈文于1919年11月6日上报北京政府大总统。11月14日，北京政府以该计划为蓝本，颁行了"修治道路条例"15条，通令各省遵照执行。

1920年4月1日，山西省干线公路修筑工程开工典礼在省城太原南郊隆重举行。从此，阎锡山庞大的筑路计划开始正式实施。

为了使其修路计划尽快达成，阎锡山不惜动用一切可以动用的人力，不仅采取军队筑路和招募路工相结合的方法，而且尽可能多地动员民工以工代赈，甚至动员监犯外役。以军队筑路而言，古今中外本来早有先例，并非阎氏首创。只因他在其中贯穿了"合全省之兵力，以从事大规模之建设"的指导思想，意义就大不相同。阎锡山为军队筑路规定的基本原则是："以督军命令，各就原驻地点，就近筑路，不特不懈防务，且亦便于管理。"具体方法是："各就原团营每50兵士编为一组，其出兵不足50者则与他团营合成组，各由原官长带领之。总局方面（指专设之筑路指挥机构——路工总局）则由工程、管理两股各派同数之监工员，分段监工。"根据督军阎锡山的命令，省路第一期工程开工时，首先由军队投入施工。南北两端各以500名士兵同时开工。以后军工人数不断增加。利用军工修筑省公路创造的经验，后来被阎锡山推而广之，广泛应用到同蒲铁路的修筑上，确实取得了可观的经济效益。

在筑路工程开始的当年秋夏，山西遭受了多年不遇的大旱灾，在全省105县中，受灾面积达70县之多。这年秋冬，赈灾成为山西省政的主要内容。作为赈灾诸办法之一，阎锡山提出了以工代赈修筑省公路的办法。他算了这样一笔账：在全省大约80万灾民中，约有壮丁20万人之多。若使这些人投入筑路队伍，每月可得工钱4元，以当时的生活水准计，除去个人消费，还可以另外供养一个人。这样，一半以上灾民的生活问题就有了着落，既赈济了灾民，又解决了路工来源，减轻了政府负担，可谓两全齐美的好事。用工赈办法，分段赶修，加快了筑路工程的进度，支路修成者达近千里，有的还提前分段通车。

尽管阎锡山为了实现他的修路计划，广泛动员人力物力，下了很大的决心。然而，如同前述之厚生计划一样，就当时山西的财力而言，在三年内完成所有干路的修筑，再用三年完成支路及县、乡各路，显然难以达到。因此实际进度与计划有着很大的差距。阎锡山自己对此也表现得颇不乐观。他在1921年10月与考察山西各学校的美国教育家孟禄博士的谈话中慨叹道："省路，归省政府担任修筑，原拟六年成功，现在仅成大小支路五条；干路正在进行，明年可完全告成。至县、乡路，原拟各六年修筑完竣。此项计划，共拟十八年告成。计划如此，事实多较计划为难，其结果尚不知如何也！"原定六年的筑路计划展期为十八年，当年发展交通的难度之大于此可见一斑。

阎锡山 一生

· Biography of Yan Xishan

第十二章

易帜北伐

一、改弦易帜，太原城头竖起了青天白日旗

1926年7月，广东国民政府誓师北伐。在北伐军凌厉的攻势下，北洋军阀暂时放弃了内部的权力争斗，于12月初组成了由张作霖任总司令，孙传芳、张宗昌为副总司令，杨宇霆为总参谋长的"安国军"。企图凭借兵力优势（其时盘踞湘、鄂、豫及直隶南部的吴佩孚集团有兵20万人，据有苏、浙、皖、闽、赣五省的孙传芳集团有兵20万人，占据东三省及直、鲁、热、察的张作霖集团有兵35万人，而国民革命军仅有8个军10万人）与北伐军决一雌雄。

南北双方剑拔弩张，骑墙于山西的阎锡山自然成为双方争取的对象。"安国军"一成立，张作霖即公开发表阎锡山为副总司令，但阎始终未到职，却也没有按常规通电拒任。与此同时，南方势力也同样把手握兵符的阎锡山看作是一支可资利用的同盟军。北伐军兴之初，广东国民政府即派人与山西方面联系，要求出兵配合，因形势尚未明朗化，阎锡山一直观望不动，只是虚与委蛇。1926年10月北伐军攻占武汉后，与阎锡山有历史渊源的胡宾代表广东方面赴

1926年6月5日，蒋介石就任国民革命军总司令

晋见阎，邀请他参商北伐事宜。这时的阎锡山眼见北伐军已下武汉，指日可达山西，北方政局随时可能发生变化，才下决心与南方接触。于是，派老同盟会员赵丕廉以代表山西教育会赴上海出席全国教育会议为名，偕胡宾前往武汉，面见邓演达、陈公博等政要，并通过邓、陈直接与时任国民革命军总司令的蒋介石互通款曲。阎锡山的天平已经明显地倾向于南方。

由于国共合作的国民革命亟需要有力的同盟军，为了促成阎锡山站在北伐军一边，当时主持国民党北方执行部工作的共产党人李大钊曾给阎锡山写了一封长信，并在北京会见阎的驻京代表孔繁霨，要求阎的政治态度明朗化，尽快与武汉国民政府取得联系；武汉国民革命军总政治部也派翦伯赞等以特派员身份到晋，策动阎锡山、商震等响应北伐。针对阎锡山和冯玉祥的历史宿怨及地方实力派对地盘问题的敏感性，李大钊对阎、冯关系也进行了多方弥合，先向冯玉祥提出"联络阎锡山，使之消极的不与奉合作"的方针，待冯玉祥五原誓师后，又为其设置了"固甘联陕，联晋图豫"的发展方针，既为冯的国民军解决了出路问题，又打消了阎锡山对冯的顾虑。

作为北伐军主帅的蒋介石，也在南昌通过密电默许阎锡山可以隐而不发，暂时保留与奉张集团若即若离的关系，保存实力，待北伐局势进一步明朗后再行出兵。蒋介石的默契更适合阎的胃口，因此，从北伐开始到1927年初的一段时间，阎锡山得以在各方派驻代表中游刃有余，于南北、国共之间犬牙交错的大环境中静观待变，潜心积聚实力，并得到敌对双方的推崇和谅解。这一切既显露了阎锡山折冲樽俎的政治才干，也为他以后在国民党内呼风唤雨、纵横捭阖进行了一次预演。

随着局势的演进，同时根据与武汉方面的约定，阎锡山于1927年4月1日正式宣布将所属山西、绥远各部队改称"晋绥军"，自任总司令，准备从大同、娘子关两路出兵北伐。此时，阎锡山的驻汉代表赵丕廉密电报告：宁汉之间的内部分化可能发生，北伐军事难免延缓。果然几天后，蒋介石在上海发动"四一二政变"，在"清党"的名义下，大肆逮捕残杀共产党人，并于4月18日在南京另组国民政府，宁汉分裂。

面对变化了的形势，阎锡山迅速做出抉择，很快就表示出拥宁拒汉的姿态。个中的原因是：阎锡山一以贯之的认识是共产主义不符合中国国情，对武汉政府联俄、联共、反孔等"过激主义"的做法不满，因此在对待共产党的问题与蒋介石不谋而合。于是，阎锡山首先密授机宜，令其驻北京代表温寿泉联络张作霖，缓解奉系和蒋介石的敌意，营造联奉联蒋，一致对付武汉政府，共同反共的局面。其后，又于 5 月 11 日亲致南京蒋介石一电，密陈"联奉讨共"方略。与此同时，于 6 月 6 日在太原就任南京方面授予的"国民革命军北方总司令"，改弦更张，在太原城头竖起"青天白日"旗，在政治力量的权衡中，将天平公开向南京的蒋介石倾倒。对此，南京国民政府公报明令褒奖他"力劝奉方易帜，服从三民主义。研定作战计划，巩固革命阵营，促进合力北伐。半年之间，全国各方演变纷繁，先生坚持三民主义立场，与蒋总司令密切结合，运筹全局，高瞻远瞩，审度事机，振臂奋起，拒受武汉之游说及委任，接受南京国民政府之任命，于今就任国民革命军北方总司令"。

就此，阎锡山走向了以同蒋介石合作为主流，以反对共产党为主线的政治道路。尽管由于种种利害关系，其间不乏反复，如中原大战时的联冯反蒋，抗战初期的联共抗日等。

二、"清党"一箭双雕，既打击了共产党又实现了 "党"不干政

1927 年 7 月 15 日，汪精卫发动"七一五政变"，武汉方面中常委通过《取缔共产党案》，开始在武汉大肆搜捕共产党人。国民党宁汉双方在蒋介石下野、汪精卫反共的契机下达成了一致，第一次国共合作就此结束。

1924 至 1927 年间，国共两党合作在山西实现。1926 年 4 至 5 月，经山西的国共组织双方协商，决定共同组建国民党山西临时省党部执行委员会。同年 12 月 15 日，国民党山西省第一次代表大会在太原召开，国共合作的中国国民党山西省党部宣告成立。在国共合作形成的有利形势下，山西的民众运动开展得有声有色——声援国民革命、组织学生抗房税、掀起以"沪案后援"为特征的反帝运动、发动工农群众反对军阀战争……

然而，随着北伐的胜利，一些官僚政客及旧军阀纷纷加入国民党，国民党的成分发生了很大变化，山西也不例外。阎锡山手下的一些干部也先后加入国民党，形成了党内亲阎势力"官厅派"。而以苗培成、韩克温为首的新右派，向来就主张排斥共产党，但又同阎锡山没有渊源，遂成为蒋介石在山西的代言人。

上述两派同以共产党员为主要成分、代表工农和小资产阶级利益的左派之间的对立日见明显。

1927年初，山西国共合作的破裂已见端倪，具体体现在两件有代表性的事件中：

一是1927年3月12日，国民党山西省党部在太原文瀛湖公园举行工人、学生联席大会，纪念孙中山先生逝世两周年。大会主席苗培成首次在公开场合诬蔑共产党"共产共妻"，当即受到在场的几千群众的反对和共产党员王瀛的驳斥。其后，苗即与"山西工人代表总会"委员长杨笑天联手组织人员捣毁了共产党领导的太原总工会，次日，总工会会友又捣毁了设在平民中学的右派大本营。嗣后，以国共两党为背景的两个工会之间的冲突持续了一个月，两方面的人见面就要打架，被当局称为"街斗"。这段时间，宁汉尚未分裂，阎锡山对此持"观望"态度，基本上不予过问。至4月下旬，随着政治局势的一步步明朗化，阎锡山开始表态支持省党部，下令禁止国共两党"街斗"。

二是1927年5月9日，中共山西省委召集太原全市各大、中学校师生及工人群众在国民师范大礼堂为李大钊举行追悼大会，大会由张勋（文昂）任主席，薄书存（一波）负责布置会场，省委负责人颜昌杰、崔锄人也参加了会议。大会尚未开始，阎锡山即以"共产党集会不合法"为名，派了两个营的兵力包围了会场，冲散了大会，当场逮捕了共产党员张勋、武学和、王道明和进步青年杨怀义四人，在会场揭露阎锡山背叛革命的薄书存幸得群众掩护才离开了会场。史称"五九事件"。

"五九事件"是阎锡山向蒋介石靠拢，亦是山西地方实力派同国民党右派联合反共的一个信号。此后，事态进一步恶化。阎锡山于1927年6月6日就任国民革命军北方总司令后，即遵照南京国民党中央命令，对国民党山西省党部进行了改组。这次改组，实际上也就是山西公开"清党"的开始。具体做法是：在省党部排斥了全部共产党人，由国民党中央委派人员、阎锡山的官厅派以及原省党部的右派委员联合组成党务改组委员会，并由这个委员会决议通过一个缉捕名单，颁发通缉令，公开缉捕山西知名的共产党员和革命分子32人。阎锡山追随蒋介石的反共步伐，在山西摆开阵势"清党"，一时白色恐怖笼罩全省。

在"清党"过程中，国民党内部逐步分化为由掌握党务实权的苗培成、韩克温组成的CC派和以李冠洋为代表及受其影响的郭树棠、杨笑天等亲中央党部丁惟汾的"中山主义大同盟"派。因李冠洋在省党部内遭苗、韩等人排挤，从上年9月离开山西，到了南京后就一直未归，而阎锡山对党务工作向来不感兴趣，"清党"后只随便派了两个角色参加委员会，故新的山西省党部即由苗、韩等CC派所把持，直至中原大战阎蒋分手时为止。

在追随蒋介石在组织上"清党"反共的同时，基于多年对共产主义运动所作的理论研究，阎锡山主张对共产党"清其法重于清其人"。他认为国民党自实行国共合作以来，在上流社会怨声载道，皆因学习共产党阶级斗争而致。尤其是广大农村被农民协会"把持"，地域广大、范围分散，较之城市里工人罢工、铺伙胁迫掌柜弊病更大。因此必须在农村"收拾人心"，保持国民党存在的基础。

武汉汪精卫政府发动"七一五政变"，开始"分共"后，阎锡山在山西加快了"清党"步伐。在阎锡山的支持下，苗培成等人开始对有共产党嫌疑和接近共产党的进步学生、教师实施逮捕拘留，单在太原市受迫害的就有一百余人。

CC派借"清党"之机，权势一时炙手可热，自然引起了阎锡山的猜疑，他借演说怎样"实现三民主义"，也对CC派提出了警告："山西党政，欲得良好效果，必须使党成为公道之净白团体。不偏不激，不畏浅识者之言，不要无意识之好，鼓其智仁勇，切实监督本省行政首领机关，使之事事纳于正轨，尊重山西全省之利益，及各方面相互关系之公道，按照三民主义之党纲，循序而行。监督机关，若枝节为之，必至窒碍横生。尤不可唱高调，而窒碍事实，作无益而妨害有益，致入自杀之途……党无权力时，易招人轻视；党有权力时，须防人利用。贪官劣绅皆绝大本领者，利用党以胡闹，自当严防。但图利与图名者，皆持为己主义，每籍党以自谋，而图名者为害尤烈，因其易于欺世。"

阎锡山追随蒋、汪"清党"反共，既有他们政治立场相同的一面，又有阎锡山"山西版本"的特点。因山西党务经"清党"后基本由CC派所把持，阎锡山尽管想用"掺沙子"的办法控制省党部也终未如愿，但从此国民党CC派也基本失去了对山西政局的影响力。以后的二十多年间，军政大计和经济方针，阎锡山基本上都是实行山西版本的"三民主义"，国民党省党部事实上已成了阎锡山应付蒋介石的一只政治筹码，任由他玩弄于股掌之间，存在与否完全取决于政治的需要。

三、出兵讨奉，受挫而返

阎锡山就任"国民革命军北方总司令"，震动最大的莫过于张作霖，昨日信誓旦旦共同"讨赤"的盟友，今日一转眼成了"革命军"。山西方面态度的公然转变，使得因宁汉分裂迟滞了北伐进程而形成的南北军事均势产生了严重不利于奉方的变化。

当时，武汉和南京虽然内部纷争，但在对待北洋军阀的立场上，却都以"正统"的"国民革命"代表自居，分头沿平汉和津浦两条铁路线进行北伐。6月11日，阎锡山接其驻南京代表携回的蒋介石真电，受命暂缓进兵，待蒋方攻

就任"国民革命军北方总司令"时的阎锡山

占徐州后，分兵陇海线，形成侧击京汉线态势，再行出击。故山西军队只是声称分由大同、娘子关两路出兵，并未有实际举动。

8月初，张作霖为应付局势，一面令驻兵京绥、京汉线的第3军团主力积极补充训练，一面组成三个校阅组，视察该军团所属部队。8月中旬，由第3军团中将参议于珍率领的第1校阅组经过大同到丰镇、平地泉校阅第9军各部后，由该军参谋长刘维勇陪同返经大同，突遭奉阎之命的晋军将领李生达扣留，并转送太原，晋北局势顿呈紧张。

这时，蒋介石迫于北伐失利和武汉方面的压力，于8月13日宣布辞去总司令一职，通电下野。8月19日，武汉政府通电宣布迁都南京。9月16日，桂系和西山会议派把持的中央特别委员会在南京成立，宁汉合作，改组中央党部和国民政府。次日，中央特委会推举蒋介石、汪精卫、胡汉民、阎锡山等14人组成主席团。宁汉合流后，蒋介石在反对派的压力下远赴日本；汪精卫一心在武汉经营反蒋力量；胡汉民则深居上海，闭门不出。国民党党魁三巨头皆不在位，其他大员们大多沉迷于"党统"之争，无暇顾及北伐。与此同时，阎锡山已发动兵力，并与奉军有过多次小的战斗，亟待中央配合支持。而奉方趁南京混乱，

1927 年，参加北伐时的阎锡山

在津浦方向反攻得手，一时声势重振。是故，阎锡山连连向南京中枢和驻扎河南的冯玉祥发电，请求速定北伐大计，会商共同进兵方略。

奉方压力既大，又已打到家门口，阎锡山已成骑虎难下之势，不得已在南京方面不置可否的情况下，于 9 月 29 日以"扫除三民主义之障碍，以达救国救民之目的"为题发表讨奉通电，指责张作霖不肯与民合作，"既无悔祸之心，何有改善之望"。命令北方国民革命军各部即日从指定位置向奉军发起进攻，出兵讨奉。

奉军当时的部署是主力沿京绥、京汉两条铁路配置，力求机动。其防御重心一头在察哈尔的怀安，一头在石家庄和新乐，预备队则布置于津浦铁路沿线和冀中一带，可以方便地向京绥、京汉、山东方面运动，防御相当稳定。针对奉方部署，阎锡山制定了"集中重兵，两端下手，多路进攻，分割围歼"的作战方针，拟将奉军当面主力及预备队吸引到京绥、京汉线的两头，出奇兵腰斩京汉线北端，直下京津。以商震指挥的左路军，负责在京绥线最先发起攻势，以吸引奉军主力；由徐永昌指挥的右路军为北方国民革命军主力，一方面出重兵从娘子关进攻京汉线，一方面派骁将第 6 军第 4 师师长傅作义率部作为一支奇兵，由太行山间挺进，从京、保（定）之间截断铁路，以求全歼京汉路保定以南之敌，并相机策应北面的左路军别动队李服膺部，力争两路奇兵突袭北京，克敌制胜。

北方国民革命军初期进展顺利，不到一周时间，左路军占领了宣化；右路军以优势兵力推进到接近保定的定县、望都一线。同时，冯玉祥所属各部也在陇海路、津浦路发起进攻，以为策应。面对两线作战，张作霖决定在津浦路方向取守势，集中兵力先解决西线战事。10 月 10 日，张作霖调整了兵力部署，向京绥、京汉、陇海三路军队下了总攻击令，开始向阎、冯军队发起反攻，当日即收复定县，切断了晋军右路军前线部队与石家庄方面的联系，右路军全线动摇，所属各部皆转战于太行山地。左路军 6 日推进到张家口、宣化一线后，即遭到奉军激烈抵抗。接着奉方频频增兵，又于 10 日发起猛烈反攻，晋军前敌总指挥张荫梧最后出动了卫队，才保住既得阵地。

由于晋军兵力不足，在收缩兵力转战之际，被张作霖调集来的号称 30 万大军节节压迫，右路军在奉军张学良、韩春霖主力 3 军团攻击下，全军退守娘子关；左路军在张作相、万福麟 5 军团的反攻下，只得放弃雁北、绥远，集结雁门关一带山地，凭险据守。

因奉军反攻猛烈且突然，执行南路挺进任务的第 4 师傅作义部在挺进中与总部失去了联络，未得到撤退命令，遂照原定计划出易县，趁奉军主力云集京绥、正太两路，腹部空虚的机会，于 10 月 13 日一举攻占京南重镇涿州。因为得不到总部的命令，只得固守待援。而这时，涿州已成为陷于奉军防守腹地的一座孤城。奉军向来看不起晋军，认为其打不了硬仗。现在晋军大部兵力已实施收缩，只有一个师孤悬涿州城，更不被张作霖放在眼里，遂令张学良、韩春麟限期攻取涿州。孰料奉军四次总攻，多次增援，均未得手。张作霖震怒，派张学良亲自指挥攻城，最多时一天竟向城内发射炮弹四五千发，及至派工兵炸毁西南城墙。傅作义则集中兵力，亲自督战，数次打退奉军进攻。

傅部以一个师的兵力坚守涿州 3 个月，牵制了奉军 10 万之众不能南下，大大缓解了冯玉祥部的压力。傅数次电阎请援，形势所迫，阎锡山无力增援接应，只得致电嘉勉：着第 4 师全师官佐一律晋衔一级，军士以排长记名，并赏洋 7 万元鼓励士气。然而，远水不解近渴，涿州遭奉军重重围困，城中粮食乃至鼠雀均被军民食尽，而围城奉军也成强弩之末。相持不下之际，双方接受北京商民代表调停，议定傅部改编为国防军而不属奉军序列，傅作义本人离开部队。从 1927 年 10 月 13 日攻占涿州至 1928 年 1 月 12 日傅部接受改编出城，

傅作义，字宜生（1895–1974）

1928年1月，张学良（左一）与东北军各将领在涿州前线

历时90天的涿州攻防战结束。

涿州之战使傅作义一举成名，其在涿州城内建立的防御工事系统被后来的参观者誉为防御工事的典范，晋军也因此以其对奉防御作战的成功赢得了"善于防守"的令名。

傅作义出城交出兵权后，张作霖、张学良父子对其优礼有加，待以上卿，傅却始终未接受奉方许以的方面军司令官职。对此，阎锡山深表赞赏，曾不无得意地对赵戴文说："傅作义是咱们的关云长，义重如山。"

由于奉、直联军同时在陇海路方向对冯玉祥猛烈进攻，冯部当面压力增大，无法策应阎锡山。阎锡山兵退省内后，再无力发动反攻，只能调整部署，收缩兵力，在南北两个方向组成依山傍关据险防守的重兵防御集团，并增强了炮兵力量。晋军部署既当，兼有山西表里山河形胜之地，加之奉军一向在铁路沿线机动作战，缺少山地攻坚作战经验，所以，阎锡山虽暂时失去大同以北的地盘，但毕竟将大部分敌军拒之于"省门"之外。此时已是1927年10月底了。阎、冯两军遥相呼应却伐而未进，深感缺少中枢协调和经济力量支撑之苦，遂形成邀蒋复职的共识。

四、二次北伐，先声夺人

蒋介石下野只是在政敌攻讦下的权宜之计，因此在日本待了不到两月的时间，就于1927年11月10日回到上海，开始频频露面，作出准备重新上台的姿态。1928年1月4日，蒋介石在国民党内各派争斗不已，相互削弱，不能统一的情况下，凭借超然的地位，依靠强大的政治、经济、军事实力，复任国民革命军总司令。

1928年1月28日，国民党中政会议决定，建立北伐军战斗序列，继续北伐；北伐军全军由蒋介石统辖。2月28日，国民政府军事委员会正式决定北伐军编组：总司令蒋介石，下辖第1集团军（中央军）、第2集团军（国民联军冯玉祥部）、第3集团军（北方革命军阎锡山部）。后又将驻扎两湖的广西军队编为第4集团军，由李宗仁任总司令。

1928年2月，阎锡山与蒋介石、冯玉祥在开封会晤时合影

北伐军序列编定后，各集团军分别巩固原有阵地，同时做攻击准备。具体的部署是：第1集团军担负津浦路方向攻击任务，循泰安、济南、沧州直驱天津，当面之敌为直鲁联军张宗昌及孙传芳残部；第2集团军担负京汉路以东、津浦路以西地域的攻击任务，沿新乡、大名、顺德一线北上，然后与各集团军会攻京津，当面之敌为可沿京汉、津浦两条铁路机动作战的奉军主力；第3集团军仍由京绥、京汉两线夹攻北京，然后与各军会攻天津，作战对象亦为奉军主力，但易于同2集团军呼应，进退裕如，战略地位较冯玉祥部略优；第4集团军因远驻两湖、豫南一带，令随2集团军沿京汉路北攻，相机填补1、2集团军作战地域之间的空档，属于战略预备队性质。

蒋介石的作战部署，看似根据各集团军集结地域安排作战方向，且把驻有日军，容易引起涉外争端的济南划归自兼总司令的第1集团军作战范围，显得非常周到。但其让嫡系避开奉军劲旅，专攻北洋军阀残部，而以阎、冯两军担负消耗极大之作战任务,尤以冯军进攻路线最长,作战地域最广,作战对象最强。其借北伐作战削弱异己的心理昭然若揭。对此,精于世故的阎锡山岂能没有察觉,只是大势所趋,不便表示罢了。

这时的阎锡山面对劲敌强友,虑及战后权力分配,遂决定在军事、政治两条战线作战:在军事上,采取"中心突破,径取北京"的战略方针,化繁为简,充分利用既成态势,先声夺人;在政治上,一头紧紧倚靠中央,充分获取了掌握中枢权力的蒋介石的支持,一头着意拉拢日、美、英列强,预埋伏笔,挟洋人以自重,掌握战后权力再分配的主动权。

从既定的战略方针出发,在第一次讨奉阵势的基础上,结合新的作战任务,略加调整,阎锡山完成了第3集团军的作战部署:总司令阎锡山,参谋长朱绶光,前敌总指挥商震;以原右路军为右翼军,总指挥为第12军军长徐永昌,主要作战任务是出井陉,抢先攻占石家庄,控制京汉路,切断石南奉军主力北归之路,迫敌转向京汉、津浦两路之间第2集团军的作战地域,从而迟滞冯部前进,并吸引奉军增援部队,助左、中路军顺利攻取北京;以原左路军为左翼军,总指挥为第1军军长商震(兼),另增加中路军,由原机动游击部队组成,亦由商震任总指挥。左翼、中路实为作战主力,其共同任务为分头出平型关、涞源和龙泉关、阜平,从侧背对仅有六七师兵力可以机动防守支援的保定形成南北夹攻之势,势在必得,并向京绥线方向派兵一支(由左路副总指挥傅存怀率领),由雁门关向大同方向出击,屏蔽察绥奉军主力张作相、汤玉麟部向南策应,并相机作预备队,从北路围攻北京,确保主力攻占保定、北京。

1928年4月1日,蒋介石通令第2、3两集团军准备总攻。4日,第1、2、3集团军分别从津浦路、京汉路、正太路出击。7日,国民党中央发表北伐宣言,北伐反奉大战宣告开始。阎锡山及其所部第3集团军作为北伐反奉大军的一支劲旅,于3月底4月初投入作战。

经4月上旬右翼军一期作战,保定一带奉军预备队被牵制在石家庄以南地区,为中路出击营造了良好的态势。其时,第2集团军在陇海路及豫北彰德(今安阳市)遇到了张宗昌所部和奉军的激烈抵抗,尽管冀南之敌大部被吸引到豫北战场,冯玉祥仍派石友三等部支援津浦路方向的第1集团军作战。彰德前线冯部主力孙连仲、韩复榘两部血战半月有余,战线几次险被奉军突破,牺牲累万,方才打垮当面之敌。其间冯玉祥、蒋介石多次发电请阎锡山迅速攻打石家庄,以解豫北之困，均为阎敷衍过去。直至 4 月 26 日，奉军在京汉路石南段防御已被冯军突破，开始向北溃逃，阎锡山才下令右翼军集中优势兵力总攻石家庄一线，并于 5 月 3 日令左翼、中路相机发动总攻击，策应攻石之战。

5 月 9 日晨，第 3 集团军攻克石家庄，取得阶段性战果。此时，奉军察哈尔方面主力被兵出晋北雄关的左翼偏师阻击，无法南下增援，石南军队大部在冯玉祥军追击下溃逃，保定已成无险无兵的不守之地。第 3 集团军各路会攻冀中，在保南方顺桥一带与奉军展开了北伐中最为激烈的一战。方顺桥为保定门户，一旦失守，保定即暴露在冀中平原。故奉军在方顺桥一线调集了大量兵力，形成压倒优势。晋、奉两军在方顺桥胶着十数日，战线一日数易。奉军不时进行短促反击，危急时，阎锡山把卫队旅和宪兵部队都拉上火线，并连连电冯，请以在方顺桥东南方向距离前线最近的韩复榘部紧急支援。晋军右翼军总指挥徐永昌也派周玳与韩取得联系。孰料值此一发千钧之时，冯玉祥却一纸调令，借口津浦线方面危急，将韩部调至石家庄。韩部撤离后，晋军右翼顿失屏蔽，进攻方顺桥的部队险遭奉军合围。幸遇第 4 集团军先头部队赶到，才得以解围。阎、冯两人在北伐中遭遇危难，互不救应，一报还一报，成为以后种种不快的前因。

第 3 集团军分南北两路侧背接敌，对奉方守军形成钳形夹击。为减少牺牲，在对守军实行夹击的同时，中路军在方顺桥以西实行了三次大的迂回作战，迫使奉军向北延伸战线，正面顿显空虚。5 月 15 日，阎锡山以胜利者的姿态进驻石家庄就近指挥，第 3 集团军遂于 5 月 29 日以优势兵力克方顺桥、完县。阎锡山先声夺人，直逼京师。

5 月下旬，奉方败势已呈。第 2、第 4 集团军亦均已进入河北境内。三路大军一齐指向北京，究竟鹿死谁手，阎、冯、李之间尤其是阎、冯之间无言的较量已进入白热化阶段。阎锡山在战略政略态势上稳操胜券，故意抬高调门，于 5 月 17 日向国民政府发电，请战地政务委员会迅速来河北统筹该省政务，同

1928 年，完成北伐时的阎锡山

日还向冯玉祥发出一电,请其在政务委员会到来之前,主持统筹河北税收粮秣,以示自己没有染指河北政务之意。冯玉祥在战乱之中根本无法筹措军需和税收,马上回电请阎锡山主持,正好给阎以口实,使自己在以后蒋介石把京津冀察划给阎锡山时难以出口,只能发发 2 集团军"工作要好,地盘要小"的牢骚。

五、政略先行,得到了华北地区的控制权

冯玉祥因在北洋军阀混战中屡次反戈,一度被称为"倒戈将军",改编为国民军后又执行亲苏、亲共路线,并有与武汉国民政府合作的历史,故为蒋介石所不喜。又因其军队数量和作战能力均为北伐诸军之佼佼者,而为蒋所忌。是故,从政治上讲,与冯玉祥相比较,阎锡山先胜一筹。于是,早在 4 月中旬,阎锡山驻南京代表即在徐州得到蒋介石的暗示:"阎总司令先到北京办法较多。"国民革命军总司令部总参议兼第 1 集团军总参谋长何成浚则进一步表示:"冯方不卖力,讨便宜。介石意思始终望阎总司令态度持重,严守待机。且谓山西先到北京,尚有办法。若冯先到无办法,且有危险。现在最好于井陉方面以牵制方法助冯。"

对于蒋介石的暗示,阎锡山心领神会,趁机表现。济南"五三惨案"(5 月 1 日,北伐军开进济南,日军意图阻止英美势力向北方发展,寻衅开枪,打死军民多人。3 日,又大举进攻北伐军,蒋介石下令不准抵抗,并撤出济南。是为五三惨案)发生后,阎锡山于 5 月 4 日、5 日、9 日三次电蒋,主张避免与日冲突,转道北伐,建议"联英美以制日",并投其所好,称"中国外交无善法,只有忍之而又忍之",表示对蒋介石在"五三惨案"善后中对日示弱的做法充分理解。与冯玉祥主张不顾一切,对日持强硬态度的立场截然相反,使蒋对阎有了一种"老成谋国",可资信赖的印象。有鉴于此,当美国政府致电国民政府愿意充当中日关系调停人时,蒋介石立即向阎征求意见。阎锡山回电认为这种"以夷制夷"的办法"于外交裨益甚大","历来外交,用此策略,制胜者故多",请蒋促成其事。蒋、阎对外交事务的着眼点基本一致,阎又积极主张由蒋行使国家外交大权,这对蒋介石以后决定把外交事务冲繁的京津冀察地区交给阎锡山不无影响。

5 月 30 日,蒋介石亲赴石家庄与阎锡山会晤,磋商收复京津及善后事项。据说,当时蒋、阎都对冯玉祥军事力量过于强大感到不安,特别是阎、冯都希望向京、津、冀一带发展,利害冲突尤为尖锐。据说蒋、阎谈及冯玉祥时,阎

日军用机枪扫射济南市民

锡山对蒋说了这样一句话："请你翻开历史看一看，哪个人没有吃过冯的亏？"

　　能够把毗邻晋绥的京、津、冀、察纳入势力范围，实在也是阎锡山加入北伐的一个要因。为实现这一目的，阎锡山早在 1927 年春即在京津预做安排。是时，适逢山西驻京首席代表田应璜去世，阎即派谙熟日方情况且善于交际的南桂馨赴京继任。并与南商定一旦北伐到京津附近，就通过其在段祺瑞系的关系疏通日方，以期顺利接收。南桂馨到任后，为阎锡山维持与奉方的关系做了大量工作，并且与在日本时的旧交、日本驻京公使馆武官本庄繁（后任日本关东军司

1928 年 6 月 1 日，蒋介石（左五）在石家庄车站召集军事会议时，与阎锡山（左四）等合影

令官）取得联络，事先通报了山西方面准备出兵北伐的信息，使日方有所了解，为事后取得日本对阎锡山占领京津的"谅解"打通了关节。其时，因在华北用美国借款修铁路之事，张作霖与日本方面交恶。日本驻京公使芳泽暗中表示："只要阎锡山所部打到保定，日本就可压迫奉军退出华北。"接着南桂馨又和英国驻京公使蓝普森举行了一次秘密会谈。南桂馨还先后通过"安国军政府"的内务部警政司长李升培、警察总监署司法处长蒲子雅等警界朋友，及时了解了日方、奉方主张与国民党合作的新派、掌管京津治安卫戍大权的北洋皖系势力对时局的看法。在张作霖即行败逃之际，南已经联系好了以上各个方面，尤其是与日本天津驻军司令新井达成"谅解"，由日方放出不惜一战的口风，坚拒归降冯玉祥军的原张宗昌部徐源泉、孙殿英两军以第 2 集团军名义接收天津，而议定张宗昌撤离时，留一个团交从保定奉方软禁中跑出来的傅作义指挥，并报请阎锡山同意，由傅在时机成熟时直接出面负天津卫戍之责。甚至连阎对京、津、冀、察的主要人事安排都取得了北京外交使团的"谅解"。

　　阎锡山派员与日方接触，事实上蒋介石也有所闻，5 月 11 日，北伐战事正酣，蒋介石忽致阎锡山一电，称截获日本土肥原致阎锡山的一份电报，内容是日本"为保障东亚和平，维持大局起见，业已决定彻底地讨伐南方之暴行，而扑灭过激主义"，望阎锡山从速与反过激派的奉系讲和，以救中国于累卵之中。蒋介石以这样一封电报给阎，无疑带有试探意图。阎锡山很快于 5 月 14 日电复蒋介石莫信敌人离间手段，表示要团结全军将领，一致奋斗。阎锡山复电未提及他本人是否接到过土肥原的电报，且言辞闪烁。这段公案与史无征，鉴于土肥原是阎锡山在日本士官学校的同学，且二人在校时过从甚密，"土电"的出现更显得扑朔迷离。

　　在于政治方面上下其手的同时，5 月 30 日，第 3 集团军攻占保定。这时，同在京汉路方向北进的第 2、第 4 集团军只推进到石家庄及其以南地区。为不失

南桂馨，字佩兰（1884－1968）

时机地抢占北京，第3集团军以张荫梧部为左路先锋，以孙楚部为右路先锋，兼程挺进北京。日本人履行前言，对奉方施加压力，张作霖不得已于6月2日晚离京返奉，6月4日晨在沈阳皇姑屯遭遇列车爆炸事件（实系日本人所为）陨命。同日，阎锡山被南京国民政府特任为京津卫戍总司令。6月8日凌晨，第3集团军孙楚率其卫队营及副官处乔装为奉军，单刀直入，率先进入北京，顺利接收了奉军留京卫戍部队鲍毓麟旅的防务（一说张荫梧部先到北京）。鲍旅和平退往通州时被第2集团军先头部队冯治安部所阻，又退返北京，被第2集团军汽车抢运到京的韩复榘部尖兵营缴械。韩部试图趁势接收北京防务，但被掌握北京警政的地方维持会王士珍等人拒绝。

同日，阎锡山电命南桂馨接受直鲁军张宗昌、褚玉璞部投诚，接收天津防务，并呈报国民政府、军事委员会、蒋介石，请任张荫梧、傅作义分别担任京、津警备司令。

6月11日，阎锡山暨第4集团军前敌总指挥白崇禧进入北京。

6月12日，国民政府批准了对张荫梧、傅作义的任命。

6月20日，国民党中央政治会议决定将直隶省改称河北省，北京市改称北平市，并以北平、天津二市为特别市。

6月25日，中政会决定成立北平临时政治分会，李石曾任主席，暂由阎锡山代理。后又经中政会决定，国民政府任命何其巩为北平市长，楚溪春为北平宪兵司令，何成浚为北平公安局长；南桂馨为天津市长，袁庆增为天津宪兵司

1928年6月8日，阎锡山的第3集团军先遣部队顺利进入北京城后受到市民的欢迎

令，曾延毅为天津公安局长；商震任河北省主席，赵戴文任察哈尔都统，徐永昌任绥远都统。除北平市长何其巩、公安局长何成浚外，京、津、冀、察、绥要职均为阎锡山夹袋中人所占有。不久，赵戴文调任国民政府内政部长，遗缺由察哈尔警备司令张会诏护理。同年 12 月，察

1928 年 6 月 10 日，据守天津的张宗昌所属徐源泉部投诚，天津改旗易帜

哈尔、绥远由特别区改省，都统改称省主席，两省主席分由杨爱源、徐永昌担任。华北地区的控制权就此转入阎锡山手中。

六、后发制人，文章做足方登场

克复京津，北伐既成。在"北伐"旗帜下以冯玉祥、阎锡山、李宗仁三个集团军效命疆场，逐鹿中原，稳掌中枢的蒋介石志得意满，准备以"中央"名义号令天下，实行"削藩"之策，进而一统天下了。

7 月 11 日至 13 日，蒋介石召集北伐军四总司令蒋、冯、阎、李及李济深、蔡元培、张静江、李石曾、吴稚晖、李烈钧、戴传贤等人在北平小汤山会议，讨论善后问题。会上，匆匆划定了各集团军的辖区范围：第 1 集团军为广东及华东沿海地区，第 2 集团军为山东、河南及原有的陕甘宁青四省，第 3 集团军为冀、察、平、津及原有的晋绥两省，第 4 集团军为湖南、湖北及原有的广西省。对此，李宗仁、白崇禧嫌地盘太小，又无出海口；冯玉祥则因济南和胶东半岛为日本占领，山东是一个残缺省份，又未得到心中久想的河北和平津，意见更大。因为涉及各自集团的利害，拥有重兵的冯、李马上表示出自己的不满，会场空气顿时紧张起来。为了暂时缓和矛盾，蒋介石提出一个在改组中央政府的同时举行编遣会议，整理军事的议案。建议大幅度裁军以集中财力进行国家建设。

并促使会议原则通过其提出的《军事整理案》，当面邀请与会的各集团军主要

负责人和他一块去南京，立即举行编遣会议。

对蒋的发难，冯、阎、李、白等人洞若观火，但蒋介石的说辞冠冕堂皇，对"编遣"绝难正面反对，因地盘分配早已满腹牢骚的冯玉祥、李宗仁、白崇禧等人马上在"编遣"的枝节问题上大做文章。唯阎锡山对蒋介石的议案不置可否，做好了后发制人的准备。小汤山会议虽以四总司令共同签署《军事整理案》而结束，但同时埋下了各军事集团间不和的种子。

以"裁军"、"建设"为名，行"削藩"之实，对蒋介石来说是势在必行。但是各集团军兵符在握，均有问鼎中央权位的野心和力量，一旦举措失当，必将战端再起。那么平稳"削藩"，以"中央系"一统政局，就成为当务之急。就冯、阎、李而言，如何能够妥善保存本团体的军事实力，借以维持既得之利益乃至有所扩展，从而可在中央占一席之地，更成为生死存亡之关键所在，故必竟全力以争之。北伐成功，阎锡山是蒋中央之外各集团军中最大的赢家——由局促于娘子关内一隅而手握晋、绥、冀、察、京、津华北六省市军政大权，由"山西王"一跃而为"华北王"。且内厚结以把握中枢实权的蒋总司令，以"革命元勋"枢臣地位可谓一言九鼎；外广延于日、美、英、法诸列强驻华使领官员及日本驻华北军事首领，挟洋人以自重，疆臣强藩地位更增问鼎之心。

小汤山会议后，蒋、冯、李等人相继离平南下，阎锡山则先是借口身负平津卫戍之责，难以即刻南下，后又称胃疾复发，以医治为名径自回了山西。致使在8月份召开的国民党二届五中全会在讨论最为关键和敏感的军事整理问题时因阎锡山的缺席，不能正式进行；以致到宁的各总司令在"裁兵"程序和预案等一系列问题上争得焦头烂额；年底前裁撤政治分会的决议亦因冯玉祥、李宗仁等人的抵制而流产。蒋介石应付不了冯、李等人的联合攻击，亟待阎锡山从中转圜；冯、李等人则以为和阎利害一致，盼望阎锡山来"加盟"，共同与蒋抗衡。如此，各方函电交催，形成了似乎阎锡山不到，编遣会议就进行不下去的舆情。但他仍然迟迟不动身赴宁，先是疗疾，后又以"侍父疾"为托词，尔后又是"侍疾劳顿致病"。其间，一面观察各方动态，以摸清底牌；一面加紧调整冀、察、平、津人事，整顿收编部队，联络在关外的张学良，稳固辖区统治。直至文章做足，才在各方频频电邀下，于12月12日行抵南京。

阎锡山到南京后，受到各个方面的热烈欢迎，接连在宁就任"冀察绥赈灾委员会主席"、"国民政府委员"等要职，并于12月20日应国民党中央党部

1929 年中原大战前，阎锡山与张学良在太原合影

邀请，在中央无线电台发表了题为"裁兵为建设之先务"的广播讲话，标榜自己立场公允。一时声誉鹊起。

12 月 29 日，张学良等奉军将帅通电宣布东北方面"遵守三民主义，服从国民政府，改易旗帜"，受到全国舆论欢迎，国民政府也取得了名义上的"统一"。在这一背景下，提出半年之久的"编遣会议"于新年元旦在南京开幕了。编遣会议名为裁兵，实质上却剑拔弩张，在生死利害的冲突面前，各军事集团间分化组合，形成了错综复杂的相互关系。

阎锡山到宁前，冯玉祥一面准备和 3、4 集团军共同抵制蒋介石鄹除异己的做法，一面又幻想依靠蒋的支持，保存实力，从而在中央取得举足轻重的地位，再相机联合其他方面的力量推倒蒋介石。所以，冯见军事实力仅次于他和蒋的阎锡山迟迟不到南京，即很快就任了行政院副院长兼军政部长一职（军政部常务次长由冯系将领鹿钟麟担任），并在非正式会议上提出了一个拉蒋压其他集团的编遣原则和实施方案，具体内容即所谓："强壮者编，老弱者遣；有枪者编，无枪者遣；有训练者编，无训练者遣；有革命功绩者编，无革命功绩者遣"；"1、2 集团军各编 12 个师，3、4 集团军各编 8 个师，杂牌军共编 8 个师"。

冯玉祥提出的"编遣原则"相对于各集团军所属部队的员额和作战训练情况，应该说还是比较公允的。当然，其

1928 年 12 月 29 日，张学良通电易帜

潜在的想法是把1、2两集团军拉齐，把3、4集团军和其他杂牌军压低，以蒋、冯团结为中心，借此控制其他方面。孰料"卧榻之侧，岂容他人酣睡"，蒋介石并不愿让两个旗鼓相当的军事集团并存，故对冯的提案采取了冷处理的态度，让其待正式会议开始后再提。冯玉祥的提案既得不到蒋介石的支持，更激起第4集团军李宗仁、白崇禧的不满，结果把自己摆到了各派的对立面，先输了一着。

鉴于上述形势，阎锡山一到南京，就成为各派争夺的对象。蒋介石首先派何应钦往访。据山西方面具体负责编遣事宜的周玳回忆："何对阎说，'蒋先生希望阎先生也提一个方案，在会上共同研究。'何还说：'蒋先生意思希望在四个集团军的辖区之外，再加上一个中央区，最好请阎先生在方案上一并提出。'阎考虑了片刻，说：'我可以准备个提案，但加上中央区这个问题由我提出，似乎不甚合适。如果蒋先生提出来，我一定首先赞成。'何走后，阎就召集我们共同研究提案的内容。几经研究，最后决定：1、2集团军各编10个师；3、4集团军各编8个师；其他非正式队伍编6到8个师；其余6到8个师由中央处理。当即写成了书面材料，送交何应钦转交。"这一方案与冯案的前半部分并无多大区别，关键在于增加了"由中央处理""6到8师"一条，明摆着是向蒋介石暗送秋波。

由于事先将文章做足，阎锡山一上来就将自己立于不败之地。在正式会议上，他的议案一经提出，就得到多数代表的赞成。蒋介石因势利导，表示他本人对编遣方案并无成见，顺应多数人的意见，同意原则上采用阎锡山的提案，并建议在中央编遣区外，再加上一个东北编遣区。冯玉祥对蒋、阎的配合极端不满，提出战事刚毕，还不到裁并军队的时候，以示抵制。为防急中生变，蒋介石只得同意先把编遣办事机构建立起来，下半年再召开编遣实施会议，着手裁兵。

编遣方案最后基本实现了蒋介石的计划，照会议通过的编遣方案，蒋介石不但在编的军队最多，而且通过增加东北编遣区，赢得了张学良的好感。就这样，在阎锡山的默契配合下，蒋介石如愿以偿。

由于意见难以统一，编遣会议休会倒比开会多。休会期间，阎锡山曾慕名前往名胜之地无锡一游。倘佯于江南秀美的湖光山色之中，久居北方黄土高原的阎锡山难免大发感慨，他先是在东林书院对敢于非议朝政的东林党人大加褒扬，又在五里湖上对功成隐居、经商致富的陶朱公范蠡和有"沉鱼落雁"之容的西施赞叹不已。待到了与己同名的无锡锡山时，其兴致更是高涨。

　　登上锡山，阎锡山对锡山与无锡的关系发生了兴趣，禁不住向左右陪同者发问："既有锡山，县名为何又称无锡？"面对兴致勃勃的阎锡山，陪同者娓娓道来：锡山原来有锡，故名锡山。后因百姓采锡，豪强霸矿夺锡，导致地方械斗不宁，诉讼不止。直至不知何时，锡采完了，也没人闹事了，百姓方安居乐业。这才把县名定作无锡。我们无锡人有一句俗话，就是"有锡则民乱，无锡则民安"。所以并不以无锡为憾事。

　　讲者无意，听者有心，"有锡则民乱，无锡则民安"的俗语虽是偶然的巧合，但却撞着了阎锡山的忌讳。阎锡山待要发作，却转念想到此乃民间传说，一旦点破，不仅有伤大雅，且既成谶语，于己不利，只得哼哼哈哈，敷衍而过。但通于卜筮旧学的阎锡山对此难以排解，成为一块心病。时人曾戏作一上联"阎锡山过无锡登锡山锡山无锡"，无人能对。直到抗战期间，名记者范长江因有江苏天长之行，才对出"范长江到天长看长江长江天长"的绝妙下联，传为佳话。

　　为了进一步笼络阎锡山，蒋介石决定在编遣委员会里成立一个管理编遣经费的经理组，委派阎锡山做组长。阎锡山对冯玉祥在方顺桥战役中的不合作态度耿耿于怀，利用蒋冯之间的矛盾和李、白对冯一意靠蒋的不满，在编遣会议内外营造不利于冯的舆论环境，致使冯玉祥在编遣会议中陷于孤立，最后只得称病不出，并于1929年2月5日以养病为名，避居豫北辉县百泉村，其军政部长一职也交由鹿钟麟署理。

　　由于各实力集团的消极抵制，编遣会议没有形成任何实质性决议，最后以各集团军（编遣区）各指定了一个编遣主任委员（1、2、3、4集团军分别为何应钦、鹿钟麟、周玳、白崇禧）而于1月25日不欢而散，草草收场。

北伐完成，国民革命军四总司令蒋介石（前左一）、冯玉祥（前左二）、阎锡山（前右一）、李宗仁（前右二）前往北京西山碧云寺祭告孙中山

阎锡山一生

·Biography of Yan Xishan

第十三章

捭阖中原

一、编遣会议后，蒋介石着手"削藩"

在编遣会议上，各集团军首脑看透了蒋介石把持中央，翦除异己，对地方实力派去之而后快的心理，深深感到蒋介石实行各个击破方针对自身的威胁。以汪精卫为首的国民党"改组派"亦因蒋介石独自包揽党政军大权，想在中央分一杯羹而不可得，故以革命"左派"相标榜，在反蒋的军事实力派中寻找同盟军。以编遣会议的结束为标志，各方反蒋势力在相互争权夺利的重重矛盾中不断分化组合，从而形成了一股强劲的反蒋潮流。阎锡山在这一反蒋潮流的风口浪尖上呼风唤雨，纵横捭阖，上演了一幕在中国现代史上影响深远的话剧。

编遣会议结束后，阎锡山径回山西，一面整理军政事务，巩固新控制区平、津、冀、察；一面观察蒋中央和各实力集团的动向。因见蒋介石急于"削藩"，自己与冯玉祥因种种原因殊难一致对蒋，第4集团军方面又缺少历史渊源，难以呼应。为自身安全计，故而把目光放到了关外"故旧"张学良身上。张学良身衔父仇，易帜东北，深受日人挟制之痛，而与阎锡山既有多年渊源，北伐时，亦深感晋方回护之功，当前虽辖区相接，却无利害冲突。另一方面，张学良远处东北，虽因易帜深受蒋介石之欢迎，但亦须有人在中原互为依托，阎锡山作为辛亥"元老"，素有"老成持重"之称，在国民党内声望正隆，可谓正当其人。这样，张学良以晚辈自居，和阎锡山频频文电相往，感谢阎在编遣区划分上对东北的关照，晋奉关系一时修好如初。

与此同时，蒋介石因编遣会议并未达成实质性进展，转而不惜动用武力，各个击破。打击的首要目标是实力较弱，又近在肘腋的李宗仁第4集团军，以求肃清湖北、武汉，先真正"统一"长江流域，再安定北方。李宗仁因不满蒋介石的一些做法，于2月19日主持武汉政治分会决议罢免亲蒋的湖南省主席鲁涤平本兼各职，以桂系何键继任，蒋介石以此为名，下令第1集团军各师向武汉方面施行讨伐，蒋桂战争爆发。

为孤立桂系，蒋介石接连致电阎锡山，要其赴宁商讨军国大事。阎见反蒋派各树一帜，大事难成，但又不愿一味附蒋，因而故伎重施，称病不到南京。

同时，又以"和事佬"自居，一面向蒋表白服从中央，并替李、白缓颊；一面致电白崇禧，请桂系诸将"礼让为国"。并遵照蒋介石通电命令，于3月16日将原"第3集团军总司令部"改为"第3编遣区办事处"，静观时局变化。

而冯玉祥本来就与桂方有共同反蒋之约，在蒋桂大战之时，他派韩复榘为总指挥，率兵出武胜关作壁上观，准备见机行事。不料桂系兵败迅速，蒋介石趁机在武汉行营约见韩复榘，盛情款待，并送上现洋10万元。又通过韩拉拢冯玉祥的另一员大将石友三。

由于冯玉祥在武胜关迟迟不动，既失去了进兵武汉的时机，又显得自己缺乏诚意，弄巧成拙。蒋介石见南方基本平定，遂将下一个目标对准了冯玉祥。蒋系特务大肆散布冯玉祥和苏俄勾结的流言，称苏俄要支持冯玉祥向天津、浦口发展，进攻蒋介石；向山西发展，打倒阎锡山，将中国西北部与苏联连成一片。这些说法引起阎锡山的警惕，不得不加强黄河一线防务，以防冯军进攻山西。

为了进一步逼迫冯玉祥，蒋又在背后阻止日军撤出山东，使山东省主席孙良诚接收济南和胶济路发生困难，只得于4月25日称病辞职，率军返回河南；随即，蒋介石却于5月3日派陈调元为接收胶济路特派员、代理山东省主席，

中原大战前冯玉祥向整装待发的部队训话

197

接管了路、省大权，第2集团军仅有的一个临海富庶省份也落入"中央"手中。至此，蒋、冯之间的矛盾已无法调和。

就在冯玉祥于5月中旬自任"护党救国西北军"总司令，准备正式向蒋发难之际，原来依附冯玉祥的刘镇华、杨虎城、马鸿逵等部和冯的心腹爱将韩复榘、石友三均受蒋策动而投蒋。眼见从滦洲起兵时就追随自己的老部下们反戈相向，再加上蒋介石强大的政治和军事压力，冯玉祥在精神上已难支撑，只得采取了避战自保的防御策略，于5月27日发表"洁身引退，以谢国人"、"入山读书，遂我初衷"的下野通电，独自上西岳华山隐居读书去了。

借与冯玉祥相争之机，蒋介石把另一个地方实力派代表人物唐生智推到了前台。先是令其从河南进攻冯军，冯通电下野后，又让其偕何成浚往太原谒阎锡山，转交蒋介石促阎对冯玉祥属部用兵的信函。阎锡山眼见桂系不堪一击，各集团军中力量最强的冯玉祥起兵伊始，即被蒋介石消弭于一旦。由人及己，唇亡齿寒，故一改编遣会议捧蒋压冯的做法，对冯玉祥曲予维护，甚至不惜以与冯"共进退"来向蒋说项。6月11日，阎锡山在太原接见唐生智、何成浚等人后，电报蒋介石，重申：冯若出洋，必偕行；冯若爽约，则为中央负责北路军事剿冯任务。在以退为进，得到蒋介石"如冯出洋，给予经费，撤销通缉，保证安全，对冯部统筹拨发欠饷、恤赏"的许诺后，阎锡山与冯玉祥重归于好。

为了达到共同对付蒋介石的目的，亦从便于回旋计，冯玉祥力拒大部分部属的劝阻，应阎锡山之邀，继夫人李德全之后，于6月21日晨7时携随员20余人和汽车3辆由风陵渡渡河入晋。同时阎锡山亦做出相应的表示，于6月20日再度以"国家初建，国基未固；连年兵旱，民不堪命；恐共党乘机煽动，致蹈俄、德复辙"三条冠冕堂皇的理由电蒋，坚拒向西北用兵，重申与冯一并出洋，挟冯玉祥以自重。在冯、阎联手的局面下，蒋介石不便轻举妄动，不得不准阎所请，改逼冯出洋为请阎扣冯不出山西，隔离冯与西北军的联系。

二、唇亡齿寒，从助蒋压冯到拉冯抗蒋

1929年6月25日，阎锡山亲至介休县迎接冯玉祥抵太原，阎、冯二人见面，回想离北伐胜利仅只一年工夫，2、3集团军的鼎盛已如明日黄花，人是而物非，百感交集，竟至抱头大哭。冯玉祥初到山西，被阎锡山安排到太原南郊名胜晋

祠小住，每隔三五日即去探望一次，礼遇极周。

阎锡山窃喜冯玉祥进入彀中，更恨蒋介石过河拆桥，决计挟冯与蒋周旋到底。但此时的阎锡山并未切实和冯商讨反蒋大计，而是把精力放在大唱"与冯同行出洋，促成统一"的高调上。蒋介石无法下台，不得已亲赴北平约见阎锡山，以解决北方问题。

蒋介石到平之前，先派吴稚晖、孔祥熙二人到并抚慰阎锡山和冯玉祥，并委任阎为西北宣慰使，兼办西北善后事宜，全权护冯出国，给足了面子。阎锡山考虑北平市长何成浚虽是蒋介石的亲

冯玉祥在山西期间居住过的窑洞旧址

信，但军警大权均在自己手中，遂欣然随吴、孔去平谒蒋。

阎锡山挟冯以自重，态度强硬。6月30日抵平当天，即重申冯玉祥出洋必须同行之意。因双方距离较大，第三日便称病住进了德国医院。蒋介石专为解决问题到平，目的未达，怎肯甘休，不得已只好屈尊纡贵，携带礼物，亲自到医院看望。并先退一步，于7月5日宣布取消对冯玉祥的通缉令。

蒋介石谙熟政治权谋，在拉阎的同时，又于7月7日召张学良赴平，先行密谈一次，假阎以声色。阎锡山见张学良于关键时刻突然出现，恐有变化，即于次日出院，自下台阶。7月9日，蒋介石发表阎锡山为"西北边防司令长官"，负责西北军事善后。蒋还向阎表示可任阎为全国陆海空军副司令，许阎荐山西财政厅长杨兆泰任内政部长职。蒋介石用国家名器作为回报，换得了阎锡山不再"出洋"，尽力善后西北军事，支持中央裁兵的承诺。为了给西北军将领留下余地，阎锡山对"西北边防司令长官"一职坚辞不受。但回晋后非但不再提与冯玉祥共进退之事，且将冯迁居于五台建安村，派军警层层严密把守，形同软禁。

冯玉祥到山西，牵动了反蒋各派系的神经。在蒋介石迫阎驱冯的同时，上海反蒋团体、西南反蒋实力派也都纷纷派代表到太原活动，力图促成阎冯联手

反蒋。阎锡山在平答应支持中央解决军事问题并非本意，但李宗仁、冯玉祥仓促反蒋，匆匆事败，东北的张学良又态度不明，不能不使他尽力与蒋周旋，以免重蹈覆辙。为了应付拥蒋及反蒋各派的代表，阎锡山特意配备了两套人马，一套专门接待南京代表，表示竭诚拥蒋；一套专门接待各反蒋派代表，借机笼络各方，探讨反蒋问题。一时间，太原府东街犹如山阴道上，车水马龙，好不热闹。

西北军将领鹿钟麟、宋哲元、韩复榘、石友三等对阎锡山背信弃义扣留冯玉祥的做法痛恨至极，认为西北军要发展，非把山西地盘拿到手不可。故决议由已经投蒋的韩复榘牵线，向蒋介石献策，由西北军打头阵，用武力驱逐阎锡山出山西。在阎锡山用各种方法明推暗阻蒋介石的编遣计划之时，西北军将领向蒋输诚，正合蒋意。蒋介石即派于右任、贺耀祖到西安点编西北军，安抚将领，供给军饷，还将先前被免职的鹿钟麟、薛笃弼等人请回南京，官复原职。

蒋介石打了西北军将领输诚这张牌，蒋、冯、阎三角局势发生了微妙的变化。是年8月1日，编遣实施会议在南京召开，是为第二次编遣会议。与年初会议形成鲜明对比的是，原手握兵符的四总司令中已有两员兵败下野，阎锡山势单力孤，请假未到，只剩蒋总司令一人与会发号施令。出席这次会议的人员也有了很大变化，中央大员只有胡汉民、吴稚晖、孔祥熙、何应钦、宋子文等亲蒋一派，西北军、晋军、东北军只有承办军务的代表，而李宗仁第4集团军已被蒋介石分化收编，成为一个历史名词了。

这次会议，蒋介石在军事上拥有了压倒优势，与各地方实力派已经没有商量的余地了。于是急不可待地把持会议通过了三个重要决议案：（一）定全国军队数目为68个步兵师，其薪饷服装、公费和中央直辖军事机关月费为1884万元。（二）各省政府主席不得兼军职；各师长不得兼任政务官。（三）各编遣区以团为单位编遣，削师长之权。这三个决议案对各地方实力派来说，无疑是一道催命符，蒋介石实际上只给了他们一条路：交出兵权，皈依中央。这是他们无论如何都不能答应的。

阎锡山在会议通过决议的8月6日当天，投石问路，给国民政府上了一件"请辞山西省府委员兼主席"的鱼电，不料蒋介石一改往日态度，很快就于10日准其所请，调任商震为山西省主席，徐永昌继商之后任河北省主席。其间没有半句嘉慰之言，一丝挽留之意，与一个月前的频频挽留大相径庭。眼见蒋中央"削藩策"步步紧逼，自己即将成为李宗仁、冯玉祥第二，阎锡山方感助蒋压冯的失策。为求自保，决计拉冯共同抗蒋。是年中秋，阎锡山借节日探望之名，来到建安村，当面向久已回避不见的冯玉祥赔礼道歉，共商反蒋大计。冯玉祥的主要目的仍是联阎反蒋，见阎锡山态度转圜，遂表示愿捐弃前嫌，重修旧好，相约共同反蒋，并与陕西方面取得联系。

对蒋介石把持中央、消灭异己政策不满的还大有人在。亲汪精卫的粤系军人、原第4集团军第2方面军总指挥张发奎于9月19日在广东树起反蒋旗帜；西北军将领宋哲元、孙良诚等27人亦于10月10日通电列举蒋介石"包办三全大会"等六大罪状，拥戴冯、阎为国民军正副总司令；11月上旬，兵败下野的李宗仁复出，与张发奎合作，成立了拥戴国民党改组派中央的"护党救国军"。

蒋介石面临各方势力的反对，又想到了尚未公开出面反对自己的阎锡山。于是，冷清了一段的南京——太原电报线又热了起来，蒋介石通过在中央任监察院长的赵戴文和在北平的何成浚与阎锡山频繁往复，重又祭起国家名器这一法宝，想以兑现先前在北平晤阎时允诺的"陆海空军副司令"一职换取阎锡山在政治、军事上的支持。各反蒋派也都紧盯着阎的动向，尤其是对以拥戴冯、阎为号召的西北军诸将领来说，阎锡山的举手投足，均关系着他们起兵反蒋战事的成败。此刻，反蒋与拥蒋，成与败系于瞬息之间的政治军事力量对比变化上面。阎锡山一时又成为各方各面左右对比变化的重要砝码。

三、谋而不断先机尽失

阎锡山在1929年的一系列反蒋活动中总是隐蔽于幕后，一方面是出于政略的考虑，一方面则缘于军事准备不足。在这一年此起彼伏的反蒋浪潮中，阎锡山既不为反蒋派火中取栗，更不为蒋介石出兵卖力。而是抓紧时机，加强省政建设，扩充军事实力。从1929年夏起，阎锡山利用蒋介石委派其主持西北军事善后的机会，表面遵照编遣精神，拥护中央裁兵方案，实则以主持2、3两集团军编遣善后的名义，将晋绥军队扩编为拥有10个军又4个保安纵队及骑兵4个师、炮兵7个旅共约24万人，且训练完备的一支劲旅。这样，具有一定实力，能够与蒋一争短长的只剩阎锡山、冯玉祥和张学良三个方面了。

在蒋介石咄咄逼人的压力下，阎锡山由自保而不保，由拥蒋而抗蒋，在经济方面也有一个重要原因。就阎锡山的秉赋，实质上更善于经济行政，因而他十分注重山西的经济建设。在省政建设中，拥有中央财力的蒋介石不仅不给相应的支持，反而要把平津税收收回中央。以贫瘠的山西一省养兵 20 余万，还要替中央张罗华北、西北军事善后，财力是远远不足的。阎锡山自认为在北伐、编遣中为中央出了大力，而蒋介石非但不予回报，还要釜底抽薪，无异于卡住山西向外发展的脖子。所以阎锡山自从兼任平津卫戍总司令后，即自作主张将平津两市税款留用。1929 年 11 月，宋子文到北平，要划分国税与地税，阎不得已予以答应，遂将平津税收机关的晋方人员全部撤出，同时向宋提出平津卫戍部队的饷项由财政部拨发，并征得宋子文的同意。岂料只实行了一个月就停止拨付。阎锡山始知受骗，于是他便借口北伐时期山西省银行曾垫付 3000 万元作军费，申请发行省公债 3000 万元以资弥补，蒋介石又坚决不准发行。对此，阎锡山曾经怒气冲冲地对部下说："我很后悔北伐时垫此巨款，这件事咱们做错了。现在蒋要用经济手段把咱们困死。咱们没有错，他不敢用兵来打咱们，只有在经济上来困死咱们。"阎是最注重在经济上打算盘的人，因此这两件事也就不能不成为他后来反蒋的重要因素之一。

有研究者认为，在 1929 年此起彼伏的反蒋浪潮中，有几次机会只要阎锡山登高一呼，反蒋军事态势马上就会大为改观，极有可能直捣南京，一举推翻蒋介石的统治。其中的一次即指 1929 年秋，在蒋介石的步步紧逼下，各方纷纷派代表入晋劝阎领导国人共同倒蒋，阎锡山则以时机尚不成熟，一再拖而不决。一般人不明其真实意图，认为他是坐失良机。其实，事情并非如此简单，他所谓不成熟的含意，不是指倒蒋，而是指蒋倒后的善后问题。以当时的军力对比，阎锡山认为倒蒋问题不大，但蒋倒之后，如果处置各方关系，却不是一个简单的问题。

作为事实上的反蒋派领袖，阎锡山的顾虑是题中应有之义。以当时情况而论，阎锡山在军事实力上仍不如冯玉祥，在政治号召力上，则莫说以山西一省，就是把华北、西北加在一起也难与政治领袖汪精卫相匹敌。但冯玉祥没有地盘，改组派没有军队，要领导反蒋，必须由阎锡山出钱出兵，作为中坚。然而一旦反蒋军事成功，在财力、兵力上贡献最大的阎锡山能否执掌最高权力，却是一个未知数。因为反蒋军事刚刚发动，唐生智即违背协议，打出改组派"护党救国军"旗号，视阎锡山的实力于无物，故而有了阎反蒋却又讨唐的举措。也正因为如此，阎锡山在反蒋活动中奉行幕后策划支持，表面折中调和的策略，企图以时间换取蒋中央和反蒋各派实力的消耗，坐收渔利，最终一举收拾残局。所以他在表面上一直坚持"拥护中央"的态度，实则与冯玉祥、张学良两大实力派始终保持密切联系，作为平衡与蒋介石关系的筹码。冯玉祥在反蒋问题上的态度与阎锡山则迥然不同，其想法是"只有拉阎下水（指联合倒蒋），自己才有出路；把蒋打倒之后，回过头来收拾阎，那就容易得多了。"

从阎、冯两人在反蒋策略的运用上看，似乎只是倒蒋先后次序的差异，但其中蕴藏着双方不同的用心。就阎锡山而言，很希望在倒蒋后能够掌握最高权力，以推行自己的政治主张，实现其在经济、文化、行政等方面的抱负，所以他的反蒋是以执政为目的的。冯玉祥个人向往民主政治，但缺少一套成熟的治国方略，只是急于推翻蒋的独裁统治，以解脱自身的困境，其他事务均可从长计议。正是由于阎、冯双方在反蒋问题上的不同想法，给蒋介石造成了各个击破反蒋派的机会。就此而言，阎锡山可以说是反过来帮了蒋介石的忙。阎看不到各反蒋派事实上绝难实现真正意义上的合作，自己亦从纯利害角度处理与各方的关系，使反蒋各派在1929年掀起的军事反蒋浪潮功亏一篑，丧失了一次次迫蒋下台的宝贵机会。而且蒋中央的统治力量在反蒋势力日渐衰减的基础上越来越强，合纵反蒋的困难越来越大。阎锡山削弱各实力派、在反蒋力量中突出自身优势的目的是达到了，但能够一举倒蒋的机会却再难遇到，这恐怕是他始料未及的。谋而不断，阎锡山只能算是一个失败的纵横家。

阎锡山熟读经史，深谙"兔死狗烹"的道理。他一方面希望通过纵横捭阖，依附蒋介石，保持自己已经获取得政治地位。一方面又认为历代统治者成功后，很少能保全共同举义的功臣。蒋平乱后，接近成功，自己就更危险了。而蒋氏独揽大权的做法和"削藩策"的步步紧逼，更加重了他的疑忌。蒋果如帝王自居，继李宗仁、冯玉祥后者所何？于是，唐生智反蒋兵败之后，阎锡山开始走出打与不打的斟酌权衡之中，决心与蒋介石一决雌雄了。这样，原先希望通过借助蒋介石之手削弱各个地方实力派的计划不便再继续下去，时间也不容许考虑好成功之后的权力再分配问题再行发动了。于是，在与蒋介石电报论战前后，阎锡山即紧锣密鼓地开始组织自己的反蒋联合阵线了。

四、当上了反蒋阵线的"领袖"

阎锡山认为，倒蒋必须首先否定南京政权的合法性。既要否定南京中央，就必须另立一个"合法"的中央以与之相抗衡。同时，将来善后也要在法统上和理论上有所依恃。而国民党内在党务方面能与蒋介石相抗衡的只有汪精卫为首的改组派了。蒋介石把持的国民党二届四中全会借口广州起义指责汪精卫一派的委员是"共产党的尾巴"，排斥了汪精卫等人出席会议。汪派出席会议的其他委员即先后离开南京前往上海，创办杂志，联络党员，进行有组织的反蒋活动。约在1928年济南"五三惨案"之后不久，正式成立了"中国国民党改组同志会"，"改组派"由此而得名。在国民党第三次全国代表大会上，改组派主要领导人或被开除，或被警告，从此处在蒋介石的对立面。在1929年的反蒋浪潮中，每一起军事反蒋活动都有改组派的幕后参与。

改组派以"反对恶化腐化势力、唤醒并组织社会上一切民主势力，实现国家外交、军事、财政、政治各个方面的统一，打破割据局面"的政治口号相标榜，非常适合资产阶级改良主义者的胃口，故改组派首领汪精卫虽然手无寸铁，在1929年反蒋浪潮中却一时成为各反蒋派"护党救国"的精神领袖。阎锡山清楚汪精卫在政治上的号召力，将汪绑在反蒋的战车上，不仅利于各反蒋实力派的团结，而且一旦军事成功后也便于利用"党人治党，国人治国"的口号把握局势。

与此同时，在蒋介石强大的政治压力下，改组派在南方已无法立足，总部转移到了北平，正须与北方的反蒋实力派相联络。阎锡山竖起反蒋旗帜，陈公博、王法勤等改组派头面人很快到平、津与阎锡山的重要将领天津警备司令傅作义、北平警备司令李服膺、市长张荫梧、师长王靖国等人取得联系。双方逐步形成了"以阎锡山为首主持军政大计，以改组派的'二届中央'为号召，集合全国反蒋的地方实力派，组成反蒋联合阵线"的共识。也就在这个时候，受蒋介石压制打击的国民党老右派"西山会议派"邹鲁、谢持、傅汝霖、覃振等人也来到天津，策动阎锡山反蒋。为了共同的反蒋目的，原先国民党"左""右"两派都聚集到阎锡山周围，成为以后举行"扩大会议"，鼓吹"党人治党"的重要力量。但两派所奉"党统"不一，在政治上的观点尤其分歧，同时也就成为反蒋派成立新中央时的一个难以解决的矛盾。

阎锡山非常清楚，光靠舆论吓不住蒋介石。因此，他组织联络反蒋联合阵线的重心仍然放在各个地方实力派身上。已在手中控制的冯玉祥是第一个联络对象。

在上一年发生的诸次反蒋战争中，衔蒋介石之命返晋的赵戴文力阻阎锡山参与反蒋活动，阎的交际处处长梁汝舟亦多次向阎剖析拥蒋之利与反蒋之害。在赵、梁两人的影响下，阎锡山一度对军事反蒋犹疑不定。遂有了 1929 年 12 月鹿钟麟等人策划的西北军向蒋介石输诚，石友三准备进攻太原，借以从阎锡山手中解救冯玉祥的军事行动。

趁此时机，冯玉祥派代表向阎锡山作了三点声明：一、石友三进兵之事冯完全不知；二、冯要同阎合作反蒋到底；三、事态紧急，请阎让冯速回军中，说服鹿、韩、石退兵，并以冯玉祥的名义保证决不做背信弃义的人。当时韩复榘和石友三对倒阎最为热衷，两人往来的有关电报多被阎锡山的电信机构截获破译，阎锡山亦感到继续软禁冯玉祥是不明智的，遂决定放冯回陕，共同对付蒋介石。

赵戴文不愿见到反蒋大战的发生，据徐永昌回忆，阎锡山决定放冯之后，"赵次陇（赵戴文表字）问阎先生：'你一定要放他？'阎答：'不放他 2 集团即跑了。'赵闻之，义形于色，大哭而去。可见此老实不愿有此战事，亦为我所仅见榘坚决反对阎先生之一次"。

1930 年 3 月 8 日，在晋羁留八个多月的冯玉祥携一致反蒋协议在太原与阎锡山话别。阎锡山赠冯现款 50 万元、花筒手提机枪 200 挺、面粉 2000 袋。在反蒋的大前提下，阎、冯再度携手合作。但阎锡山以骑墙之势，长期软禁冯玉祥作政治筹码，在冯玉祥及其下属心中终究留下了难以抹去的阴影。

为了壮大声势，起码令其在战争中不为对手出力，阎锡山对各派军事集团广施合纵之策：

桂系李宗仁、白崇禧同为北伐劲旅，胜利后蒋介石过河拆桥，不幸成为第一具牺牲，是为坚定的反蒋派。其派晋代表潘宜之对促成晋、桂联合穿针引线，做了大量工作。李宗仁亦对联合反蒋抱积极态度。3 月初，阎锡山电邀各派主要人物到并共议"国是"，李即派叶琪、胡宗铎、麦焕章等桂系核心人物到会，自己欣然就任"陆海空军副司令"一职。原第 4 集团军遭蒋介石打击后虽然元气大伤，但其加入反蒋阵线，不仅增强了政治上的号召力，而且在战事发动后，还起到了在南方牵制蒋军的重要作用。

石友三离冯投蒋后，因蒋介石要分化其部队，便将队伍拉到河南新乡一带，与韩复榘靠拢，互为犄角。阎锡山了解蒋介石对韩、石只是拉拢利用，韩、石对蒋则戒与惧并存，石友三驻防新乡，正当平汉、津浦交通要冲，且实力较强，故许以赵丕廉相机用款权限，到新乡与石联络反蒋事宜。出于利害，石友三答应反蒋，赵丕廉当面许以其军费80万元。孰料赵回省复命时，阎锡山却斥赵"咱们的代表一到外边就做起皇帝来了"，不愿认可，并另派人去与石联系。石友三为此很恼火，后经韩复榘劝解，始派人去太原见阎，最后接受了阎锡山委任的第4方面军总司令一职和50万元开拔费，加入了反蒋阵营。

驻河南的刘镇华、驻安徽亳州的孙殿英、驻山东的高桂滋等北方大小实力派均对蒋介石消灭异己的做法感到如芒在背，因此也被阎锡山用种种方法拉入反蒋阵线。就连远在四川的刘文辉（为了与亲蒋的刘湘对抗），以及湖南的何键，也主动派代表到晋，表示愿意奉阎为反蒋盟主。这样，在各种力量的分化组合中，阎锡山风云际会，成为反蒋派公认的领袖人物。

继承父业据有东北的张学良是军事力量最强的地方实力派，且与阎锡山有着良好的个人关系。在政治上，张学良也受蒋介石的挟制，具有反蒋的政治基础。阎锡山在对各方面联系成熟之后，拟好了讨蒋通电，送请张学良征求意见，并请张署名后由沈阳发出。这样，不仅反蒋阵线增加一支生力军，而且可彻底解除阎锡山在北方的后顾之忧。恰在电稿刚刚发走之时，赵戴文携蒋命回到太原做说客。赵对阎说："委座正在治理国家大事，全国人都很厌战，希望过太平日子，你这样做，就不怕挨天下人的骂？再者，我在南京一年多，深知他的内部对他信仰很深，已经成了铁桶子，军队力量也很强大。你以为联合的人不少，其实这不过是乌合之众！这些人见利则争，见害则避，打起仗来，哪能靠得住！你要打他，不是自取灭亡吗？你看，来太原劝你的这些人，多半是一些流氓政客和失意军人，你怎能听他们的鬼话呢？这不是叫他们把你迷糊透了！"听了赵戴文的话，阎锡山的决心有所动摇，遂电告张学良通电暂不签发。张学良不知原委，特派秘书长王树翰携"息事宁人"的"国事主张"到并联络。得知上述情由之后，对阎锡山的出尔反尔甚感不满。

事后阎再度决定通电讨蒋，却已不便径请张在电报上署名，而是先派贾景德等赴沈阳向张学良作解释，但张已被蒋介石先期派去的吴铁城、何成浚、方本仁等说服，对贾景德只是虚与委蛇。阎锡山不得要领，待战事发动时，又急派与东北方面素有来往的交际处处长梁汝舟再使沈阳,以图取得张学良的谅解。这时蒋阎之间已经宣告决裂,张学良本来在唐生智事变后,认为蒋的力量加强了,阎的威信降低了,曾对他的亲信说,以后不可再轻言反蒋。但阎、冯若真停止反蒋,东北对于南京的政治压力就无法减轻,所以张又不便说不反蒋。今蒋、阎已经破裂,他乐得不参加,以造成举足轻重之势,只因前有成约,不便回绝。于是很客气地告梁汝舟说,他在东北的处境,非常困难,他不能支配老前辈,而老前辈却可影响他。反蒋之举,老者们通不过,只能决定采取善意的中立。张学良特别强调:"就是对蒋先生这一战争,东北决定中立,但对阎先生,我们要加上善意两字。请转达阎先生多加原谅。"由于阎锡山的犹豫,失去了和张学良共同举事的机会。

以一个政治人物而论,阎锡山的作为是显而易见的——他从辛亥肇基,久历变故而以山西一个局促穷省立足,且在政治经济建设上小有建树;北伐伊始,他顺从大势,以区区一省兵力而成为四集团军之一,一揽华北政务并问政中央;反蒋军兴,如日中天的冯玉祥2集团军、党国新进李宗仁4集团军等各路诸侯——铩羽,连声望卓绝的汪精卫亦难有容身之地,不得不尊阎为反蒋同盟事实上的领袖。然而,由于他的反蒋领袖地位是建立在各派势力先期削弱的基础之上,所以他既缺少统领全局的军事优势,更乏堪与蒋介石相比的经济实力,这对于局势的左右不能不受到极大的限制,往往因数十万元的军费即要反复斟酌,严重缺乏政治领袖的干练果断。斯时斯地斯人所组织的反蒋联合阵线,人事已尽全力,先天毕竟不足。

五、电报论战风云突起,借反对"武力统一"、个人独裁,维护"党统"发难

尽管历次反蒋活动,多有阎锡山的幕后参与,但他兵权在手,又经略华北要地,且表面上始终处于居中调和的微妙地位,这对蒋介石而言,无疑起着重要的缓冲作用。所以蒋介石对阎锡山幕后的所作所为尽管洞若观火,但政治上的拉拢却一直没有放弃。然而,随着反蒋实力派的一个个败阵,阎锡山的缓冲作用逐渐减弱,蒋介石的"削藩"令箭终于开始向他挥舞了。

1929年11月5日,阎锡山同意就任"陆海空军副司令"。蒋介石即于11

月 26 日宣布"在中央有职务者不得再兼省职，国府委员应驻京，无公事不能离职"。1930 年元旦，讨伐反蒋派的军事刚刚平定，国民政府即在南京发表授勋令，授阎以宝鼎一等勋章。授勋之时，蒋介石以中央名义为自己吹捧了一番文治武功，实际上是向阎锡山示威。2 月 9 日，蒋又电阎，称"平定两粤，极有把握"。2 月 10 日，蒋中央发《告全国军人书》，称"历观叛逆军阀之末路，即可知反抗党国以破坏和平统一之政策者，未有不趋于覆灭"。1 月 16 日，吴铁城受命到太原，代表中央监视阎锡山补行"陆海空军副司令就职典礼"，要阎"宣誓"服从中央。2 月 18 日，改组派中委王乐平在上海法租界被刺。

种种迹象，使阎锡山感到再难与蒋和平共处下去了，但其发动军事反蒋，尚需时日进行准备；倒蒋善后，更须从长计议。有鉴于此，他首先在 1 月 22 日的就职典礼上发表主旨为"尚治不尚兵"的演说，提出反战观点，反对蒋介石的武力统一政策，争取舆论支持，由此拉开了中原大战前与蒋介石长达近两个月的电报论战之序幕。

阎锡山在电报战中，针对国内兵燹不休，国人思安的想法，抓住蒋介石最不得人心的几件事大加发挥，在"和平统一"还是"武力统一"；"党人治党，国人治国"还是独裁统治；以及国民党"三全大会"统绪三个方面与蒋展开论战，以求在舆论方面先声夺人。

蒋介石在复阎的文电、皓电、养电、宥电等一系列电文中，针对"和平统一"提出"革命救国义务"说，并以中央自居，表示非武力不足以讨平"反动派"叛乱。"和平统一"的口号必以武力为后盾，近代中国的统治者无不以此为圭臬。针对阎锡山提出的"反对独裁"的说法，则亮出了"总理嫡传及中央授命"的杀手锏，一口否定了对方存在的合法性，声称要"为党国扫除叛逆"。

阎锡山也不示弱，于 2 月 23 日漾日联名冯玉祥、李宗仁、何键、刘文辉等 45 名反蒋派将领向全国全党发表有关国民党"党统"问题的通电，反过来否定蒋介石的合法性。提出了投票决定"党统"，重申"先求整个的党，再求统一之国"的政治主张。

随着事态的演进，阎锡山于 3 月 3 日向南京中央党部、国民政府及蒋本人发出辞职的江电，准备另立炉灶，与蒋以武力说话了。蒋介石亦预做准备，在此之前的 3 月 1 日于国民党三届二中全会上，通过了开除汪精卫党籍、查明阎锡山行动之真相等议案，并在济南方面进行了军事部署。

1930 年 2 月 28 日，阎锡山与冯玉祥由五台县建安村同返太原

　　3 月 14 日（寒日），以鹿钟麟、商震、黄绍竑为首的原 2、3、4 各集团军 57 名将领联名向全国发出责蒋通电，历数蒋氏"三全大会圈定、指派代表，非法毁党；借修订不平等条约之名，借款以自利，增加新的不平等条约；政治腐化，任用私人，贪婪龌龊，政以贿成；借编遣之名，行并吞之实，厚植一己军实，消灭革命军队；党政大权，悉凭个人支配，开篡党祸国之渐；违背和平救国的总理遗训，奉行武力统一内战政策，消亡国力；压制民主，个人集权，随意更换各地初级党部人事，暗害中央委员王乐平；破坏国内安定，挑拨离间，酿乱阶祸，国无宁日；收编土匪，祸国殃民不择手段；自绝革命，自绝人民"等十大罪状，以为反蒋出兵舆论。

　　次日，鹿钟麟、商震、黄绍竑等 57 名将领联名通电拥戴阎锡山为"中华民国陆海空军总司令"，冯玉祥、张学良、李宗仁为副总司令。4 月 1 日，在阎、蒋电报论战近两月之际，阎锡山、冯玉祥、李宗仁分别通电就任总、副司令职务。

　　阎、蒋关系至此已无法弥合，国民政府于 4 月 5 日发出对阎锡山的免职并缉拿令。命令站在蒋介石的立场，对阎锡山自辛亥革命至最近与国民党的关系贬损有加。令称：

　　"阎逆锡山素昔狡诈。辛亥革命，遭遇时会，僭窃一省，无所建树，既为

209

袁氏所不容，总理犹扶掖之，使安其位。袁氏叛国，该逆竟怀禄贪势，反颜事仇，始则宣告脱离国民党党籍，继且请求解散国民党，以接纳于袁氏。迄袁氏称帝，该逆率先劝进，并奏请改建立宪帝国，为袁氏所激奖，故当时有一等侯爵之伪封。该逆受之，曾无愧色，其不得厕于中华民国国民久矣。及国会解散，督军团变叛，以至张勋复辟，该逆均依违其间，以为可以臣洪宪者，未尝不可帝溥仪也。当此之时，总理兴师讨贼，凡使命往还于晋地者均被峻拒，故终总理之世，未闻该逆于革命有所协助。洎我国民革命军师次淮、济，该逆始束身来归。政府含弘光大，舍罪责功，且欲以其鹰犬之才，爪牙可任，迄授以晋、冀、察、绥各省，不唯无所建设，又复诛求无厌。去年李、白、冯、唐之乱多为该逆所潜煽，一方密请政府声罪讨冯，一方密款冯氏以劫持政府。举凡所有阴险狡诈，悉集于该逆之一身，近且集合各种反革命之军人、政客以图一逞。政府奉总理之遗教，弘训政之建设，际兹该逆干党纪、构国难，犹再姑息遵养时贼，何以为党？何以为国？阎锡山应即免去本兼各职，着京内外各省政府、各军队一体严拿归案讯办，以儆奸凶，而申法纪。"

蒋介石亦于同日以国民革命军总司令名义发出《为讨伐阎冯两逆告将士书》，历数阎锡山、冯玉祥两人"存封建之心理，具军阀之积习"，以"割据之野心""处心积虑必欲破坏统一"等"罪状"，要求"各将士须知此役为封建军阀最后之挣扎，亦即革命战争最后之一幕。其各忠勇奋发，灭此朝食，以竟革命之全功而奠国基于永固"。

至此，阎锡山与蒋介石之间历时近两个月的电报论战，以双方的彻底决裂划上了句号，国民党历史上规模最大的内部战争，终于因为各个集团之间利益之争的不可调和而如箭在弦了。

六、一箭离弦，中原大战成定局

反蒋联军以护党救国的名义发起战争，政治方面主要由改组派设计，军事上由各实力派负责，阎锡山当仁不让，就任"中华民国陆海空军总司令"，冯玉祥、李宗仁分别在潼关、桂平就任副总司令，张学良未就任通电中列名的副总司令职务，但在战争初期亦未有其他表示。

各参战部队按以下序列编成并划分作战地域：

第1方面军总司令李宗仁，出兵3万，经湖南进攻武汉；

第2方面军总司令冯玉祥，为主力集团，26万大军全部出动，担负河南境内陇海、平汉两线主战场作战任务，东向徐州，南向武汉分别进攻；

第3方面军总司令阎锡山，亦为主力集团，出兵20余万，一部担负山东境内津浦、胶济两线作战任务，一部在豫东北陇海线与冯军会攻徐州，然后合兵，沿津浦路直捣南京；

第4方面军总司令石友三，倾其兵力10万之众，先东攻鲁西济宁、兖州，然后与晋军会攻济南；

第5方面军拟给东北军，未果；

第6方面军总司令刘文辉、第7方面军总司令何键（二人只肯暗地接受任命，不愿公开发表，在军事上也未起作用）；

第8方面军总司令樊钟秀，由原驻许昌的杂牌军组成，作战归冯玉祥指挥。

为统一指挥2、3、4三个主力方面军，特任命鹿钟麟为前敌总指挥，徐永昌为前敌副总指挥。

这样，以阎锡山为首的反蒋联合阵线称兵70万，在津浦、陇海及鲁西南、平汉、湖南四个战场同时进攻。计划2、3方面军西、北夹击，攻占济南，会师徐州，进兵南京；1、2方面军南、北对进，会师武汉，控制长江中下游，顺江而下，与北路友军会攻南京，一举推翻蒋介石的统治。

蒋介石对阎、冯联合早有准备，在反蒋联军编成的同时，即命各地方驻军团队继续"围剿"红军，令粤系所部负责在南方对付桂军，并使老牌政客何成浚在武汉组织杂牌部队牵制反蒋联军攻汉主力，让投诚的韩复榘、陈调元、马鸿逵、刘珍年等部在津浦和山东战场应付阎锡山、石友三军，而将中央军主力大部集中于陇海战场，准备以压倒优势一举粉碎阎、冯联军的南下、东进攻势。

中原大战示意图

中央军在柳河集结，准备对阎冯军追击

蒋的部署，重点在对付冯玉祥所部，其他方面都属于牵制用兵。阎锡山作为这次反蒋联军的领袖，所部晋军作战地域则无中央军主力。

1930年5月11日，蒋介石下达对阎、冯的总攻击令，鲁西、豫东战场率先爆发大战，一箭离弦，历时5个月的中原大战由此正式开始。

战争初期，蒋方以优势兵力在归德（今商丘）一带大败万选才部，万的部将刘茂恩战场反戈，配合蒋军反击晋军。在陇海线配属鹿钟麟指挥的晋军杨效欧、孙楚、关福安三个军失去豫西宁陵、睢县、民权等地友军屏障，节节败退，至5月24日始守住新的防线。所幸冯玉祥及时派驻扎郑州的机动预备队孙良诚部提前投入战斗，又调吉鸿昌协同孙良诚部迎头痛击当面蒋军的陈诚第11师。在晋军的积极配合和强大的炮兵火力支援下，吉、孙两部生力军将第11师几度包围，陈诚凭借优良的装备，始得突围，但蒋军全线动摇，恰与月初之势相反。

中原大战时的战地传单

1930 年 2 月 28 日，阎锡山与冯玉祥由五台县建安村同返太原

　　山东战场，石友三第 4 方面军由新乡以东渡过黄河，占领东明、考城，向济宁挺进，与蒋军几经争夺，在鲁西南站稳了脚跟，牵制了蒋军大量兵力，给津浦路向南进攻的晋军创造了极好的条件。阎锡山亲自指挥在津浦路方面的晋军，当面无蒋介石嫡系主力，负责这一方向军事指挥的韩复榘对蒋已有不稳状态，持观望态度，不作认真抵抗。晋军 5 月 29 日在姜家沟渡过黄河；6 月 25 日攻占济南，然后分兵，一路东进追击韩复榘部，一路南下攻取泰安、兖州；至 7 月下旬，津浦战场已全部牢牢控制在晋军手中，大有兵临城下，直取徐州之势。

　　在平汉路方向和两湖战场，反蒋联军都处于良好态势，蒋军四处接战，忙于奔命，国内舆情又大不利于蒋介石，整个形势对蒋方似有不可逆转之势。于是，阎锡山开始打起节约财力，保存实力，准备后发制人的算盘；于是，战场形势发生了微妙的变化。

　　孙殿英部因刘茂恩反戈，被隔断在亳州成为孤军。但亳州位于陇海、津浦两线的三角地带，又处在上述两线作战的蒋军后方，对蒋军侧背威胁极大。孙部有较强的战斗力，蒋介石派人劝降无望，只好派重兵围攻亳州。孙殿英部吸引了蒋军相当的机动兵力，但自己也在两个多月的被围作战中几近粮弹两绝。7 月中旬，孙连仲部从大西北赶到，亳州之围得解。之后二孙合兵，由亳州长驱东进，直取蚌埠、宿县，切断蒋军后路，配合陇海、津浦两线正面总攻。但是，孙殿英以被困过久，再三恳请予以休整的时间。孙连仲部则由于长途行军，任务紧急，运输不便，所需弹药，主要靠士兵携带，经过几次战役的消耗，所余已经无几；

213

兵员的伤亡，也未能及时地补充。如这些问题得不到解决，孤军深入，是有危险的。而阎锡山对冯军的补给，在战争开始的时候还比较充分，越到后来则越差，不但数量少，而且不及时。尤其是械弹和战斗器材的补充，渐渐到了百呼不得一应的程度。如郑大章的骑兵集团，驰骋于蒋军后方，无线电讯的联络特别重要，却始终也领不到一部无线电台。由于冯玉祥无法解决这些问题，只好打消原议，令孙连仲、孙殿英两部撤至河南柘城、太康一带，亳州复归于蒋军之手。二孙不仅没能成为飞袭蚌、宿的奇兵，反而连牵制蒋军的作用也丧失殆尽。

冯玉祥这次倾巢而出加入反蒋联军，血战两月，战果可观，但损失无算，苦衷谁知？遂转向保守，采取内线作战、稳扎稳打的方针，以便于补给和呼应。阎锡山在攻克济南后，曾集中主力猛攻兖州。但当蒋介石从陇海线调兵增援兖州，津浦线压力增大时，即不敢继续南下，转将主力调到胶济线，进攻已对晋军表示善意、躲避胶东"观战"的韩复榘。兖州晋军悉数向北撤至汶上、宁阳、新泰一线，与冯军相距愈远，难以呼应。致使西北军7月份在陇海线发动的一系列进攻作战收效不大。蒋介石甚至得以从南部战场机动兵力，沿津浦线向北输送和海运青岛。7月27日，蒋介石亲到兖州督战，决定兵分左中右三路发起兖州以北的会战，先从晋军阵线打开缺口。8月5日，在蒋军优势兵力和德国大炮的攻击下，晋军退至泰安、肥城、平阴一线，傅作义、李生达两员战将亲临前线指挥，仍难挽战线整体动摇之势。

阎锡山以保存实力财力始，首先危害到自己。这时才急派周玳携带大批现款和军需给养，到郑州见冯玉祥，请其在陇海战场发动进攻，以牵制蒋军。尽管冯的幕僚和部将对阎锡山这种"急来抱佛脚"的做法极其不满，冯玉祥还是于8月上旬在陇海战场发起连续攻势，以徐州为目标分七路总攻，并取得可观战果。情势危急之时，蒋已经准备自陇海

中原大战期间，阎锡山（左二）会见记者时留影

战场正面及归德以南撤退。恰逢连日大雨，河水泛滥，迟滞了冯军的进攻，蒋军的颓势才得以扭转。

这一仗，冯玉祥下了最大的决心，除在平汉线控制小量兵力外，把主力全部投入到陇海战场，以期"围魏救赵"，一举夺取徐州，取得决定性胜利。位于陇海线正面配属冯玉祥指挥的晋军担负七路总攻之一路。该部晋军兵力逾三个军，还配有十几个团的炮兵，但在总攻击令下达之后，却步伐迟滞，不能与陇海线以南的西北军紧密配合，以致西北军不得不在大雨滂沱、遍地泽国的极端困难下艰苦奋战，攻取蒋军的每一个据点，都要付出很大的代价。西北军官兵过度疲劳，又得不到及时的补给，不得不忍痛停止进攻，坐视蒋军战线在全线动摇之中逐渐稳定下来；而对于津浦线的晋军，也没有起到支援作用。结果是晋军退出济南，撤往黄河以北，蒋军得以抽出大部兵力转用于河南战场，攻取徐州的时机被无情的现实所断送。

作为这次反蒋战事的总指挥，阎锡山在决事和用人两个方面都有重大的失策。

一是与冯玉祥的关系。大战之前，阎锡山把冯玉祥作为与蒋介石搞政治交换的筹码，固然可以说是政治斗争的残酷性使然，但在道义上难免有愧于冯。大战开始，作为军事上最为有力的同盟军，冯部战斗力最强，独缺作战经费和物资，而阎锡山在冯部最需要后勤支援以扩大战果的时候，却中断补给，不仅贻害了冯军，而且严重影响了反蒋军事。把这理解为是阎企望借与蒋作战之机削弱未来角力对手的一种手段，不无道理，但在大敌当头，战局尚未明了之前就着手削弱友军，阎锡山似乎还不至于在政略上如此近视，河未过就先拆桥。如果认为是阎锡山从经济上打了小算盘，则比较符合阎的一贯思想和作法，当时有一幅蒋介石手握票子，冯玉祥手拿窝头，阎锡山手持算盘的漫画可为佐证。从史实上看，后者的成分要大一些，由此也可看出在反蒋同盟最终归于失败的种种原因中，经济力不足有着相当重要的成分，阎锡山本人不善于很好地运用有限的战争资源，也难辞其咎。

二是与张学良的关系。虽然张在战前表示了"善意中立"的态度，但并未与蒋介石决裂。在反蒋联军与蒋介石的战争中，张的背向至关重要。蒋介石为拉张学良，先后派张群等"重臣"封官送钱，甚至抛开张学良直接重金收买其下属。而阎锡山派往东北的贾景德等人既无处事全权，又乏活动经费，连见张一面都很困难。阎亦再无机会向张说明反蒋通电会签中的误会，使联张大计一误再误，终于以张学良听从蒋介石之命，出兵关内而使后果无可挽回。

三是对石友三的安排。石友三本是西北军宿将，冯玉祥的"十三太保"之一，所部具备可观的实力，在反蒋联军中被编为一个独立的方面军。石投蒋又反蒋，在鲁西南为晋军起了重要的侧翼屏障和牵制作用。为笼络石友三，阎给了其山东省主席的位置，却又在暗中操纵当地青红帮捣乱。并且在晋军进入山东后，占领一县就委派一县的县长和税务局长，使石友三的省主席成了一个虚职。从而招致了石的严重不满。及至后来在北平组织政府时，石意欲凭实力谋得军政部长职位，又被阎锡山断然否决，致使石友三于冯军在陇海战场展开8月攻势的时候以东北同乡的身份与张学良联系，准备休战投张，另起炉灶。石友三致张的电报被蒋方截获，时值蒋军在冯军猛烈攻势下准备全线总退却，蒋介石阅电后迅即调整部署，命各部苦撑，终于在陇海线站住了脚。该电亦被阎的电信机构截获，但反蒋联军在陇海战场的前景已是无可奈何花落去了。

四是在山东战场的军事策略。战事之初，为表示信任，蒋介石将山东战场指挥全权交给了韩复榘。但韩复榘亦是冯"十三太保"之一，投蒋只是迫于形势，后见反蒋军事顺利，即生回头报效老长官冯玉祥之意，于是在津浦战场观望避战。而阎锡山对韩复榘和石友三在其扣冯于山西时的出兵救援之事耿耿于怀，在兖州遇蒋主力难以前进时，竟转而向胶东的韩复榘进攻，北伐时纵横捭阖的纵横家风范荡然无存。如此一来，山东战场少了一个可能的朋友，多了一个强劲的敌人，这也就不能不成为最后兵败齐鲁的一个要因。

五是在津浦战场的人事安排。津浦战场是晋军的主战场，当面之敌又非蒋的嫡系。如能运筹得当，由此直下徐州，战局一举可定。战起之时，阎锡山在津浦战场部署了6个军另3个炮兵团，编为第2路军，由傅作义任总指挥。战事进展顺利，不日即下济南。正当傅准备扩大战果时，阎忽命张荫梧率王靖国、李服膺两军并附炮兵两团组成的第4路军，到济南成立2、4路联合军，以张荫梧为联军总指挥。原来张荫梧在傅作义攻占济南时，给阎去了一个密电，称张学良和蒋方代表吴铁城、张群、方本仁在北戴河开会时，傅作义秘密与会，要阎锡山注意这一动态。阎顿生疑虑，遂加派张荫梧主持津浦战事，对傅实施监视。傅作义以涿州守城的契机与张学良结为朋友是人所共知的事，阎锡山当初还曾不无得意地将其誉为"关云长"，这次却在临近决战之时换将，并把傅置于素有隔阂的张荫梧指挥之下，致使两人互相攻讦、掣肘，严重影响了津浦战局，直接导致了攻兖战役的失利，并由此引发了晋军在山东战场的全面溃败，其余波甚至造成傅作义因不受信任而脱离山西的后果。

六是在处置战争和政治设计的主次关系方面。因反蒋战事初期较为顺利，阎锡山对战争的发展，尤其是对蒋介石中央政府支持战争的力量认识不足。开战后不久即把主要精力放在筹备扩大会议，搞政治设计方面，忽略了军事方面与友军的协调和后勤组织工作，尤其是忽略了战果的扩大和巩固，过早收缩了战争机器的运转，在同盟军中产生了很大的离心倾向，从而给蒋介石提供了可趁之机。以致在冯军 8 月攻势之后，反蒋联军遂一蹶不振，渐次分崩离析。

七、败局已成，政治善后无方，只身下野

随着阎、冯倒蒋局面的逐渐明朗，平津一带的政治气氛也逐渐活跃了起来。但聚集在平津的改组派骨干和西山派却因"党统"问题的严重分歧，吵得不可开交，乃至在北平发生了双方在报纸上互相攻讦，并上大街游行指责对方，竟需阎锡山的北平警备司令楚溪春予以排解之事。其时阎、冯正在集中精力筹划军事，认为大敌当前，不可自相倾轧，遂连连敦促在香港的汪精卫北上主持政治设计。

不料汪精卫却以"适患肺炎"为托词，一直在香港盘桓，迟迟不肯动身北上。个中颇有缘由：一是担心过早北上，会陷入各派之争，失却超然地位，对以后改组派掌握党务大权不利；二是考虑到自己的根基在广东，期望张发奎和桂系反蒋联军在南线取胜后，在广州开府议事，掌握主动。7 月间，张桂联军兵败退回广西，广州开府已无可能，又传言北方反蒋派内部有人主张撇开党务，先成立政府。继续迟疑，机会不再，7 月 23 日，汪精卫取道日本，乘日轮长城丸抵津，当日转赴北平。汪精卫深知反蒋必须依靠军事实力派，同时亦认为与西山派的联合实属必要。为了取悦于阎锡山，他在旅途之中即向《大公报》记者发表谈话，声称在政治和党务方面的主张与阎、冯一致，希望由阎锡山出任国民政府主席，他自己专心党务，对政府处于辅助地位。

由于在整个反蒋联合阵线中只有阎锡山握有地盘和一定的经济实力，汪精卫则在政治上最有号召力，故二人取得了必须合作反蒋才有出路的共识，并于

8月4日会晤于石家庄，商谈党政大计。时冯玉祥正在陇海前线组织8月攻势，由阎、汪主持，各派代表参加，会议通过了即将召开的扩大会议的基本文件。阎锡山还以"主政者"的身份对外公布了他与"主持党务"的汪精卫晤谈后得出的四点结论："（一）人民求安，国要图治。三民主义当在安与治上实施。（二）党员是为党的，党是为国的。党员不得借党图自身利益，党不得借政图本党的利益。（三）先定训政规约，规定严密办法，以资遵守；实行训政前提，即社会安宁，财政公开；政治廉洁，取民有制，以作实施训政基础。（四）以革命精神整理破碎国家，以公道原则，处理党政事务。"以此团结各反蒋派，取得舆论支持，并在其中埋下了"党不得借政图本党的利益"之伏笔，作为将来在权力中心限制汪精卫的张本。

在前线隆隆的大炮声中，8月7日，为反蒋派政治舆论服务的"中国国民党中央党部扩大会议"在北平中南海怀仁堂举行第一次正式会议，通过并发表"党务宣言"，推举汪精卫、赵戴文（代表阎锡山）、许崇智、王法勤、谢持、柏文蔚、茅祖泉七人为常务委员，主持扩大会议一切工作。

随即，扩大会议开始紧张地组织政府，于9月1日通过《国民政府组织法大纲》，公布了由阎锡山、唐绍仪、汪精卫、冯玉祥、李宗仁、张学良（并未征得本人同意）、谢持七人组成的国民政府委员名单（后又增加石友三、刘文辉二人），推阎锡山为主席。

在紧锣密鼓的政治设计之中，军事形势却以西北军8月攻势的受挫为标志而急转直下。在兖州一带与蒋军对峙的傅作义部全线崩溃，北逃济南；在胶济线与韩复榘作战的张荫梧部亦被迫撤往济南。傅、张两部立足未稳，即在蒋军的进逼下，于8月15日弃守济南，随即败退至黄河北岸。与此同时，蒋介石通过赠予金钱、许以官位等手段，一个一个收买冯玉祥的部将。西北军久处贫瘠的陕、甘等省，待遇低、生活苦，广大官兵希望通过这一战打出一个局面来，改善自己的境遇。但从调动部署起，已历半年，战事胶着，胜利无望，历经7、8两月苦战，亟需休整补充，而阎锡山在饷项军需上又不能一视同仁，遂对反蒋前途失望，普遍产生了厌战思想，暗地向蒋输诚者日渐增多。

为防战局反复，蒋介石不惜漫天开价以促使张学良入关。除已允诺的一系列任命名单外，还许诺青岛市长、北平市长、天津市长、内政、参谋两部部长，外交部次长，平绥、平汉、正太、沧石等铁路局长，平津中央直属各机关负责人均可由东北方面保荐，并许以"北方诸事托汉卿全权处理"。这样一来，张学良不仅可以控制整个东北和华北，而且把手伸向了中枢和北中国的铁路系统，诱惑力之大不言而喻。奉蒋介石之命，吴铁城在东北兵工厂以每支高过日本25元的价格为南京订购步枪10万支，等于送张250万元。并答应拨给张学良1000万元用以整理奉票及偿付铁路外债。后来又允许东北军入关后，驻平津部队的薪饷由中央负担。蒋介石在军费开支浩繁的情况下，舍得这样花钱，就是因为张学良的一句话可以决定战争的胜败。与此形成鲜明对照的是，阎锡山只对张本人许以陆海空军副司令和国民政府委员两个职务，很少提及其他，更没有明确许诺给张学良地盘。这样，张学良在蒋介石派沈代表张群、吴铁城的不断催促下，口头表示："如蒋军能将济南攻下，东北即可出兵。"并以此意告知阎锡山的代表贾景德。

张学良拥蒋的态度一经明确，战争双方力量的对比就将发生决定性的变化，反蒋联盟的失败就只是时间问题了。

为了稳住张学良，起码令张继续保持中立，汪精卫、阎锡山一面派人赴沈，以察绥平津永久让与为条件，希望张出兵援助，一面加紧成立政府的步伐，以

1930年9月9日，北平国民政府宣布成立，阎锡山、汪精卫宣誓就职。前排左起：赵戴文、谢持、阎锡山、汪精卫、王法勤

期增强号召力。9月9日，反蒋联合阵线在北平组成"国民政府"，阎锡山于当日上午9时零9分在中南海怀仁堂宣誓就国民政府主席一职，汪精卫、谢持一左一右站立两边，同时就国民政府委员职。同日，阎、汪、谢三人通电请其余"国民政府委员"于所在地先行就职，"以安党国"。因前线军事吃紧，阎锡山宣誓就职不到两个小时，就离开北平乘车往津浦线督战去了。从此，他再未回到"龙骧九五"的紫禁城中。

9月18日，张学良发出拥蒋"巧电"，宣布出兵关内，呼吁各方"罢兵以纾民困"。自阎锡山得知张决定拥蒋的消息后，即背着冯玉祥悄悄收缩晋军战线，由山东撤回河北、山西；冯军则在勉力抵抗蒋军的9月大反攻之后，在蒋"银弹"、枪弹的双双攻击下，失去了继续作战的能力，尽管冯玉祥还力主一战，但整个西北军中除宋哲元、刘郁芬两部外，其余均不愿听命；投附阎、冯的各小股反蒋武装则纷纷改换门庭，分别投蒋、投张。反蒋联军已经处于土崩瓦解的境地。

阎锡山、汪精卫并不甘心军事上的失败，他们还想借助"扩大会议"和"国民政府"的招牌，利用晋军残存的力量，继续与蒋介石周旋。但蒋介石既胜，岂容对手再作反扑。从9月20日起，东北军每隔3小时即发一列兵车入关，十多天就完成了对河北及平、津的占领。9月底到10月初，反蒋联军树倒猢狲散，一些统兵将领迫于情势，纷纷向张学良和蒋介石输诚，反蒋军事一败涂地。

9月22日，扩大会议被阎锡山转移到太原。在汪精卫的主持下，用了一个月时间，起草成一部"约法草案"，于10月27日扩大会议的最后一次大会上通过，10月28日用扩大会议名义公布，成了改组派、西山派联合反蒋在政治上失败的一块挡箭牌。以后，扩大会议的代表们如鸟兽散，或转而投靠蒋中央，或下野韬晦，或为求民主而投向共产党革命阵营。改组派作为国民党内的一个政治派别，也以汪精卫的结束声明而宣告终结。

因蒋介石急于抽出兵力到南方"围剿"红军，对军事善后处理问题故示宽大。除要阎锡山、冯玉祥必须下野外，其余人员都在"赦免"之列。10月16日，阎、冯、汪在太原议定如能和平解决一切，阎、冯将同时下野，军事大权交有才力的部属接任——阎锡山指定徐永昌，冯玉祥指定鹿钟麟（后又改为孙良诚）。阎、冯这一主张基本得到蒋介石的同意，蒋、张相约分别改编西北军和晋军，将收拾华北残局事宜全权委托给了张学良。张学良仍然念旧，回护晋军整编为4军8师，后又增编了正太护路军3个旅，骑兵司令部4个旅，炮兵司令部10个团，另 3 个独立旅，安排了阎部大部分高级军官，并使晋绥军作为一个整体集中保存下来，为阎锡山的东山再起埋下了种子。西北军一则少人缓颊，二则其坚强勇猛的战力为当局所忌，遂遭分割整编使用的厄运，冯玉祥苦心经营多年的西北军从此再未形成统一的军事集团。

在蒋介石的高压下，阎锡山、冯玉祥于11月4日致电张学良"释权归田"，冯玉祥无处可归，遂隐居山西汾阳县峪道河；汪精卫偕夫人陈璧君亡命日本；阎锡山则在安排好山西人事之后，离开

宣布"释权归田"后的阎锡山

1931 年 9 月 18 日，日本关东军炮轰北大营，日本骑兵的铁蹄踏进沈阳城

五台，转道天津。

中原大战的始作俑者阎锡山、冯玉祥们虽然失败了，但还可以全身而退，乃至待机卷土重来。然而，大战给山西及北方诸省人民造成的重大损失却是永远也无法弥补的。中原大战的反蒋联军一方70万大军主要依靠华北数省的有限财力支撑，而平津等地的财税大权在战前还不为阎锡山所有，故战争的负担绝大多数压在了山西一省。战后，又有十数万客军滞留山西境内，成为战争留给山西人民的后遗症。更为巧合的是，就在张学良宣布东北军出兵关内一年之后的1931年9月18日，日本帝国主义趁东北边防空虚之际，悍然发动九一八事变，一举占我东三省，给三千万东北父老酿成长达14年的亡国惨祸。其间成败利钝，实难尽述。

阎锡山一生
·Biography of Yan Xishan

第十四章

东山再起

一、"三十六计，走为上计"

中原大战的失败和通电下野，标志着阎锡山问鼎中央权位企图的破灭。然而，这对于一个拥有相当实力的地方实力派代表人物来说，并不意味着政治生涯的完结。得意时争名于朝争利于世，失意时宣布下野以退为进，纵观一部民国史，这样的闹剧层出不穷。积蓄力量，等待时机，重振旗鼓，东山再起，是每一个下野者的必然选择，对此，阎锡山的对手蒋介石是看得再清楚不过了（因为他自己就曾一次次地重复过这种闹剧）。所以，阎锡山宣布下野，并没有使蒋介石就此止步，与之相反，蒋采取了步步紧逼的战术，一口咬定"百公不出洋，无以善其后"。

从 1911 年太原举义，到眼下的公元 1930 年 11 月，在政治旋涡里沉浮了近二十年的阎锡山，已由一个初出茅庐的青年步入了不惑之年，当年的那点"革命"气概随着岁月的流逝所剩无几，留下的只有圆滑练达和老于世故。下野后的阎锡山以侍奉父疾为由，回到家乡河边村。在风景宜人的私家别墅里，面对二十年来的第一次惨败和政治对手蒋介石的不依不饶，阎锡山思前想后，倒蒋之前与交际处长梁汝舟的一次谈话不断浮现在脑海之中。

1930 年初，就在阎锡山助蒋讨伐唐生智成功之后不久，就倒蒋与否的问题梁汝舟与他进行了一次开诚布公的谈话。梁力主既反唐就不必再倒蒋，阎则不以为然。当时梁说："我觉得消灭唐生智力量以后，蒋方内部较前大为团结了，国内反蒋形势有所转变。从前的问题在倒蒋之后怎么办，现在连能否迫蒋下野也成了问题了。万一军事失败，将何以自处？即使幸而成功，其后果也不堪设想。这岂不是无论胜败都无善果？若能趁此助蒋平乱之余，以最大诚意协助中央整编 2、3 两集团的军队，然后助蒋为政。如能成功是您使他成功，国人自有公论。他若失败，继他而负国家之责者，尚有何人？到那时，您虽欲逃避，亦不可得，何必于此时和他角力以争呢？"他沉思良久之后，问："你说交出军权后，蒋能容我吗？"一句"蒋能容我吗？"道出了阎锡山的深谋远虑；道出了阎锡山作为一个在政治旋涡里滚打了多年的幕中人对险恶的政治斗争的清醒认识；道出了阎锡山与蒋介石关系的实质所在。这是书生气十足的交际处长体会不到的。

此时此地，想想梁汝舟当时对他所提疑问的回答——"岂止能容，恐怕他还要尊为元老，更加敬重哩。古代统治者残杀功臣，削平天下。他对功臣自有驾驭之方，又何必加以杀戮呢？今蒋介石再不肖，亦不至于帝制自为，则杀戮同志，实无此必要。"想到此，阎锡山不禁哑然失笑——昔日可谓蒋之功臣，尚恐蒋不能相容。今既已树过反蒋大旗，与蒋交恶在前，蒋自然不会轻易放过，赶尽杀绝在所难免。只好是"三十六计，走为上计"，权且宣布出洋暂避风头吧。

经过一番深思熟虑，无奈之下，大约在 11 月下旬，阎锡山电告蒋介石，将于 12 月 1 日由正太路经石家庄，前往天津，然后由天津口岸"出洋"。

11 月 29 日清晨 6 点钟，阎锡山怀揣山阴县富山水利公司经理曲容众的名片（确有其人，系阎锡山的叔伯表兄）装扮成商人模样——身穿长袍马褂，脚着老头棉鞋，头戴风帽，在精心选定的人员陪同下，比通报外界的日期提前两天，离开了河边村老家。初冬的寒风中，送行的只有他的父亲阎书堂，以及表兄曲清斋等，冷清的场面同以往前呼后拥的排场，两相对比，使人不由发出今非昔比的感叹。作为发动反蒋内战的代价，阎锡山就这样离开了他经营多年的山西。

在此之前，关于出走的日期、路线，阎锡山颇费了一番心思。因恐途中遭遇不测，他给自己安排了虚实两套行动方案：虚者，为电告蒋介石的 12 月 1 日动身，经石太线到津。为使外界相信他将按原定计划离晋，动身前一日 11 月 28 日，特意发电给太原的徐永昌、商震，以"东日到石，冬日到津"相告（即 12 月 1 日到石家庄，2 日到天津）。实者，为暗中进行的，亦即提前两天于 11 月 29 日行动，除少数几个与谋者外，向所有的人保密。这样做的结果是，连徐永昌、商震等心腹大员都蒙在鼓里。11 月 28 日，徐、商等接到阎锡山的电报后，压根不知是计。遂于次日急匆匆由太原赶到河边村，去向他们的长官话别。岂料已是"人去楼空"。

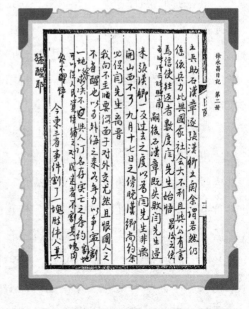

徐永昌日记：关于中原大战后阎锡山离晋问题   225

从都督、督军到兼省长，在位近二十年来，虽也曾屡遇"险情"，但确确实实下野离晋，也就只有这一次。尽管事先已做了必要的安排——撤销中原大战时的陆海空军总司令部及第3方面军总司令部，成立晋绥警备总司令部，以亲信知交徐永昌、杨爱源分任总副司令；给其亲近的文武僚属按等级每人赠送3000元至3万元不等，作为拉拢……尽管也明白"留得青山在"，东山再起会有时，但是这时的阎锡山心里仍然有着排遣不掉的沉重感。坐在车里，随着西汇别墅的渐渐远去，一股依恋之情油然而生。

为免横生枝节，按照既定方案，阎锡山一行不作任何惊动，乘坐两辆小车，悄然经忻州到大同，再由大同转平绥线火车，到京郊丰台。然后转乘京山（北京到唐山）路车前往天津。11月30日晚11时许，阎锡山及其随员在神不知鬼不觉之中抵达他出走的第一站——天津。富有戏剧性的是，与此同时，张学良奉蒋介石之命正从丰台派出了"迎接"阎总司令的专车。

在出走的问题上，阎锡山处处设防不是没有道理的。据传，当阎锡山向蒋介石电报定于12月1日赴天津时，张学良对此曾发出三道命令：1、令陆军"检查列车，查获后格杀勿论"；2、令宪兵"查获后押解来部"；3、令铁路警察"严加保护"。因有此命令，11月30日京绥列车过柴沟堡时，有军警勒令停车检查。事后赵戴文与张学良见面时，张尚表示殷切地说："我曾下令要沿途严加保护。"得知这一切后，阎锡山不禁为自己的神机妙算暗自窃喜。

到天津后，阎锡山租了日租界一所叫作"张家花园"的建筑，暂时安顿下来。随后，眷属随员陆续抵津。同时，打出了"筹备出洋办公处"的招牌，煞有介事地进行出洋的筹备工作。

然而，阎锡山在出洋的问题上实际是使了一个障眼法。当初只说由天津口岸"出洋"，并未言明将去何处。在天津做了一番"筹备"文章后，12月22日凌晨，阎锡山与随员总参议赵戴文、交际处长梁汝舟等按照事先的安排，登上日本大阪商船会社的"武昌丸"号轮船，驶向日本人统治的大连（甲午战争之后，被日本通过《马关条约》所占有）。此一行踪事先并未透露任何口风。在开往大连的轮船上，阎锡山以个人名义发了一封致《大公报》记者函，称："鄙人此次过津，厚承中外各先生过访，不克延晤，至为抱歉。现因下野之初，闭门谢客，当荷原谅。兹以定于本日离津，经大连东渡，续游欧美，自问行能无状，何幸获得闲暇，身亲两洋文化。特此奉上，顺颂撰祺。阎锡山十九年十二月二十二日倚装留赠。"正式向外界透露了他"先到大连"，"再经日本赴欧美"的"行动计划"。

经过几天的海上航行，大约在 12 月底，阎锡山如期平安到达海滨城市大连，避居于黑石礁小楼。

二、蛰居韬晦黑石礁海滩，思前想后成败得失尽在不言中

阎锡山自 1909 年由日本归国算起，二十余年中未出国门一步。此番因反蒋失败下野，答应"出洋"，实属无奈。种种迹象表明，无论是他最初宣称的由天津口岸"出洋"，还是继而透露的"经大连东渡，续游欧美"，都系缓兵之计。实际的做法是虽一退再退，但步步为营，不到万不得已决不轻易走"出洋"这一步。

不知是蒋介石原本的强硬态度只在于为自己挽回一点面子；抑或是因为大连离山西较远，又在日本人的统治之下，无法施展他的手段（在此之前的太原、天津，蒋都曾以特务活动向阎锡山施加过压力）；还是动了"恻隐"之心。一个客观的事实是，阎锡山自到了大连之后，一切均相安无事。蒋介石听之任之不再催逼，对阎锡山来说可谓求之不得的好事，正好顺水推舟，蛰居大连，韬光养晦。

在大连期间，阎锡山装出不问政治的样子，寄情于山水之间，每日"晨夕步游海滨，视听澎湃潮涌涛声"。间或也与随从左右泛舟海滨，题字赋诗。一日，他与赵戴文、梁汝舟、宁超武等"文学侍从"一同泛舟海滨，登岸后，至明月楼料理馆小酌。一时兴起，遂对左右说："今日良会，有酒有肴，且饮且谈，岂不美哉！"马上有人附和道："正如先生所言，今日良会，似不可无诗。"接着又有人提议："请先生出首句，五七言随意。"于是，阎锡山触景生情，脱口吟咏："明月楼上观潮来。"首句一开，众人纷纷续联——"龙虎风云气壮矣"，"上下四围通彻底"，"海天一色云雾开"。谈笑之间，凑成了一首差强人意的七言诗。面对这几位谈笑风生游山水赋闲诗的雅士，不知情者只当是赋闲的寓公在与他的门客一起消磨时光呢！

然而，表面上的闲情逸致，无法掩盖阎锡山在政治上的躁动，饱经宦海风云二十年的他是不可能须臾远离政治的。但是，作为韬光养晦的另一面，他

要借此难得的机会探究以往之得失，寻求再振的路径。大概是缘之于此，他从1930 年 2 月 26 日开始了《阎锡山日记》的写作。这些日记记录了他对中原大战的检讨和忏悔，对倒蒋之事以及对蒋介石的认识和看法，对自己政治立场的表白，对过去种种行为的解释和开脱……

关于检讨和忏悔，他写到：

"孽缘结下如此多，如何能不结孽果。此生影片从头看，污垢满身难磋磨。"（1931 年 2 月 26 日）

"失了自己的地位，就是取辱。在不当与人分利的地位与人分利，不当与人争名的地位与人争名，不当与人辨理的地位与人辨理，这均是取辱。"（1931年 3 月 11 日）

"错是自身的一个弱点，亦就是事业的一个弱点。欲去弱点，必先改错。""如果跌到万丈深沟底，那骨粉肉泥的当下，试想想自身还有什么，还短什么，还爱什么，还气什么，还贪什么，还怕什么，还愁什么，还急什么？可以说原有什么，就有什么，原短什么，就短什么。短的是明白，有的是惑突（山西五台方言，意即糊涂）。所以当有的要赶快有，当去的要赶快去。"（1931 年 3 月19 日）

"改过为修正处人处事之唯一办法，亦为做人之良好阶梯。改到无过的时候，就是做人到了顶上的时候。改过其难乎？非智无以知过，非仁无以认过，非勇无以改过。"（1931 年 4 月 4 日）

关于倒蒋，他说：

"……报传我已返津，世人揣测，何事不可言。……唯蒋假党以为其立场，今汪精卫被逐，胡汉民被拘，孙科又被通缉矣！党之立场尽失，政治生命之根系已断，其倒也必矣！且蒋系生事者，即使粤事（指反蒋的广州事变）可平，亦必又生他事。征之以往，从未平安一年。去年我方失败，蒋本可以顺手治理，说者谓非特可以统一，且可以实行中央集权。余故迭次与反蒋同人言，此后当尽力于治国之研究，不可再作倒蒋运动，以误国而自误。孰意蒋不谋乘势治理，乃纵'共匪'（对共产党的污蔑之词）以自重，因元老以自雄，众叛亲离，陷国家于危乱。今为国家计，为北方计，只有倒蒋个人，维护统一，否则四分五裂，共党乘隙蔓延，强邻乘隙侵略，前途有不堪设想者。欲不用兵，不延乱，使蒋下野，取消粤府，舍实力地位为汉卿（张学良）者，孰能当之。……余久欲以此告汉卿，恐交浅言深，反生误会，书而撕者屡矣！……至我此次不欲再作冯妇（古代晋时人名，以善搏虎而闻名于世，因屡为人所利用，而遭世人笑。后称重操旧业者为冯妇——作者），因我若出来，非并南京政府而倒之不可，事前无做法，事后无办法，北方必致大纷乱，不利于党国，不利于北方，不利于我自身，我必审慎为之。"（1931 年 6 月 5 日）

关于解释、开脱，他这样讲：

"或言：一言可以倒蒋，公不为，至后动 70 万兵，不足以倒蒋，公为之。曰：受其欺也。余最初欲偕焕章出洋以消战祸，出于诚意。蒋疑而阻之。余欲微服行，被蒋侦知，密令铁路、海军防之，迫余助彼以灭冯，余允编遣而后出洋。及唐生智变，蒋派吴稚晖、李石曾挟条件至晋。余答曰：为蒋打人，不敢为也，终无益于国。盼将治国之条、救民之约，颁布中国。有不服者，为国除暴，当唯命是听。吴、李扣（叩）其事，余曾以训政前提四项以告，吴、李约以此为结，乃归。以一剿匪命令搪塞余言，仍迫余助彼先灭韩、石，再灭冯，并使刘镇华最后至晋曰：君不助蒋以灭韩、石，蒋将用（收）买韩、石以击君也。余答：听之。至此，余仍欲微服出洋，曾二购船票，并拟就电稿，行将登途。余之部下有两派主张，一主助蒋，一主倒蒋，争执不已。余遂决定向整个的党、统一的国上做去，以力偕蒋下野，归军于党。迁延辗转，遂至于战，实非余之本意。余平心而论，归罪于余之学问不坚也。"（1931 年 7 月 12 日）

中原大战是阎锡山从政二十年来第一次惨重的失败。这重重的一跌，对于一贯谨慎从事的他来说，教训无疑是极为深刻的。在大连蛰居的闲暇日子里，经过不断的反思，阎锡山得出自己错就错在"不当与人分利的地位与人分利，不当与人争名的地位与人争名，不当与人辨理的地位与人辨理"，"错是自身的一个弱点，亦就是事业的一个弱点。欲去弱点，须先改错"。从而，决心"不欲再作冯妇"。正是由于他在反思中得出了这些现实的结论，所以嗣后才能远避国民党内的派系斗争，才能在重新执政山西时以自强救国、建设救国相号召，专心于省政建设，并得以初见成效。但是，从另一方面看，他的反思又是很不彻底的。在日记中，他毫不掩饰地为自己辩护，将发动反蒋内战说成是蒋介石一再逼迫的结果，是迫不得已而为之。若不反蒋，不是助蒋"先灭韩、石，再灭冯"，就是自己被蒋收买韩、石而灭。为他与蒋介石争权夺利，不惜以血的代价为赌注之行为推卸责任。

此外，在大连期间，阎锡山花费精力最大的是进行所谓"按劳分配"、"物产证券"，以及"新村制度"的研究，为他东山再起，重新执政山西做理论上的准备。

如前所述，早在20世纪20年代初，阎锡山即开始不遗余力地探讨抵制共产主义的理论，以至于有了进山会议的召开和所谓"公平制度"的提出。进山会议的"公平制度"在以后的日子里不断发展——1928年9月在北平对法国记者提出"劳资合一"问题；1929年9月24日，在太原成立"劳资合一"研究会；1930年1月25日，在"劳资合一"研究会提出了"公平制度之研究标准"。到达大连后，因"旅居得暇"，便与随行人员及陆续来访的外客旧属一起，继续他的理论探讨。从而进一步提出所谓"物产证券"、"按劳分配"的阎氏理论。

他认为，资本主义的"金代值"、"资私有"，是"劳动不以产物为目的"，"分配不以劳动为标准"，有弊无利；共产主义的"按需分配"是使"劳动与享有分离"，"不合乎公道"，"不合乎人情"，"不适于生产"。只有实行"生产资本公有，资由公给"，劳动者"各就劳动能力生产，各就劳动结果享有"的制度，才"合乎公道"，"合乎人情"，"适于生产"。这个制度就是"按劳分配"。

那么，"按劳分配"以什么形式进行呢？阎锡山进一步提出了所谓的"物产证券"理论。何谓"物产证券"？阎锡山的解释是："物产是指用人力产生出的物品而言，证是证明物产的价值，券是票券，物产证券就是证明物产价值的票券，亦等于一个价值的收据。""物产证券的形式，与现在世界上的纸币同，亦即是一个价值收条。"这就是说，劳动者的产品要通过"物产证券"来证明其价值，然后以这种等同于货币的证券投入交换，以享用与自己劳动成果价值相等的物品。

在阎锡山看来，实行他所设计的"物产证券"、"按劳分配"，既可避免资本主义的弊病，又可弥补共产主义的缺憾。"就今日中国实际而论，尤非赶速推行'物产证券'与'按劳分配'制度不足以图自存。试问今日中国所受之困难为何？不外经济压迫，主义压迫，武力压迫而已。假使突破此三者之压迫，中国当然成为自由，自主，自立之平等国家……实行'按劳分配'免除阶级斗争，人力可以集中，实行'物产证券'辟开造产途径，物力可以集中。人力集中，物力集中，武力自振矣……故我国今日，欲突破此经济、主义、武力三大压迫，舍行'物产证券'与'按劳分配'，其道莫由。"

在研究"物产证券"、"按劳分配"的同时，还涉及到"新村制度"与"土地村公有"的命题。为此特成立"新村制度研究会"，并于 1931 年 3 月 15 日开始，就这两个问题进行座谈讨论。讨论的结果，初步提出了"土地村公有"的理论。

阎锡山的上述研究所得，在当时都作了详细的记录和问题解答，并汇编成册，作为内部资料保存了下来。一直到 1934 年，方根据"防共"的现实需要，以"物产证券研究会"名义公开发表。

大连时期对于"物产证券"、"按劳分配"以及"新村制度"的研究，使阎锡山自进山会议以来，"创造"的一系列理论得到进一步的发挥，更趋系统化。然而，"物产证券"、"按劳分配"如同其雏形——"公平制度"一样，其中不少东西出于阎锡山的主观臆造，虽然听起来头头是道，但是却不符合客观经济规律和普通的经济学常识，或只见树木不见森林；或攻其一点不及其余；或浅尝辄止自相矛盾；或遮遮掩掩闪烁其词。因此，一经公之于众，马上引起各方的关注与评论。论者见仁见智提出一系列的问题和质疑。

三、闲适隐居生活的背后，是一刻也不能放松对山西局势的遥控

寄情于山水之间，进行空泛的理论探讨，这些表面文章只反映了阎锡山下野蛰居期间的一个侧面，只不过是他为东山再起所作的铺垫。既要他日东山再起，就一刻也不能放弃对于山西军政的操纵和控制，而这种操纵与控制的实现又必须依赖他手中的实力。阎锡山的下野是他唯一的一次下野，但阎锡山的下野又与别的军阀的下野有着很大的不同，那就是阎虽然下野，暂时离开山西，但其政治势力盘根错节，根深蒂固，并未发生动摇。特别是因为当时山西的军事统治权都掌握在他的亲信同乡和心腹手中，所以阎锡山赖以存在的军事力量，基本上并未受到动摇。

阎锡山出走大连期间，对于当时山西军政界错综复杂的局面，就是通过替他掌握军队的徐永昌、杨爱源等人予以遥控操纵的。

阎锡山虽然接受过近代文明教育，但他的思想方法意识形态仍然深深地打着中国封建传统观念的烙印，他的统治思想和方法不可避免地带着很浓的封建色彩，人治可以说是其重要的特征之一，这里个人的维系作用就显得格外的关键。因此，阎锡山下野后的山西也就不可避免地出现了复杂的局面——原来的军师

长，虽然大多数都能对阎效忠，但在蒋介石的利诱和张学良的控制下，个别的或者部分的就不免怀有异心，而另找靠山和出路。于是在阎锡山避走大连后，山西军政界便因地域、认识，以及与阎锡山关系的亲疏，迅速分野，形成了四个不同的派别。

四个派别分别为商震派、徐永昌派、傅作义派和以杨爱源为代表的嫡系派。

商震原为陕西督军陆建章属下的一个团长，1916年率部投阎。虽非嫡系，但多年来一直被阎视为中坚，重大战事必为先锋，官至省主席，地位显赫。然而阎锡山对于像商震这样的外省籍军官，在授以高官厚禄的背后却隐藏着时时的提防和警惕。1928年，阎锡山借北伐胜利的东风领有了晋、冀、察、绥四省及平、津两市之后，商震被任命为河北省主席。但是与此同时，他却不让商自行组阁，从而使商震甚为不满，芥蒂由此而生。之后，商震准备自己成立一个师，并通过张学良购了一批枪械，不巧被傅作义的部下扣留，阎于是对商起疑。不久，蒋介石北来，对晋绥军驻平、津各将领分别赏赐。阎锡山平日对属下军官多严加控制，有鉴于此，得赏者均向阎作了汇报，唯有商震默不作声，这毫无疑问更加深了阎的猜忌。在此情况下，阎恐商震远在河北，自己鞭长莫及，遂在自己请辞山西省主席后，顺水推舟同意调商回晋，改作山西省主席，置于他的眼皮底下。这样还嫌不够，又以亲信王平为山西省秘书长，进行掣肘。由是，阎、商之间芥蒂日深。阎虽对商日益不满，但下野之前却没有来得及将商撤换。作为省主席，商震顺理成章担起了山西善后的责任。

如前所述，徐永昌当初率国民军第3军投晋是缘于一则籍隶山西，一则对阎锡山有"好感"。加入晋绥系后，徐一直小心事阎不露锋芒，不仅事事取决于阎，而且与嫡系将领杨爱源、周玳、孙楚等曲意周旋。1928年老长官孙岳病故，徐慎重自处，两次到上海料理后事均邀周玳同行。事毕之后，遂将一度保留番号的第3军交出改编，不再另立门户，以示没有私心。徐的行为很得阎锡山欣赏，北伐后徐先任绥远省主席，后接替失去信任的商震做了河北省主席。下野时，阎锡山能以晋绥警备总司令一职委徐，实际上等于将掌握晋绥军的大权交给了他，足见对徐的信任程度。但徐与阎总是朋友的关系超过部属的关系，尽管徐永昌一心事阎，其国民第3军旧部却总是有一种寄人篱下的感觉，不时向徐发出改变现实的要求。

傅作义代表着晋军中的山西南部势力。与晋军中大部分将领一样出身于保定军官学校的傅作义，自 1918 年走出军校加入晋军后，在阎锡山的一手栽培下，从见习军官做起，到 1927 年北伐前已做到师长。随后的讨奉之役，傅作义因死守涿州三个月而名声大振，不仅受到南京国民政府的嘉奖，且为对手张学良所赏识而多有交往。阎锡山有一条不成文的规矩，那就是不允许属下自成局面或与外部发生横向关系。傅作义因守涿州而与奉张发生关系，阎锡山便由此而对傅生出芥蒂，傅自然也多有不能明言的委屈。

当时山西老百姓中流传着"学会五台话，能把洋刀拷"的民谣，堪称阎锡山在用人方面浓重地域观念的真实写照。就像蒋介石倚重浙江人一样，阎锡山也是视家乡五台（包括五台附近县份）为其人才的摇篮，对五台籍的干部信任有加。从而在山西军政系统中形成了以五台人为中心的嫡系派。这一派以杨爱源为代表，其中不仅有王靖国、赵承绶等五台人，还有一部分取得阎之充分信任的外县籍军官，如孙楚等。作为"天子门生"，以杨爱源为首的嫡系派是阎锡山所依赖的基本力量。

上述各派系的形成看似发生在阎出走之后，但事实上是阎锡山一手造成的，可以说是阎锡山政治统御的一项"杰作"。原来他为了便于驾驭部属，以平衡用人为名，在干部的任用上搞所谓南北中三路搭配，由此造成干部之间自然的地理划分，从而为派系的形成埋下了伏笔。派系一旦形成，各派必然争权夺利，互相牵制，正好被利用，阎锡山深知这一点。于是，远在大连的他依靠嫡系亲信，利用各派之间的互相掣肘，毫不费力地达到了遥控山西的目的。

商震离晋和徐永昌继任山西省主席就是其中的两个典型例证。

1931 年春，晋绥军内部开始有不和倾向，若干将领尤其王靖国、孙楚等人对省主席兼第 32 军军长商震严重表示不满。原因是商震所属冯鹏翥部之高鸿文、黄光华两旅，为商旧部，中原战后回晋，驻阳泉平定一带，在军队整编未竣张学良未予发饷前，各部队均以贬值晋钞维持，商则竭省政府所能支配力量，对该两旅时以现洋补助，阎锡山嫡系的五台籍将领所部反而经济拮据，自然怒火中烧。接着，商震又拟将村政处存款 60 万元提取使用，遭到该处处长陈敬棠的拒绝，理由是阎总司令有指定用途。商震不甘心，遂对陈施加压力，使陈以老病告退。陈退之后，商以省主席名义提请省府委员会议通过，将村政处裁撤，使存款移交省政府，并一次性撤换了 25 个县的县长。很明显，商震这样不顾一切地在晋省人事上大动干戈，是想从阎锡山的控制下摆脱出来。不料适得其反，强行夺来的权力不仅没能真正掌握到手，反而落了一个被驱逐的下场。

撤销村政处提取村政处存款和撤换县长事件发生后，舆情大哗，终于爆发了一次太原商民驱商大会，在文瀛湖畔，群起声讨商震。与此同时，其他派系中高级将领们的严重不满也酿成驱商共识。一时，徐永昌、杨爱源、傅作义、孙楚等人就解决商震问题会议不断，因会议多在夜间召开，人称"老鼠会"。在内外一致的反对声中，商震实在不好再在山西待下去了。

同年 7 月，石友三举兵进攻东北军，张学良向蒋介石告急，蒋命商出娘子关拦截石部。这时商震正被搞得焦头烂额，遂以此为借口，率旧部两旅开往河北。从此，脱离了他赖以发迹的山西，投靠了蒋介石。这样，商震作为异己势力轻而易举地被清除了出去，阎锡山下野之前没来得及撤换的山西省主席终于虚位以待。

商震走后，由谁出长山西省政，就成了一个敏感的问题。依照惯例，只能从晋绥军高级将领中出之；从地位、威信及能力考虑，则难出徐永昌之右；就人事渊源观之，徐也是比较合适的人选——不仅与阎锡山投契，而且能与蒋介石、张学良疏通（因中原大战失败，河北从山西系统中割出，划归东北军，徐永昌之河北省主席一职已于 1930 年 9 月被免）。有鉴于此，8 月 11 日，南京中央发表徐永昌代理山西省主席。这时阎锡山已从大连回到了五台县河边村。得信后，遂遣人到省，以"千万勿辞"告徐。得到阎的首肯后，徐永昌便不再作任何推辞（此前，南京曾派人说项，要徐出主山西省政，徐以"省主席是一烦职，吾能任劳不能任烦"辞谢），于 8 月 18 日到省府"视事"。

此外，在这里还有必要提一下晋绥军整编的问题。阎锡山下野后，蒋介石责成张学良统一节制晋绥军政。于是首当其冲的就是晋绥军的整编。中原大战时，晋绥军已经扩大到 14 个军 40 多个师。战事结束后，根据蒋介石的意图，张学良本拟整编为 4 个军、8 个师。为此特召集晋绥军高级将领徐永昌、杨爱源、商震、傅作义（实际上是准备留任军长的人选）到天津商讨。若按张学良的整编方案，中原大战时膨胀庞大的晋绥军最终只能保留徐、杨、商、傅 4 个军，这也就是说在整编后的晋绥军中将不再有阎锡山亲信赵承绶、孙楚、周玳等人的位置。这样的结果，自然不会令人满意。

由天津返回后，徐永昌、杨爱源等立即召集有各高级将领参加的整编会议。

张学良的整编方案一经宣布，马上引起赵、孙为首的各军师长的反对。徐、杨便以此为由，与张学良力争。经过一番讨价还价，促使对上述方案作了可以说是"尽如人愿"的调整——在原议整编的 4 个军之外，又增加了孙楚的正太护路军；独立编制的骑兵（下辖 4 个骑兵旅）、炮兵（下辖 10 个炮兵团），分别以赵承绶、周玳为司令；3 个独立旅。

对于晋绥军的整编，远在大连的阎锡山通过不断往返于大连、太原之间的军政秘使，对事态的发展了如指掌。整编得到上述结果，嫡系骨干力量得以基本保留，很大程度上是贯彻了他的意图。正如《阎锡山统治山西史实》所说："张学良对山西军队的裁并问题，只作原则上的要求，不管具体如何实施，加之阎对山西的暗中操纵，所以徐永昌、杨爱源对张的整编方案，谁去谁留，何并何从，都能按照阎的秘密指示，顺利执行。否则，各军师长的意见绝难趋于一致。这样，从表面看来，系徐、杨接受张的裁编命令，而实际上徐、杨却是执行了阎的人事调整意见。"

四、秘密回省，等待时机东山再起

大约在 1931 年春夏之交，日本关东军司令为拉拢阎锡山，特派赵欣伯由沈阳到大连。赵欣伯系东北的留日学生，投靠日本当了汉奸，后成为伪满洲国大臣。赵欣伯到大连后，并没有直接面见阎锡山，而是托人向阎转达说，东北三省让张家父子搞得一塌糊涂，人民水深火热，不堪其苦，所以很多人希望阎先生以治晋之方救救东北。并声明，此为东北人之希望，亦为关东军之意见。阎锡山闻言大惊，急派人主动访赵，虚与应付。两日之后，赵遂返沈复命。事后，阎锡山就此事对周围的人讲，此种人远不得，近不得，见了面就麻烦了。弦外之音，在炫耀自己的应付之妙。

尽管阎锡山以他的"小聪明"支走了赵欣伯。然而，赵的来访无疑是一个信号，它再明确不过地告诉阎锡山，在日本人统治的大连长期居留下去，这样的事情还会有第二次、第三次……如果不想彻底投靠日本，就必须在适当的时候一走了之。

适逢其时，经过中原大战后将近一年的风云变幻，山西局势早已今非昔比——西北军宋哲元等部客军战后继续留在山西，并有长期占据的迹象；国民党加紧了在山西的活动，曾遭削弱的省党部以胜利者的姿态重返山西，积极进行反阎活动；随着土地革命运动的开展，共产党的组织活动向纵深发展，并开始在山西建立革命武装；七个省的军阀部队，都集中到山西，军队与军队之间，军队与人民之间，各种矛盾交织在一起，在军队内部，因兵多饷少，衣食缺乏，时有士兵哗变。山西的政局事实上已是以在野之身远避大连的阎锡山所难于控制的了。

面对这一切，阎锡山是无论如何也沉不住气了，他敏锐地感觉到，不管从什么角度考虑都不能继续在大连蛰居下去了。就像当初不得不出走一样，眼下的问题是必须设法尽快回晋，否则苦心经营的山西就会落入他人之手。

然而，阎锡山以下野出走之身，突然要返回山西，对内对外都须有个交代，有个说法。于是，1931年8月1日，阎锡山便接到刘升（阎锡山在此期间的联络副官，专门往返于太原大连之间）由五台县河边村带来的口信，说阎父书堂自7月20日后，屡感身体不适，饮食渐减，念子之心益切。阎接信后，"心有不安，忧心于色。翌日，即着靳瑞萱与日人接洽，以飞机送回山西"。

经过一番策划和接洽，8月5日，阎锡山包租一架日本小型飞机由大连飞抵山西大同。与8个月前离晋时的情形完全一样，阎锡山的返晋也完全是在秘密的状态下进行的。这即使是对其亲信、驻兵大同的骑兵司令赵承绶来说也不能不感到突兀和不安。赵承绶后来在回忆中说："8月4日，随从阎锡山逃往大连的侍从副官张逢吉，突然来到大同我家中。我知道他来必然有要紧事，所以立即引入住室，问其由来。张马上从身上取出一个小红布条，上边有阎锡山的亲笔字，说即乘飞机返省，要我密接。张逢吉接着和我耳语：'总司令（指阎锡山）明天就坐飞机回来，请司令（指我）务必亲自去接，并且要严守秘密。'我问：'你何不早来两天，我好早做准备。'张答：'这是总司令计划好的日期，早来怕泄露了不好。'第二天，我和张逢吉一起坐上轿车子亲到大同机场等候（当天我的汽车不在大同）。时间很久，飞机才到。降落后，阎锡山身穿绸大衫、头戴草帽，还戴着一付（副）黑色眼镜，从飞机上走下来。我立即上前迎接、敬礼，阎微微笑着和我握手，随即上车，坐在轿车子里面，我和张逢吉分坐车前沿左右，遮住阎锡山，以免人看见。当时我心里七上八下，忐忑不安，既高兴阎锡山回来，又怕蒋介石、张学良知道后问罪。当晚阎就住在大同城内户部角新教巷二号我的家中。"

阎锡山在大同住了一个晚上。次日，再由大同出发，悄然回到他的家乡——

五台县河边村，以探"父疾"。

阎锡山回到山西的消息不日就被传了出去，成了一条引人注目的新闻。对此，各方面纷纷做出反应。受命统一节制晋绥军政事宜的张学良首先发难，于9月11日直电阎锡山，称"现在国家力求巩固和平统一，先生应即速行放洋考察，以正各方视听。何日起程？学良当嘱各方妥为保护迎送。"接着又通过徐永昌提出三项条件：一"阎先生自动移北平"；二"副（指张学良，时任陆海空军副总司令）担保体面安全自由"；三"晋将领对以往不听调遣事认过"。对于张学良的催逼，阎锡山早有准备，随即复张一电，以"家父病况渐趋平复，唯仍须中西医继续诊治服药，医云：年老体衰，约须再调养旬日。山为独子，不忍遽离左右。既承尊嘱，自当一俟病情好转，即行动身"，进行搪塞。

蒋介石闻讯后，也大为震怒，立命何应钦、孔祥熙等电阎"从速离晋"，声称如若不从，将采取严厉措施。与此同时，刘峙、韩复榘等也出于各自不同的目的发表通电，要蒋逐阎迅速离开山西。

各方各面，压力重重，就在阎锡山疲于应付之际，1931年9月18日，日本帝国主义发动了"九一八事变"，以武力侵占了我国东北三省。从而在客观上为阎锡山重归政坛提供了契机。在"九一八事变"中，由于不抵抗政策的奉行，东北三省几乎在一夜之间沦入敌手，直接负东北国防责任的张学良也成为众矢之的，在国中激起公愤，空前的抗日救国高潮随之而起。以汪精卫、孙科为首的反蒋派组织的广州国民政府，趁势通电全国促蒋下野，号召另组统一的国民政府，一致抗日。中国共产党在广大农村开展的土地革命斗争风起云涌，建立起了十余块红色革命根据地和拥有十余万正规红军的工农革命武装。国内政治力量的对比发生了新的变化。

此时，蒋介石被日本侵华的突然事变搞得焦头烂额，无暇自顾，民族危机成为国人关注的焦点，政敌个人的去留已无关宏旨。抓住这一难得的机会，阎

1931年冬，阎锡山在河边村阎家祠堂留影　237

锡山反复向国民党中央提出取消对他的通缉令的要求。蒋介石为了与广州政府寻求"统一"，由中常会决议：因政治问题开除党籍者一律予以恢复。据此，1931 年 9 月 30 日，国民党中央政治会议决定取消对阎锡山的通缉令。接着，10 月 3 日，以国民政府名义命令：阎锡山免于通缉。阎锡山终于摆脱了套在头上近一年的紧箍咒，恢复了自由。

恢复自由只不过是阎锡山通向东山再起之路的第一步。有资料记载，此后的一段时间内，阎锡山为了实现复出的目的，重掌山西，他还积极进行了多方面的疏通。一是以时任国民政府蒙藏委员会副委员长赵丕廉作为其常驻南京代表，加强与中央方面的联系；二是通过李石曾和蒋介石说项；三是以时任山西省政府主席徐永昌向有关方面疏通。徐永昌先到北平见张学良，再奉召到汉口晤蒋介石，都替阎锡山做了恰到好处的辩护和解释。阎锡山最终得以复出，自然离不开政治大势，但是也与徐永昌的大力保举有着很大的关系。

徐永昌在与张学良的谈话中以朋友的身份对阎锡山返晋做了一番颇为得力的解释，他说："阎先生多年没出过门，一旦出去，感觉什么都不便，回来住着，没什么关系。我以为今日国家要求北方安定而有把握，必国家对山西有办法，有力量。当前晋绥政治，明明建筑在军队基础上，军队统一或不统一，即影响两省政治之良劣与协调。如军队不能统一，两省不能协调，久必分裂；加以外力思入，内力不容，必致演变到紊乱混战，此不但晋绥不了，且必致引起北方之大事不了，盖山西能控制黄河流域各省对外亦形成北方之核堡地位。又山西省昔在各省之商业，十之九已破落，此项失业归来之人极多，失业者众，社会如何能安？再看绥远，全省号称 280 万或 300 万人，而实不足。日货倾销，经济停滞，若提倡实业，连带经营绥远，无用大户游资，以山西失业商人移殖绥远，岂非大好机会，大好事业，而倡之者，又必有资格地位、有声望信誉、有能力有谋猷之人，乃能集事。我以为欲求晋绥不坏而统一，非阎先生出山不可；不但为国家保存一部分有用军队，而且可使晋绥政治有办法，为国家在北方树一强大重镇，而为救济山西多数失业商人，补救绥远之人少与提倡西北实业，亦非阎先生莫属。所以在他人方惧阎先生归来危害国家，我则正庆阎先生归来而获致晋绥两省与北方之安定。"

随后不久，徐永昌在奉召到汉口面见蒋介石时，又以山西省主席名义为阎锡山说情担保："阎先生是爱国者，其人勤俭、能深思，长处很多，最大不过是委员长之一政敌，而不是叛国者；叛国者不能合作，政敌是可以合作的。十九年（按：指1930年中原大战）之事，不但北方杂牌军都拥护他，即南方甚至政府军队中派代表到太原的也不少；因为怨中央编遣会议不公，所以凡各方不满意编遣的人都集合到太原去。"　"固然阎先生不愿久居大连，我觉得战后的山西，晋钞五六千万贬值不到200万，尚发出金融公债3000万，军公教人民均不堪其苦。想要收拾此局，我办是事倍而功不到半，阎先生办是事半而功不止倍。以军队言，听他的比听我的多。以经济言，他掌握的钱通可以拿出来用。从阎先生出山他手中的钱肯化为公这一点看，他亦是很廉。若是北洋军人们，只要交他干，公家的钱他是永远拿不完，而且都是拿到自己家里去，决不肯再拿一点给公家用的。所以由很多方面看，委员长不但有与阎先生合作的必要，将来他会有帮你的时代。"

1932年1月2日，鉴于时局危急，国民党中政会召集紧急会议，决议邀蒋介石返回南京主持"大计"。1月3日，日军侵占锦州。1月16日，"汪精卫到杭州与蒋介石达成权力分配协议"，宁、粤（南京国民政府与广东国民政府）合流。1月28日，日军在占领东三省后，又以数路进攻上海闸北，驻沪的国民党第19路军奋起抵抗，"一·二八事变"爆发。民族矛盾日益尖锐之时，蒋汪"捐弃前嫌"，阎锡山的复出水到渠成。

1932年1月29日，蒋介石通过国民党中央政治会议推举阎锡山为国民政府军事委员会委员，同时被推举的还有蒋介石、冯玉祥、张学良。

2月18日，汪精卫以行政院长身份致电阎锡山："介石及弟拟提议设太原绥靖公署，指挥统帅晋绥两省军队，并拟请公为主任，如荷赞同，拟即发表，立复为盼。"2月20日，阎锡山复汪精卫电："顷奉巧电，并悉一是，弟以多病之躯，本不堪再任繁剧，唯此国难方殷之际，兄与介石既如此拟议，弟自当勉任其职也。"

2月20日，蒋介石通过国民政府正式委任阎锡山为太原绥靖公署主任（在非常时期设立的这一机构和职位，其职权已超越于省主席之上，总揽了晋绥两省军政）。这样阎锡山在下野蛰居一年多之后，通过韬光养晦，夤缘时会，终于得以东山再起。

在得到国民政府的正式任命后，2月27日一早，阎锡山在省内军政要人的簇拥下，由河边到太原。上午10时，在山西省政府礼堂举行就职典礼，就太原绥靖公署主任职，复出视事。这时前距辛亥革命太原光复整整二十个年头，后离国民党在中国大陆统治的结束和他卸任公职的 1950 年也有近二十年的时间。

太原绥署公署主任一职，负有"指挥统帅晋绥两省军队"之责。这一职务在外敌入侵的特殊时期，由执掌山西二十年、在山西有着盘根错节基础的阎锡山担任，其职权范围实际上就不仅仅止于指挥军队。从这个意义上讲，阎锡山实际上已经重掌了山西军政，也就是说，山西又回到了阎锡山的控制之中。

在就职典礼上，阎锡山慷慨陈词，发表演讲："我卸去军政责任，差不多已一年多了。回想此一年多的期间，就身体上说，觉着可以休养；就精神上说，觉着可以藏拙，本不愿再负责任。只因国难当前，承中央诸同志之敦促，晋绥父老及各界之催迫，不得不勉力负此晋绥绥靖之责，为国家尽一部分之责任，为地方谋长期间之安宁。我想这绥靖的责任，从正面说，固是安定地方；从对面说，即是扫除建设的一切障碍。因为地方不安定，一切建设均无法说起。这种责任关系很大。深望我晋绥全体同人，共体斯旨，以期不负国家的重托，人民的期望。将来国家如需用我军人牺牲的时候，我当率领我武装同志共同牺牲，以尽我军人的天职。"

阎锡山一生

· Biography of Yan Xishan

第十五章

"十年建设"

一、以"自强救国"相号召，提出"山西省政十年建设计划案"

阎锡山就任太原绥靖公署主任之后，鉴于中原大战的深刻教训，以及强邻入侵的民族危机，决计不再参与国内的派系之争，曾多次拒绝了各方的挑唆与煽动。据《阎锡山日记》记载：

1932年4月间。"段祺瑞派专使到太原，云：'北方军人，均一致倒张，倒后段可收回东省，北方另成政府，以抗南，只俟公一诺。'余答曰：'未闻内乱愈张，而外患能息者。日强国也，不可测度，请段公勿受其欺。'5月间，专使再来，说：'愿推公主持北方军事以驱张，北方军由段担任，一致听命。'余答以：'十九年欲出洋息内争未果，变为内战，至今思及，尚为痛心，余岂肯再为内战之发动者！合肥老矣！当此国难之时，当局者有遗误，元老当以原谅心理，以国民资格扶助，裨益国家当为不少，请转呈鄙意为盼。'使者遂返。"

同年7月。"王议长（按：指曾作段祺瑞安福国会议长的王揖唐）寄语云：'外交内部均已办妥，拟入宋哲元军中，效马厂誓师法，通电抗日驱张，只得公一诺，即行发动。'余曰：'外患已成，国固不幸，然负咎有人，段公此举，恐以救国之心，蒙乱国之责，老矣；不若静心为愈，希转达为盼。'"

同年春。"韩复榘使人来云：欲共攻平津以驱张，拥公再出，但须冯不加入，如何？余答外祸方殷，岂可再生内讧，且山东已在日人虎视中，若此，正所以与敌以隙，国事更不堪问矣。"

与此同时，阎锡山还向蒋介石南京政府做出"不扩充武力"，专心于经济建设的承诺，

阎锡山题词：造产救国

在"自强救国"、"造产救国"、"建设救国"的口号下，再一次把注意力放在了建设上。

复出伊始，阎锡山即拟定"请政府及时确定十年自强计划案"呈文，上报国民党四届二中全会。呈文建议的主要内容为："实行政治均权，促进政治经济合一的地方自治，以推进民主政治之实现。实行财政公开和取于民，用于民，公于民的原则。制定国防计划，确定常备军额，充实军备，并实行征兵制度，以固国防。推进基础教育，增加国民的基础知识和技能，造就有用之人才。在经济上大规模开发物产和交通建设，由国省县村分别计划进行，凡可以增加输出，减少输入者，均应人尽其力，地尽其利，以达造产救国之目的。"

接着，于1932年4月12日，设立"山西省政设计委员会"，自任委员长，开始着手进行"山西省政十年建设计划"的制订。阎锡山编订"建设计划案"的构想是：在三民主义原则之下，在不抵触中央法令范围内，前三年以政治为中心，注重扫除建设障碍，确立"民主政治基础"，后七年以经济为中心，以完成"自足"为目标。

根据上述构想，"山西省政十年建设计划"于1932年12月20日正式编成，并于12月25日备函报送山西省政府。经过省政府程序化审议，阎锡山亲自主持编定的《山西省政十年建设计划案》，以山西省政府的名义，规定"自二十二年（1933年）开始遵照实施"。

"计划案"包括政治、经济各项，分为总则、省建设之部、县村建设之部三篇。

总则篇规定了"应遵守之原则"、"应注意之事项"、"建设之先决事项"等。其中"应遵守之原则"项下规定：经济建设应着重于合作主义之提倡，使分散的人的要素、物的要素集合而为集中强固之经营势力。"应注意之事项"下规定：十年建设之理论，是适于就防御而言，不适于就攻击而言。"建设之先决事项"下规定：筹措建设经费，要借外债、发公债、由省筹集三者并举——由太原绥靖公署在十年内筹集2300万元至3900万元，作为省生产保护经费，省政府财政厅等机关在十年内筹集6000万元至1亿元，其中借款与公债各占三分之一，作为省公营事业经费。

省建设之部主要包括政治建设、经济建设两个大项。关于政治建设，"计划案"列举了"改善现行政治"必成、期成的17大事项，问题涉及到警政、财政、教育、文化诸方面。经济建设是计划案的重头文章，依次规定了农业、矿业、工业、商业、交通各项。此外，还专门提出了扶助社会办理之实业事项和发展公营事业的问题。前者主要针对发展毛纺织业、酿造业、化妆品工业、造纸工业等而言。后者则依应整理者、创办而必成者、创办而期成者三项作了具体规定，即：1. 应整理者——山西省银行、壬申制造厂、育才机器厂、育才炼钢厂、硫磺厂；2. 创办而必成者——炼钢、肥料、毛织、纺纱织布、卷烟、苏打、洋灰、印刷 8 厂；3. 创办而期成者——电气、机械、电解食盐、制糖、染料、汽车、飞机、人造丝 8 厂及农工与商业两银行。

十年省政建设时期的太原北郊工业区

　　　　　　　　十年省政建设时期的纺织工厂

至于县村建设之部，"计划案"只提出编定方针，具体的县十年建设计划案和村十年建设计划案，则分别由县、村两级自行编定。

阎锡山为他的十年建设计划案确定的具体目标是："实行十年计划后，民主政治的基础可以健全；社会经济，至少的限度，可以达到每人每年平均增加20元生产价额之基础。"

提出如此"周到"、"全面"而"详尽"的省政建设计划案，在当时国内各省中，山西大概是独一份，也可谓是阎锡山的一个"创举"。如能按计划实现，无疑大有裨益于山西的建设与发展。然而，阎锡山在复出伊始，即匆匆忙忙搞出这样一个建设计划案，很大程度上带有功利主义的色彩和沽名钓誉的成分，在其真正的意图中不能排除通过标榜"自

阎锡山遗墨：自今以往凡我国人愿皆实行造产救国以自救

强救国"、"建设救国"，巩固政治统治的因素。另外，就当时山西的政治经济状况而言，这个计划则显得过于"超前"，正如他自己承认的那样，"十年计划自然是一件很繁难的工作"；"对于施行计划的障碍事实，只有用政治力量打破"；"以政治力量，完成经济建设，在中国政治史上，可以说是一个创举。突然要积弊相沿的政府，变成一个'造产政府'，自然要遇着许多的困难"。后来的实践也证明，由于先天的不足和后天的失调（执行中的偏废，注意力集中在几个大的项目上），以及情况的变化——5年以后的1937年即爆发全民族抗日战争，其执行情况与计划确实是相距甚远。

二、从整顿金融入手，组建"四银行号"与"实物准备库"

晋钞"毛荒"，金融面临崩溃的边缘，是中原大战带给山西最直接的恶果。大战之前，阎锡山为了筹措军费，满足日益增加的军备需要，不断扩大省钞发

行量。高达 7500 万元的纸币发行额，已经使晋钞陷入"毛荒"的危机之中，通货开始膨胀，山西省银行自成立以来建立的良好信誉严重动摇。政治、军事的失败，更进一步加速了经济的无奈，致使山西的金融业一落千丈——晋钞与银元的比值从 1929 年到 1931 年的 3 年间，由 1 : 1 迅速贬为 20 : 1，最低时甚至达到 30 : 1。

晋钞的"毛荒"严重冲击了山西金融，尤其是典当和银钱业，晋钞跌价后，当户纷纷以跌价的纸币赎当，仍照面额价值使用。往日当铺以足价押入的货物满架，至后取赎一空，全变为贬值的省钞。据统计，山西的当质业 1927 年为660 家，自受晋钞贬值影响后，逐年倒闭，到 1933 年仅剩下 306 家，不及半数。钱庄倒闭也很厉害。1921 年的统计数为 364 家，1930 年发生晋钞"毛荒"后，相继倒闭，直到 1935 年才稍稍恢复。连中国银行太原分行也受晋钞风潮的影响，不得不改为办事处。

阎锡山复出后，一方面需要足够的财力和强有力的经济基础作保证，进行计划中的省政建设；另一方面晋钞"毛荒"，省银行信用全无，难以维持。这样，重建省银行信用，再振晋钞就成为当务之急。为此，他设法筹集到 100 万元现洋，以这笔现洋做准备，发行了可兑现的新省钞，并按照旧省钞的贬值程度，以新省钞 1 元折收旧省钞 20 元。发行半年后，旧省钞全部收兑完毕。

与此同时，阎锡山为了整顿金融秩序，由省政府下令整顿改组省银行。根据《修正山西省银行章程》，改组后的山西省银行：1. 其性质由原来的"公私

阎锡山与算盘、秤

合办"改为"公营民监"，即"由山西省政府设置经营，由全省商民监督之"；
2. "以调剂全省金融，扶助经济建设为宗旨"；3. "为巩固业务，防止流弊起见，概不借垫军政各费"；4. "山西省银行由山西省政府授予下列之特权：（1）发行兑换券；（2）经营省金库及省建设金库；（3）募集和经理公债事务"。

这一切等于在向外界宣称和保证，晋钞决心重建自己的信用，山西省银行旨在扶助本省经济，将不再受行政干预，不会再充当军队的筹款机关。并明确了山西省银行作为山西省政府官方指定的金融机构，主导山西金融不可动摇的地位。这对于扭转晋钞"毛荒"、省银行信用扫地的颓势，无疑是大有裨益的。为此，阎锡山还想出了一个颇具成效的办法，就是利用民选的方式，把几个主要县市的商会会长选为省银行监事，由这些人定期检查省银行的库存准备和纸币发行额。先让他们了解新省钞准备金的储备情况，再由他们现身说法，向外宣传。此外，为使省银行的经营摆脱改组前信用扫地的影响，令其重新注册登记，于1932年7月转入正常运行。之后，营业颇有起色，基础也渐臻稳固。到1935年，共设有分行办事处27所，散布全省各县。

新省钞的发行和省银行的改组，虽使山西紊乱的金融秩序初步走上轨道。然而，省政建设浩大的经费需求，并不是省银行一家所能承担的，出于现实的需要，阎锡山又分别于1932年8月、1934年7月、1935年1月先后成立了西北垦业、晋绥地方铁路、晋北盐业三家专业银号。这三家银号规定的宗旨分别是：垦业银号——"活动金融，扶助晋西垦牧事业"；晋绥地方铁路银号——"发展晋绥两省地方所有铁路"，"扶助有关铁路之建设事业"；晋北盐业银号——"扶助盐户经济，调剂盐区各县金融"。

山西省银行和垦业、铁路、盐业三银号，从1936年7月1日起交由"山西人民公营事业董事会接收管理，统称"四银行号"。真可谓蒋介石有"中（央）、中（国）、交（通）、农（民）"，阎锡山有"四银行号"，堪与比肩。四银

太原市鼓楼街山西省银行旧址

山西银行发行的纸币

行号虽经营范围各有侧重，但有一点是共同的，这就是都被授予了发行纸币的大权，就这个意义上讲，它们都是阎锡山的"筹款"机关（当初的承诺是不作数的，一切以需要为依归）。它们通过垄断山西金融业务和纸币发行大权，共同统制着山西的金融，形成了山西自成一体的金融体系，成为阎锡山在山西推行"实业救国"、"建设救国"，开展经济建设之资金调节的重要保障。

1935 年 11 月，国民政府实行"币制改革"。11 月 3 日，南京财政部颁发紧急通令，宣布自 4 日起全国施行新的货币制度。规定中央、中国、交通三银行发行的货币为法币，白银收归国有，法币不兑现。限制各省银行发行纸币。面对币制改革和法币政策对山西自成一体的金融体系的限制和打击，为了继续

　　太原市鼓楼街晋北盐业银号旧址　　　　　太原市帽儿巷晋绥地方铁路银号旧址

维持山西金融一统晋绥的局面，阎锡山首先根据"法币不兑现"的政策，依样画葫芦，宣布四银行号发行的纸币也停止兑现。随即，宣称"为开辟造产途径，救济农工困难，并维持货币信用，保障人民生活基础起见"，以太原经济委员会命令："山西省银行、晋绥地方铁路银号、绥西垦业银号、盐业银号，共同设置十足实物准备库。"

十足实物准备库（简称实物库）是阎锡山在金融问题上玩的一个不大不小的戏法。法币政策一出台，阎锡山就责

太原市桥头街绥西垦业银号旧址

成专人向四银行号借了一笔纸币（不付利息，只按2%付印刷费），到省内太谷、榆次一带购买粮食、棉花等。到1932年底，实物库就在一边购买粮棉，一边筹组中成立了。实物库名义上是四银行号的实物准备库，无非是向公众宣示四银行号发行的纸币是有十足保证和足够准备的。但事实上，两者的关系是颠倒的，并不是先有实物后有纸币的发行，而是先有发行后才准备实物。先是由银行号为实物库提供本无准备的纸币，再由实物库去购买实物，然后反过来作为银行发行纸币的准备。

阎锡山赋予实物库官办性质以及许多特权——资金不受限制、承揽一些公有大单位的采购、运输结算上的优待，等等，其业务发展很快，从1935年12月成立到1937年10月间太原失守，短短一年多的时间物资及不动产达到1000万元以上。

阎锡山成立实物库的最终目的，还是为了给四银行号进一步扩大纸币发行铺路架桥。据统计，截至1935年底，山西省银行、垦业银号、铁路银号、盐业银号的纸币发行额分别仅283余万元、47余万元、110余万元、32余万元。实物库设立之后，因有库存的实物做准备，阎锡山方才又敢于大量地发行纸币。这样，到1937年日军侵入山西时，山西省银行发行的新省币达2500多万元，铁路银号发行纸币达1000余万元，垦业、盐业两银号各发行500余万元，四种纸币达4500余万元。就是这些纸币帮助阎锡山支撑起了同蒲铁路、西北实业公

司等在山西公营事业名义下的官办企业。时人将同蒲铁路称为"纸糊的铁路"，大概就是这个缘故。

三、酝酿了二十年的同蒲铁路建设计划付诸实施

修筑同蒲铁路是阎锡山十年建设的一个重要内容，也是他主政山西几十年中比较有成效的建设事业之一。

同蒲铁路完成于阎锡山之手，但修筑的创意却产生于世纪之初。山西建铁路由正太铁路起。正太铁路始建于 1902 年，是由法国道胜银行出面，又私授予法国银公司承办的。因而采用当时法国式铁路轨距，即一米宽之窄轨。正太铁路开工后，领风气之先的山西籍京官向当时的山西巡抚张曾扬提议：由本省绅商招集股本，自造一条同蒲铁路，贯通全省南北，造福桑梓。巡抚据此奏请朝廷获准，于 1907 年 2 月成立山西同蒲铁路有限公司，专司其职，测量动工。搞了三年仅铺了 7.5 公里的路基，即因辛亥革命爆发而搁置。北洋时期也曾旧事重提，但并无实质性的进展。

1927 年，阎锡山在山西督军兼省长任内，明确提出由山西本省筹资修筑同蒲铁路。同时聘请德国工程师穆兰为测量队长，筹备测量工作，制定修路计划。北伐完成后，阎锡山又提请省议会决议：由山西省建设厅筹办同蒲铁路，争取在 1929 年春动工。在此期间，一直到 1930 年中原大战爆发，已经对同蒲全线进行了一次整体勘测，并做出了初步预算。

一波三折的同蒲铁路，在阎锡山复出后，被列入"十年建设计划案"，得到南京政府允准后再次上马。1933 年 5 月 1 日（一说开工典礼是在 5 月 23 日举行的）正式开工，由太原分头向南北推进。

同蒲铁路全长约 850 余公里，以省城太原为界，南段称南同蒲，北段称北同蒲；南段长约 500 余公里，北段长约 300 余公里。原计划从动工之日算起，用三年时间使全线贯通。实际上，南同蒲提前于 1936 年元旦完工，并全线通车营业；北同蒲则因沿途多高山峻岭，工程进展缓慢，直到 1937 年七七事变爆发时，只通车到晋北怀仁，距规划的终点还有 15 公里。

阎锡山修筑同蒲铁路始终贯彻的是一个经济的原则。铁路开筑之初，他就开宗明义指出："我愿此次修一最经济之铁路。何为最经济？即坚固与省钱两

1933 年 5 月 1 日，同蒲铁路开工典礼仪式

者兼顾是也。"从这一原则出发，他坚持仿效正太线将同蒲路也修成了窄轨。在正式制定筑路计划之前，阎锡山便亲自主持作了详细的测算。在对所有八种规格的铁轨进行投资对比后，他专门作出了《山西省修筑窄轻轨铁路之理由》一书，上报国民政府铁道部。理由书中他算了一笔账：如修每米 38 公斤的宽轨，全线需要投资 9000 万元。经调查当时同蒲路沿线货运量每年约 4 万吨公里，连同客运收入（旅客 7500 万人公里），每年总计约 350 万元。如果以该路运量每年增加 30% 计算，除去利息、支出，损益扣底，50 年内不但赚不了钱，累计还要亏损 37.43 亿元。而改修窄轨，则不仅铁轨成本降低，而且能够节省大量的人力与其他材料，投资仅需 3400 万元。20 年内除收回全部投资外，并可盈利670 万元；50 年内约可赚回 30.63 亿元。正负对比利弊自明。南京政府起先对修窄轨并不赞同，后经阎锡山据理力争，并以"将来拆除窄轨，由铁道部改修宽轨"作保证，方予批准。

据说，阎锡山坚持将同蒲路修成窄轨，还有一个重要的因素。相传阎锡山曾以其族叔阎书康的名义在德国银行存有一笔巨款，根据存款合同，提款时得由存款人亲往，银行方面留有照片，以便届时核对。不料，阎书康于归国后病故，致使该笔款项"死"在银行。阎锡山托人反复交涉，德人才允许以废旧窄轨等器材付给。适逢山西要修同蒲铁路，正好移花接木。这样，既可把外国银行的存款提出来，然后由铁路收入款内，逐年加上应得的利息归还，又可以加快同蒲铁路的建设，真是一举两得。也有人说，这笔款是存在法国银行的，存款人是阎的侄子。理由是当时同蒲铁路的钢轨及机车车辆等，都是从法国的工厂购进的。

为了使同蒲路尽快取得经济效益,阎锡山采取了"分段铺轨,分段运营","边修筑,边受益"的办法。他提出每铺轨一个段落,无论站房及其他设施完成与否,都要因陋就简,先行办理营业。1934年5月太原至介休段竣工,7月1日就正式营业,当年运送旅客7.6万人,货物5.7万吨。1935年铺轨线路南北分别延伸到临汾、原平,在运营路线延长的情况下,运送旅客人数达27.5万人,运送货物达43.5万吨,全年营业收入款额总计178.64万元,货运收入占78.7%。

1934年7月,同蒲铁路太原至介休段通车

同蒲铁路云中河桥梁钢筋水泥桩工程

路过北同蒲段家岭隧道口的人,只要稍一留心就会发现一块镌刻着"尔旺洞"三个大字的石碑,殊不知这里蕴含着一个阎锡山任用和尚攻克难关开通隧道的故事。在阎锡山的家乡五台县有一个叫作边尔旺的人。边尔旺孤寡一生,半路出家,在雁门关大庙受戒,当了和尚。人常说"修桥补路"是积德行善,边氏

以此为嗜好，经年不辍。五台县窑头一带出煤，但山路岖崎行走不便，边尔旺常常背着干粮，义务修路，在百姓中颇有口碑。对此，阎锡山早有耳闻，后来他出资整修窑头道路时，便大胆聘边尔旺为领工。北同蒲的段家岭隧道，全长384.7米，地形复杂，施工难度大。工程进行到关键时刻，总工程师谢宗周提出该隧道工程困难太大，不能保证如期完成。隧道的进度直接关系到整个工程的进展。为求筑路工程顺利进行，阎锡山苦思冥想，忽然想起了他的那位同乡边尔旺。于是，差人把边请到太原，亲自出面请他负责隧道工程。那时边尔旺虽已年过花甲，但精神尚好，便毫不犹豫地把任务承担了下来。边尔旺不负阎锡山的厚望，接受任务后，不辞辛劳，领工苦战，以身垂范。1936年冬，按照工程质量进度要求，如期完成了隧道工程。隧道修成后，阎锡山对他的"知人善任"颇感得意，亲自为这个隧道题名"尔旺洞"，责成省政府秘书长、著名书法家宁超武代笔题写，镌刻成碑，立于隧道南口上方，以表彰边尔旺的奉献精神。他在与左右谈及此事时说："出家人不赚钱，给他留个名吧！"

从1933年5月典礼动工开始，到1937年抗战爆发基本贯通止，四年多的时间里，阎锡山花费了相当大的精力于同蒲路的修筑上，省署人员几乎全体总动员（筑路总指挥部的职务全部由政府人员兼任）。每周召集两次筑路会议，阎锡山亲自主持，及时解决问题，保证了工程的顺利进行。四年中不仅修成了850公里长、贯通全省南北的干线铁路，而且完成了总长度达180公里的五条支线。

由于阎锡山一切从节约出发，处处精打细算，同蒲铁路是以最省钱的办法修成的。据统计，同蒲铁路的建筑费，南段为800万元，长以500公里计，每公里平均为1.6万元。北段为852万元，长以350公里计，每公里平均为2.4万元。全线为1650万元，长以850公里计，平均每公里为2万元。不及原设计宽轨铁路9000万元的20%，也大大低于国内同期铁路建筑费用的平均水平。同期，浙赣路之浙江玉山县至江西南昌市段，全长905公里，历时6年，每公里费用平均达7万多元；江南铁路之南京至孙家壋段，全长178公里，历时22个月，每公里费用平均3.98万元。是故，南京政府铁道部称同蒲铁路费用之省，进度之快，创了世界铁路开支史之纪录。

同蒲铁路贯通山西南北，有如山西的"京广线"，堪称山西交通主动脉。这条铁路北可以联络平绥，南可以衔接陇海，东经正太以通平汉，西由太碛（口）

以达黄河,对于三晋的交通,绥蒙的发展,冀豫陕蜀的联络,以及中央及地方经济、政治、军事的发展都有着重大影响。

四、西北实业公司——一个门类齐全的"公营"经济实体

十年建设期间,阎锡山在修筑同蒲铁路的同时,所做的另一篇重头文章就是创办了集官办工矿企业之大成的西北实业公司,从而奠定了山西近代工业建设的基础。

创办西北实业公司,是阎锡山实现其十年建设计划案的一个重要而关键性的步骤。对此,他在于1945年4月为西北实业公司(后改称西北实业建设公司)本部创办的《西北实业》月刊所题写的"发刊词"中作了说明。他说:"远自九一八事变之后,国家即陷于严重的困难当中,我认为国家民族到了这种危险的地步,将来不知作何了结。鉴于古人'未雨绸缪'的话,如果今日仍然没有确实自强的计划,实不足以言救亡图存。因此我曾向中央四届一中全会,提出中国自强计划案,并本此编定本省十年建设计划案。这个计划案中规定有发展公营事业一项,因为要从事建设,非从公营事业着手,则很难成功。西北实业公司的成立,就是这个计划实施的一部分。"

事实上,早在1932年1月10日,闲居五台县河边村的阎锡山就指定边廷淦(留美学生)为召集人,在太原设立了西北实业公司筹备处。聘请散在各地的晋籍专家学者张恺、彭士弘、曹焕文(这些人后来都在西北实业公司担任要职)等为筹备委员,分设特产、矿业、纺织、化工、水利、农业、牧畜、肥料、冶金、交通、商业、银行

西北实业建设公司旧址

等 12 个组，在山西各县、西北各地进行资源调查。并在调查的基础上，制定各工矿企业设计规划。

1933 年 8 月 1 日，西北实业公司正式成立。根据"山西省政十年建设计划案"，西北实业公司作为山西公营事业的一个组成部分，自然隶属于"山西人民公营事业董事会"。公司设总经理和协理，阎锡山自兼总经理。

西北实业公司成立之初，阎锡山为它作了一个远景规划——计划在十年后每村要拥有配备 50 部工作母机的机器厂，以做到"村村有机器，无村不工厂"；三年后完成 300 部面粉机；五年后完成布机 5000 台和 20 万锭纱机；三年后完成煤产 910 万吨，供给全省自用，完成洋灰 300 万桶；五年后完成产生铁 50 万吨，钢材 20 万吨。这些计划完成后，全省总计需要工人 11 万余名。

最初的西北实业公司其实名不副实，在公司名下的实体只有办理西北特产输出的"西北贸易商行"、在绥远设立的洗毛池和在天镇设立的特产经营场等。

一年之后的 1934 年 9 月，阎锡山对山西旧有的官办工矿企业进行了一次大的改组，将原太原兵工厂所属各厂及育才各厂重新定向组合，并在厂名前均冠之以"西北"二字"品牌"。经过这次改组，这些企业摇身一变，分别成为：西北铸造厂、西北机车厂、西北农工器具厂、西北水压机厂、西北机械厂、西北铁工厂、西北汽车修理厂、西北电气厂、西北枪弹厂、西北育才炼钢机器厂、西北化学厂等 11 厂。改组后的西北各厂正式划转并入西北实业公司，成为西北实业公司的骨干企业。

西北机车厂试制成功的"复兴号"机车

与此同时，根据十年建设计划新建的西北煤矿第一厂、西北窑厂、西北洋灰厂、西北皮革制作厂、西北印刷厂、西北制纸厂、西北毛织厂、西北火柴厂、西北电化厂，以及西河口铁矿采矿处、静乐锰矿采矿处、宁武铁矿采矿处等厂矿也相继投产，规模宏大的西北炼钢厂动工兴建。

1936 年，西北火柴厂申请注册的"坦克车"牌火柴商标

这样，在阎锡山的一手策划下，西北实业公司在经过一年多的运转后，由创办"贸易商行"、"特产经营场"开始，进而囊括了山西官办的各主要工矿，成为山西工矿之集大成者，具备了工业"托拉斯"的雏形。

1935 年 8 月 15 日，西北实业公司成立两周年之际，阎锡山又正式核准颁布了公司章程。章程规定了"本公司以开发西北各种实业为宗旨"。同时对企业的组织管理、盈余分配等也分别作了明确规定。至此，西北实业公司从经营管理到内部运作，都走上正轨。此后，公司进一步发展壮大，到 1937 年七七事变爆发时，公司所辖工矿企业发展为 33 个；员工总额达两万余人（其中职员 2051 人，工人 18597 人）。工人数量占到当时全国产业工人总数 405509 人的 4.6%。不仅在山西处于举足轻重的地位，就是在全国也是数得上的大型企业。

山西的近代工业可以说是由军事工业起步的。然而到了西北实业公司时期，情况开始发生了变化。阎锡山成立西北实业公司的目的，一方面是为了顺乎社会各界对于"造产救国"的强烈要求，另一方面也是主要的方面，则在于迅速恢复和发展自己的经济实力。而在客观上则由于当时社会对工业品需求的日益增加，以及九一八事变以后国民对日货的坚决抵制和对国货的踊跃购买，使得民用产品的销路日渐看好。于是，他不仅将新建和扩建的一些企业投入民用品的生产，而且对原有兵工厂进行改造，使其中的大部分转入社会用品和民用品的生产。这种状况一直持续到 1936 年后半年。

1936 年 10 月，鉴于日伪对绥远的进犯，民族危机的日益加重，阎锡山为了在军事上预做准备，将西北实业公司机器厂管理处下辖的 10 个厂，按照军火生产的需要，改组成了 18 个厂，统属于西北制造厂名下，全部从事兵工生产。

西北实业公司从初创到 1937 年全面抗战爆发，先后只有四年时间。但是，在阎锡山不遗余力的苦心经营下，短短几年便迅速崛起，一跃成为拥有两万员工的大型工业企业，一举形成包括钢铁、燃料、电力、机械、化学、建材、纺织、兵工、造纸、卷烟、火柴、皮革、面粉等轻重工业、国防工业在内的规模可观、门类齐全的基础工业体系，对山西的钢铁、机械、化学、纺织、卷烟等工业起了奠基的作用，促进了山西的经济发展。它所形成的以重工业、机械工业为主的工业格局，一直延续到 1949 年以后。

以军火生产为基础，繁衍而来的西北实业公司，在新的形势下，虽然大部转产民品，但军火生产始终是其"保留项目"。1936 年 10 月以后，阎锡山又适时成立西北制造厂，加大了军火生产额度。据统计，从这个时期起，到 1937 年 11 月太原沦陷止，西北实业公司属下的军火生产厂所生产的军火就足以装备 30 个步兵师、4 个炮兵师。这在中华民族团结一致同仇敌忾的大背景下，无疑起到了增强抵御外侮能力、增强国防力量的作用。

然而，必须指出的是，阎锡山为了使他的西北实业公司迅速发展，在政权的支持下，直接或间接地实行对广大工人和农民的剥削掠夺，有意无意地对中小民族资产阶级的侵犯伤害，都在不同程度上延缓和阻碍了山西社会经济的正常发展。这一方面的问题作为难以弥补的损失和缺憾，同其客观上的积极作用一起永远载入史册。

五、统制经济的"土货运动"，浓厚的地方保护色彩

20 世纪 30 年代初，日本帝国主义在不断加深对华军事侵略的同时，也更加紧了其经济侵略的步伐。山西的地方经济经过中原大战的消耗，已经处于停滞凋敝的状态，在日货的大量倾销下，又面临着新的打击。当时，山西每年输

入货物总额不下 4000 余万元。其中布匹为大宗，约占 1700 余万元；煤油卷烟京广洋货颜料等生活资料，亦各在 100 余万元到数百万元。而产品输出则为数甚微，严重的出超使得民间财力日益匮乏。复出后的阎锡山为了保护山西地方经济，巩固失而复得的统治权力，推行经济统制政策，倡导"土货"运动，以为实施十年建设计划之辅助。

对于帝国主义的经济侵略、商品输出，阎锡山有一套"绝妙"的理论："现在新国家做的是什么事？依我说完全是抢得个好生活。欲求好生活，须先求好工作。所谓好工作，即以一日之工作，可得一日以上之生活，亦即以自己生产之货，卖给他人。质言之，即是抢的个卖货。政治上的多少名词，都是为卖货而产生的。所以国际上的多少战争，都是为争个门户开放，而求一卖货机会。卖货简直是今日立国的金字塔。卖货者存，买货者亡。"他用"买货"、"卖货"的通俗比喻，说明了帝国主义列强以武力发动战争，其终极目的就是为了开辟新的市场，倾销商品的道理。意识到"卖货"（商品输出）者存，"买货"（商品输入）者亡的现实。

一方面列强通过战争，抢得了"卖货"的机会；另一方面，在物美价廉的洋货倾销下，土货相形见绌，不能与之匹敌。阎锡山清楚地认识到这一点。他在 1933 年 4 月 27 日"对经济统制处职员之训话"中这样说："山西省政十年建设计划案初稿编就，我看过以后，觉得其中的多少计划，没有一个能够实行。因为无论办哪一个，也是赔钱。山西河东为产棉区，设立纱厂，理应适宜。但据纺织人才计算，虽自己种棉，自己纺纱，自己织布，自己穿，恐仍抵不住物美价廉之外货的倾销。于是想到经济建设之难关的问题，且以为如能寻得打破此难关之方策，即能建设，如不能寻得此方策，即不能建设。"

那么，"打破此难关"的"方策"是什么呢？阎锡山继续说："各国打破经济建设难关之成例，为关税政策。中国关税壁垒已破，吾人不惟不能以之打破经济建设之难关，且因之增加经济建设之障碍。后来我又想到经济统制。一方面利用政治权力，防堵外货进来。一方面仿效甘地做法，不准购买外货。如此做去，土货纵然物不美价不廉，也可以得到它的销路。土货能有销路，则本地工厂即能存在，经济建设即能着手。"一方面实行经济统制，一方面推广土货，二者相辅相成，进而推动经济建设。这就是他的结论。

基于这一认识，大约从 1933 年至 1934 年间，阎锡山开始在山西推行经济统制（即贸易统制）。其具体做法一是增加入境税，对外货实行专卖；二是发展生产，扩大输出。对于前者，主要是在以山西省政府的名义对进口洋货在统税外加征落地税，即按照海关价格抽税 2.5% 的同时，设立专门机构，垄断进出口贸易——由官办的外贸机构，诸如西北实业公司下设的西北贸易商行、河东联运营业所、天镇特产经营场，省营业公社下设的晋通花店、太原斌记洋行，以及省府直属官营资本太原土货商场等几家贸易商行控制物资贸易，如由河东联运营业所负责全省棉花、盐等物资的运输；由晋通花店专营棉花出口（垄断了山西棉花出口量的大约 90%）；斌记洋行垄断山西与德、日、美等国 18 家洋行的全部贸易。对于后者，则主要是通过给以西北实业公司为代表的所有官办工矿企业，提供政策上的优惠和资金上的方便，使这些企业的生产迅速发展，达到生产品的"自产、自用、自足"，从而在满足省内市场供应的同时，扩大地方土特产品的出口量。

与此同时，作为挽救山西濒于崩溃的地方经济的另一个权宜之计，阎锡山依靠政权的力量倡导服用土货，开展土货运动，试图在土货的营销上强行打开一条通道。从 1933 年起，阎锡山接连以省政府的名义制定了七个有关法规。通过这些法规，对国货、土货的营销作了一系列具体规定，并明令禁止销用外货。同时发动广泛的宣传运动，倡导服用土货。号召"凡我晋绥人士，果能彻底觉悟，持之以恒，群起群策，一致倡用，则两省出款，自能逐渐减少；社会经济命脉，亦可借以维持；从事建设，挽救危穷，救济农村，保障民生，胥于是赖"。

在以政策法规保证土货的合法经营、广泛宣传使服用土货深入人心的基础上，他又责成省城及各县开办土货商场，沟通买卖双方，为土货流通提供便利的场所。并责令各商号将土货、国货、外货分别陈列，作出标志，以便识别。

特别值得一提的是，阎锡山从其独特的视角出发，要求服用土货首先从机关公务人员抓起。他说："说到各机关公务人员，总应该比别人进行得快些。否则社会上不信任，你纵然提倡宣传，他亦不表同情。"因此，他要求机关公务人员"须认清服用土货是唯一的天职，也是领导人民的必要工作，于这一点做不到，就是等于渎职，就是大逆不道。希望大家要脚踏实地，多方提倡，积极做去"。

经济统制和倡导土货，确曾产生过一定的作用——前者的推行，为山西传统出口商品的开发提供了机会，创造了条件。使土产类、畜产类、丝绸类、药物类、矿产类产品的综合出口能力得到大幅度提高。仅以棉花、花椒、杏仁、羊毛、党参为例，1927 年至 1936 年，其输出增幅分别为 2%、927%、298%、37.2%、119%。随着十年建设计划项下一系列工矿企业的建成投产，工业品的输出也开始兴起，如西北实业公司生产的毛呢制品、洋灰、耐火砖等产品，就分别行销南京、天津、上海、北平、开封、济南、西安等地。后者的开展，则通过政权的力量，以超乎市场规律的做法，保护了地方经济，促进了地方经济的发展——以西北实业公司为代表的省办工矿企业，之所以在短短几年中得以迅猛发展，土货运动不能不说是一个重要的原因。

六、"寓兵于农"，以"造产救国"相号召，垦殖绥西

阎锡山早有屯兵绥边，从事垦殖的想法。曾记否？革命前，为安排退伍老兵，他就动议策划过"筹集银两，到绥远后套购地，建设农庄"。只是由于不几日即爆发了武昌起义，而未及实现。然而，这个念头却一直没有打消。

中原大战后，经过改编的晋绥军建制相对缩小。阎锡山复出后，出于与开展省政建设同样的动机，成立"晋绥军事整理委员会"，再次缩编军队。他自称，"此间军队原为每师九团，上年经汉卿改为两旅四团，每团 3000 人，实等于四旅八团。此次缩编每师裁去两团，约 2000 余人。不知者以为四团编为六团，实则八团裁为六团"。

连续两次的军队缩编，自然产生了一批数量可观的编余官兵。这些人向何处去？怎样安排？处理不当，必有后患。编余遣散的兵士，无正当职业，落草成匪，为害地方的例子并不鲜见。在考虑编余官兵的去向问题时，阎锡山联系到了古已有之的"寓兵于农"和二十多年前那个流了产的购地建农庄计划，决定援引成例，以编余军官组建垦殖队，开赴绥西河套，戍边屯垦。于是，有了名噪一时的绥西屯垦。

绥西是指闻名全国的"塞上谷仓"——河套平原。河套平原北靠狼山，南临黄河，西界宁夏至乌拉河，东通包头到西山咀。东西长约 260 华里，南北宽约 90 华里，面积约 12 万顷，可耕地 8 万顷。那里地势平坦，土地肥沃，渠道纵横，盛产米麦，自古就有"黄河百害，独富一套"之说。优越的自然条件和与山西紧密相联的行政格局，使绥西自然成了阎锡山屯兵垦殖的首选之区。

谈到屯垦的动机，阎锡山有着极为冠冕堂皇的理由，他宣称："十余年来，内乱不已，有破坏而无建设有以致之。欲挽劫运，全国上下，积极建设，发奋图强，别无途径可寻也。""锡山就职之初，即决心造产救国，并遵孙总理垦荒遗教，实行屯垦，为海内倡。"以造产救国、积极建设相号召，假绥西富饶之地进行垦殖，既可适当安置部队编余人员，又能"以兵养兵"，还可获取经济收益，真可以说是一举三得的好事，何乐而不为。

阎锡山的绥西屯垦发起于1932年初。这年2月间，遵从阎锡山"裁减军队，从事生产"的精神和授意，由当时的绥远省政府主席兼第73师师长傅作义、第70师师长王靖国、第72师师长李生达三人倡议，各编拨一个屯垦队（相当于一个连），各带原饷及应带之枪械服装，开赴后套屯垦。并在包头设立"绥远垦殖联合办事处"。倡议经阎锡山核准后，即行筹备组队。5月间，三个屯垦队组建完毕，正式开赴后套临河县属的祥泰堡开始垦种。绥西屯垦由此拉开序幕。屯垦的始发地祥泰堡亦因此而以阎锡山之字命名，改称"伯川堡"。

绥区屯垦督办办事处合作社支付券

继"绥远垦殖联合办事处"之后，阎锡山又在包头成立"晋绥兵垦办事处"，并以太原绥靖公署的名义颁布了"失业军官垦殖优待办法"，规定：凡在晋绥军中服务五年以上的上尉级以下、准尉级以上军官，因缩编编余、作战被俘离职，或因正当事故请假离职者，均可享受优待办法，报名参加屯垦。随即，根据优待办法，在自愿报名的前提下，组织了有 300 余人参加的军官屯垦队（编为三个队），于同年 7 月间开赴后套的临河、五原。

1932 年 6 月，阎锡山开始筹划更大规模的屯垦行动。经过一番筹备，8 月，"绥区屯垦督办办事处"在包头成立。办事处直辖于太原绥靖公署，负责总理屯垦事宜（绥远垦殖联合办事处、晋绥兵垦办事处先后撤销）。办事处设督办一人，由阎锡山自兼。在绥区屯垦督办办事处成立的同时，大规模的屯垦随之开始。

此后的一个短时期内，阎锡山编成了他的屯垦主力部队。这支部队包括：1. 傅作义部第 73 师第 419 团第 3 营（缺第 12 连），编 3 个屯垦队；2. 第 70 师第 407 团第 2 营全部，编 4 个屯垦队；3. 第 70 师第 409 团全部，编 12 个屯垦队；4. 第 70 师第 410 团全部，编 12 个屯垦队。共计 31 个屯垦队，分别开赴四个大的屯垦区，进行垦殖。这一状况一直持续到 1937 年全面抗战爆发，晋绥军由绥远撤回为止。

如前所述，阎锡山搞垦殖之初，是以为编余军官寻找出路为由，是以发展生产相号召的。然而，事实上到了大规模屯垦时，情况已发生了变化，这就是他的屯垦主力军并非真是由裁军过后的编余人员组成，而是成建制部队的集体改编。这里面至少隐含着如下的几层意思：其一，以屯垦为掩护，佯称裁军，虚晃一枪，实际上只是名称上的改变。这样做既可以向上应付，进一步摆出不扩充武力，专心于经济建设的姿态，取得政治上的主动权；又可不削弱已有军事力量，继续保有军事上的优势。其二，偷梁换柱，以建制部队屯垦戍边，使军事与生产结合，一方面使纯消费的部队变为生产部队，在军事之余发展生产，减少军费支出；另一方面，则借屯垦之名，以重兵进驻绥省边界地区，以便在适当的时机向东西扩展，进而取得宁夏、察哈尔。其三，有心者只消稍一留意，就不难发现，屯垦的大部队是以王靖国的第 70 师为主体的。有论者认为这是阎锡山下在绥远，用来与傅作义相抗衡的一枚棋子。原来由于商震的离晋和自己出走近一年来在时间上造成的隔膜，阎锡山对于晋绥军中非五台嫡系势力之代表人物傅作义的戒心与日俱增。为了掣肘傅作义（大敌当前，也不能排除国防上的意义），在以赵承绶的骑兵驻于绥东的同时，又以屯垦的名义，让王靖国代理督办（阎虽自兼绥区屯垦督办办事处督办，但并不直接视事，而是由王靖国驻包头，以代理督办名义处理一切），以其亲信部队王靖国之第 70 师调至绥西，名正言顺常驻绥远。

尽管阎锡山有这样那样的想法和打算，但部队垦殖，"寓兵于农"，通过生产，减少军费开支，减轻政府负担（间接地也是减轻人民负担），本身无可厚非。然而，当这种屯垦由普通的生产事业变成了专门的鸦片种植，也就是说当垦殖与阎锡山的官卖鸦片联系起来之后，其性质就不能不发生异化。

七、在禁烟的口号下官卖鸦片，一桩扯不清的历史公案

阎锡山的官卖鸦片是由禁烟（鸦片烟）引发的，其毒品的一大部分是来源于绥西垦区，这样就让人不能不把绥西屯垦与禁烟、官卖鸦片联系起来。

阎锡山在山西推行禁烟政策，始于前述之村政时期的"六政三事"。他把由此开始的禁烟划分为两期，宣称："第一期的禁烟，全用法律制裁，有犯者不惜严刑峻法以绳之。然而烟民待罪牢狱，家庭受其困累。破产亡家，比比皆是。禁烟本是救人之破产亡家，结果人民之破产亡家者，不因于吸烟，而因于禁烟。以致怨声载道，进行困难。且本省有30万烟民，若一律绳之以法，试问有此监狱能容否？故曰，以前的禁烟方法，为人情上所不许，事实上所不能。第二期即是民国十一年改定的禁烟办法。当时亦未定若何名词，但后来人称为感化主义。颁布实行以来，据各县报告，虽未竟全功，收效已达十之七八。"

然而，山西的禁烟，虽如阎锡山所说，前后两易其法，也曾在省内施行禁种政策，但由于毒品的来源并未切断——不仅陕西等邻省照种不误，而且有发达地区所产金丹料面的源源涌入，加上烟毒的社会基础依然存在，屡禁屡吸，禁烟的实际效果远不像阎锡山标榜的那样令人乐观。禁来禁去，不唯烟毒没有禁绝，还因省内禁种，使省外毒品得以趁机进入山西市场，造成大量的资金外流。阎锡山在谈到这一情况时，紧接着上面的话题说："嗣因军事影响，此法破坏，金丹料面，大批输入，每年全省因此而输出之款，约有数千万元。总计，二十年来，此项损失，当在十万万元以上。山西社会经济之穷，此为唯一的最大因素。"

面对不成功的禁烟与资金严重外流的现实，阎锡山着实大动了一番脑筋。他的思路沿着这样的轨迹行进——看起来现时要真正禁烟是不可能的。只要有烟民存在，毒品就自然有着广大的市场。与其听任毒品输入与资金外流，倒不如将这笔买卖纳入自己账下，实行专卖，在遏制资金输出的同时，增加省财政的收入。这样做，虽难免招来一些骂名，但每年数千万元的经营额实在有着不

可低估的诱惑力。他为自己找了一个不成其为理由的理由——朝野上下以烟毒牟利者岂止一人?

阎锡山尽管这样打算着,但官卖鸦片毕竟不是一件能够摆在桌面上的事情,它的实行需要一个说得过去的名堂。于是,他在复出之后,"鉴于第一期之法律制裁,既不能推行;第二期之感化主义,亦不能见效。几经研究,始按诸事实,准诸人情",首先推出了新的禁烟办法,即所谓"渐禁法",开始实施第三期禁烟。规定:"对于烟民,分开年龄,30岁以下者绝对禁止,30岁以上者分期戒除。"为此省府特颁发烟民调查表,饬令各县于1932年6月底以前调查完竣。

渐禁法出台后,阎锡山又发明了"戒烟药饼"。所谓"戒烟药饼",其实就是鸦片制成品,是以大烟土加上适当的辅料加工成的饼状物,其实质与金丹、料面无异。阎锡山将其冠以"戒烟药饼"的美称,使它由毒品摇身一变,成为戒毒之药,真可谓是"化腐朽为神奇"。他使人宣称,"戒烟药饼"是以特殊的配方所制成,吸食这种药饼,可逐渐减轻毒瘾,以至完全禁绝。

为配合这一切计划,阎锡山改组原有的禁烟考核事务所,成立"山西省禁烟考核处",置于太原绥靖公署直接统辖之下,专负制售"戒烟药饼"(实为官卖鸦片)之责。禁烟考核处在各县分设禁烟委员,以协助县长办理有关事务。

禁烟考核处成立后,遂根据事先之调查,通过下辖的层层机构,以政府的力量,直接向烟民派售"戒烟药饼",轻而易举地把持了烟毒销售权,从而实现了毒品由民间私售到政府专卖的转变,一举占领了省内市场,使外省的金丹、料面没有了立足之地。

实行官卖鸦片,就必然涉及到毒品的来源问题。据说,"1930年以来雁北各县与察、绥接壤之区,农民仿效该两省种了不少烟苗。每到烟土收割的时候,阎锡山即派人低价强迫收购,每两3角,并规定隐藏不交者严惩。农民迫于政府威权不敢不交。到1932年,共收烟膏20余万两,连同'禁烟考核事务所'存储以前没收的烟土10余万两,共30余万两,作为首批药饼"。然而,既要专卖,就必须有源源不断的、固定的毒品来源,解决这个问题最好的办法是自种,也就是官种。因为阎锡山早在20年代就标榜,山西罂粟早已禁种,再由民间大规模种植实在有违舆情。此外,官种的好处还在于"肥水尽入自家田"。

官种罂粟的最佳选择就是绥西垦区。这是因为:其一,绥西偏处一隅,较为隐蔽;其二,以军队发展生产为幌子,易于掩护;其三,后套地区土地肥沃,适合罂粟生长。这样，以发展生产，寓兵于农为号召的绥西垦区，就成了阎锡山官卖鸦片的重要原料产地。根据官卖鸦片的需要，绥区屯垦办事处对种植罂粟制定了一个庞大的计划——预计整个垦区的种植面积要达到 3 万亩。据"绥区屯垦督办办事处"编制的《绥区屯垦第四年工作报告》统计：整个垦区 1933 年种植面积为 114265.9 亩，其中：糜子 24628.5 亩，特种作物（主要指罂粟）5756.9 亩；1934 年种植面积为 131013.5 亩，其中：糜子 35565.8 亩，特种作物 9405.4 亩；1935 年种植面积为 168268.6 亩，其中：糜子 72185.9 亩，特种作物 10437.1 亩。三年之中，特种作物种植面积累计尚没有达到 3 万亩的计划。显然，仅靠垦区种植不敷销售。多年以来，甘肃、青海、宁夏等省所种大烟行销内地，大都以绥远为集散地。为了满足需要，阎锡山又另辟渠道，在绥远设立办事处，派员常川驻扎，专事采买烟土。

据统计，戒烟药饼正式发售始于 1932 年 8 月，起先每月销量约为 20 余万两，以后逐年增加。到 1937 年，前后共获利 2000 余万元。

世间有些事物的发展往往与始作俑者的初衷相背离，毒品问题就是如此。现在的人们大概不会想到，鸦片在大约一千多年前曾作为镇痛良药被广泛应用于临床。19 世纪初，当吗啡被法国医药学家从鸦片中提取出来后，曾轰动整个医学界。然而人们很快就发现，吗啡不仅对循环、呼吸、肠胃系统产生副作用，而且具有比鸦片更大的成瘾性。当一些人用吗啡戒除了鸦片的毒瘾后，又开始依赖吗啡，且戒除更难，传播率更高。于是，作为戒除吗啡的新药，海洛因被研制了出来。海洛因的镇痛作用是吗啡的 4 至 8 倍，同时也比吗啡更具有成瘾性，只要注射一两次就有了依赖，一旦成瘾就难以戒除。由此及彼，联系以往在禁烟问题上的强硬做法，阎锡山在山西推行"戒烟药饼"，并辅之以戒烟药方，在从经济利益出发控制毒品贸易，减少货币资金外流的同时，应该也有减少烟民的依赖性进而渐次禁绝的考虑。没有一个统治者希望自己治下的民众个个都是"瘾君子"。对此，阎锡山在 1934 年 10 月 13 日致赵次陇（戴文）先生转达美国艾迪博士的质问中做了这样的一番解释："艾迪博士责我以不应采取此渐禁办法，是艾迪博士禁毒理论之立场。山西不能不采取渐禁办法，是山西因果环境之事实。采取渐禁办法，既有不得已之苦衷，则此公卖制度，为过渡时期之最合理的办法，谁亦不能否认。渐进禁吸，是先登记烟民，按其年龄与体质，将药饼成分分成三等，并规定分年戒禁，烟民逐渐戒绝，运售逐渐减少，以至达到戒烟之完满目的。方法虽改，而禁烟之本旨仍旧也。至勒派烟饼，最初少数村长，亦曾有之。随即悬为厉禁，三令五申，已早无其事。此为执行者一时之错误，非政治之本意也。此项办法施行以来，在省政府每年约增加二百万元收入，兴办生产建设，救济失业人民，所关尚小；在社会减少白面（一种白色粉末毒品制成品——作者）输入，减少人民许多罪恶与扰乱，所关实大。前此不顾环境事实，采取断禁办法，我得禁烟之名，而山西社会蒙十万万元之损失，鸦片之毒易为白面之毒，人民受害更深。今顾虑环境事实，采取渐禁办法，我蒙弛禁之谤，而山西社会之困难得以舒救。试问若不行此办法，社会之现象，将为何如？"

阎锡山一生

·Biography of Yan Xishan

第十六章

"防共" "联共"

一、面临共产主义的运动，祭起"公道主义"的法宝

"公道主义"也就是人们通常所说的公道思想。在上下五千年的中华文明史中，公道主义与儒学的"仁政"，"不患寡而患不均"；佛教的"普渡众生"；道家的"小国寡民"，"恤困苦，去纷争"融为一体，积淀为一种民族传统心态，表现为一种对理想社会的憧憬和追求。因而，公道思想在中国传统文化中占有相当重要的地位——在朝者利用"公道"对社会进行自我控制、自我调节、自我整合，以期维持社会的正常状态；在野者，以"公道"、"均平"为武器，抨击社会的不公不平。阎锡山作为一个接受过中国传统文化熏陶的地方实力派，一个当权者，深谙"公道"的历史文化地位和社会功用。所以，从他当权的那一天起，就不断地通过讲演、训话、文告、手稿等形式，对"公道"思想进行阐释，并进而将其发挥发展，形成了所谓"公道主义"的政治理论。

阎锡山认为，公道就是中，是适中，是事之恰好处。公道主义是民主的基础，是济世的良方。他说："无仁爱公道，食衣住用即失其保障，是仁爱公道一贯为人类之生命。政治之事虽多，此其母也。""公道为政治枢纽，合之则治，离之则乱。""官当以公道治人，不可以权力擒人。"在他看来，公道主义既是调整人群生活中人与人之间各种错综复杂关系的道德标准，又是对人群实施管理的关键所在，是为政者必须具备的素质和条件，是一方地地道道的万用良药。

正因为如此，公道主义作为阎锡山施政的指导思想和手段，与他执政山西相始终。

早在20世纪20年代前后，为推行

　阎锡山赠张静江的签名照

"村政"，阎锡山就曾系统地阐述过他的公道主义理论，提出了所谓"公道主义的村本政治"，把公道主义鼓吹到了无所不能的地步。

到了20世纪30年代，随着共产主义运动的发展、共产党活动的深入及影响的扩大，阎锡山这个最早从理论上抵制共产主义的地方实力派代表人物，日益意识到共产主义潮流的锐不可当及其对他既得利益即将产生的威胁与动摇。尤其是与山西一河之隔的陕西红军的发展壮大和后来中央红军长征到达陕北的事实，更使他产生了严重的危机感。面临统治地位的威胁动摇，公道主义作为治人治世的"法宝"，再一次被阎锡山祭了起来，并联系现实得到进一步的强调和发挥。

此时他对于共产主义的认识，已不是仅仅停留在视为"洪水猛兽"的阶段，而是通过长期的了解研究，有了进一步的看法。他承认，"共产主义是世界上最备具'一以贯之'的中心思想的思想体系，而且在现时学术界几将普遍，在劳动界尤为有力。共产党是世界上最富国际精神，奋斗精神，群众精神的著名政党"。虽然认为共产主义的认识与方法是错误的，诬蔑共产主义运动是"造乱"和"煽乱"，但也不得不承认社会上是真"露有一个私有的大空隙"。所以，共产主义"至少可以煽动世界上十分之七以上的人民，向十分之三以下的人民进攻。"

基于对共产主义及其运动的一定程度的认识和了解，对于防止共产主义，阎锡山就有了他独特的思路和着眼点：即不是一味的防堵、排斥，而是进行仿效，加以利用。他将此归结为所谓的"以主义对主义"，"以组织对组织"。他说："共产党号称有主义，有组织，其目的在推翻现社会。他们的组织很严密，所以与官军对抗时十分顽强。我们要'剿除'共党，不能和剿除流寇一样。他有主义，我们也要有主义，我们的主义是'公道主义'。他有组织，我们也要有组织，我们的组织是好人团。"

作为对付共产主义的思想武器，阎锡山给他的公道主义赋予了较前大不同的形式，使其通俗易懂，更易于普及。从而使公道主义由对士人的说教变为统治人民思想行为的"符咒"。对此，他手编的"主张公道歌"是最好的说明。"主张公道歌"歌词如下：

其一，主张公道。公道才是社会真精神，主张公道不留情，扶助好官绅，打倒坏官绅，人民人民，大家奋兴！

其二，热心。主张公道第一要热心，热心才能擒坏人，如有公务员，做甚不务甚，制裁制裁，不稍留情！

其三，公平。主张公道第一要公平，公平才能服众人，如有司法官，断案不公平，打倒打倒，不稍留情！

其四，认真。主张公道第一要认真，认真才能做成功，如有坏军队，骚扰我人民，攻击攻击，不稍留情！

其五，牺牲。主张公道第一要牺牲，牺牲才能成大仁，有人做汉奸，勾结敌国人，处死处死，不稍留情！

在进一步阐发公道主义，实施所谓"以主义对主义"的同时，阎锡山还针对有组织的共产党，于1935年10月10日，通过省署防共会议，成立了他的政治团体——"主张公道团"，也就是他所说的"好人团"。公道团作为组织防共的主要形式，由阎锡山亲兼总团长。其组织由省而县，由县而村，分别设立省、县、村各级团部，层层发展团员。

阎锡山为公道团规定了"组织民众，训练民众，团结好人，制裁坏人，辅助行政，保乡卫国"的宗旨。同时，告谕公道团员不忘"防共"的职责，他说："共产主义不公道，今天我教你们组织公道团就是教你们拿出力量制裁坏人，消除社会不平，建立社会公道，消灭'共祸'。"

那个时期，阎锡山挂在嘴边的一句话是："'剿共'是七分政治，三分军事。

刻有阎锡山头像的主张公道团徽章

公道团受训证书

'防共'是要九分政治,一分军事。"这样,以政治"防共"为己任的主张公道团就理所当然地受到他的格外重视。不仅亲兼总团长,而且亲自编写所谓"防共歌谣",广为散发,配合"防共"宣传。同时还对县、区、村各级团长实施培训。一时间,公道团的组织和影响几乎渗透到了每一个角落。

公道团先后共存在了一年多的时间。后来由于形势的变化,而被阎锡山并入牺牲救国同盟会,成为"牺公总部会"。

二、为拦截红军,"临时抱佛脚"请来了中央军

"青山挡不住,毕竟东流去"。不管阎锡山怎样敏锐地感受到共产主义的威胁,也不管他怎样费尽心机地企图抵御这种威胁,都属枉然。共产主义运动的洪流以其锐不可当之势,席卷着中国大地。1935年10月,中国工农红军经过二万五千里长征,北上到达陕北,在与山西一河之隔的地方"安营扎寨"。这无疑对以反共为己任的阎锡山构成新的威胁。

在此之前,陕北红军的发展壮大就着实使阎锡山头痛,为将所谓"赤化"势力挡在黄河以西,他就曾奉蒋介石之命出兵陕北,配合东北军进行军事"夹击"。中央红军到陕后,阎锡山更是兴师动众,以正太护路军总司令孙楚为总指挥,率五个旅的兵力西渡黄河,参加陕北"剿共"。

岂料两度派兵入陕，并没有达到预期的目的——与红军一交战即损兵折将——两旅受挫，一团被歼，败下阵来。于是，不得不改变战术，以碉堡筑起河防，转攻为守。同时调兵遣将，在与陕北毗邻的晋西地区搞纵深配置，以求自保。

然而，阎锡山的如意算盘又落空了。到达陕北的中央红军，在"通过山西，开赴抗日前线，对日作战"的请求遭到拒绝后，组织中国人民抗日先锋军，于1936年2月20日夜，以快捷的动作，东渡黄河，一举突破阎锡山的河防工事和碉堡封锁线，直捣晋西军事重镇三交。紧接着主力部队源源过河。2月22日，东渡红军在扩大占领地，巩固"桥头堡"的同时，以一部东进围攻中阳、石楼县城，一部北向离石方面挺进，主力则南向隰县，实现战略展开。

准备东渡黄河的红军骑兵队伍

这突如其来的打击就像神话一般，阎锡山苦心经营的千里河防顷刻之间土崩瓦解。面对从天而降的东征红军，平常还算沉得住气的阎锡山顿时慌了手脚。从一以贯之的立场出发，他决定实施拦截。为此，一面迅速组织前进阵地，调整纵深配置，编组四个纵队对各路红军分别截击。一面电令各县地方团队，严整战备，固守城池，不得擅自弃城撤退。同时，连续电报南京政府军事委员会及蒋介石本人，临时抱佛脚，一边报告战事，一边请求速派有力部队及空军增援。

经过一番调兵遣将，阎锡山试图以主力纵队在汾（阳）、孝（义）一带与红军展开决战。3月6日，当红军主力由中阳方向向东推进，准备经孝义、汾阳，截断同蒲路，直扑太原之时，阎锡山下达总攻击令，发起汾孝会战。会战发起时，东进红军正好与奉阎之命向孝义、兑九峪、阳泉曲推进的晋军第2纵队杨效欧部遭遇，遂展开激战。战斗打响后，阎锡山迅速将第3纵队李生达部、第4纵队王靖国部由太原附近用汽车运送前往增援。由于李、王两部的投入，阎锡山在汾、孝地区的兵力达到14个团之多。红军缺乏炮火，攻击不力，进展缓慢。晋军方面则不仅兵力集中，而且有飞机助战。战事异常激烈，双方都有较大损失。在战事进行中，杨效欧部曾被红军两翼包围，几乎被歼。

就在阎锡山发动汾孝会战的前夜，蒋介石也电令在洛阳附近整训的中央军第25师关麟征部，限3月5日前，沿陇海铁路开抵山西灵石待命，并令驻豫北一带的第32军商震部，抽调两个师驰赴晋南协助"围剿"南下红军。另电告阎锡山，拟派三路大军入晋：一路由风陵渡过河，经洪洞、赵城向隰县"进剿"；一路由平汉线转正太路入晋，经汾阳向中阳方面"进剿"；另一路由道清路入晋，经晋城北上。每路兵力两师，统归阎锡山指挥。同时，电张学良"饬部向黄河西岸推进，以断红军后路"。

正当汾孝会战激烈进行，双方呈胶着状态之时，按照蒋介石的命令，中央军关麟征部首先到达指定地点，在灵石附近集结。在此情况下，红军变更战略，迅速从汾孝地区拉出，兵分两路：由徐海东率红25军团掉头北上，转向晋西北挺进；由林彪率红1军团挥师南下，截断同蒲路，向晋南进发。阎锡山在汾孝地区决战，将红军消灭的计划落空。

之后，北路红军先入交城县境，再掉头向北，在临县与刘志丹率领的红28军会师；接着两支部队（红25军团和红28军）由临县南下，在中阳县金罗镇与晋军杨效欧部姜玉贞旅激战，该旅第392团全团覆没，团长郭登瀛被俘。南路红军则在截断同蒲路后，一路向南，围攻霍县、赵城、洪洞、临汾等县城，并进占襄陵、侯马。

汾孝会战不仅使阎锡山消灭红军的计划落空，而且使他进一步领受到了红军不可阻挡的锐气。红军分兵后，他不再轻易出击，而是一面命令王靖国加强太原城内外防守；命令李生达、杨效欧两部以"尾追"红军的名义转移到太原，做所谓"太原决战"的准备；一面抱着蒋介石的佛脚不松手，以兵力不足为由再电蒋氏，要求继续派兵增援。

3月中旬，蒋介石再调中央军第13军汤恩伯部辖第4、第21、第89各师，及第 2 师第 6 旅、第 6 师第 18 旅、第 1 师第 1 旅等部入晋。3 月 24 日，又派空军一队进驻太原，配合地面部队作战；以陈诚赴晋坐镇。至此，中央军援晋部队达 12 万之多。

由于有了中央军的大量增援，阎锡山方才重新部署作战。从 3 月 21 日起，晋军原有的四个纵队，加上由新加入之中央军编成的第 5、6、7 三个纵队，共七个纵队，陆续向红军发动进攻，双方在晋西北、晋西、晋西南，以至晋南的广大地区展开激战，战斗持续了一个多月。红 28 军在中阳县境遭晋军杨耀芳部袭击，军长刘志丹身负重伤，不幸牺牲。

面对晋军倾巢出动和蒋介石中央军重兵增援，合力围攻，相持不下的态势，中共中央出于大敌当前，无论哪方牺牲"都是中国国防力量的损失，而为日本帝国主义所称快"的考虑，从保存中国国防力量的大局出发，于 4 月底 5 月初陆续撤回陕北。5 月 5 日，中共中央发表著名的回师通电——"停战议和，一致抗日"通电。以红军回师陕北为标志，东征之役宣告结束。随着红军的回师陕北，阎锡山拦截红军的举动也就自然而然地划上了句号。然而，有道是"请神容易，送神难"，为拦截红军请来的中央军并没有随之而去，阎锡山临时抱的蒋介石这只佛脚，竟借势插入了山西军政内部。旧的矛盾看上去是暂时解决了，但是新的问题却在不可避免地等着阎锡山。

阎锡山作为地方实力派，与身居国民党中央统帅地位的蒋介石一直处于尖锐的矛盾之中，他们交往的历史，实际上就是一部勾心斗角争权夺利的争斗史。这种争斗在中原大战时达到了顶点。此后，由于形势的发展，一度变得和缓，阎锡山埋头建设，蒋介石给予支持，在相互关系上表现出一派"融洽"的气氛。这种气氛到蒋介石亲自访晋时达到了高潮。

1934 年冬，阎锡山因父亲病重，移"驾"河边村办公，以尽孝道。11 月初，任职中枢的赵戴文突然而至，带来蒋介石要亲临河边村慰问阎老太爷，并借机商谈国事如何处理，以济危难及山西建设如何推行全国之事的消息。对此，阎锡山大感意外，婉辞不成，只好急忙进行准备。

11 月 8 日，蒋介石偕宋美龄，在杨永泰、邵力子等人的陪同下，到达太原。这是蒋氏的第一次访并。一番热情的接待，自然必不可少。那日的太原，清水洒街，黄土垫道，烟煤刷墙，红绿标语辉映，各色彩旗招展。在蒋介石下榻的王靖国公馆里，阎锡山大尽地主之谊，两人热烈交谈，其乐融融。

1934 年 11 月 8 日，阎锡山（左一）与赵戴文（左二）在太原机场迎接蒋介石（右一）

阎锡山（左一）陪同蒋介石到河边村

　　次日，也就是 11 月 9 日，在蒋介石的一再坚持下，阎锡山亲自陪同往河边村探望阎老太爷。午时前后，阎锡山与蒋氏同乘的专车缓缓驶进河边村口。由于事先的安排，河边村也是清水洒街，黄土垫道，一如太原的气氛。这时年逾古稀的阎父书堂，因患中风症已久卧病榻，出于礼节，仍使人扶持着到门口迎接。待蒋氏进得大门时，一边是虚弱不堪的阎老太爷强打精神，起立作揖，甚是谦恭；一边是以晚辈自居的蒋介石，连鞠三躬，口称"老伯"。蒋阎之间的"融洽"

275

气氛表现到了极致。在河边阎府，蒋介石一行只逗留了半个下午。其间，宾主共进午餐，阎锡山以五台家乡风味的"五盔四盘"（五台地方招待上宾的饭菜，即五碗热菜，四盘凉菜）款待他的客人。

对于蒋介石专程访晋和屈尊亲到河边村探望阎父的真实意图，时人多有不解，纷纷揣度。有言系对阎不扩充军队的承诺表示怀疑而行窥视者；也有说是对阎进行拉拢者；还有云专为商讨"围剿"陕北红军之事的；更有人将其视为一个谜。各种猜测都不无道理，抑或是几者兼而有之。无论如何，这段故事作为阎锡山与蒋介石之间关系一度和缓的注脚都是可以的。遗憾的是，风烛残年的阎老太爷，虚弱的病体已经受不起任何折腾。蒋氏的探望非但没有使他延年益寿，反而加重了病情。就在蒋介石到过河边村的一个多月之后，1934年12月17日，阎锡山之父阎书堂西去作古。有迷信之人谓："阎书堂是让蒋介石的三鞠躬给折煞了。"

何应钦代表蒋介石在阎锡山父亲灵前致祭

1935年4月2日，阎锡山被南京国民政府军事委员会授予国民革命军陆军一级上将，同授一级上将的还有冯玉祥、张学良、何应钦、李宗仁、朱培德、唐生智、陈济棠、陈绍宽等八人。

然而，无论如何"融洽"的气氛也不能永远掩盖政治对手之间的矛盾和斗争。阎锡山和蒋介石既为政治对手，又有地方与中央之别，阎锡山力求保持山西的相对独立性，维护已有的权益；蒋介石则极力向山西渗透，在经济上大搞"统一"，在人员上大肆拉拢。彼此争夺权力，以至渗透与反渗透的争斗事实上一刻也没有停止。

三、"在三个鸡蛋中间跳舞，哪一个也不能碰着"

在1935年到1936年的这个历史时期，由于华北事变、蒋介石军事"剿共"、红军东征等一系列事件的发生，风云际会多半生的阎锡山，再一次面临着复杂的政治局势，面临着日本侵略势力、中国共产党和以蒋介石为代表的南京政府三种政治力量的威胁和挑战。

在九一八事变以后，民族矛盾逐渐成为中国社会主要矛盾的政治局势下，首先对阎锡山构成威胁的是日本侵略势力。

从历史上看，阎锡山和日本方面有着较为深远的关系。早在留日期间，他就醉心于日本的军国主义，同后来成为日本军方重要成员的土肥原贤二等有过交往；1928年在北伐中借助日本驻屯军势力不战而得天津；1930年中原战败后，避居日本占据的大连；十年建设时期与日本人不间断的贸易往来……这一切构成了他在中国政界中"亲日派"的形象。他自己也曾毫不避讳地自诩："在中国会走日本路线的，只有我阎锡山一个人。"

然而，随着日本帝国主义对华侵略的步步紧逼，随着民族矛盾的进一步尖锐化，阎、日关系开始发生变化。日本在侵占东三省后，紧接着就把华北作为其新的目标。1935年，日本开始发动"华北事变"，他们在紧锣密鼓地策划华北"自治运动"的同时，也加紧了对华北的经济扩张，逐渐垄断了华北大部分的铁路、航空、矿山、工业、商业、贸易、金融。日本对华北主权的侵犯，在华北的经济扩张，特别是日益猖獗的武装走私活动带来的廉价商品的大量倾销，在把亡国灭种的危险强加在华北民众头上的同时，与阎锡山加紧省政建设，扩大生产和地方产品输出，改善山西经济，维护自己统治的利益与愿望也就自然发生了根本的冲突——阎锡山通过省政建设恢复起来的山西经济，形成的新的生产能力，需要广大的市场来支持，但却遇到了凶猛的日货倾销。煤炭是山西最主要的资源，是山西经济发展的龙头。山西煤炭原本行销华北各地，这时日本以东北的廉价煤在天津、河北一带大量销售，占领了山西煤炭市场的一大半。山西的棉纺织业同时也受到了严重的打击，由于山西地产的棉纺织品被日本廉价棉布、棉纱逐出了华北市场，导致了阎锡山新建的两家纺织厂相继破产。日本在华北的经济扩张，已经直接影响到阎锡山治下之山西经济的稳定和发展。

另外，日本对绥远、察哈尔的侵略行为，又对阎锡山造成了政治上的威胁。绥、察作为山西的北部近邻，与山西有着不可分割的历史渊源。绥远则更是以长期与山西同治的事实，被阎锡山视为禁脔。然而，从公元1935年开始，两省已被日本人盯上，先是武装侵占察省，再是在绥远的蒙古族上层策划分裂——于1936年初，在绥西成立伪"蒙古军总司令部"；5月，正式成立伪"蒙古军政府"和具有伪军性质的军事组织"大汉义军"；随即策动了对绥东晋绥军的进攻（即绥远抗战的前奏）。唇亡齿寒，察、绥的今天，未尝不是山西的明天。

更使阎锡山感到威胁的，还是日本对山西本身的觊觎。出于经济利益的考虑，日本急于开发山西丰富的自然资源，尤其是山西宝贵的煤炭资源。1935年9月25日，日本军方制定的"侵略华北计划"就明确提出："拟由正太线之石家庄与津浦线之沧州相接，再由沧州接至大沽港，目的在将山西之煤炭输出，送至津沽，再将日本之货物，输送至山西。"1936年，日本军方更进一步提出在华北新建或改建四条铁路，其中就有两条直达山西。与此同时，日本派出特务机关进驻太原、大同，加紧对山西进行特务活动，刺探经济和国防防卫情报。据记载，仅"日满铁"在1936年2月的半个月中，为调查察、绥、晋等省实业，就派出特务人员两百余名。日本华北驻屯军司令还曾公开声称要"迫使山西阎锡山、绥远傅作义势力退到汾河以南"。日本帝国主义军事和经济侵略势力双管齐下，咄咄逼人。

对于共产党，阎锡山一直是站在反对立场的。这种立场可以说从共产党一诞生就已经奠定了。1921年进山会议的举行、1927年的"清共"，以至于30年代"防共"的实施和对东征红军的拦截，皆源于此。从视共产主义为"洪水猛兽"，到一系列"防共"措施的提出，作为统治者中的一员，阎锡山逐渐认识到了共产党所代表的那股势头强劲的历史潮流。从而发出感叹："共产党是世界上最富国际精神，奋斗精神，群众精神的著名政党。""各处与共党作战，无不是以十倍以上之兵力，数十倍以上之民力，数百倍以上之财力，与数千倍以上之枪械补充力；而每为'匪军'所困者，岂能不究其所以然乎。"

红军的东征，进一步证实了阎锡山的认识。

首先，在军事上东征红军以大大少于晋军的兵力打了他一个猝不及防。两个多月的时间里，南北出击，旌旗所指遍及半个山西，使他损兵折将，赔上了1.3万之众的兵力。这不能不令他感觉到一种无可名状的威胁。因此，他不无忧虑地说："现在'共匪'虽然被我们的军队打跑，赶过河西去了，但是大家不要以为从此就可以放心。因为河长千余里，处处可渡。我们如果要把这一千多里的黄河处处都用兵把守，你们想得用多少兵，得花多少钱？如果不处处设防，又怎能保'共匪'不再偷渡？"阎锡山不能设想，假如红军再来一次东征，将如何对付。

其次，红军在所到之处组织工作队、宣传队，通过张贴标语布告、召开群众大会等多种形式，在政治上宣传中国共产党的抗日主张，扩大抗日民族统一战线的影响，发动抗日救亡运动。在此期间，中共中央还分别于3月10日和4月5日在山西发布布告，公开申明："一切爱国志士，革命仁人，不分新旧，不分派别，不分出身，凡属同情于反抗日本帝国主义者，本军均愿与之联合，共同进行民族革命之伟大事业。"中国共产党的抗日主张，东征红军的政治攻势，不仅在山西广大的民众中产生了不可估量的影响，而且对阎锡山的军心起了一定的瓦解作用，就是统治集团内部也有了明显的动摇——有的人已经感到与红军作战是同室操戈，亲痛仇快，只能对日本帝国主义有利；有的人看到红军的标语和布告法令，争相传颂。这就无形之中给阎锡山造成了沉重的政治压力。红军东征回师陕北以后不久，阎曾召集他的"自强救国同志会"的干部，出了

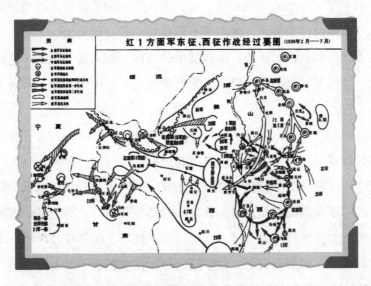

红1方面军东征、西征作战经过要图

个类似民意测试的"赞成不赞成和共产党搞统一战线"的题目，要到会的 35 名委员每人写出自己的意见，结果是赞成的 19 人，不赞成的 16 人，赞成的略占优势。

除上述两个方面之外，由于以蒋介石为代表的南京政府奉行"统一"宗旨，在政治、军事、金融等方面一步步加大了对山西的渗透，与蒋介石的矛盾由缓和而再行激化，也自然形成对阎锡山的另一方面的威胁。这种处境正如同薄一波曾在一次会议上所说的："阎锡山是在三个鸡蛋中间跳舞，哪一个也不能碰着。"

四、拒蒋、联共、抗日，一个权宜之计

来自日、共、蒋三方面的威胁，使阎锡山处于夹缝之中，战战兢兢，再一次陷入如履薄冰的境地。在阎锡山看来，无论是日本人，还是共产党、蒋介石，都是他的劲敌（尤其是作为中华民族共同敌人的日本帝国主义侵略势力），他既不能单独战胜任何一方，又不能同时把他们都当作对手。在大敌当前，亡国灭种的危险迫在眉睫的关头，必须做出明智的抉择，也就是说，必须找出一条"配为、当为、能为三者合一"的道路，找出一个所谓的"万全之策"。

就在阎锡山处于历史的十字路口徘徊之际，中国共产党根据形势的变化也适时地调整了自己的策略。毛泽东认为，华北事变之后，"在日本帝国主义打进中国本部来了这一个基本的变化上面，变化了中国各阶级之间的相互关系，扩大了民族革命营垒的势力，减弱了民族反革命营垒的势力"。因此，利用国民党统治集团内部的薄弱环节，争取其中的一部分使之成为朋友，进而建立抗日民族统一战线是可能的。于是，作为突破口之一，中国共产党开展了对阎锡山的争取工作。

早在红军东征之前，中共中央为建立"抗日反蒋"统一战线，就向山西当局发出一份建议书。建议书指出，在目前民族危机空前严重的时刻，任何偏安局面的支持和保守，都是绝对不可能的。日本帝国主义向中国任何部分的进攻，都必牵涉到对于全国的进攻，而抗日运动的部分开展，都必定影响到抗日全面的开展。所以晋省当局以为既可以不反蒋、不抗日，而又可以摆脱日本帝国主义的侵犯与压迫，则必会成为一种空泛之想，在事实上绝对不可能实现。根据晋军目前的处境，只有开展反蒋运动和开展抗日运动才是唯一的出路。

红军回师二十天之后的 1936 年 5 月 25 日，毛泽东又亲笔致书阎锡山，明确指出："侧闻蒋氏迫先生日甚，强制晋军二度入陕，而以其中央军监视其后，是蒋氏迄无悔祸之心，汉奸卖国贼无以为匹，三晋军民必有同慨。先生如能与敝方联合一致，抗日反蒋，则敝方同志甚愿与晋军立于共同战线，除此中国人民之公敌。"

在此前后，中国共产党还通过各种关系，利用各种机会，展开对阎锡山的统战工作。1932 年 2 月，中共中央邀请"中国民族革命大同盟华北联盟"主席朱蕴山，通过与阎锡山原参谋长台寿民同乡、老同盟会员的关系见阎，为阎锡山参加"民族革命大同盟"进行疏通；5 月，朱蕴山再次到山西与阎锡山晤面，进而谈到"反蒋抗日"之事；同年底，绥东抗战后，朱蕴山应阎所请，第三次抵晋，并按照中共中央北方局的意图，向阎锡山指出：在日本帝国主义步步逼近山西的情况下，依靠蒋介石和倒向日本帝国主义都是行不通的，只有团结抗战，山西才有前途。在此基础上，中共中央又派彭雪枫、周小舟等到太原，与有关人士直接接触。

中国共产党的争取工作，对阎锡山的抉择产生了不可忽视的影响。在抗日民族统一战线的感召下，他在重重矛盾之中进行着反复的权衡——从九一八事变以来的种种迹象不难看出，日本帝国主义亡华之心不死，国之既亡，省将何存？救亡图存是每一个有良知的中国人共同的呼声，反之必为"千夫所指"，成为历史的罪人。由此看来，"抗日"是历史的必然，是大势所趋。蒋介石逼迫阎锡山出兵"围剿"红军的一箭双雕之计，可以说是"司马昭之心，路人皆知"。而以山西一隅之地反蒋，实有力所不逮之虑，中原大战的教训不能不谓之深刻；拥蒋虽非内心所愿，但作为地方政府无论从哪一方面计，都需要取得中央的支持。所以对于蒋介石，是既离不开，又不得不防，"表面拥蒋，实际拒蒋，保持自己的独立性"，也许答案只能如此。对于共产党的反对立场虽然不愿根本改变，但是不可否认，共产党的抗日主张，共产党的抗日民族统一战线政策是民心所向，代表了中国现时民众的利益和愿望。现实的情况是："东北失守，张学良退出东三省，坚持抗战的都是共产党，没有一个国民党。假如日本人打进山西来，山西抵抗不了，蒋介石也抵抗不了，怎么办？"那么，借助共产党的力量，抵抗日本的侵略，保卫山西，未尝不是一条生路。由此出发，阎锡山做出了他的历史抉择，这就是："拒蒋、联共、抗日"。

五、在抗日救亡运动的浪潮中，"山西牺牲救国同盟会"
应运而生

九一八事变后，在严重的民族危机面前，广大民众强烈要求组织起来，团结御侮，救亡运动迅速高涨。阎锡山从他所一贯坚持的立场观点出发，对于群众运动的认识是："明知组织起来是个乱子，不去组织是个空子。为了防止人家钻了空子，出了乱子，还不如自己组织，掌握在自己手里。这样就可以防乱子，补空子。"

因此，他觉得有组织群众团体，将群众运动纳入自己的运行轨道，利用他们为自己服务的必要。于是，在他的支持和许可下，从1932年开始山西省城太原先后出现了"中国青年救国团"、"建设救国社"、"山西民众监政会"、"文山读书会"、"植社"等一系列大大小小的"御用"群众团体。这些团体由政府提供经费，由与政府有关系的人员领导，直接或间接地受阎锡山的支配。阎锡山利用这些团体把握群众运动的脉搏，操纵山西的政治风向。

各团体由于分别只向阎锡山负责，彼此不相联系，互相间经常发生冲突与摩擦，以致难以协调领导。1936年春，阎锡山又以"自强救国"相号召，将所有由他控制的群众团体统一合并，组织成一个新的团体——"自强救国同志会"。

　　　太原海子边的抗日救亡集会

自强救国同志会一改过去遮遮掩掩的做法，不再以群众团体的面目出现，而是直接打出了官办的旗号，由阎锡山亲任会长。虽然没有自己完整的纲领，但较之以前的那些群众团体，其"御用"性则更强，政治色彩也就更加浓厚。自强救国同志会的主要作用在于宣传阎锡山的政治主张。由于形势的发展变化，阎锡山逐渐提出了一系列新的政治主张，如"动员人力、物力、财力，迎头赶上现代化的国家"；"组织民众，训练民众，武装民众，准备抗战"；"主张公道"和"牺牲救国"等，所以这个组织也就自然而然地在一定程度上起到了宣传抗日救亡，推动抗日救亡运动发展的作用。

1936年8月初，伪"蒙军"发动进攻绥东的战事。日本的侵略已经直接威胁到阎锡山的生存。危急关头，他进一步感觉到组织发动社会进步力量的必要性。于是，他开始改变以往"防共"、"剿匪"的政策和提法，提出"中国今日第一个问题就是何以图存的问题"，开始把中华民族生死存亡的问题摆在重要地位。正是在这个时候，自强救国同志会中的左派青年戎子和等人在暑期训练班上倡议组织一个救亡团体——"抗日救国会"。这正好与阎锡山的想法相吻合，当他得知这一情况后，当即表示，"组织民众救国很好"。同时指出："抗日救国是共产党的口号，我们不能用。而且这样提对日本人也刺激太大，反而会惹出祸来。我们主张'守土抗战'、'牺牲救国'，就把'抗日救国'改成'牺牲救国'吧！"

由于得到了阎锡山的首肯，左派进步青年倡议组织的救亡团体，于1936年9月18日在"九一八"五周年纪念会上发起，并于一个月之后的10月18日正式宣告成立。组织名称则按照阎锡山的提议，称作"牺牲救国同盟会"，简称"牺盟会"。牺盟会在形式上和自强救国同志会一样同属官办团体，也由阎锡山自兼会长。然而由于形势的变化，牺盟会明确宣布："本会以铲除汉奸，武装抗敌，牺牲救国为宗旨"；"武装起来，驱逐××（按：指日本）帝国主义，收复失地！"这就使其实际内涵比前者又大大地进了一步。

这时的阎锡山虽然已经开始决定选择"联共、抗日"的道路，但是在蒋介石尚没有放弃"剿共"政策的大形势下，他又不愿意走得太远。鉴于发动群众、组织民众离不开共产党的做法的现实，阎锡山采取了能够左右逢源的新策略，这就是："请一位坚决抗战又有号召力的共产党人，但是不以共产党员的面貌出现，而是以山西抗敌救亡活动家、组织家的面貌出现；采取共产党的进步措

牺盟总会工作人员在太原晋祠联欢时的合影，站在后边亭
阁上右起第一人为牺盟会负责人薄一波

施和主张，但在提法上要换成'山西话'，组织上戴山西的'帽子'即官办团体的'帽子'；借助共产党的政治影响、做法，但又打着山西的旗号——这样来扩充实力，应付危机，渡过难关。"基于这个策略，他以"共策保晋大业"为名，邀请山西籍的共产党人、曾经被他通缉过的他的忻定小同乡薄一波回山西。

1936 年 8 月下旬，阎锡山派郭挺一到北平狱中看望了薄一波（1931 年 8 月底被捕，关在草岚子监狱，即北平军人反省院）。据薄一波回忆，郭挺一对他说："'阎先生派我来营救你，带来了活动经费和给宋哲元的信，请宋帮忙。另外阎先生还有信带给你。'……当时，郭挺一并不知道阎锡山的真正意图。他向阎电告我即将出狱的情况（按：指组织已经安排营救），特意说明，薄一波现在还是共产党员，他认为阎锡山不会用真共产党员，结果恰恰相反，阎立即发来一份电报，要郭转给我。电报大意是：目前山西形势危急，'希望一波兄回晋，共策保晋大业'……我出狱后，是邢西萍（徐冰）和我接头、联系。有一次在谈完正事后，顺便讲起阎锡山派人邀我回晋工作，我已经拒绝了。"这一情况汇报到中共中央北方局后，薄一波很快得到指示："必须到山西，与阎锡山开展上层统一战线工作。"接到北方局的指示后，薄一波先到山西考察了四十天

1937 年 5 月 1 日，牺盟会在太原文瀛湖举行群众集会，纪念国际劳动节

左右，在得出"山西确已形成可以推动阎锡山参加抗日民族统一战线，开展群众性抗日救亡运动的有利形势"的结论后，回北平通过徐冰向北方局作了详细报告。10 月下旬，根据北方局的指示，薄一波与杨献珍、董天知、韩钧、周仲英等四名共产党人一起正式赴晋工作。

薄一波一到山西，就接办了成立不久即在日本侵略势力及各方反对派非难下，被搁置起来的牺牲救国同盟会。由于薄一波等共产党人是以阎锡山请来帮助做救亡工作的名义，而不是作为他的部下加入牺盟会的，从而也就使牺盟会在性质上发生了变化——由一般意义上的官办团体，变成了阎锡山与共产党合作救国的一种组织形式，一种特殊形式的统一战线组织。同时，由于共产党人加入，给牺盟会注入了新的活力，牺盟会重新获得了生机。在牺盟会的领导和推动下，从 1936 年底开始，山西的救亡运动以阎锡山意想不到的速度迅速掀起高潮——抗日救亡宣传广泛深入地展开，军政训练班、民训干部团、村政协助员训练班、牺盟特派员训练班、国民兵军士训练班、国民兵军官教导团等各种类型的训练班相继举办。

阎锡山同意创办牺盟会，任用共产党人，使山西的救亡运动走在了全国的前列。曾于 1937 年 2 月访问过太原的著名记者范长江这样描述当时的情景："现在的太原可以说是对外空气最紧张的地方。我到太原的时候，正是旧历正月十五前后，一切旧的游艺组织，如秧歌、高跷、社火、梆子戏等，都一齐搬了出来，热闹非常。但是这些旧东西，却完全换了新的内容。一种有组织的力量支配着这些东西，他们唱歌的演戏的材料，或是已经成为抗日救亡的题材，或者加入许多抗战的口号。这种做法，普及到全省。"

对于任用共产党人的结果，阎锡山颇有点自鸣得意。他回答一些反对派所谓"共产党在山西搞赤化"的疑问时说："政治上摆了第一等的好事不做，即丢掉了第一等人才；摆了第二等的好事不做，即丢掉了第二等人才；第三等的好事也不做，第三等好人也都离开你。现在，抗日是第一等好事，就得用第一等的好人去做。人家一讲抗日就说是共产党，这样就把第一等好人推到共产党方面去了。""冬天穿皮袄，夏天穿汗衫，需要什么就来什么。现在需要牺牲救国。"

阎锡山一生

Biography of Yan Xishan

第十七章

"守土抗战"

一、"守土抗战"，有地方特点的抗战主张

阎锡山地方实力派的地位决定了他在任何时候任何情况下都要为自己的立足之地而奋斗。纵观他对山西二十余年的统治，就会发现其间都离不开一个"守"字——能向外发展，就趁机向外发展，不能向外发展时，就退回娘子关，闭关自守。入湘作战后的"保境安民"是这样，中原大战后埋头于建设也是这样。因而晋军以"守"闻名，他以"守"存在。大敌当前，他又用"守土"二字来说明他的抗战思想，在全国独树一帜，提出了有地方特点的"守土抗战"主张。

阎锡山对于"守土抗战"的认识，可以上溯到 1932 年初。当时，刚刚就任太原绥靖公署主任不久的阎锡山，鉴于日本占领东三省所带来的民族危机，向国民党四届二中全会提交了"请政府检拨十万劲旅死守锦州以救危亡案"，指出："日本以武力占我东三省，其逞强蛮横，藐视我国家之主权与国际间之正义，至此而极。今者日本野心未死，节节进逼，其处心积虑，势必亡我东省全土，吞我东蒙全部而后快意。当此危急存亡之秋，苟措置不当，华北数省，覆亡堪虑。在此人存我亡，间不容发之际，为国家主权领土而牺牲，为人类公理正义而奋斗，为我民族存续而流血，义之所在，皆不能因循迁缓，再取无抵抗主义，退却揖让，以自取灭亡。夫日本既以武力占我领土，我即不愿轻与宣战，亦宜以铁血主义，坚抗死守，不使日军横冲直撞，如入无人之地，得寸进尺，而后乃可以徐图自存也。"明确表示了对"不抵抗主义"的不同意见，及其以"坚抗死守"保卫领土主权的态度。

1935 年，作为华北事变的重要内容之一，日本侵华势力策动了所谓的"华北自治运动"。华北自治运动一开始，日方就把阎锡山作为重点争取的对象，通过各种关系进行拉拢。1935 年 6、7 月间，日本驻北平使馆武官高桥坦首先到太原访晤阎锡山，要他出任"华北自治政府"的头面人物。随后，日本陆军部满蒙课课长，以及与阎锡山有同学关系的日本特务机关头子土肥原贤二接踵而至，对他再事拉拢。1936 年 1 月 13 日，日本天津驻屯军参谋中井偕新任太原特务机关长和知飞往太原见阎。他们原以为阎锡山与蒋介石中央政府之间有

着由来已久的矛盾和斗争，只要以支持反蒋许之，努力争取足以使阎就范。出乎日方意料的是，在这个问题上阎锡山的头脑是很清醒的，他用一句话说明了降日的下场，这就是"千人所指，无病而死"，为智者所不为。所以，在日本人的拉拢面前，他抱定"极力忍耐敷衍，但不出头负责"的态度，对频频而至的说客一面优礼有加，一面婉言相拒。对此，《蒋总统秘录》作了如下记载："六月，日军对于华北五省当政者的政治工作，也还是进行得颇为起劲。日方所寄予期待的是山西的阎锡山。二十四年六月下旬，日本陆军省当局满蒙工作的负责人前往太原访问。其后，日本大使馆武官高桥坦以及驻天津的'支那驻屯军'干部，曾陆续到晋。不仅阎先生没有为他们动摇，反而在报端发表公开信，将日本阴谋揭穿。并更致函孔祥熙，道出：'看到来太原访问的日本军官所持军事地图，显示日本最初只想利用黄河以北，作为日苏交战时的补给基地，但现扩大及于长江以北地区'。呼吁中央，提高警觉。"

在拒绝出掌"华北自治政府"的同时，1935年10月26日，阎锡山赴南京出席"中国国民党第四届执行委员会第六次全体会议"，并参与拟定"三十年防守国策"。11月26日，阎锡山于极为难得地在南京逗留了一个月之后，返回山西。同年12月，就任国民政府军事委员会副委员长。

1936年秋，日本关东军指使蒙伪军发动了对绥东的进攻，晋绥军奋起反击。

在历史的推进中，阎锡山当初"坚抗死守"的想法逐渐演变成了"守土抗战"的政治主张。1936年11月23日，他在给李宗仁白崇禧的电报中说："日人得寸进尺，凶焰日张，全国动员，守土抗战，实为必要。"第一次采用了"守土抗战"的说法。同年12月28日，他在"绥署省府扩大纪念周"发表讲话。讲话在提及西安事变终得圆满解决时说："此后只有希望我民族，全体站在一条线上，努力奋斗，挽救危亡，复兴民族。应抱定人不亡我，我不惹人的弱国态度，守土抗战，踢破经常范围，加紧自强。"正式在公众场合提出了"守土抗战"这一命题。此后，阎锡山在各种场合，通过各种形式，对"守土抗战"作了进一步的阐述和诠释，并使之与"牺牲救国"结合起来，成为山西朝野的共识。

阎锡山的"守土抗战"既不同于冯玉祥的"收复失地"，也不同于蒋介石的"准备抗战"，而是有着自己独特的内容和含义。按阎锡山自己的话说，"什么叫守土抗战？以反侵略反畏缩的意义，站在整个国家责任的立场上，纯论是非，不顾成败的抗敌行为"就叫"守土抗战"。也就是说，面对日本的侵略，在财力、物力、经济力都不如人的情况下，"能成功，固是该守土抗战，不能成功，也应该守土抗战"。"准备的力量足以抗战时再抗战的意思是倒因为果。抗战是为守土，不应因准备而不抗战，即不应因准备而不守土。""但守土抗战不是一部分人的责任，实是全部分的责任，应当大家一齐努力。为保全国家，抱弱国的态度，不能不向人低头；但不能常向人低头，且常向人低头也是无益的。应当赶快踢破经常范围，加大预算，武装民众，加紧自强，使我们的国家，与人立于平等自由的地位。"

然而，守土抗战并不是不要准备，也不是硬拼蛮干，必须要有相应的物质基础。阎锡山是一个讲究实际的人，在倡导"守土抗战"，阐述自己抗战主张的同时，从守住山西这块"土"的目标出发，从增强山西的国防力量入手，做了一系列的准备。除扩大西北实业公司的军火生产，加紧制造枪械，增强部队装备之外，他还征得国民政府的同意，从1935年开始，在山西南起娘子关，经龙泉关、平型关，沿晋绥东部省境修筑绵长的"永久性"国防工事。这些国防工事到七七事变爆发时基本完工。

全民军训也是阎锡山为守土抗战预做准备的一个重要内容。基于"守土抗战不是一部分人的责任，实是全部分的责任，应当大家一齐努力"的认识，从1936年底开始，他首先对各机关公务人员实施集中军训，抽调正规部队军官教练军事动作和打靶。对各县行政人员的要求，则由警官担任教官，每天上军操。同时在各学校也实行军训，规定高中一年级以上的学生都要接受军训。为此，凡有高中班的学校都派有军训教官和助教，分别教练学生学科和术科。寒暑假学生还要进行野营和到野外学习训练。1937年全面抗战爆发后，山西有过以一所中学大部分师生为基础建立的抗日武装，似与这一时期普遍的军事训练不无关系。普遍的军事训练造成了一种全民皆兵的气氛，据一位在当时访问过太原的记者说，他在太原街上遇到的人几乎有一半是穿军装的。

二、绥远抗战，"守土抗战"的第一次实践

丰富的物产与矿藏，以及与外蒙接壤的地理位置，使绥远有着重要的战略地位。因而也就成为日本侵华战略的主要目标之一。为实现侵占绥远的战略目标，日本关东军不惜以枪械与巨款扶植蒙古王公德穆楚克栋鲁普（德王）作傀儡，

以 200 名日本军人为顾问，成立伪蒙古军。

1936 年夏初，德王在日本特务机关的指使和操纵下，加紧扩军备战，部署侵犯晋绥军驻守的绥东。一时间，日本的特务活动益形猖狂，日本军用飞机不断在空中侦察，潜伏在各地的汉奸也蠢蠢欲动。面对绥远的危机，时任绥远省主席的傅作义于 6 月 1 日赶赴太原，向阎锡山请示机宜。阎锡山立下决心，誓保国土，指示傅作义"绥省重要城镇，各筑永久工事"。

7 月底 8 月初，伪蒙军首次犯绥，进攻傅作义所部驻守的土木尔台、红格尔图。在傅部奋起还击的同时，阎锡山命令骑兵赵承绥部配合作战，迅速打退了伪蒙军的进攻。

行军途中的绥远部队

打退伪蒙军 8 月的进攻之后，阎锡山预料日后必有大举侵绥的行动，于 9 月 14 日上书蒋介石，指出："自王英匪（按：汉奸，日本人扶植的伪大汉义军司令官，参与指挥过 8 月的进攻）击溃后，绥远晋北，表面上虽较沉静，然日方积极招匪调兵，预备甚力。盖以王匪试探我方决心，以作其准备之标准，恐秋冬之交必再来犯。""预估敌人最大兵力，不过 5 万，日军参加，不过 1 万左右。山意对彼第一次来犯，必须暗集 7 万以上兵力，出其不意一击，始能迅速战胜，或可期其暂不来犯，使我得以从容布置。"主张从全局考虑，实行"统一国论"、"制止汉奸"、"下令征兵"、"非常财政"。同时，调集晋绥军第 19 军（王靖国部）在晋部队（该军原有 4 个团在绥）、第 68 师（李服膺部）并独立第 7 旅（马延守部）、独立第 8 旅（孟宪吉部）、炮兵 4 个团为先遣，先以第 68 师一部开绥，其余分驻晋北及大同附近集结，由傅作义随时调用。召集晋绥全体军官轮流到省城听训，通令在绥各将领，表示自己决无保存晋绥军的实力，到他省苟活的意思，"告我全军遇敌作决死战"。

在此期间，应阎锡山所请，蒋介石派中央军第 13 军汤恩伯部、骑兵第 7 师门炳岳部入绥助战。

10 月 11 日，根据日益紧急的敌情，阎锡山用电报命令颁发了绥远方面的战斗序列，分别任命傅作义、汤恩伯、李服膺为第 1、2、3 路军总司令；任命王靖国为预备军司令官；任命赵承绥为骑兵军司令官，各率所部，严阵待敌。并于 23 日电报蒋介石，告知："绥远境内并无伪匪军，我军现已在绥边之兴和、陶林等县驻有重兵，并做国防工事。其延边之红毛营、玖瑰营、大六号、高家地等处，亦并分扎军队。已令傅主席遇有敌探，立即拿获枪毙。倘果入境来犯，即予迎头痛击，追踪追剿。"

正当阎锡山调兵遣将，完成基本部署之时，11 月 5 日，德王以百灵庙特税改路一事，向傅作义发出挑战性的通牒电报。在接到傅的请示电后，阎锡山"电"授机宜："德王此电显系开衅之先声，师直为壮，我方自当一一明白答辩，免

1936 年 10 月 31 日，蒋介石（左四）、宋美龄（左三）在洛阳与参加他 50 岁生日庆典的阎锡山（左五）等合影

为所诎。唯原电所列各点，此间有不甚详悉者，应由执事饬辩驳电稿拍来核定再发。但文首必要的话，须说出者为：'自来辩难之文，有强词夺理者，未闻有颠倒是非者。接诵大电，深悉尊处于各案之是非，尚未明了，颇引为憾也。兹待分条答复如左，幸详察焉，云云。'至百灵庙特税改路一事，系商人因绥蒙交涉纠葛为时太久，自由变更路线，我所深知，当应据理答辩。其余应变各节，及不能应允之无理要求，亦须振振有词，使中外共见共闻，知其曲不在我也。"

事已至此，日伪大举犯绥只是一个时间问题了。

日伪将进攻的第一仗选择在红格尔图。红格尔图地处绥察交界之要冲，绥东门户，是商都通往百灵庙的必经之地，又与百灵庙、大庙（锡拉木楞庙）连成掎角之势，具有重要的战略地位。敌军目的在于从此打开绥东门户，然后三路进兵，会师归绥，进而占领绥远全境。

11 月 14 日上午，王英伪军主力从商都倾巢而出，全力西犯。15 日，王英部 1500 余人开始向红格尔图猛攻。

15 日半夜，阎锡山以傅作义、赵承绶于红格尔图之战正式打响后到达集宁前线指挥作战。他们分析：敌主力所在方向，不在兴和，也不在百灵庙，而在于商都，其企图是待王英攻红格尔图得手，即南犯平地泉；进犯红格尔图之王英伪军，部队庞大，挟其优势围攻我红格尔图的孤军。如敌得手，则可增长伪军的气势，威胁绥省之民众，影响我军之士气；并有可能西出绥西，形成对我军的严重危害。因此，对王英伪军"若不急于扑灭，使其任意活动，确最危害于我"。

有鉴于此，11 月 16 日上午，傅作义与赵承绶发出作战命令：由骑兵第 1 师师长彭毓斌率骑兵 4 个团，由步兵第 218 旅旅长董其武率领步兵 2 个团及炮兵 1 个营，在彭毓斌、董其武统一指挥下，以迅雷不及掩耳之势歼击红格尔图附近之敌，并限于 17 日夜间发起袭击。

这时，王英伪军在前线约有三四千人，除以一部围攻红格尔图，其余分布于土城子、打拉村等处。18 日凌晨 2 时，董其武率所部对集结在土城子、打拉村一带之日伪军进行分割包围，分别予以聚歼；同时令骑兵团秘密迂回打拉村、土城子以东地区，截击溃退和增援之敌。

战至 18 日，傅作义命令 2 个团和 1 个炮兵营驰援前线。日伪军也将兵力增加到 7000 余人。凌晨，彭毓斌、董其武命令部队抢在日伪军之前发起总攻，将敌分割包围，日伪军仓猝应战，顽抗至拂晓，丢盔卸甲东逃。8时，傅部乘胜追击日伪军余部至察哈尔省境，战役结束。红格尔图之战以少胜多，捣毁日酋田中及王英司令部，毙伤日伪军1700余人，俘虏300余人，缴获大量日军辎重、机要文件和电台、密码本等。粉碎了日军侵占归绥的企图。

蒙伪军败退，结集于百灵庙。

在红格尔图激战正酣之时，11月17日，蒋介石由洛阳飞抵太原，二次莅晋。蒋氏这次到并，用意比较明确，主要是和阎锡山商谈绥远及与日关系问题。就在飞抵太原的前一天，11月16日，蒋介石曾电报阎锡山，要求"即令傅主席向百灵庙积极占领，对商都亦可相机进取，对外交决无顾虑，不必犹豫。以弟之意，非于此时占领百灵庙与商都，则绥远不能安定也"。此番来晋面议，蒋阎之间想必在这方面取得了一致意见。

18日，蒋介石结束太原之行，乘飞机返洛。随即阎锡山所部开始部署收复百灵庙之战。

百灵庙是内蒙古乌兰察布盟草原上的一个有名的召庙，位于绥远省会归绥城西北约340余华里，是内蒙古西部交通要地。从地形看四周有山环绕，庙旁有小河两条（即艾不盖河和塔尔洪），有公路南通归绥、包头，东连察哈尔，西达宁夏，西北沿草地可抵新疆，北与蒙古人民共和国相邻。庙内有喇嘛五六百人，庙的东面有一条街，是商业中心。"自德王投靠日军后，该地即沦为日军侵犯绥远的桥头堡，盘踞着日军特务机关、伪蒙军1个师，总兵力达3000余人，设防极为森严。"

日伪军进犯红格尔图未逞后，化德（今内蒙古自治区乌兰察布市化德县）特务机关长田中隆吉与德王，"深恐傅军乘胜捣其巢穴，遂即抽调兵力增强商都和化德的防务。一面令伪蒙军胡玉山、李振铭两部暂时担任商都守卫之责；一面令'大汉义军'副司令雷中田，率领金宪章、石玉山、葛子厚、赵奎阁等部，开往大庙（百灵庙北二百华里）一带集结，张万庆率安华亭、王子修等部开往尚义、南堃壕一带，积极准备，以图再举"。

与此同时，红格尔图之战获胜的当晚，傅作义即在征得阎锡山同意后，决心乘红格尔图初战告捷之声威，敌一时难以集结再犯之机，先发制人，立即发起百灵庙战役。此战的意图是要同时达到"歼灭敌军"和"收复百灵庙"两个目的。傅作义在《收复百灵庙之机密作战计划》中，对作战方针、袭击方式、兵力配置、战术指导及战后处置等各项重要原则，作出详尽的规定。

11月20日，傅作义在归绥召集孙长胜、孙兰峰及袁庆荣等主要将领，部署作战事宜，要求在24日前"以最速疾动作，敏快手段，于增援之敌到庙以前，袭取成功，期能各个灭敌"。当晚，孙长胜、孙兰峰等驰赴武川，第35军副军长曾延毅也进驻武川指挥作战。各部队按照指定地点，于11月22日午后10时前，集结完毕，并互相取得联络。

11月23日，由黄昏到深夜，在从二份子、公胡同一带直到百灵庙的条条大路上，全体官兵个个斗志昂扬，情绪高涨，虽然气温在零下十几度，积雪尺余，行进非常吃力，而各部队均于当晚12时到达攻击准备位置，向各攻击方向及地点开始攻击。由于我军行动极为秘密，日寇及匪伪军事先毫无察知。百灵庙及其周围山上、山下虽有坚固工事，但无日伪军防守。当我各路部队进入敌前沿阵地时，日寇及匪伪军仍未发觉，及至我军将敌警戒哨兵捕获，听见我军枪声大震时，始从梦中惊醒，起而仓皇应战。

11月24日凌晨，环绕百灵庙的山丘之内，敌我两军展开全面激战。正当我攻击部队向纵深突击时，日特务机关长胜岛角芳拔出战刀亲自指挥督战，集中全部火力，拼死阻止，并向女儿山阵地增加轻重机枪十余挺。激战达三四小时，敌军凭借工事和炽盛的火力顽固抵抗，攻击部队进展受阻。这时，离天明只有两个小时的时间，如若不能尽快结束战斗，天明之后敌之援军赶到，再加上飞机配合作战，后果难以预料。

情急之下，总指挥部决定全力以赴发起拂晓总攻，务必在拂晓前全歼守敌，收复百灵庙。于是，集中猛烈炮火向女儿山作摧毁性射击，掩护装甲车队及步兵攻击前进。瞬间，12门山炮同时发射，短时间内敌阵地即被我军猛烈炮火所摧毁。接着，装甲车由东南山公路向敌阵冲击，驾驶兵前赴后继，一直向敌阵猛冲。继而，汽车6辆载步兵也由最大的山口冲入。敌不支，纷纷向庙内败退。我攻击部队乘胜跟踪，追入庙内。胜岛角芳和伪蒙军师长穆克登宝，见我军已攻入庙内，援军又一时上不来，再顽抗下去，势必为我军俘虏。乃急乘汽车数辆，由日军官兵用机枪射击掩护，朝东南方向，夺路冲出，狼狈逃窜。伪匪军因指挥官逃遁，随即全线崩溃，纷纷向我军投降。激战至24日上午8时，我军全歼日伪军，收复了百灵庙。

百灵庙一役，伪军伤亡七八百人，被俘300余人。

晋绥军进驻百灵庙

百灵庙为日伪多年经营的军事政治要地。百灵庙被阎锡山所部收复后，日军的全盘企图与既定政策遭受严重挫折，自不会甘心。11 月 29 日，田中隆吉和德王在嘉卜寺召开军事会议，策划"以大庙为基地，夺回百灵庙"。

晋绥军对此早有预案。11 月 28 日，傅作义、王靖国、赵承绥即在归绥会商，制定了新的作战方案。当即"策定将敌遮断，各个解决之方略"，即将王英伪军和大庙之敌加以分隔，集中在绥部队主力，予以各个击破，以实现既歼灭敌军，又保卫百灵庙和攻占大庙的目的。

按照预定计划，攻占百灵庙的晋绥军主力于 24 日下午 3 时悉数撤回集结地二份子镇一带待命。随即，日伪军发起对百灵庙的反攻。12 月 2 日晚，敌以装甲车 10 辆为前导，以汽车载兵千余人从大庙出发，于 3 日凌晨窜到百灵庙附近。同时以飞机 7 架，轰炸百灵庙阵地。晋绥军按预定部署，经过二十多个小时的战斗，至 4 日晨 4 时左右，毙敌"大汉义军"副司令雷中田及伪军 500 余人，俘敌 200 余人，一举粉碎了敌人的反攻。经此一战，王英伪军主力遭到严重打击。

锡拉木楞庙在百灵庙东 70 余里处。反攻百灵庙惨败后，伪蒙军第 7 师与王英伪军残余退回锡拉木楞庙休整。这时的德王为了有意保存伪蒙军实力，不愿其基本武力第 7 师与王英伪军同驻一处，特电令将伪 7 师驻锡拉木楞庙的部队调往布拉图庙集中。但德王的这个命令当即遭到王英伪军和日本顾问的强烈反对，伪7师所派的岗哨和警戒部队全部被撤下，改换王英伪军接防。于是，伪军金宪章部担任了锡拉木楞庙的防务，石玉山部负责庙南30里的哈拉伊力根的警戒。伪军内部争斗的激化，成为晋绥军进攻锡拉木楞庙的有利时机。

由于傅作义及其绥远当局早在开战之前已设立专门机构和人员，卓有成效地开展了对伪军的策反工作，这时金宪章和石玉山均分别派人秘密向傅作义部接洽投诚。伪军阵前倒戈的时机已趋成熟。

12月6日，晋绥军对伪军王英所部发动了进攻。8日，包围了石玉山部驻地哈拉伊力根。经过联络，石部当即宣布在阵前反正。10日，金宪章部也正式宣告投诚，其突击队100多人还攻入日本顾问区，将小滨以下日本军官27人悉数击毙砍杀。12月19日上午，晋绥军进占锡拉木楞庙。伪军纷纷投诚，有的伪军甚至不待赴归绥联系投诚的代表返回，即与晋绥军取得联系，宣布反正。王英被迫带着残余部队逃回张北，被日军全部缴械。至此，"大汉义军"彻底覆灭。

在日伪军反攻百灵庙被击溃后，傅作义即决意收复大庙，彻底肃清大青山以北日伪残部，以绝后患。因而一面收容反正伪军，一面派孙长胜的骑兵第2师沿乌兰花及大庙附近，做肃清残匪准备。截至12月9日夜，金宪章、石玉山两部反正，伪蒙第7师穆克登宝残部复被金、石两部缴械，匪焰一落千丈，濒临冰消火灭之时，傅即下令围攻大庙残余日伪部队。匪伪部队已是惊弓之鸟，稍一接触，即向草地败溃。我军除派骑兵一部跟踪追击外，遂于12月10日上午10时，收复了日伪进犯百灵庙的根据地大庙。由于日伪军仓皇溃退，所有该庙中的辎重、弹药及一切军用品全部为我军缴获。

由红格尔图之战，收复百灵庙、锡拉木楞庙、大庙等战斗组成的绥远抗战，在我国局部抗战诸战役中，是唯一以胜利而告终的战役。这次抗战历时5个月，三战三捷，共歼灭和瓦解伪军1个师又4个旅，击毙操纵伪军的日本顾问30余名，收复了百灵庙、锡拉木楞庙、大庙等多处战略要点，肃清了绥远境内的全部伪军。挫败了敌人侵略的阴谋，大大鼓舞了全国人民的抗战热情和信心。

绥远抗战以打退日伪进攻，进而收复百灵庙等地的胜利载入史册，被誉为"中国人民抗日的先声"。阎锡山亦因主张抵抗、主持部署而声名鹊起。

绥远抗战的胜利在山西乃至全国引起强烈的反响。一时间，以舆论为导向，以募捐为主要形式的援绥抗日运动遍及长城内外大江南北。在山西，援绥抗日

阎锡山绥远抗战捐款函

运动表现尤其热烈。11月11日，阎锡山致函山西省财政厅："昨奉慈命云：国难如此严重，全国人士捐款援助绥远，尔为晋绥长官，尤应为之倡导，况毁家纾难为尔父之遗志，应即将尔父遗产八十七万元捐作救国之用，谅尔亦必乐为之也。自当遵命办理，即由管理者拨交该厅接收。"将其父遗产87万元（阎锡山之父阎书堂于1934年12月17日病逝）以其母的名义捐给绥远前线，"以作御侮之用"。之后，晋军将领纷纷效法：赵戴文捐款1.5万元，王靖国捐款4万元，杨爱源捐款2万元……山西高级将领赵承绥、李服膺、周玳等每人至少万元，共捐出110多万元。影响所及，国民党军政要员张学良、孔祥熙等每人也捐出万元以上；立法院长居正、监察院长于右任、国民党元老李烈钧等分别致电傅作义，慰问抗日将士；孙科、张继等发起组织了"首都各界援绥后援会"。

三、以第二战区司令长官总领晋绥抗战军务

暑往寒来，岁月的年轮画了54个圆，1937年阎锡山年已五十有四。从这年春天起，他一直苦受严重胃疾的折磨。

正当阎锡山抓紧政务之余暇，疗疾休养之际，1937年7月7日，日本军队在卢沟桥点起战火。以七七事变为标志，抗日战争全面爆发。

卢沟桥的枪炮声震耳欲聋，整个中国彻底惊醒了；神州大地同仇敌忾，凡是有血性的华夏儿女无不站在抗日的战线上，建立民族统一战线的时机成熟了。7月15日，中共中央公布了国共合作宣言；7月17日，蒋介石宣布对日抗战，申明"地无分南北，人无分老幼，无论何人皆有守土抗战之责任"。同时表示承认中国共产党领导的陕甘宁边区政府。

七七事变爆发一周之后，7月14日，阎锡山收到由周小舟转交的毛泽东的

亲笔信。这是东征以来，毛泽东第三次亲笔写信给他。这封亲笔信在分析时局，表明共产党抗战决心之后，还就双方进一步合作的问题提出了具体办法。希望"促成全国上下一致团结，救此危难"。阎锡山接受毛泽东的提议，随即与以中共中央派遣到山西做统一战线工作的周小舟就一些具体问题作了进一步的商谈。在此基础上，7月28日，阎锡山复信毛泽东。信中写到："周小舟君抵并，持诵大札，并述及先生抗日主张，至为钦佩。国事危急，非集合全国财力人力不足以渡此难关，愿与先生同赴国难。"明确表示了合作抗日的愿望。7月31日，认为与共产党合作之事已水到渠成的阎锡山，面见年前就以"彭公馆"为掩护常驻太原的中共代表彭雪枫，告知："关于抗日问题，我已经下定决心，一是坚决除掉汉奸，二是加紧各种准备。""从今往后，你可以用红军和中共中央代表的名义，公开活动。"

第29军官兵在卢沟桥奋勇抵抗进攻之日军

在多事之秋的1937年秋，阎锡山虽抱病未愈，但却是一刻也不得消停。正如他在一首诗中所写："病体未愈国难来，轻身为国理当该，扶病南行参国计，但求此去不空回。"七七事变后，平、津相继失陷，敌焰嚣张。危急之时，蒋介石电邀各地军政大员赴南京，召开国防最高会议，商谈"国防大计"。阎锡山为"参国计""扶病南行"，于8月初飞抵南京。

在宁期间，阎锡山携他的全部随员住在位于紫金山北极阁风景优美舒适安全的宋子文小别墅里。然而，这时的他却全然没有欣赏风景体会安适的雅兴，迫在眉睫的国家危难，难以摆脱的财政人事问题，搅得他心绪不宁，不由发出一番番慨叹："财政解决易，人事调整难，多少欲言事，停留在舌端。""年来忍痛复吞酸，国难何容学挂冠，千言万语说不尽，多少心事留舌端。"

由于情况紧急，阎锡山的这趟南京之行，只耽搁了一个星期。一周的时间内，他于参加国民政府最高国防会议的间隙频频活动，与旧交好友交换对时局的看法；游说有关方面，为山西争取国防财政经费；寻求地方人事问题的解决……

其间，他在与时任军政部部长何应钦的一次长谈中，阐述了自己在对日作战问题上的基本观点，这就是：

一、政略：抵抗日本之侵略。

二、战略：实行持久战。放弃土地，无关重要。在持久战中应减少敌人三种力量：飞机、战车、大炮。

三、战术：现敌军甚为骄傲。香月说：中国军队若干师，只能等于一个师。又说：中国军队师长以上，不知国家，只知有个人。最好在敌傲慢之下，第一次会战须求得胜利，以正世界视听。尔后再将军队疏散，实行持久战。

四、战斗：日军除运用火力外，他无所恃。其军官士兵生活优裕，感觉战争无意义。故在战斗中只要避开其火力，使其火力不能充分发挥，必可取得胜利。故我宜在有利之地形与之作战，使其飞机、战车、大炮失去作用。

8月12日，国民党中央常委会决议，撤销国防会议及国防委员会，建立国防最高会议，国防最高会议及党政联席会议商决抗战大计。据此，由各地军政要员参加的最高国防会议作为战时最高军事决策机构，就国防及抗战大计，进行了商谈，决定：下达国家总动员令；将全国划分为四个战区，由蒋介石、阎锡山、冯玉祥、李宗仁分任总司令；建立战时体制；统一整编全国军队（晋绥军受命编为第6、第7两个集团军，分别以杨爱源、傅作义为总司令；中国工农红军改编为国民革命军第八路军，旋即改称第18集团军）。

会议结束后，阎锡山匆匆返回山西。8月20日，接受国民政府任命，就任第二战区司令长官，奉命统领晋绥军务。

四、出兵南口

山西地处华北西部，太行、吕梁、中条三山环绕，重峦叠嶂，素有"华北

1937 年 8 月 12 日，阎锡山（右立者）出席蒋介石召集全国军事领袖
国防会议，商讨抗日大计

屋脊”之称，屏障华北，俯瞰中原。控制了山西，便掌握了华北战场的主动权。
华北战略要地的军事地理位置所决定，山西自然成为日军的首要攻取目标。日
军要占领华北，非占领山西不可。相反，

"如山西高原全境保持我军手中，则随
时可以居高临下，由太行山脉伸出平汉
北段和平绥东段，威胁敌在华北之平津
军事重地，使敌向平汉南进及向绥远进
攻感到困难"。

卢沟桥事变后，日军迅速完成了对
平津地区的进攻部署。7 月底北平、天
津相继失陷。为了实现灭亡中国的企图，
日寇紧接着部署沿津浦、平汉、平绥三
线扩大侵略——沿津浦路进攻，为的是
策应对上海、华东等地的侵犯；沿平汉
路南下，为的是夺取中原，进逼华中、
长江；沿平绥路西进，为的是占领山西，

抗战初期的阎锡山

进而控制整个华北。狂妄的日军声称"一个月占领山西，三个月灭亡中国"。

8月20日，在平、津失陷的背景下，国民政府以军事委员会名义颁布了《国军作战指导计划》和《战争指导方案》，调整军事部署，阎锡山以第二战区司令长官，负责晋绥军事。军事最高当局认为，日军"将以有力之一部先进占平绥各要点（张家口、南口等处），尔后或深入山西，以威胁我第一战区之侧背，或转进于正定、保定方面，以直接协力于其在平津部队之攻击"。而第二战区位于华北主战场之侧背，"为华北唯一之屏障，务须永久固守，以为国军尔后进出之轴心"。

在此之前，根据国民政府军事委员会的统一部署，阎锡山将晋绥军编为第6、第7两个集团军。第6集团军以杨爱源为总司令、孙楚为副总司令，下辖孙楚第33军、杨澄源第34军等；第7集团军以傅作义为总司令、刘汝明为副总司令，汤恩伯为前敌总指挥，下辖第35军傅作义部、第61军李服膺部、第68军刘汝明部、第13军汤恩伯部、第17军高桂滋部，及第94师朱怀冰部等。

平绥铁路始建于1909年，起自丰台，止于包头，途经冀、晋、察、绥四省区，是连接华北与蒙疆的交通大动脉。平绥线东段之南口，位于北平城西北45公里处燕山余脉与太行山的交会处，是居庸关南侧的长城要隘，是北平通向大西北的门户。这一带地形复杂，崇山峻岭，关隘重叠。从南口经居庸关西行至宣化、张家口，为一东西狭长之盆地，南北多山，中央凹下，平绥铁路横贯其中，并有公路相辅行，形成为连通西北、华北及东北的交通干线。南口的南北两侧，又是筑在高山脊背的内外长城，山上仅有羊肠小道穿行，是"一夫当关，万夫莫敌"的天险之地，有"绥察之前门，平津之后门，华北之咽喉，冀西之心腹"之称。守住了南口，即可阻止日寇占领察哈尔省，进而分兵晋、绥之图谋，从而保卫察、晋、绥三省。

阎锡山遗墨：国识是富强文明的种子

战略地位使然，平、津失陷之后，

南口成为敌我双方争夺的焦点。为了抢夺南口这个战略要地,日军调集了板垣第5师团,铃木独立第11旅团等部,总人数约7万人,并配备了大量的火炮、坦克、飞机参战。

由于在平、津失陷后,全国正向战时体制转变,作战方针正在制定,军队尚在调整部署,而华北日军进攻已迫在眉睫。因此,国民政府军事委员会委员长蒋介石不得不直接指挥华北地区的军事部署。为巩固平绥线,蒋介石于7月30日即电令位于绥东地区的汤恩伯所部第13军从速集中,准备向张家口挺进。31日,蒋介石电第29军第143师师长兼察哈尔省主席刘汝明,令炸毁青龙桥及八达岭一带铁路,勿为敌人利用,并星夜赶筑国防工事。当日,又电太原绥靖公署主任阎锡山、晋绥军第35军军长兼绥远省主席傅作义,派第84师高桂滋所部迅速向张家口集中,协助刘汝明固守察省。8月1日,蒋介石电令汤恩伯兼第7集团军前敌总指挥;8月2日,再令第21师与第84师合编为第17军,由高桂滋兼军长,归汤恩伯指挥。当日,汤恩伯、刘汝明和高桂滋作出防御配备计划如下:(一)自洗马村起,沿老北台、神威台从迄常路口以东关底止,由第143师担任防御,将主力控制在宣化、张家口;(二)自龙关起,沿赤城至宁疆堡止,由第84师担任,主力控制于雕鄂堡、赤城,独石口由刘汝明部派出警戒;(三)自靖安堡起,沿永宁、延庆至南口止,由第13军担任防御。至7日之前,第13军全部到达南口地区,并按照预定计划进入阵地。

8月8日拂晓,日军独立混成第11旅团主力,在飞机、大炮、坦克的协同配合下,对得胜口施武力搜索为标志,南口争夺战正式打响。日军凭借其优势兵器飞机、坦克、大炮等,每日向我守军阵地倾泻数千发炮弹、炸弹。守军方面依山草草修筑的工事刚修好就被毁,再修好,再被毁。广大将士以保家卫国的誓死决心,以步枪、手榴弹、大刀,与敌军拼杀,一次又一次地打退了敌人的进攻。战斗之惨烈、残酷,真是惊天地而泣鬼神。

南口战役展开以后,国民政府军事当局在得悉日军主力即将发动向平汉路和津浦路两线的进攻时,命令第一战区部队迅速完成此两线的防御准备,并任命卫立煌为第14集团军总司令,指挥第10、第83、第85三个师,北上增援南口地区的防御作战。同时命令晋绥方面:"迅发所部,收复察北,以固绥围,一面援助汤军,以全公私,勿使其孤军受危,南口失陷,国家民族,实利赖之。"

8月13日,日军再度攻击南口,敌我双方展开了激烈的肉搏,战斗达到白热化程度，阵地失而复得几次反复。危急关头，阎锡山以太原绥靖公署主任的名义命刘汝明部及晋绥骑兵第 1 军主力和第 218 旅董其武部，向察北反攻，并于 14 日收复察北重镇——商都。这时，关东军察哈尔兵团由热河向张家口进逼，企图联合南线沿平绥路进军之日军，两路夹击张家口。傅作义一面命刘汝明在张北一带阻击北线之敌，并坚守张家口，一面令董其武部由商都、张北一线前进增援。

8 月 15 日，日军出动大部队，在大批坦克、飞机的掩护下，又一次向南口、居庸关守军发起进攻。南口右侧高地遭受日机狂轰滥炸，守军伤亡惨重，不久被敌占领。这样，南口就处于敌人炮火的直接攻击之下。16 日，阎锡山派骑兵迅速向察南挺进，攻克南堃壕、化德，次日，攻占尚义，从而缓解了日军对南口的攻势，并对张北右侧之敌形成威胁。8 月 18 日，晋绥军第 7 集团军总司令傅作义奉阎锡山之命率第 72 师、第 200 旅、第 211 旅和独立第 7 旅由柴沟堡驰援南口。

8 月 19 日，是南口战役中敌我双方战斗最激烈的一天。双方在黄楼院、禾子涧、沙锅铺、850 高地一带反复争夺。一日之间，守军伤亡 1200 余人。这天，在居庸关方面，日军也倾全力攻击。由于连日激战部队伤亡过重，前敌总指挥汤恩伯被迫下令缩短战线，晋绥军陈长捷第 72 师一个旅与第 4 师（欠第 10 旅）负责北石岭、东台、横岭城、镇边城一带的守备。

8 月 20 日，傅作义到达怀来，当即召开会议，决定组织兵力向攻击南口地区的日军实施反击。这时有消息传来，察北方面日军突破神威台阵地，张家口危急。张家口东靠河北省承德市，东南毗连北京市，南邻河北省保定市，西、西南与山西省接壤，北、西北与内蒙古自治区交界，是察哈尔省府所在地，平绥铁路沿线的军事重镇。面对日军的攻势，张家口国民党守军刘汝明部由于战线延续过长，致使崇礼、膳南山及张家口的外围阵地水观台相继丢失，张家口成为一座孤城。为解张家口之围，傅作义率已经到达下花园地区的第 200、第 211 旅回援张家口，只留第 72 师和独立第 7 旅归汤恩伯指挥在南口地区作战。

21 日拂晓，日军向横岭城方面发动攻击，其主力一部向黄土洼及其以东高地猛攻。守军奋勇抵抗。第 4 师第 19 团第 1 营全体官兵伤亡殆尽。留在南口前线的晋绥军第 72 师第 416 团增援，固守灰岭子、长峪城一线阵地。22 日，日军一部突入长峪城北沿守军阵地。第 72 师第 416 团增援反击，将所失阵地夺回。

尔后，日军向灰岭子第72师阵地正面攻击，并以一部向镇边城迂回，一部突入横岭城南方高地。23日，向镇边城迂回的日军与第72师第416团展开激战。

在南口受阻，久攻不下的形势下，日军改变战略，施以包抄战术。8月21日，日军调集重兵进攻平绥路重镇张家口，守军刘汝明部被迫向宣化转移。27日，张家口陷落。

张垣失守，南口处于腹背受敌困境，势难固守。汤恩伯不得不收缩防线，调整部署，与高桂滋的第17军在南口、居庸关、延庆、怀来一线，凭着长城天险，奋力抵抗。23日夜间，汤恩伯下令再次调整部署，紧缩战线固守据点，晋军第72师及第4师奉命负责第2固守点横岭城的守备。25日，日军猛攻横岭城和居庸关。26日下午，在援兵受阻，长城线上各点守军处在日军前后夹击的态势下，汤恩伯下令全军突围，日军发起追击，南口失守。

驰援南口的晋绥军第72师等部，在南口前线与日军拼命厮杀，经历过23次血与火的拼杀。生死关头，第72师陷入敌围。师长陈长捷指挥若定，出敌不意地率师向敌军密集的方向冲杀，终于突围成功，撤回代县，集结待命。

南口激烈的攻守战，历时近二十天，中国军人以伤亡3.3万人以上的代价，歼敌1.5万人。这一场防御战，中国军人以勇猛、顽强、悲壮、机智的精神风貌，打破了日本皇军不可战胜的神话，创下了一次战役日军死伤万人以上的纪录，延缓了日军攻占山西的时间。正如当时的中共中央机关报《解放》周刊短评所言："不管南口阵地事实上的失却，然而这一页光荣的战史，将永久与长城各口抗战，淞沪两次战役鼎足而三，长久活在每一个中华儿女的心中。"

南口的失守与中国军队在南口地区的防御作战的失败，对山西安危存亡的影响至大且深。南口、张家口相继失守后，日军续攻宣化。30日宣化陷落，察哈尔省全境已被日军所侵占，山西的屏障尽失。接着，日军兵分两路向晋绥深入，战火烧到山西境内只是个时间问题了。

五、阳高、天镇失守，以李服膺祭刀

强敌大军压境，蒋中央要向山西派兵30万协助防守。阎锡山拒蒋方针已定，哪肯让蒋介石的势力再进山西，他很快复电向蒋拍胸脯保证，要调集晋绥军30万，御敌于省门之外。并立即着手军事部署。根据晋绥地理特点，他在东起娘子关，沿太行山各要隘地区，经广灵、天镇到绥远之平地泉、百灵庙一线的防御阵地上设防。并将预设战区划为北、中、南三区——北区以天镇、平地泉为据点，以晋北重镇大同为核心，由李服膺军驻守。中区由平型关、茹越、雁门各口至利民堡，构成北部国防主线，再在广灵、灵丘设一机动区，互为呼应，晋军主力基本集中于此。南区由东阳关经娘子关至龙泉关，构成东部国防主线，由中央临时派遣部队担任防守。阎锡山设想，敌军如主攻雁北，则在天镇附近消耗其一定的兵力后，再将其诱至大同，由东西钳击之；若敌军由察南进窥雁门，就将其滞留在北部国防主线之前，再倾绥东之主力抄其后路，同时由灵广机动区出兵，袭其左侧背。无论如何都能应付裕如。

1937年8月末，察哈尔省平绥路各战略要点失陷后，日本关东军察哈尔兵团以第20师团川岸文三郎部，第5、第10师团各一部，并酒井旅团、第4师团本间旅团、第12留守师团铃木旅团，从张家口沿平绥铁路两侧西进，指向晋北之天镇、阳高，直叩晋北门户大同。

大同，位于晋北之大同盆地西北部，北以外长城作屏障，西南以管涔山为依托，东南有恒山支撑，与平型关遥相呼应，自古就是军事重镇，晋北门户。大同又是平绥、同蒲两线的交汇点，扼晋、察、绥交通要冲，战略地位十分重要。大同若在我之手，北出外长城，可制西进之敌左侧背。反之，若大同为敌所占，则可打通平绥线，连接察绥，威胁西北；经同蒲线南下，配合平汉路日军，会攻太原。

在南口、张家口战事吃紧之时，阎锡山作出如下判断："敌攻我晋北如下述两途：（子）以一部兵力由蔚县向灵广行佯攻，以主力沿平绥路西进夺取大同，以图切断我晋绥之连络线。（丑）以一部兵力向天镇行牵制攻击，以主力向广灵进攻，企图截断我雁门后路。"决定"以利用山地歼灭敌人之目的，以主力配置于天镇、阳高、广灵、平型关各地区，以一部控制于大同、浑源、应县附近，以策应各方之战斗，相机移转攻势"。进而确定第7集团军以大同为重心，第6集团军以浑源为重心的防御部署，准备在大同"依城野战"，与敌一决胜负。

8月28日，大敌当前，为便于指挥作战，第二战区司令长官阎锡山将长官部由省城太原移驻代县雁门关东之太和岭口，并亲自坐镇督战，进行大同会战。

9月1日，蒋介石电令阎锡山："张垣与南口即失，各部队损失惨重……请从速作固守晋绥之部署"。

赴前线督战的阎锡山

阎锡山判断日军必沿平绥线西攻大同，敌我双方可能在雁门山以北摆开战场。据此计划：在灵丘、广灵、东井集、天镇各地区附近，配备强有力之部队，以阻绝其前进，以一部配备于大同附近，以大同控制于浑源、应县附近，以策应各方之战斗；如敌以主力进攻广灵，该处守军应固守待援，以总预备队主力应援该方面之战斗，此时东井集之部队应向广灵之敌之侧背威胁，以使该方面之战斗容易成功；如敌以主力进攻天镇时，我天镇守军拼死待援，以大同附近之总预备队相机向天镇方面推进，以浑源方面兵力渡桑干河，向天镇右翼实行侧翼反击，以图牵制敌人，俟其顿挫，由天镇两翼夹击之；骑兵军以主力置于商都、尚义、化德等处，相机威胁敌之侧背，以一部据守大庙、百灵庙等据点；第18集团军到达

阎锡山设在代县太和岭口的作战指挥室

后，应进出灵丘、蔚县附近，威胁敌之侧背，以使进攻之敌不敢孤军深入，在敌我决战时期，该军应向敌侧背进行猛扑。

具体部署如下：以李服膺第61军及其所辖之李俊功第101师、刘谭馥第200旅，共7个团，附1个山炮营，在西湾堡、天镇、阳高等地，占领既设工事，阻敌西进，掩护大同东之聚乐堡主阵地，并沿平绥线节节堵截，诱敌至大同外围。以王靖国第19军所辖3个旅，共9个团，附1个山炮团、1个野炮营、1个重炮连，占领大同以东之聚乐堡主阵地。以杨爱源第34军及刘茂恩第15军为南兵团，由杨爱源指挥，集结于浑源、东井集间；以傅作义第35军所辖3个旅，共9个团，及绥远的2个骑兵旅，附1个山炮营，1个野炮营为北兵团，由傅作义指挥，集结于丰镇、得胜口等地待机。俟敌被诱至聚乐堡主阵地时，以南北两兵团形成钳击之势，歼敌于该地区。以陈长捷第72师和新编独立第4旅于镇河部，编为预备兵团，由阎锡山直接控制。同时，以骑兵赵承绶、门炳岳部布防于绥东之兴和东北地区，刘奉滨第73师布防于广灵以北的火烧岭—洗马沟一线，担任警戒，以孟宪吉独立第8旅布防于雁门关上，张拯宇独立第3旅布防于五台、龙泉之间。

早在7月下旬，日军飞机就开始对大同进行试探性轰炸。8月，日机出动更加频繁，大同周围的局势愈加紧张。

天镇是雁北东部的门户，大同的前哨阵地，占领大同，首先要占领天镇。根据战区的统一部署，"8月底，阎锡山急电第61军军长李服膺：火速开赴天镇，阻击日寇西犯，固守三日，为傅作义的第35军、王靖国的第19军、赵承绶的骑1军等部队在大同与日寇主力会战，赢得集结、布阵的时间"。

奉命固守天镇的李服膺，在率部进入既设阵地后，一面赶筑防御工事，一面进行紧急部署——以独立第200旅之第400团战据盘山制高点；以第10师占据盘山以北罗家山、李家寨、铁路西侧至北山瓦窑口之阵地；以独立第200旅之第399团驻守天镇城防工事；以李俊功率第201旅及第401团驻守于天镇城内，负责指挥全线作战。李服膺坐镇阳高城内，统一指挥。

9月3日，日军先头部队与守军警戒部队交火，展开激战，互有伤亡。

5日，日军出动飞机30余架，坦克、装甲车50余辆，纠集步、骑兵3000余人向我天镇东郊盘山、周家山阵地冲锋。奉命固守盘山的第61军独立第200旅第400团，在团长李生润的指挥下，冒着猛烈的炮击，与敌血战，并先后打退敌人的四次进攻……是日晚，日军三个联队在坦克掩护下，分两路偷袭守军阵地，守军仓促应战，同敌人展开肉搏，多数壮烈殉国。"此役 400 团伤亡约 500 人，营长高保庸牺牲。"盘山、周家山均告失守。

7 日，日军兵临天镇城下，李服膺撤往千户岭。8 日，日骑、步兵在飞机、坦克、大炮的掩护下，向天镇县城发起进攻。当天下午，城垣一角被轰塌，守军第 399 团在团长张敬俊的率领下，在被炮火摧毁的工事里，用轻、重武器组成交叉火力据守。并派出突击队绕袭敌之后背。

攻天镇不下的日军，改取迂回战术，以一个联队的兵力，绕过天镇城，奔袭阳高。阳高位于天镇西南，守军为我第 61 军第 200 旅第 414 团。在阳高，一个联队的日军在飞机、坦克的协同配合下，向守军第 414 团白汝庸所部轮番轰炸攻击。由于敌我力量悬殊，又无险可据，9 日当天，阳高即告失守。

阳高失守，天镇后路被截，不守之势已成。李服膺下令弃守天镇，全军撤退，并将平绥路沿线桥梁一律炸毁。第 399 团奉命撤出天镇城。9 月 11 日，天镇亦告失守。第一线阵地丢掉后，李服膺没有按照战区部署，向镇边堡转进，与傅作义部会合，而是率部沿大白登方向一直向南退去。

侵占天镇后，出于报复和征服的目的，日军对城中的百姓进行了血腥屠杀，"共杀害和平居民 2300 余人"，令人发指。

天镇陷落，大同顿失屏障，日军趁势在大同附近集结兵力。来势凶猛的日军机械化部队虽然在聚乐堡前方，遭到段树华第 209 旅的顽强抵抗，最终还是突破了聚乐堡附近阵地，直驰大同城外。而此时配合大同防守的刘茂恩第 15 军仍未到大同布防，城内兵力薄弱，防守空虚。负责防守大同的第 19 军军长王靖国一面向阎锡山告急，要求派预备军支援；一面吁请集结在丰镇的傅作义第 35 军南移大同驰援。至此，大同会战的基础发生动摇。出于"大同城无死守价值"的考虑，阎锡山下令弃守。随即，驻军炸毁御河铁桥，放弃大同城，南撤广武、雁门关一线。

9 月 13 日，日军兵不血刃占领晋北重镇大同。

从 9 月 5 日，日军攻击天镇东郊之盘山、周家山，到大同沦陷，前后不到十天时间，晋北第一道防线即告崩溃，大同会战以大同城的失陷为标志，宣告落败，晋北门户洞开，华北战局急转直下。

大同失守和天镇屠城使举国上下一片哗然，国人纷纷将矛头对准了负有领导责任的战区司令长官阎锡山，要求追究失土之责的电报、信件雪片般地飞向南京国民政府军事委员会。气恼不止的蒋介石电报指责阎锡山："临阵慌乱，御敌不力。"一些媒体则更将攻击的目标直指弃守天镇的第 61 军军长李服膺。1937 年 9 月 30 日《大公报》明确指责："李服膺弃阳高等地，匿不呈报。后敌军复进至大同附近，李密令该军撤退。以是敌军未费一弹而下大同。"

面对一败涂地的大同会战和举国一致的舆论谴责，阎锡山必须有个交代，负有直接责任的李服膺首当其冲。1937 年 10 月 1 日，从太和岭口回到太原的阎锡山组成高等军事法庭，会审李服膺。审判厅设在太原绥靖公署大堂。10 月 2 日深夜 11 时许，大堂内外，卫兵林立，充满杀机。阴森的大堂内，闪着惨淡幽暗的灯光。阎锡山端坐大堂中央，亲自审问："你无故放弃要地，罪应处死。此外，晋绥军的纪律，以你的队伍最坏，足见你驭下不严，以致扰害地方。国防工事，以你所担任者为最迟缓，足见你督工不力，以致贻误战机。就此两事也应判你死刑。""我将你从排长提拔到军长，今天什么也不必说啦！你的妻儿，我完全负责，放心吧！"

一审定罪，罪上加罪，李服膺很快被执行死刑，成为抗战爆发以来，第一个因丧师失地而被处以极刑的国民党高级将领。处决之前，李服膺被诛，晋绥军各部为之一震。第 61 军将士认为军长固然负有兵败之责，但进退均出之有据，罪不至诛，多有不平。与李服膺同时被拘的第 400 团团长李生润被气愤不平的顶头上司独立第 200 旅（配属第 61 军指挥）旅长刘覃馥故意开释，投奔了胡宗南，历任要职。

李服膺之死虽然已经过去了多半个世纪，但关于李服膺的罪与罚仍是一桩未了的公案。有的说李服膺是罪有应得，毛泽东就在他的《论持久战》一文中指出："李服膺、韩复榘等逃跑主义者的被杀，是杀得对的。在战争中提倡勇敢牺牲英勇向前的精神和动作，是在正确的作战计划下绝对必要的东西，是同持久战和最后胜利不能分离的。"也有的说李服膺是做了阎锡山的牺牲品。认为："'大同会战'不战而逃，'雁山会战'亦不战而逃，以至雁门以北大片土地轻而易举落入敌手，在全国军民高昂的抗日呼声中阎锡山如不设法掩盖，自知无法向国人和南京政府交代，要推卸责任，就要找替罪羊。这样，悲惨的命运就落到李服膺身上了。""紧急关头，阎锡山为了逃避自己的罪责，掩盖雁北作战失利，做出一副坚决抗日的姿态，决心舍卒保车。于是，李服膺不可避免地做了替罪羊。"

客观地看，作为特殊历史条件下的产物，李服膺之死有它的必然性。不能否认，抗战初期正面战场的败退局面是每一个中国人都不愿意看到的。然而，由于国情、国力等客观因素的制约，扭转局面只能从收拾人心上入手。那么，惩罚责任者，重树当政者的形象，给国人以信心就显得尤为重要。李服膺因失天镇成为千夫所指的罪人，于是，惩罚责任者，向他开刀就成为顺乎民意之举。当然，丧师失地的责任不在李服膺一人，但全杀也是不可能的。这样，李服膺之死也就有了"杀一儆百"的意义。

六、平型关进退失据，腹背受敌撤兵内长城

大同失守后，阎锡山忍痛放弃"大同会战"计划后，迅速调整作战部署，将战区主力转移到平型关—茹越口—雁门关—阳方口一线，准备进行被称为"口袋阵"的平型关战役。

位于灵丘县西南的平型关，是山西境内内长城的重要关隘，是由灵丘绕袭雁门关的必经之路。五台山、恒山两座大山夹峙南北，地势险要。阎锡山当年指挥晋军出师北伐，就是以此关为依托，在灵丘、繁峙间排兵布阵，与奉军进行大战的。时过境迁，他又援引往日的战例，因循旧有轨迹，提出了把日军放进平型关以内进行围歼的设想。决定先在两山一关之间布好"口袋"，再以逐次抵抗的方式诱敌深入，然后由繁峙城兜住袋底，从恒山、五台山南北夹击，把敌人消灭在砂河至繁峙之间的盆地里。他对新的部署再次充满信心，不无自我欣赏地说："布好口袋阵，让敌人进得来，出不去。"

为进行新的"会战"，阎锡山几乎集结了他所能调动的全部兵力，具体部署是：平型关方面以孙楚第33军两个旅及第73师，担任正面阻击；高桂滋第17军在北侧的团城口一线占领阵地，作为南机动兵团，待机出击。茹越口方面以杨澄源第34军第101师和梁鉴堂第203旅，分守北楼口、大小石口、茹越口间既设阵地；姜玉贞第196师纳入第34师战斗序列，至繁峙以北地区防守。雁门关方面以王靖国第19军，扼守五斗山、马兰山、虎峪口、水岭口至阳方口间既设阵地；陈长捷第72师、于镇河新编独立第4军编为第1预备军，置雁门关以南地区。阳方口方面由傅作义的第35军配属第61军马延守独立第7旅于宁武集结后，向代县东进，适时进出于繁峙以北的恒山方向，与刘茂恩军组成北机动兵团。

赵承绥骑兵第1军在神池、朔县，担任侧翼警戒。此外，还有刚刚改编完毕，配合作战的开入山西抗日前线的第18集团军等。

与此同时，日军采取两路分进合击的"钳形"迂回战术，企图首先占据平型关，进而进占忻县，夺取恒山之战略中枢，然后乘胜南下直取太原。9月上旬，日军华北方面军板垣第5师团在占领察南重地阳原、蔚县后，兵分两路向晋察交界的浑源、广灵进攻。广灵地处晋察两省的交通要道，奉命驻守的刘奉滨第73师取守势防御，与天镇互为策应。

9月12日，蔚县日军2000余人，附炮10余门，冒雨进击广灵东之暖泉镇警戒部队。次日拂晓，又增派步兵1000余，在10门大炮和6架飞机的掩护下，向广灵正面之安头山、洗马庄一带之第73师阵地猛攻。激战至中午，守军第423团团长吕超然阵亡，阵地失守。同日，日军步兵第41联队向广灵阵地左侧翼迂回，企图切断守军退路。在日军的两面夹击下，9月14日广灵失守。第73师师长刘奉滨在战斗中负伤，守军伤亡过半。攻陷广灵后，日军续派重兵向浑源、灵丘进击。9月17日占领浑源；20日，占领灵丘。

灵丘失陷后，板垣师团扑向内长城南端的重要关口平型关。

9月22日，日军第5师团第21旅团由灵丘方面向平型关进犯。是日晨，日军对平型关、蔡家峪独立第8旅第623团前进阵地发起攻击，守军一连奋勇激战，伤亡过半。傍晚后，日军约2000人猛攻平型关左翼团城口、东跑池等地。守军第84师高桂滋部与之激战，双方伤亡均重。

23日凌晨，日军分两路进攻平型关及团城口，集中坦克车数十辆，攻击蔡家峪。我守军独8旅之一营不敌而退。第84师第502团正面击敌，激战至寅时，敌未得逞。团长艾捷三腹部中弹身负重伤，营长李荣光阵亡，连排长伤亡20余，士兵伤亡六七百人。独8旅第623团之两连与敌激战中悉数殉国。第6集团军副总司令孙楚令第84师第501团向南出击，第73师一部向北出击，第33军孟宪吉旅一团向东出击。各部拼死血战，至午后1时将敌击溃，克复东西跑池附近高地。团城口之敌亦于午后被高桂滋所部奋勇击退。

24日，日军增兵5000余，向平型关东西跑池、团城口及讲堂村各阵地猛攻，炮击甚烈，守军阵地失而复得，激战终日，敌卒被击退。守军高桂滋部伤亡团长、团附，营长数员，连排长30余员，士兵千余，其余各部伤亡亦多。

因平型关地区战事趋紧，阎锡山急令傅作义率部两个旅加入平型关方面，与杨爱源共同指挥作战。24日，傅作义与杨爱源部署对日军攻击：（1）正面以第71师郭宗汾部附新编第2师金宪章部为主攻部队，第84师高桂滋部仍固守原阵地。（2）第71师3个团分以蔡家峪、小寨和王庄堡为攻击目标，由团城口至西河口间发动攻击，掩护团城口正面攻击部队之左侧背，截断敌向浑源撤退之道；另以1个团为预备队，在团城口附近前进。（3）独立第8旅，以一部协同第71师攻击，以辛庄为攻击目标。（4）第115师林彪部担任敌后各地之攻击，以东河南、蔡家峪为目标。在此之前的23日，阎锡山致电八路军总司令朱德："我决歼灭平型关之敌，增加八团兵力，明（二十四日）拂晓可到。希电林（彪）师夹击敌之侧背。"

其时，日军板垣师团第21旅团向平型关进攻，苦战两昼夜，因逢雨天变冷，缺粮食雨衣，向灵丘旅团部请求补给。同时，三浦敏事下令趁天雨于25日4时进行夜袭。

在日军猛烈攻击下，团城口一带高地中国守军阵地失陷。俟日军继向平型关前鞍部前进时，沿公路前进发起进攻之第71师与日军遭遇，展开激战，至下午6时挡住日军攻势，并将日军左翼击溃。第71师连夺山头，并占领鹞子涧南方高地。

也就是在25日这一天，第115师林彪部按照上述部署从平型关东南出击，在灵丘通往平型关的最险要地段小寨村至老爷庙的山沟公路上，利用伏击战歼灭运动之敌，缴获大量军用品，攻占蔡家峪、小寨村，截断平型关通灵丘间交通。

24日夜，第115师由冉庄向白崖台进发，在拂晓前到达阵地。25日凌晨，日军第5师团第21旅团辎重队开始进入第115师伏击圈，前面有一百余辆汽车，汽车后面是两百余辆大车，中间还夹杂着骡马驮着粗大口径的大炮，最后面是骑兵。第115师所部居高临下，向敌人发起猛烈进攻，将敌人切成数段。日军虽有飞机、大炮等现代化装备，但在沟壑纵横的平型关已失去了它的威力，只能在山路上被动地挨打。而八路军的步枪、刺刀、手榴弹却发挥了巨大的威力。经过整日激战，全歼包围在小寨村至老爷庙的山沟公路上的日军，并缴获大批的辎重装备。获得"平型关大捷"的胜利。

25日当天，阎锡山致电蒋介石呈报平型关战况："有日拂晓，我出击部队正前进之际，敌主力向团城口高（桂滋）军阵地猛攻，经我郭师迎头痛击，激战至午，将敌右翼击溃。林师及73师一部向敌左侧背挺进，占领蔡家峪，将平型关通往灵丘之汽车路截断，敌机械部队及重兵器不能退走。已获敌汽车 50 余辆，均满载军用品。现已将平型关正面之敌千余人解决，团城口之敌被包围在一深沟中，已令迅速解决，以免逃逸。查敌系铃木兵团，配合蒙古伪军。"

平型关正面的作战迟滞了日军的推进速度，日第 5 师团和关东军派遣军不得不分别由蔚县、浑源调部队增援——关东军派遣军从大同南之怀仁、应县南下，进攻内长城要隘；关东军混成第 2 旅团之十川支队经浑源、繁峙向平型关方面增援，从平型关中国守军左侧后绕攻包围。

26 日，日军第 5 师团倾其主力集中攻击平型关。我第 71、第 72 师、新编第 2 师及独 8 旅奋力抗击，与日军进行阵地争夺战。27 日，日军独立混成第 2 旅团、第 15 旅团经应县南下，攻击内长城要隘茹越口、小石口。茹越口守军第 34 军第 203 旅梁鉴堂部奋力鏖战，阵地失而复得三四次。在 27 日的战斗中第 203 旅的阵地工事一半被炮火轰毁，防线几至动摇。梁鉴堂亲赴最前沿阵地督战，振奋官兵士气，与日军展开肉搏。时以援兵不至，粮弹尽绝，不得已抽调兵力出袭日军侧后，而削弱了正面的防守力量，部下伤亡过半。28 日下午 1 时，茹越口阵地被日军突破，梁鉴堂指挥余部，退守繁峙以北的铁角岭阵地。29 日，进犯茹越口的日军得到补充后，以大部兵力直冲铁角岭，梁鉴堂督率少数部队与日军鏖战，不幸颈部中弹。随从护兵背其后撤，头部又中弹，伤重殉国。在此前后，全旅 1400 人悉数牺牲。

随即，第 101 师李俊功部守卫之小石口阵地亦弃守。守军退守铁角岭第二阵地。第 34 军杨澄源部全力投入战斗，血战两昼夜。29 日，铁角岭还是被日军攻破。当日，日军进占繁峙县城。

28 日至 29 日，平型关、团城口和铁角岭等处，战事异常激烈。28 日拂晓，平型关方面守军反攻，第 71 师第 214 旅第 434 团攻入鹞子涧，战线深入，团长程继贤殉国，全团仅残存数十人。29 日，日军第 5 师团主力在十川支队协同配合下，进攻团城口方面阵地。团城口位于平型关北 5 里处，为平型关关隘前的制高点，也是晋北主阵地之要点。团城口大门敞开，平型关正面守军就会受到威胁。在日军炮火的猛烈攻击下，守军高桂滋部伤亡过半，被迫退出阵地，东、西跑池以北的鹞子涧、六郎城一带相继被日军占领。第 214 旅旅长赵晋率新 7 团绝地反击，一度夺回阵地。此时，日军四个旅团全面进犯内长城线。28 日，朔县失陷。平型关左翼侧后退路被切断。

平型关中国守军后路被断，情势危急。就在阎锡山举棋不定的关口，平型关前线传来日军向南翼移动的报告，同时试图反攻茹越口的方克猷部又溃退代县。这些消息进一步动摇了阎锡山在平型关方面继续坚持的决心，无可奈何地叹道："我看这种形势已无法补救，拖下去会更不好！"为在通往五台的土公路沦入敌手之前撤回部队，阎锡山慌忙下达"全线撤退"的命令。从 9 月 30 日夜开始，陆续将前线各路大军向五台山、云中山、芦芽山之线转移，集中于忻县与忻口之间。日军一部则在占领茹越口、铁角岭、平型关之后，会师繁峙，于 10 月 1 日联合攻占代县；日军另一部则于 9 月 28 日攻占朔县后，越过阳方口，向晋北交通要点宁武进攻。至此，中国军队内长城防线又被敌突破，日军近逼忻口。

七、死守崞县、原平与血战忻口

内长城防线撤兵令下之后，阎锡山偕第二战区长官司令部由平型关南的东山底村经五台山，返回太原，着手保卫太原的作战部署。在蒋介石"即派第 14 集团军所部增援山西"的支持下，战区积极准备在忻口及其两侧地区重新组织防御。鉴于集中从内长城线上撤退下来的部队到忻口地区和从石家庄运送入晋的第 14 集团军都需要时间，而入关的日军则将乘胜发动进攻的情势，一面命王靖国第 19 军附炮兵 1 个团坚守崞县，姜玉贞第 196 旅附炮兵 1 个营坚守原平，马延守独立第 7 旅驻防轩岗阻敌南进；一面要求八路军在日军的侧后展开袭击，以迟滞日军进攻，掩护战区主力在忻口地区布防。

此时，日军也迅速调整部署，为抢先到达太原，以一部兵力紧追而来，在砂河附近同掩护各部撤退的傅作义第 35 军激战之后，向崞县猛扑。

崞县位于今原平市北 18 公里处的崞阳镇（民国时期置县），地形地貌酷肖山西版图，东西两山，中间夹一平川，滹沱河水由北向南经流而过，被称为"三晋之锁钥"，历来为兵家所必争。

10 月 1 日，日军察哈尔派遣兵团下辖之本多政才混成第 2 旅团由北而南向崞县挺进，同时，以 10 余架飞机轰炸崞县城。2 日，日军以步兵、骑兵、装甲车、飞机协同配合，猛攻崞县城，守军全力固守。4 日，日混成第 2 旅团续攻崞县城，筱原诚一郎所辖混成第 15 旅团 1000 余人由崞县城以西迂回，直趋原平。

为了使主力部队有充足的时间进行战前准备,阎锡山下令:"死守崞县、原平、忻口镇、忻县各要点,迟滞敌人前进,以待后续部队到达。"

10月5日, "终日战斗, 极为激烈。崞县之敌, 以飞机、重炮不断轰击, 城内外房舍多被摧毁"北关守军第407团1营阵地被击毁,士兵伤亡达三分之二。

10月6日,2000余日军附大炮20余门,从北、东、西三面围攻崞县城,并集中炮火攻击驻守北关的第407团阵地。守军残余兵力以血肉之躯拼死抵抗,寸土不让。

10月7日,围攻崞县之敌增至五六千人,以20余架飞机、30余门重炮对崞县城西北隅持续了6个小时的轰炸,北城墙被炸毁十余丈,日军窜入城内。最后关头,守军由东西两面夹击从被炸塌之北城墙缺口蜂拥而上的日军,与敌展开肉搏战,一个街巷一个街巷地争夺,反复厮杀。第410团团长石焕然,率部与日军进行巷战,投掷手榴弹数十枚,使日军死亡枕籍,激战中,不幸中弹牺牲,以身殉国。入夜,战况愈加激烈,两军厮杀达于白热化。一线兵士损伤殆尽,指挥官悉数投入战斗。8日晨,在局势无可挽回的情况下,第19军军长王靖国率余部突出重围,第407、第409、第410三团官兵所剩无几,崞县城失陷。

原平位于忻口15公里处,系同蒲铁路之要冲,由大同南下太原的必经之地。如果日军迅速拿下原平,赶在我军集结完毕之前直下忻口,战局将不可收拾。在忻口阵地前拾得的一本日本兵的日记上这样写着: "到了忻口,再有两天的徒步行军就可以到太原了。"说明当时的日军是相当乐观的,完全没有料到在原平会遇到大规模的抵抗。事实上就当时的局势来看,若日军顺利拿下原平,忻口布防就是一句空话。

然而,令日军万万没有想到的是,在到达忻口之前,被驻守在原平的姜玉贞和他的钢铁之师第196旅绊住了脚。

姜玉贞和他的第196旅于抗战爆发后奉命北上,在繁峙以北的小石口一带布防。继又奉命北进至大同,但刚到大同平型关即告失守,旋又接受阎锡山"虽剩一兵一卒,也得在原平死守七天(10月1日起)"的命令,退守原平,以掩护主力部队向忻口一线集结。在部队由代县向原平机动的途中,日军已在背后追赶了。在距原平还有20里的地方,姜旅即与日军第15混成旅团接战,且战且退。在原平城外,姜玉贞命令所部构筑工事,死守铁路和公路。

10月3日,日军关东军察哈尔派遣兵团混成第15旅团的两个步兵联队、

向忻口进犯的日军板垣师团

一个野炮兵联队、一个辎重兵中队和一个工兵联队，由旅团长筱原诚一郎指挥，攻击原平西北角阵地作火力侦察，两军正式接火。

10月4日开始，地面日军在飞机的配合下，向守军据点发起猛攻。守军以"誓与原平共存亡"的决死精神，与日军展开殊死搏斗。日军凭借优势装备，在飞机、重炮、战车的配合下向原平反复猛攻。姜玉贞亲临第一线指挥，多次打退日军的进攻。激战数日，日军兵力增至数千人，对原平形成包围态势。姜旅伤亡惨重，城外的阵地逐渐缩小，最后不得不退入城内。10月7日，日军从城东北角突入城内，占领了城的东半部，与姜旅隔街相抗。此时，原平守军已经完成了原定的阻击任务。然而，由于整体部署尚不到位，阎锡山命令姜玉贞："务必再坚守三天！"姜玉贞当即表示："誓死抗战，无令不离斯土！"

10月7日以后，第196旅的处境越来越艰难。10月8日，原平以北的崞县失守，大量日军兵向原平，城西北部为敌所占，第196旅被团团包围。面对强敌，第196旅的将士们毫不畏惧，他们在姜玉贞的率领下与敌展开巷战，短兵相接，逐院争夺。

10月11日，日军以步空协同，对原平发起总攻。姜玉贞率余部浴血苦战，每一处房屋的侵占均使敌人付出极大的代价。坚守至11日，消灭日军千余众，我4000余名官兵阵亡。是日下午，姜玉贞旅长和特务排长黄洪友等仍坚守着一座院落。直到下午4时左右，他们才从城墙下的地道内撤出。在突围中，姜玉贞旅长左腿中弹，后被追敌杀害。

崞县原平的死守，尤其是原平保卫战延缓了日军的攻势，为忻口守军的集结赢得了时间。阎锡山在一首名为"忻口战役"的诗中写到："忻口布阵得从容，全凭原平抗敌功。"崞县、原平失守后，忻口已处于日军的直接攻击之下。

由于崞县、原平失守，日军即将全线攻击忻口守军阵地。与此同时，10 月 11 日，战区部队主力已全部进入指定位置占领阵地。

忻口位于太原以北 100 公里处的忻定盆地北部，是五台山、云中山两山峡谷的一个隘口。村西北部为一高粱，云中河流经忻口北约 2 里的界河铺汇入滹沱河，滹沱河在此由南经灵山脚下折向东北。以界河铺为基点，左侧是连绵起伏的云中山，右侧为峰峦叠嶂的五台山，恰如这盆地的葫芦口。左、右两侧山地向东、西延伸，形成对北方的天然屏障，易守难攻。在地理上是出入晋中的交通孔道；在军事上是屏障太原的最后一道防线，战略咽喉要地非此莫属。忻口的守与失直接关系到山西省城太原的安危。

利用死守崞县原平争取来的时间，阎锡山与中共代表周恩来、第 14 集团军总司令卫立煌等共同协商，"以攻势防御之目的，以主力占领蔡家岗、灵山、界河铺、南怀化、大白水、卫家庄 1482 高地迄阳方口既设阵地线，两翼依托五台及宁武各山脉，缩短战线，集中兵力，对侵入之敌乘其立足未稳，迅速击灭之。以一部占领五台山、罗圈沟、峨口至峪口之线，另一主力之一部占领中解

群众欢送军队开赴抗日前线

村、阳明堡、虎头山、黑峪村之线，竭力阻止敌之前进"为方针，部署忻口会战。为此，阎锡山决心以战区二分之一以上、约十二三万人的兵力布置在一线阵地。

10月12日前后，敌我双方都先后完成了作战部署。

我方各路大军，包括13个步兵师又5个步兵旅，约13万人，相继到达忻口既设阵地，并于11日晚完成了战前准备。具体部署是：以第15军、第17军、第33军组成右翼兵团，由刘茂恩指挥；以第9军、第19军、第35军、第61军等部组成中央兵团，由郝梦龄指挥；由第14军及第66、第71、第85等师组成左翼兵团，由李默庵指挥；以卫立煌为前敌总指挥，统一指挥3个兵团作战。

敌方的部署则是：以独立混成第2旅团和大泉支队6000余人，担任二线守备，守卫内长城以南的运输线和各军事要点。以第5师团、独立混成第15旅团、堤支队，2万余人，攻击忻口正面，攻击阵地设在解村、平地泉、王家庄、永兴村四点之间地区。

10月13日拂晓，日军在板垣征四郎指挥下，采取中央突破的战法，以独立第15旅团、堤支队为右翼队，第5师团主力为左翼队，在飞机30余架、战车五六十辆及炮兵火力的支援下，向忻口地区守军左翼兵团和中央兵团阵地猛烈攻击。攻击的重点置于左翼兵团和中央兵团之结合部的阎庄、南怀化阵地。日军步兵伴随坦克、装甲车迅速越过云中河，冲入守军第一线阵地。守军与日军展开激烈战斗。"双方炮火极烈，敌机不断轰炸，敌我步兵在南槐（怀）化阵地肉搏多次，卒被我击退。"一时间，炮火连天，硝烟弥漫，一场鏖战迅速展开。

当日，日军突破中央兵团南怀化阵地，并继续扩大突破口。卫立煌急调第21师李仙洲部归第9军军长郝梦龄指挥，竭力恢复已失阵地；并令第61军独立第4旅增援。

14日，卫立煌命令守军对日军反击。当日拂晓，忻口守军中央兵团第21师向南怀化、新练庄之敌展开反击，但在日军强大火力压制下，伤亡惨重。日军随即实施反扑。敌我双方展开激烈战斗。李仙洲师长负伤，反击部队受挫。第21师被迫退出战斗。中央阵地线上的制高点1300高地被日军攻占。卫立煌急令左翼兵团派一个团封闭1300高地突破口，协助中央兵团稳定了局势。

15日拂晓，日军继续攻击南怀化东南忻口村西北高地。卫立煌、傅作义严令守军坚守阵地。在日军强大火力轰击和步兵的激烈冲击下，守军虽与敌人顽强拼搏，第二线阵地依然被日军冲破。这时第 61 军军长陈长捷率部驰援到达，并立即加入战斗，夺回部分已失阵地，而后与敌人对峙在已被日军占领的南怀化东北高地。

为了巩固阵地及收复南怀化，卫立煌、傅作义决心对日军进行全线反击。15 日夜，阎锡山电报卫立煌、傅作义，批准进行反击作战，同时悬赏 50 万元夺回 1300 高地和南怀化。为此，阎锡山以预备军一部和左翼军指挥的晋绥军一部驰援忻口。要求右翼军打击增援的日军和可能退却的日军。

1300 高地位于南怀化偏东，是整个高地的制高点。1300 高地和南怀化被日军占领，就等于在守军中央兵团打进了一个楔子，正侧两面均受瞰制，对战局影响至大。"中日两军在这里形成一个漏斗状。日军在漏斗的内沿，守军在漏斗的外沿相对峙。当时决定反击这一地区的部队共计 4 个多旅；另以第 35 军越过云中河，袭击日军近后方；左右翼兵团同时出击配合作战。"

16 日凌晨，我忻口阵地正面主力展开反击。双方在南怀化再次进行争夺战，战况空前激烈，达于白热化，敌我双方都杀红了眼。第 9 军军长郝梦龄、第 54 师师长刘家祺、独立第 5 旅旅长郑廷珍等高级将领身先士卒，躬督所部，士气大振。第 9 军军长郝梦龄、第 54 师师长刘家祺率少数随从人员，冒着枪林弹雨，亲到西北高地督战。在去往独立第 5 旅前沿阵地的途中，进入日军的火力封锁线。郝梦龄不幸身中数弹，倒在血泊中。情急之下，不顾一切，上前抢救的刘家祺，也中弹倒地。与此同时，独立第 5 旅在冲击 1300 高地时，损失惨重，旅长郑廷珍阵亡。

随着军、师、旅长的先后阵亡，中央兵团反击南怀化和 1300 高地日军的战斗以失败告终，不仅没有达到收复已失阵地的目的，而且付出数千人伤亡的惨重代价。16 日，参加反击作战的残余部队被迫退回到原来出发的阵地固守，同日军形成对峙。配合作战的左右翼兵团也没有达到预期的效果。至此，对日军的反击作战画上句号。此后，攻守双方形成拉锯战，反复争夺胶着起来。

10 月 20 日之后，由于再抽不出更多兵力增援忻口战场，其后方又遭到八路军的频频袭击，日军被迫进行北撤准备。而此时的中国军队仍具有继续作战的实力，忻口战场上的形势正向着有利于守军的方向发展。

八、痛失娘子关与太原陷落

忻口鏖战之际，沿平汉线南犯的日军于 10 月 10 日抢占石家庄后，以主力一部沿正太线向娘子关进攻，以策应忻口作战；另一部绕道经赞皇、九龙关往昔阳西进，向榆次和太原迂回。娘子关告急。

娘子关有绵亘不断的崇山峻岭，是由河北进入山西的天险。娘子关作为省会太原乃至整个山西的东大门，它的弃与守直接关系到全省的安危，也影响着华北的战局。两山夹峙的娘子关，地势险要，易守难攻。阎锡山在这里筑有永久性半永久性国防工事，只配有一个炮兵团凭险据守。娘子关前面的雪花山与乏驴岭，是娘子关的天然屏障，要守住娘子关，必须首先守住雪花山与乏驴岭。井陉位于正太铁路（1953 年改称石太铁路）东段，曾是韩信灭赵的古战场。县城西南约 3 公里的雪花山，是这一地区的制高点，山体东西狭窄，南北较长，且向西南延伸，可以俯瞰控制井陉县城与火车站，地势险要，易守难攻。

石家庄失陷时，正值忻口决战在即，阎锡山无暇东顾。为了确保山西战场，蒋介石急调第 14 集团军副总司令冯钦哉率第 27 路军、第 3 军、第 17 师、第 30 师向娘子关阵地集结。中国军队此时在娘子关正面军力配置太宽，没有机动作战力量，没有统一的指挥官。

10 月 10 日石家庄陷落后，阎锡山确定由新任第二战区副司令长官的黄绍竑负责统一指挥娘子关作战，并确定了如下作战计划：（1）在开战之初，应于雪花山前进阵地配备强有力之部队，以迟滞敌人前进，并掩护主力部队迅速占领阵地；（2）主力在北

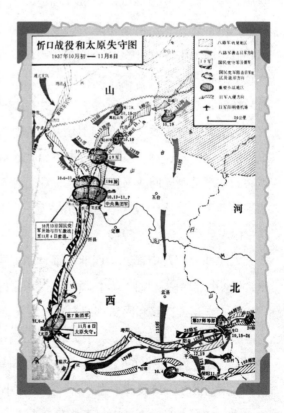

忻口战役和太原失守图

321

青掌、梁家堖、旧关、核桃园、乏驴岭、大台山之线占领阵地，总预备队分置于槐树铺、好汉池、娘子关附近，以应援各方之战斗；（3）为遏制敌人由我阵地右迂回袭击，在西回村、张家堖、南堖沟、神仙洞、娘子关之线构筑预备阵地；（4）如敌由核桃园方向进攻时，该处部队应竭力阻止其前进，娘子关之预备队由核桃园之右翼袭击其侧背，以破击其攻击能力；（5）为防止万一计，在桥头村、城子岭、驷骧镇、东道沟、上董寨之线构筑阵地，准备尔后作战。

具体部署：以冯钦哉第27路军，以及赵寿山第38军第17师防守娘子关以北至龙泉关一线；以曾万钟第3军守娘子关以南至九龙关、马岭关一线；以孙连仲第26路军由石家庄调娘子关作预备队。娘子关外围没有既设防御工事，雪花山、乏驴岭又均为石山，构筑工事困难，只能用麻袋装土做成掩体，在拥有优势装备的日军进攻面前，防御任务是十分艰巨的。

与此同时，在攻占石家庄后，平汉路方面的日军按照既定方针以川岸文三郎为最高指挥官，分左右纵队，沿正太路西犯。10月12日，敌开始进攻冀晋要冲井陉，同时迂回进攻长生口，直扑旧关。13日，旧关失守。娘子关方面的形势顿时紧张起来。有鉴于此，阎锡山径命黄绍竑赴娘子关指挥。同时令由平汉路撤出前来增援忻口的第26路军孙连仲部、第27路军冯钦哉部及川军李家钰、滇军曾万钟等部转赴晋东，以救娘子关之急。14日，孙连仲部到达娘子关开始与敌接触，自此双方在娘子关与旧关之间展开拉锯战。敌为解板垣忻口之围，急于突破娘子关防线，20日前后增兵晋东。21日起日军以生力军强攻娘子关我军阵地。在敌步、炮、空联合攻击下，守军顽强抵抗。26日，对我军阵地久突不破的日军采取迂回战术，绕袭娘子关右侧背成功。当日，娘子关失守。接着，敌乘胜而下，又连续攻陷晋东重镇平定、阳泉，直逼太原。为保卫太原，正太路中国军队全线向太原转移。

太原地处山西中部，东西北三面环山，中间一直向南延伸是开阔的河谷平原，汾河由北而南从城西流过。太原作为山西省府所在地，是一省之政治、经济、文化中心，正太铁路和同蒲铁路在这里交汇，交通便利，四通八达。

失一关而动"全身"，娘子关的弃守使省城太原完全暴露于敌，忻口前线的中国军队处于腹背受敌的险境。与此同时，日军增派两个联队加入忻口正面战场。如若继续与敌在忻口胶着下去，待敌逐次缩小了包围圈，我军势必插翅难飞。情急之中，11月2日，阎锡山再下撤兵命令，忍痛将部队悉数撤出数万抗日将士抛洒下鲜血和生命的忻口阵地。对于忻口战役，阎锡山不能不说是下了最大的决心，同时也寄予了最后的希望。怎料十几万军队浴血奋战二十余日，最后的关头，又一次毁于一旦，他的遗憾和惋惜尽在两句诗文之中——"假使娘关不失败，岂止廿三（按：指忻口战役在坚持了23天后被迫撤军的事实）任敌攻"。

忻口撤兵回防太原后，随即在太原召集高级将领会议，研究防守部署。并迅速确定了"依城野战"的守城方略。阎锡山设想：以一部兵力驻守城池以吸引敌人，同时集中大部兵力在城外合围，最后将敌人聚歼于城郊。亦即"利用太原四周既设阵地线，实行依城野战，以阻敌前进，消灭其兵力，待我后续兵团到达，再施行反攻夹击而聚歼之"。随即，指定傅作义出任守城指挥官，指挥所部第35军，以及独1旅、第213旅、第73师等部担任守城任务。同时以卫立煌指挥的国民党中央军及陈长捷的第61军分别占据太原东西两山地区，利用两山有利地形，攻击敌之侧背，配合守城部队歼灭敌人。黄绍竑则指挥从娘子关退下来的部队阻击西进之敌，掩护守城部队侧背之安全。另以到达黎城的汤恩伯军向榆次附近推进，与太原附近的部队夹击敌人，确保太原。

傅作义临危受命，部署太原城防。城内：以第218旅董其武部驻守北城；第211旅孙兰峰部及第73师驻守东城；第213旅杨维垣部驻守南城；新编第1旅陈庆华部驻守西城。城厢前进阵地：由第218旅第420团一部把守北关兵工厂；第211旅第419团张惠源营防守东北城外；第211旅一部防守东南城外郝庄、双塔寺阵地；担任城防的杨维垣、陈庆华两个旅，分别在太原火车站和汾河东岸派出警戒部队；第35军骑兵连则在汾河西岸担任巡逻。其余部队编为预备总队，随时支援一线作战。

此时，日军东线部队已进入距太原东南约17公里的鸣谦镇，并占领榆次；北线日军也越过石岭关向南追击。我方则因东路军撤退过速，北路军回援受阻，汤恩伯部在子洪口受东路溃军牵制移动缓慢，刘湘部在新乡未能及时赶到，实际只有傅作义率3万残破部队孤军防守太原。

4日，鉴于部队残缺，日军已逼近太原城郊的情况，前敌总司令卫立煌认为实施"依城野战"的计划困难，因此将所属的第14集团军一部置于太原城东沙河以北敦化坊等地，主力集结于西郊及西南郊汾河西岸；并授予傅作义"相机撤退"手令。

5日，日军从南、北两个方向发动进攻，对太原形成南北夹击之势。日军出动飞机不断在太原城上空盘旋、轰炸。从晋东、忻口战场上撤下来的其他部队，纷纷绕道太原，向南撤退。

6日，日军板垣师团兵临太原城下，切断了太原与晋南的通路。卫立煌命令：主力部队转移到太谷、交城一线，以阻止日军沿同蒲路继续南下；第71师、独立第7、第8旅增援太原。奉命增援的部队受阻，被迫沿汾河西岸南撤。只有独立第8旅的一个营于6日晚进入太原城内。当初设想的"依城野战"，至此实际上变成了"孤城独战"。

当晚，日军华北方面军第1军下达作战命令，命令日军第5师团及其北线部队为攻打太原城的主攻部队；第20师团一部协同第5师团作战。

7日，太原城外的日军从东、西、北三个方面对太原城形成合围之势。日军主力步、炮、空协同作战，先以优势火力将城东北角炸开一个缺口，然后，步兵在飞机、坦克的掩护下猛攻城墙，守军第419团将士奋力反击，给敌人以重大杀伤。日军继续向城内冲锋，守军与日军展开肉搏，双方伤亡惨重。随后，一部分日军沿城墙向小北门城楼攻击，另一部分则冲入城内，与守军发生巷战。在小东门防守的第422团立即对敌人实施反击，预备队也投入战斗，复将阵地收复。

8日，日军按计划向太原城发动总攻。在13架飞机的轮番轰炸下，北城楼被焚，火焰弥漫全城。上午，城东北角及西北角均被敌人猛烈的炮火轰塌，东面及北面城墙也被炸出多处缺口，城墙掩体坍塌。与此同时，日军步兵在飞机、大炮的掩护下，向城内猛冲。守军奋勇还击，伤亡惨重。中午，防守东北城墙角的守军第435团一个营伤亡过半。敌人从该团阵地前的城墙缺口蜂拥入城。守军预备队驰援，在小东门、小北门之间的大教场、坝陵桥一带，与敌人展开激烈巷战。下午，守军将城墙各口封锁，并将攻入城内的1000余名日军歼灭。

入夜，日军空降增兵，突袭中国守军，西、南两城部队及预备队被敌击溃。傅作义看到局势已无可挽回，遂下令守城部队突围。8日夜间，守城部队全部突出城垣。

9日，日军占领太原，华北仅剩的一座省会城市太原陷落。

太原沦陷前，阎锡山已先行将他的第二战区司令长官部及绥晋两省署撤至晋南临汾，自己则沿太（原）汾（阳）隰（县）公路退向西南，首驻隰县重镇大麦郊。从此开始了颠沛于黄河两岸晋陕之间，偏安于晋西南一隅之地的战时生涯。

阎锡山 一生

Biography of Yan Xishan

第十八章

"民族革命"

一、提出"民族革命战争"论，对当前的战争进行理论阐释

一年前，在日本帝国主义的侵略矛头由东北推向华北，晋绥濒临不保的关头，阎锡山曾以"守土抗战"相号召，在全国独树一帜。日寇对中国本土的大规模进攻，抗日战争全面爆发的新形势，危及到了整个中华民族的存在。这时，狭隘保守的"守土"观念，单纯消极的防御意识已远远不能起到号召民众的作用。随着时局的变化，阎锡山又不失时机地提出了"民族革命战争"的新口号。

1937 年 8 月 16 日，阎锡山在出席太原绥靖公署山西省政府联合纪念周时，发表了题为"对日抗战系民族革命战争"的讲演，首次提及"民族革命战争"的问题。

讲演开宗明义指出："什么叫民族革命战争？战争是达目的的一种手段。国家与国家的战争或民族与民族的战争，有的是为殖民地或销货场而发生的，有的是为援助共同利害而发生的。民族革命战争之发生是为抵抗侵略以求民族的解放与国家的存在。我们此次对日抗战，不是国与国的战争，也不是民族与民族的战争，而是民族革命的战争。日本一部分侵略者用武力压迫我们中华民族，要把我们作为现在的朝鲜和台湾地区，我们抵抗侵略，发动战争，不是与日本争夺什么东西，而是为求我们民族的解放与国家的存在。"从而阐明了他本人对于眼前所进行的这场战争性质的理解和认识。

接着，进一步提出民众抗战的问题："日本是个强国，我们是个弱国，此次抗战如果单靠军事，则最后胜利，必归强国。所以我们必须全民总动员，下最大的决心，拿上全国的人力物力来应战，中国四万万人民，无论男女老少，或上前线，或在后方，共同动作，抗战才能持久，才有把握。"

最后，他还说到抗战的长期性："每一个战争，都有他的休止期。民族革命战争，必须侵略者停止其侵略，才能休止；若侵略者不停止其侵略，则战争永无休止之日，被侵略者但有一分子存在，亦必奋斗到底。……最后胜利，必属于我。"

此后，阎锡山在各种场合，通过各种形式进一步阐述他的"民族革命战争"

论，就战争的途径、战法等发表自己的意见和观点。关于战争的途径，他认为："政治上要动员全体民众，予以严密的组织和训练，使男女老幼，无分前方和后方，一致参加抗战工作，摧毁敌伪政权。"也就是说要进行"全面全民的抗战"。关于战法，他提出了所谓的"民族革命战法"。"运动战与游击战配合，就叫作民族革命战法。"运动战就是采取"战略上的守势，战术上的攻势，以比较大的部队，绝对优势的兵力，集中力量截击敌人，予以重大打击或歼灭之"。游击战就是"避开战略上的劣势，运用战术上的优势，或出其不意的行动，对比我多的敌人，选择各种战术上的有利地形，对敌人脆弱及有关重要的地点，以纯攻击、绝对主动的战法"。

鉴于对民族革命战争的上述认识，1937 年 11 月 6 日，阎锡山以第二战区司令长官的名义签署公布了由共产党人薄一波主持拟定的《山西民族革命十大纲领》。纲领以中共提出的"抗日救国十大纲领"为蓝本，吸收了孙中山新三民主义的思想内容，同时又深深地打上了阎锡山的烙印。具体内容如下：

一、贯彻全面抗战，组织自卫队，开展游击战；

二、创造政治化、民主化的抗日革命军，在军队中执行民主集中制；

三、切实执行优待抗日军人家属条例，改善士兵生活；

四、扩大民众救亡运动，建立广大的民众动员组织；

五、创造民族革命运动的干部；

六、健全动员实施委员会，加紧动员，改善政治；

七、铲除汉奸卖国贼及坏官、坏绅、坏人，扶植民主监政；

八、切实执行合理负担，逐渐减租减息，改善人民生活；

九、加大工业生产，扶植手工业，改善工人生活；

十、实施抗战的农村建设。

"民族革命战争"论一经提出，即成为阎锡山的一个政治招牌，并且与抗日战争的整个过程相始终。一时间，第二战区遍地皆闻"民族革命"之声，处处都见"民族革命"的印记——阎锡山召集蜂拥而至的热血青年创办的抗日干部学校，名之曰"民族革命大学"；阎锡山组建的地方性政治组织，称为"民族革命同志会"，凡此种种，不一而足。

二、与共产党合作抗日，组成"第二战区民族革命战争战地总动员委员会"

阎锡山与中共之间的抗日民族统一战线虽然在抗战爆发之初就已基本达成，而其雏型甚至可以上溯到牺盟会的改组和共产党人的参与。但是，在第二战区民族革命战争总动员委员会成立之前，双方的合作还没有发展到公开的程度。

《战动总会一年半工作概述》里有一段话可以帮助我们回顾一下历史："自九一八至绥东抗战，中国危机日趋严重。这在其他的方面还没有感觉到，或者感觉到还没有下最大的牺牲奋斗的决心。而在山西，阎司令长官随着敌人进攻绥东，已经以很大的努力来做救亡工作，成立了群众团体，特别是牺牲救国同盟会。它不仅团结了山西的优秀青年，而且吸收了别处不能公开救亡的志士，在这样情势下，山西展开了救亡的群众工作。这是第二战区与别处不同的特点。"

卢沟桥事变以后，鉴于形势的的日益紧迫，阎锡山于7月下旬在山西提出战时动员方案，进行全省总动员。8月26日，是日军下令对华北实施总攻击的日子，这一天，阎锡山以太原绥靖公署、山西省政府的名义颁布"总动员实施委员会"组织法令和工作纲领，宣布成立省、县、区、村各级总动员实施委员会，并亲任省总动员实施委员会的主任委员。

总动员实施委员会是在地方政府领导下，动员民众，武装民众，为战争服务的一个半政权、半群众性的组织机构。阎锡山为总动员实施委员会规定的职责是"综合政府与民众的力量，搜罗各方人才"，推动救亡运动向实战的方向发展。然而，由于主客观方面各种因素的制约，总动员实施委员会工作的开展与预期的目的相距甚远。

与此同时，决心与阎锡山合作抗日，在山西率先开辟抗日民族统一战线新局面的中共领导层，也开始考虑在山西建立抗日政权组织的问题。7月底，中共北方局书记刘少奇为进一步推动与晋阎的统一战线，从延安来到山西。随即，明确提出了在战区准备建立抗日政权性质的战地动员委员会的主张。9月，中共中央军事委员会副主席周恩来亦赴太原与刘少奇就山西的统一战线问题交换意见，确定了"应以武装民众，进行战争动员为中心工作"的方针。

正是因为有了这些前提，阎锡山与中共之间在建立统一战线性质的地方战地动员组织的问题上取得了共识。9月7日，督战太和岭口的阎锡山在前线会见了前来通报八路军东进山西之事的周恩来、彭德怀、徐向前、南汉宸等。周恩来在提到要保卫山西、保卫华北，就要实施战争的全面动员，切实发动广大民众的问题时，明确表示了更广大地开展动员工作的要求。同行的其他人也表示了相同的看法，并就这个问题进一步商讨，一致认为有成立一个相关组织的必要。听取了众人的意见，阎锡山沉思良久后说："我早已知道这是重要的工作，前在南京开会时，我首先提出的就是武装民众五百万，到现在尚未得到具体指示；在这紧急时候，我们可以在第二战区首先试行。"

由于得到了阎锡山的认同，周恩来等会同山西方面的有关人士，很快拟就了"战地总动员委员会"工作纲领草案，并送呈阎锡山审阅。看着主要出自共产党人之手的堪称细致详尽的工作纲领，阎锡山内心不由地涌出几分佩服。他仔细地审读了草案，对某些段落进行了反复推敲。然后，提笔作了几处关键性的改动——以"民族革命战争"取代原有的"抗日民族自卫战争"；将"废除苛捐杂税"改为"实行合理负担"；用"信仰"换下了"不分党派、地域、地位"中的"党派"二字。此外，他又在"战地总动员委员会"的名称上做了文章，冠之以"第二战区民族革命战争"的限制词。阎锡山在政治方面的机变从这一个个小小的改动之中得到了充分的体现。

经过这一系列的演变，在中共方面的积极筹备和推进下，1937 年 9 月 20 日，由阎锡山命名的"第二战区民族革命战争战地总动员委员会"（简称"动委会"，亦称战动总会）在山西大学礼堂宣告成立。动委会由阎锡山的山西地方势力和共产党的代表为主，吸收沦为战地的察、绥两省代表，以及牺盟会、公道团、学联、教联等群众团体的代表参加，共二十余人组成，主任委员由双方都能接受的山西辛亥元老续范亭出任。从而充分体现了统一战线的性质和特色。

动委会在它的"成立宣言"中声明："我们不能只满足于目前全国武力联合的动员，我们还要发挥民族革命的意义，使整个民族力量动员起来，武装起来。"我们的奋斗目标是："一、积极组织民众，武装民众；二、实行真正合理负担，改善人民生活；三、实行民主政治，扶植抗日言论出版集会之自由。"

动委会的成立是阎锡山对政府抗战取得民众配合的一种尝试。然而在这个问题上他再一次陷入矛盾之中，因为他时刻奉行着他的那句"名言"——"民众是只老虎，不组织起来是个空子，组织起来是个乱子"。大敌当前，对动委会这样的组织，既有利用它发动民众支持山西抗战的必要，但又不能任其无限制地发展，成为他日影响自己统治的"乱子"。阎锡山用来解决这个矛盾的思路和方式就是一方面给予支持，使其有一定程度的发展；另一方面又进行种种限制。这样的结果是使动委会一成立就受到了多方面的限制。首先，规定战动总会是"依据第二战区司令长官命令，在司令长官直辖之下"；其次，将动委会的管辖地域和动员范围限定在日寇已占和即将占领的雁门关长城内外18县，即山西的天镇、阳高、大同、怀仁、广灵、灵丘、浑源、应县、山阴、朔县、平鲁、左云、右玉、繁峙、代县、宁武、神池、偏关，以及察南5县——蔚县、阳原、怀安、宣化、涿鹿（忻口战役期间，经阎锡山本人批准，才扩展到察哈尔全省和晋西北的五台、定襄、静乐、岢岚、岚县、兴县、忻县、保德、河曲、临县、五寨、崞县等12县）。

尽管如此，因为他要抗战，因为他需要民众的配合，所以在最初的一个时期，阎锡山对经他批准的、他与中共合作抗日的象征、作为统一战线组织形式的第二战区民族革命战争总动员委员会，还是给予了极大的关注和一定程度的支持。也正是因为这一点，动委会成立后，即在中国共产党的实际领导之下，迅速在晋、察、绥广大战区的敌后轰轰烈烈地展开了工作，组织救亡团体，组建抗日

岢岚各界欢送战动总会晋察绥边区工作团北征纪念

武装游击队，动员新战士参加正规部队……创造了晋西北一地农会，其会员发展到 25 万余人，一次性动员新兵 7 万余人的纪录，并且建立了自己的武装——25 支动委会游击支队。第二战区的动员工作因此在中国近现代国防动员实践中，开辟了一条全新的道路，成为各个战区的典范和榜样。抗日名将李宗仁领导的第五战区就曾特意取经学习，并在该战区试行。

三、适应战争需要，组建山西新军

对于支撑其地方实力派代表地位的晋绥军，阎锡山可以说是倾注了不少心血并寄予厚望的。然而，事实却实在太"不尽如人愿"了。昔日红军东征时的败绩尚历历在目，而今又逢强敌入侵。在咄咄逼人的寇锋下，晋绥军到底能抵挡多久，仅凭现有的晋绥军能否保住山西，保住自己的地位，阎锡山心中实在没有把握。因此，早在抗战前的 1936 年下半年他就动议继续扩军，并且考虑改用新的番号。

阎锡山周围的人们清楚地记得发生在牺盟会改组不久后的一次高干会议上的情形。会上，阎锡山单刀直入地向与会者提出"假如日本人打进山西来，我们怎么办"的问题，要大家讨论。会议连续进行了几天，他每天都亲自主持。面对众说纷纭的意见，他一直默不作声。但当董天知（牺盟会骨干，中共党员）发言表示，"日军步步向我进逼，晋绥首当其冲，不早做准备，将来必将吃大亏。不成立一支以保卫桑梓为宗旨的强大部队，就不足以抵抗日本的入侵。因此建立进步军队是当务之急"时，静观沉思的阎锡山渐渐露出了笑容。

会后，阎锡山掩饰不住内心的喜悦之情，对其视为知己的赵戴文和侄外甥梁化之说："共产党里就是有人才。董天知年纪那么轻（董当时只有 25 岁）就能提出那么好的意见，真是了不起！"

在建立抗日武装的问题上，阎锡山与在牺盟会中担当实际领导职务的共产党人，虽然出于不尽一致的目的，但却又不谋而合了。之后，双方或主动或被动地为此努力着——开办军政训练班、民训干部教练团，征收国民兵军官教导团学员，号召成立抗敌救亡少年先锋队……只是尚未到最后的关头，阎锡山还没有下最后的决心。

卢沟桥的枪声惊醒了每一个爱国的中国人，使阎锡山审时度势，不得不放弃了仅存的一丝侥幸，很快就对建立新军的问题有了决策。

抗战开始后，在日军进攻面前，山西旧军不堪一击。这时阎锡山急于扩充实力，应付危局，薄一波再次提出组建山西新军的建议。卢沟桥事变后不久的一天，阎锡山找来了薄一波，以商量的口气说："一波，战争开始了，还没有兵，你看该怎么办？"对于阎锡山的问题，薄一波早已成竹在胸（动员民众，抓武装，为着抗日战争是中国共产党的既定政策），出口答道："组织新军，改革旧军。"薄一波的回答阎锡山似乎早有预料，显得很平静地说："旧军是不好改造啦，你就先组织一个新军团试试吧！"正如薄一波所说："抗战开始以后，我就向阎锡山提出了正式组建山西新军的建议，当即得到阎锡山的同意。他要我先试组一个青年抗敌决死总队（团）。"

得到了阎锡山的许可，薄一波等在征得中共北方局书记刘少奇同意和支持的前提下，大刀阔斧地开展起筹建新军的工作。

有着救亡运动深厚基础的山西，随着卢沟桥事变的爆发，确实已是处处布满了干柴。组建新军的决定以牺盟会的名义一公布，军政训练班、民训干部教练团的学员争相报名，各方各面的热血青年请缨响应，提出组织"敢死队"的请求。

在发动响应的基础上，经过多方考虑，由军政训练班和民众干部教练团的大部学员，国民兵军官教导团第8、第9团各一部改编，组成了第一支新军队伍。队伍原定名称为"抗日青年先锋队"，后根据阎锡山的意见改称"山西青年抗敌决死队"1总队（按照阎锡山的意思属于试搞，因考虑到以后还要陆续组建，故名）。

8月1日（这一天正好是中国共产党的建军节，不知是偶然的巧合，还是共产党人的有意安排），山西青年抗敌决死队（简称决死队）在军政训练班驻地——太原国民师范大礼堂举行成立大会。大会由薄一波主持，阎锡山亲临会场发表讲话："你们要成立敢死队，我给你们改成了决死队，意思是说在民族革命战争中，你们都要有决死的决心。"

在薄一波的建议下，决死队实行政治委员制，薄一波亲任政委，负责实际领导工作，其余政工干部绝大多数是共产党员，各级军事长官则由阎锡山指派。这样，决死队从组建到内部组织完全体现了统一战线的精神，成为了阎锡山的山西地方政府与中国共产党之间合作建立的一支具有统一战线性质的抗日武装，

战地动员委员会在山西长治组建的青年抗敌回民义勇队

太原军政训练班 7 连 1 班学员于 1937 年 3 月在太原合影

同时也就成为了第二次国共合作期间在中国大地上诞生的唯一的一支统一战线性质的正规军队。

　　无论如何，组建新军是大敌当前，阎锡山为弥补旧晋绥军战力不足、增强御敌能力，依靠共产党的力量开出的一剂"济世良方"。在不可否认的功利心趋使下，初始之时也确曾给以了足够的扶持。

　　决死队 1 总队成立的第二天，全部人马就都领到了配备齐全的武器装备： 333

薄一波,原名书存(1908-2007)

每连配有三挺轻机枪,一个班有两支大口径山西造冲锋枪,连排干部一律是和冲锋枪口径一样大小的"盒子炮",队员都有带刺刀的山西造的崭新六五步枪一支,手榴弹、子弹、挖战壕用的镐、锹,以及水壶、军毯、雨衣……应有尽有。这样的装备在其他新建军队中可以说是比较少见的。

装备齐全的决死队1总队,很快投入紧张的政治军事训练之中。一个多月之后,因平型关发生战事,即开赴晋东北五台山地区,一面进行抗日宣传,一面准备参战杀敌。由于共产党的实际领

"山西青年抗敌决死队"臂章

导和全体官兵的同仇敌忾,决死队1总队打从一组建,就表现了旧晋绥军所未曾有过的面貌和活力,对此阎锡山甚感满意,觉得有进一步推广的必要。于是在9月初至10月初的一个月中,新军决死队迅速扩编,相继以军士训练第1、

334 第2团一部,国民兵军官教导团第5团、第9团一部、第10团等部组建成了第2、

朱德和薄一波等在新军出征群众大会会场

第3、第4三个总队，从而将山西的新军队伍发展到四个总队，6000余人。以后，随着战争的不断深入，在中国共产党的有力推动下，以决死队为代表的新军队伍继续发展壮大，决死队由总队扩大成纵队（每纵队下辖三个总队和三个游击团），加上另外组建的工卫旅、政卫队等，到1938年，新军总数达到43个团，4万余人。这一年，蒋介石中央政府下达山西军队的正式编制为150个团，阎锡山将其中50个团的番号给了新军。这样，从编制上看，新军就占到山西军队总数的三分之一。

四、"非常时需非常策"，一系列抗战政令由此而生

抗日战争是中华大地上前所未有的反对侵略的民族革命战争，用阎锡山自己的话来说，是"为求我们民族的解放与国家的存在"而进行的战争。在这样一个非常的时期，"我们必须全民总动员"。这就要求整个国家和民族不分阶级，不分党派，团结一致，放弃（哪怕是暂时的放弃）一己的私利，顺应民族的大义。在这样一个非常的时期，每一个政治集团都在调整自己的政策，改变一些惯常的做法。阎锡山对此有一个很形象的说法，这就是所谓的"非常时需非常策"。在他看来，大到倡导"民族革命"、与共产党搞统一战线，小至实行合理负担、颁布优待抗战军人家属条例、推行游击县长制、划分行政区等一些具体的政策法令都属于所谓"非常策"的范畴。

阎锡山的"非常策"不仅是民族战争的需要，而且是山西具体实际的产物。地处抗日前线的山西，是一个贫瘠的省份，尽管有"十年建设"的积累，但相对于庞大的战争支出，自然是难以应付。为了广泛筹集军费，不致因经济的拮据影响战争的实施，他在全面抗战爆发前的 1937 年春，即提出"合理负担"的主张，决定实施战时财政。阎锡山认为抗战"必须要富人拿钱，不论贫富大家来拼命，才能走得通"。"就人说，贫富同是一个命，大家保护大家，不论贫富统应该拼命，就财产说，实在是财产多的损失大，财产少的损失小。"因此，必须按照"得利息者重负担"，"有财产者多负担"，"赚钱多者多负担"的原则，实行"有钱的出钱，大家拼命"，这就是"合理负担"。他的这些思想，随着战争的演变和需要，进一步系统化为一些具体的法律条文，于同年 9 月陆续颁布实行，并在以后的一个时期中推而广之，及于各抗日根据地。有论者称之为"整个中国财政改革上的一大革命"。

出于与上述相同的原因，为了解决"没有兵怎么办"的问题，鼓励民众参军参战，1937 年 9 月，阎锡山同意了牺盟会起草的《山西省优待抗战军人家属条例》，并报请中央政府批准，以山西省政府法令颁布实行。条例规定：抗战军人家属，不负担任何作战临时摊派（富户应依合理负担法摊派）；民国二十六年（1937 年）九月前所负担债务得展至抗敌（日）战争停止后偿还之，对超过年利一分者以一分计算；所租之地，准减租四分之一，地主不得收回自耕或转租他人；佃耕之地准按原定份额增加三分之一，地主不得收回自耕或转佃他人；停付外债利息；家属赤贫者应受粮食衣物之优待；子女入学免费；疾病时官医院免费，私医院半价。该条例在全国尚无先例的情况下，于一省之内首先颁行，大大改善了山西的战争动员，影响所至，及于全国。邻省河南也随即颁布了优待抗战军人办法，其他各省亦有同样情形，在全国范围内确实起了相当大的推动作用。鉴于各省的蜂起效法和普遍推行，1938 年 2 月，中央政府颁布了全国性的类似办法。

此外，游击县长制、划分行政区等也是适应山西现实斗争的需要而产生的。阎锡山虽然比较注重吏治，尝以"做甚的务甚"要求干部，也曾制定过一系列的官员考核办法，但是由于种种因素的制约，旧官场中欺上瞒下、脱离民众、苟且委过、贪财怕死的通病在山西仍然严重存在。这些问题在全面抗战爆发后的危急形势下，一一暴露无余。战争爆发初始，阎锡山亦曾以"守土抗战"相号召,要求县长死守城池。然而,在日军的进攻面前,地方行政官员大多没有执行死守命令,或因在民众中缺乏威信而得不到支持,或因严重的恐日病而随军撤退。在沦陷诸县中,只有朔县县长郭同仁坚守到底,做到了"与城池共存亡"。地方政权的名存实亡与动员全体民众,进行"民族革命战争"的形势和要求极不适应。

有鉴于此,1937年9月下旬,阎锡山同意了牺盟会提出的向敌后派遣游击县长的建议,开始在山西推行游击县长制。所谓游击县长制就是通令战区各专员、县长不必死守城池,可以在各该专县境内实行游击行政,协助军队对日作战。首批游击县长,阎锡山指定由牺盟会选派,并很快到达敌后。牺盟会的领导骨干宋劭文就是这时被派到阎锡山的老家五台县去做游击县长的。

接着,阎锡山通过山西省政府电询关内各县,通令:"愿当游击县长的留任,不愿者即另派人接替。"结果在诸多县长中只有五寨、新绛、永济三县长表示同意留任。大失所望的阎锡山即将三县之外的其他各县县长全部出缺,统统代之以游击县长。这样一大批新的游击县长又产生了。由于牺盟会的推选和举荐,出任游击县长者大多是富有牺牲勇气和奋斗精神的进步青年,有的甚至是共产党员。

在游击县长制下,阎锡山先后更换了70余县的县长。以一批有为青年出任游击县长,建立敌后政权,无疑给旧官场带进了一股清新之风,抗战初期出现在山西的勃勃生机实在是与此不无关系的。对此,阎锡山颇感得意,他说:"我在雁北作战时,深感县政府机构不能适应革命战争的要求,因此在太和岭口时即由牺盟会选拔富有牺牲精神的七个青年,充作沦陷县份的游击县长,这是山西游击县政府的开始,也就是全面全民抗战的起头。""游击县长的创设,这是顶重要最困难的一件事。当时因为抗战上的需要,牺盟同志很踊跃地响应了这个号召,并参加了实际的工作,开展了敌后的行政。这不仅在第二战区开创了抗敌行政上的新纪录,而且在全国树立了良好的印象。"

游击县长制初实行时,为防备省县被敌割断,曾就邻近县份,临时按三至五县划分为小区,指定中心县长负责传达上级指示,统一向上汇报,统一布置工作。实行不久,为了适应战时需要和便于独立开展工作,阎锡山在牺盟会的建议下,于1937年10月,又把全省105县依自然地域划分成七个游击行政区,行政区设政治主任公署,负责指导联络各区域内的县份,并可在敌后不便与上级联系的情况下，代行省府职权。

五、顾此失彼，"反攻"太原不成又失临汾

在娘子关失守、忻口两面受敌之际，太原的沦陷实际上已经只是个时间问题了。对于这一点，阎锡山心里非常清楚。所以，他在部署保卫太原之战的同时，也在做着撤离的准备。10月下旬，忻口激战犹酣，阎锡山即面谕山西西北实业公司总负责人彭士弘及西北制造厂总办张书田，"尽先拆运厂内机器南下，尤以西北制造厂机器为重要。西北制造厂实际上即是兵工厂，关系今后抗战兵器弹药之供应"。彭、张谨遵阎命，马不停蹄地拆卸装运。待将机件千余件及同蒲铁路的机车两座由风陵渡运抵黄河南岸时，日军的炮弹已在风陵渡上落下。在敌之前抢出的兵工机件辗转运到川陕后方，山西传统的兵工生产得以在大后方继续。

太原城破之前，阎锡山面对发迹于斯、倾注了半生心血的省垣，心中不免凄楚。然而，危急的形势不允许他过多缠绵。就在他由太原向南，撤至交城后的第二天，省城已呈不保之势。原打算坐镇交城指挥一切的阎锡山只得沿吕梁山继续一路南下，直至地处晋西南的隰县大麦郊（今属交口县）方才站稳脚跟。这时他的心情更加沉重，不由得提笔在日记中写下这样一段话："离太原是战略，离交城是弃谋，故离交城之难受，甚于离太原。"

抵达大麦郊后，阎锡山没有再向南行，到临汾与绥省两署及他的长官部行营会合，而是住了下来，一边收容部队，一边着手新的部署。打算暂且在吕梁山脉坚持，"胜则发展游击战争，败则退向河西"。

然而，阎锡山在大麦郊仅仅停留了10天，就被卫立煌的频频电报催到了临汾。原来太原失守，阎锡山转向晋西南后，原前敌总司令卫立煌被授权负责前线战事，先期到达临汾。日军则于占领太原后，只是向南稍作推进，即行停止攻势，主力或他调，或休整，加上坚持敌后抗战的第18集团军各部的牵制，日军未能立刻向晋南进攻，山西战场的紧张局势顿时松弛了下来。凡有战争经验的人都深知这种现象意味着什么，它是暴风雨前的寂静，它是两个波峰间的沟谷。以客军身份坐镇临汾的卫立煌，面对正在酝酿着新的战事的山西战场，心中焉能不急。于是便连发三封电报，请阎锡山南下议事。

　　11月20日，阎锡山放弃坚持吕梁山脉的想法，应卫立煌所请抵达临汾。随着阎锡山的第二战区司令长官部、太原绥靖公署、山西省政府的南迁，第18集团军总部、驻晋办事处、中共中央北方局等军政首脑机关也暂时驻节临汾，各地的热血青年爱国人士也开始涌向这里。一时间，临汾这座地处晋南的尧都古城（旧称平阳，相传曾为尧之都城），成了山西乃至华北抗战的中心。

　　日军暂时停顿了进攻的步伐，给了阎锡山一个喘息、整顿、布置的机会。在临汾，他抓紧这难得的喘息之机，一面指挥同蒲路沿线部队的正面作战，阻滞日军南进；一面着手整顿因连续不断地作战和撤退，变得七零八落的晋绥军（巨大的伤亡和不可避免的溃散，使得晋绥军实力大为减弱，作战能力不及战前的一半）。同时开始考虑调整战略——"将以空间争取时间转变为以时间争取空间"，进行长期抗战。

　　12月29日，阎锡山前往汉口，出席抗战爆发以来的第二次中枢国防会议。时值德国驻华大使陶德曼调停之事发生，主和主战莫衷一是。阎锡山由此引发诸多感慨，禁不住以诗言志，抒发胸臆——"南京失守举国忧，此去何敢言分忧。中枢有计挽危局，无须浅识与共谋。""立国全凭未雨绸，饥餐渴饮舍无求。当国必须此为务，国家民族蒙福麻。""立国全凭未雨绸，御侮舍此别无求。六十年前如变法，今可并驾齐美欧。""立国全凭未雨绸，地大物博四百州。史年五千人四亿，睡狮久睡反招谋。"

　　1938年元旦在汉口度过。元月6日，阎锡山结束公务离汉返晋。8日，回到临汾。在上海沦陷、南京弃守以后，国民政府虽宣布迁都重庆，但政府机关大部及军事统帅部则停留在汉口。因此汉口（包括武昌、汉阳，也称武汉）实际上在当时就是全国的政治、经济、军事中心。在汉口的短短几天，阎锡山更大程度上是受到自上而下的抗战热情的激励和感染，从而减弱了因开战以来的节节败退，一直笼罩在心的压抑和低沉，甚至由此萌发了重振旗鼓，收复太原的想法。于是，在返晋途中于元月7日抄录军事委员会第一部通报，电发战区各总司令，把"晋军向太原推进，收复仅有少数敌兵之该城"的问题摆在众将领面前。

　　返回临汾后，阎锡山即按照汉口会议精神，以巩固确保黄河以东以北阵地，决不让敌人渡过黄河，屏障西北及西南后方之安全为目的，重新进行军事部署。同时配合军事在政治上作持久抗战之计划。

在此期间，反攻太原的想法只停留在构思阶段。1月中旬，蒋介石为保卫武汉，准备在津浦路南段与日军会战。为此，要求第一、第二两战区部队保留在黄河以北，做反攻太原的准备。1月底，国民政府军事委员会电示第二战区向太原、石家庄等处迅速出击，以策应徐州方面作战。上述两道命令与阎锡山的想法不谋而合。于是，他于2月初开始具体策划反攻太原。计划以主力保卫晋城、陵川、东阳关、韩信岭、汾阳、吴城镇，及绥西后套地区，相机推进；一部向平汉、正太、同蒲、平绥各路出击，破坏交通，并扫荡残敌，伺机归复石家庄、太原各要点。并在2月17日的土门军事会议上决定：以一部沿同蒲路发动攻势，先将太谷以南之敌歼灭，乘势攻略榆次、太原，进出娘子关、石岭关地区。随即，开始实施反攻计划——由左右两翼向太原包抄，左翼前锋傅作义、郭宗汾等部，进逼太原近郊。

就在阎锡山开始实施反攻计划的时候，日军集结3万余人的兵力，发动了新的进攻，分南、北、东三路直扑临汾。

面对日军的突然进攻，阎锡山急命逼近太原的傅作义部回援交城、文水；总预备队指挥官陈长捷率第61军驰援隰县方面的第19军。酝酿了一个多月的反攻太原计划，只虚晃一枪，在日军的新进攻面前泡了汤。

在敌人的猛攻下，阎锡山的王牌部队王靖国之第19军不能抵挡，相继丢失既设之川口、高庙山、石口诸阵地。2月26日隰县城失陷。西北锁钥隰县既失，临汾不保，28日被敌第108师团攻占。阎锡山再一次遭受军事上的挫败。

隰县城陷的当天——2月26日发生了一件令人伤感的事情，那个在中原大战失败后曾经自告奋勇护送阎锡山到天津的张培梅在隰县午城吞服鸦片自杀身亡。张培梅在晋军中以耿介忠心著称，自率晋军第一次出兵石家庄返防后，即因故回乡赋闲。抗战军兴，被阎锡山延请出山，担任了第二战区的执法总监。作为执法总监，张培梅对连续不断的败绩了如指掌，早已忧愤不已。今又逢隰县新败，临汾不保，怒晋绥军之不争，气身为执法总监而无力挽救危局（据说，川口、石口丢失后，张培梅曾要求阎锡山将第19军军长王靖国绳之以法，阎锡山不予表态，张遂生自杀之念），故决心以死明志。吞服鸦片后，紧咬牙关，拒绝救治而逝。

对于张培梅的死，阎锡山不无伤感。于次日著文致祭。祭文以朋友的口气说："你很爱国，你很壮烈，你以为晋民苦矣，国家危矣，不忍睹，不堪睹，君乃自了，遗其妻子，别其朋友，君其自了矣，我则不做如斯感。我国有大一统之光荣，亦遂有二千年大一统之遗毒，使维新革命均无大效。经此疯狂自损之日本军阀一大打击，必能去旧鼎新而成现代化的国家，我不悲观。途中告我君服毒得救矣，至宁（大宁，张培梅服毒于隰县，乘车至大宁方才气绝）知君已已，使我凄然。继思之，君此生结果矣，且有果结矣，遂转我念。君之清廉无积，我所素知，家庭生活，我负其责，君可释虑。"

六、改变战略，试行敌后"游击"

与日军发起三路进攻的同时，2月20日，阎锡山召集军政高级人员会议，检讨战区军政大计。检讨的结果："认为中国军人，多学自日本，此次作战受害最大，确系在受教育时，即受其欺骗，故战略上错误实大于战术战斗的错误，指挥官的不够，甚于士兵的不够，且多未能将士兵之敌忾心，运用得当，故牺牲虽大，收效不多，痛定思痛，感觉到非改弦更张，不足以应当前之需要，且守点守线，徒为供敌发泄物质威力之场所，宜以保存空间之心，变为换取时间，捕捉机会，打死敌人，山西山地尤易实行。乃建议中央采用'游击战'，并分第二战区为数个游击区，配置部队，固守各区。"同时严令各军注意防范与出击。

2月23日，阎锡山从临汾土门出发，到前线督师。先至蒲县，再转大宁。途中所写"蒲城督师"，对此作了记载——"前线督师到蒲城，东阳晋垣同告警。

1938年，阎锡山（左六）与朱德（左五）、杨爱源（右四）等在临汾合影

一区全军皆南撤，侧后兼顾不易行。"

临汾失守后，阎锡山将他的第二战区长官部及其他军政首脑机关，西迁至黄河边上的吉县。3月初，国民政府军事委员会电令第二战区："对晋东南之敌应包围歼灭之；万一不能得手，须分向山地转进，全面游击，长期抗战；不准一兵渡过黄河。"鉴于几个月来的连连失败，在检讨作战方略的基础上，按照军委会电令精神，阎锡山调整作战方针，展开机动运动战，趁日军分兵深入，兵力分散之机，利用山地有利地形，进行阻击。

几日的运动作战，晋绥军略有斩获。虽为小胜，却也聊胜于无。阎锡山从中看到了胜利的希望，又禁不住激动起来，即兴提笔赋诗一首："临汾失陷第七日，运动战略大展开。向来被动今自动，捷报一日十三来。"

不料"机动运动战"给阎锡山带来的短暂的欣喜，又被接踵而至的日军对晋西的大规模进攻，冲得了无踪影。3月10日，日华北方面军第1军下达了"肃清"作战命令。15日，日军集结万余人的兵力，由临汾、蒲县、河津分八路出发，向晋西吉县发动围攻。

在此之前的2月16日，卫立煌被任命为第二战区副司令长官，继续负前线指挥之责。在行营所在地吉县面临日军三面包围的情况下，3月15日，阎锡山召集临时军事会议，并以确保首脑机关安全，以利战斗为由，接受卫立煌等人的意见，决定率司令部非战斗人员暂时离开战地，西渡黄河。正如他在诗中所说："为行游击战，议决行营离。敌人三面围，只有向西移。"

3月19日晨，阎锡山在长官部其他随行人员大部过河后，乘渡口唯一的一只小船渡过黄河，暂居陕西宜川桑柏村。同日，日军攻入吉县城。有人说，阎锡山西渡黄河后，先到陕北洛川，因觉得洛川二字不好，"洛"与"落"为谐音，洛川即失败没落之意，而自己名为伯川，若把司令部设在这里，是"伯川"入"洛川"，大将犯了地名。于是以洛川距红军较近为由，移驻宜川。宜乃适宜之意，宜川寓意为适宜容纳自己这阎伯川。以此来证明阎锡山"深信易象卜筮阴阳否泰"。但这是经不起推敲的，宜川与吉县隔河相望，而洛川却远离黄河百数十里之遥。黄河是晋陕之间的一道天然屏障，从吉县过河到达宜川，即已达到了避敌的目的，根本没有必要舍近求远宜川而不入，跋涉一百多里，前往洛川。而后，发觉不妙，又回转宜川。

在宜川，阎锡山与他的长官部遥控河东晋绥军，在第18集团军朱德所部，

阎锡山与朱德商讨抗日事宜时合影

以及卫立煌指挥下归属第二战区的中央军配合下，进行晋西作战，与日军展开拉锯战。3月26日，吉县在失陷一周之后，由第61军收复。

4月15日，为策应徐州会战，组织第二战区的反攻作战，阎锡山回渡黄河，返抵晋境。4月20日起，第二战区部队的反攻作战开始。一周内克复平陆、武乡、和顺、辽县、襄垣等处。为指挥监督各部作战，组成临时指挥所，转进到各部队进行视察。5月4日开始，阎锡山指挥晋南所部全线反攻。相继收复蒲县、永和、汾西、芮城、稷山等县城，并破坏同蒲铁路。到5月底，晋南失陷之城大部归复，日军只能困守运城、安邑、闻喜、侯马、新绛、曲沃六城，一度停止了大规模的进攻。在相对稳定的形势下，阎锡山将长官部回迁吉县。

12月，晋南战场再次弥漫起浓重的火药味。下旬，日军调集兵力两万，九路会攻吉县，吉县及周边各县再度失陷。

一年来的运动作战经验，使阎锡山变得比春天时镇定了许多。他一面将长官部、省政府及其他机关人员撤向河西之桑柏、秋林等地；一面带领参谋、侍卫、警宪人员，在一个叫作五龙宫的地方设指挥中心，进行前线督战。

1939年的元旦，阎锡山是在五龙宫渡过的。有诗为证："九路攻击行营迁，雪拥山坡军不前。拒绝诸将西渡请，五龙宫中过新年。"就在元旦当日，阎锡山在五龙宫下达对吉县之敌全线攻击的命令。一周之后，吉县再次失而复得，大宁、蒲县、乡宁相继收复。

粉碎日军的围攻后，1月15日，阎锡山在五龙宫召集高级将领会议，对战役进行检讨总结，认为："作战虽不十分好，但相当满意。"同时决定"建立现代化有基础30万团力的铁军，以支持第二战区抗战，并在第二战区内普遍建立健全巩固的游击根据地"。

会毕，他在按照蒋介石"第二战区继续积极展开广大之游击战，指向重点于正太、同蒲各要线，以有力部队配备中条山地区，与右岸河防部队协力阻止敌渡河，敌若由包绥进犯甘宁，应以有力部队由晋北向包绥侧击敌人"的电令精神，对战区部队继续"游击"进行部署后，二次西渡，到宜川秋林，着手干部集训，开始将注意力转向政治方面。

阎锡山一生

·Biography of Yan Xishan

第十九章

反共"摩擦"

一、"扶旧抑新"的理论依据——"今日不改用新作法，就不能存在"

在阎锡山的诸多"名言"中，最能代表他处世哲学的莫过于"需要就是合法，存在就是真理"。纵观阎锡山登上政治舞台二十多年的历史轨迹，其所作所为无不是以"需要"和"存在"为出发点的。肆应北洋政府、保境安民和参与军阀混战是如此；拥蒋北伐、与蒋介石反目为仇，及至大动干戈又未尝不是如此。推而及之，全面抗战爆发前后的"联共抗日"也确确实实不出其右。为了"守土抗战"和"民族革命战争"的需要，为了山西和他对山西的统治的存在，他决定"联共抗日"，发动民众；他同意成立牺盟会、动委会；他支持牺盟会组建新军，发展抗日武装。

然而，正如他自己所说的那样："二的利害成不了一的团结，二的认识成不了一的行为。"阎锡山作为地方实力派，作为一个既得利益者，他的立场，他的利害观与以除旧布新为己任的共产党从根本上是不能相容的。起初，大敌当前，民族矛盾日益尖锐时，他确曾对共产党及其抗日进步势力给予了极大的支持。但是，他的这种支持仅仅是出于实用的目的，只是一种利用。一旦他所要利用的力量发展到一定的程度，对他的存在构成威胁的时候，他的支持就会大打折扣，甚至走向相反的方面。

在抗战初期的特殊形势下，阎锡山需要"守土抗战"，需要"民族革命战争"，需要发动民众，需要新的力量帮他渡过难关，因而，对山西的新派势力给予了极大的支持。正是由于他的支持和允诺，使山西的新派势力迅速发展——牺盟会的影响遍及全省各地，昔日红极一时的公道团已成了明日黄花；7个行政公署的政治主任有4个由新派担任；全省半数以上的县长由牺盟会派出；新军组建后不断扩大，在太原沦陷后的半年多时间里，已经拥有了大约50个团的兵力，就实战能力讲几乎可以与旧晋绥军平分秋色；动委会组织活跃在长城内外广大的战区及其边沿地带，以动员机关代行政权职能，以至于有的地区"只知动委会，不知有地方政权"。

这一切就抗战的全局而言，无疑是极其有利的。然而，在阎锡山眼里，牺盟会、新军、动委会，这些统一战线的产物，虽然挂着山西的牌子，但却是借用的共产党的一套做法，是由共产党一手组织起来的，毕竟不是"自己的"。尽管可能对抗战有利，但同时也威胁着他的"一统天下"和他的"存在"。后来他在晋绥军军官训练团训话时说："某友军自抗战以来，人员增至四倍，我军某部抗战以来，减少了一半，按着这个成例，再过十个月，就是友军的一，变成十六，我某军的一变成四分之一，这就成了六十四与一之比了。""你们看可怕不可怕。知此而尚不觉悟，岂非自杀？"新军的发展，已经成了阎锡山的心头之患。抗战初期依靠新军"救驾"的他，为了自己的"存在"，此时决计要改变策略了。

为配合徐州会战，发动于1938年4月中下旬的反攻作战于5月底胜利结束后，在大规模战事一度不再发生的情况下，阎锡山得以静下心来，开始考虑一个在他看来很现实的问题：抗战以来，新军是发展了，但是靠不住；从自己的利益出发，旧晋绥军是唯一可依靠的，但又战垮了。怎么办？

带着这个问题，7月1日，他以"研讨以弱胜强战法"为主题，在行营驻地吉县古贤村召集了有旧晋绥军军师长以上军官参加的高级将领会议。会上，阎锡山别出心裁地对他的高级将领们说："这次会议是给你们开追悼会。但是如果你们懂得了道理，也可以说是庆生会。""现在你们的力量大大减少，再这样下去，不到三个月，你们就全完了。所以预先给你们开个追悼会。"用"激将法"提醒与会者考虑"存在"的问题。那么怎样才能存在呢？他告诉部将："欲求抗战胜利，必须先求军队本身的存在，欲求存在，必须以弱变强，以弱胜强。"为此，会议决定在部队中施行"新补充法"、"新统御法"、"新训练法"、"新作战法"即所谓的"四新教育"；决定在各军师成立军事政治干部学校，在长官部设军官训练团和民族革命青年军官教导团等，分级训练现役军官，培养军事干部；决定将准备下达决死队的第33、34军两个军的番号留给旧晋绥军。

两个多月之后，9月25日，阎锡山又在古贤召集了一次重要会议——"山西省战区抗敌行政工作检讨会议"，第二战区的军政民干部出席会议。会议秉承第一次古贤会议的宗旨，为使旧晋绥军"以弱变强，以弱胜强"，通过了阎锡山亲手制定的《抗敌行政机能十大纲领》《抗战人员必戒二十条》等条令。以"行政不协助军队者必戒"、"军队妨碍行政者必戒"、"有武力而不抗敌图谋扩张势力者必戒"、"言论行动足以挑动阶级斗争者必戒"等内容，限制和打击新派势力。此外，阎锡山还交付会议"厘定区、县战时编制"、"统一动员机构"、"严格执行合理负担"三案，堂而皇之地缩减牺盟会、动委会的实际权力。

通过两次古贤会议，阎锡山实现了从思想意识上到法令法规上对新派势力的压抑和限制，确定了扶"旧"抑"新"的新策略。从而，一改过去一个时期中支持新派发展的做法，转而对其进行压制。同时，积极扶植旧晋绥军，进一步扩大编制，大批培养干部。由此开始，他虽然继续着与中共的统一战线，但对山西的新派势力却再不像先前那样放手，从不给增加编制到克扣粮饷，从通过法令缩减牺盟会、动委会权力到以绥靖公署整军处的名义向新军派联络员实施监督，一步步地削弱新派力量。与此相反的是进一步致力于旧晋绥军的加强，第一次古贤会议之后，就根据会议决议，在吉县马家河成立了"山西军事干部学校"。接着，又相继于10月、11月成立"民族革命青年军官教导团"和"第二战区校尉级军官训练团"。1939年1月以后，阎锡山更西渡秋林，亲自主持干部集训，进一步在政治上对新派势力实行压制。

对于这一切，阎锡山认为是顺理成章的，就如同"冬天要穿皮袄生火炉，夏天要穿衫子扇扇子"一样。"这就适合气候，这就对，对就能存在。"相反，"如果冬天穿衫子，用扇子，夏天穿皮袄生火炉违反了气候，你一定要受热，受冻，甚至生病而死，那就不存在了。"

二、统一领导各部门工作的组织机构——"民族革命同志会"

如上所述，依靠牺盟会、动委会，建立新军，只是阎锡山用来应付外敌入侵的权宜之计。因此，他很清楚，从长远打算，必须依靠自己的政治服务的组织系统（原有的自强救国同志会，在牺盟会成立后，已日益涣散，不能起到应有的作用）。这样的想法，可能在太原失守前后就已经萦绕在阎锡山心头，只是由于急转直下的战局，使他无暇顾及罢了。

1938年2月10日，利用策划"反攻太原"的间隙，阎锡山假临汾西南的温泉村召开"第二战区抗战工作检讨会"。会议根据阎锡山"认识上适合需要，行动上把握现实且推动现实"的精神，决议：凡山西的政治工作人员应将认识统一到以下三个方面：实行由抗战到复兴的民族革命；巩固抗日民族统一战线；发挥组织责任心。

在所有三个方面中，"发挥组织责任心"是阎锡山通篇文章的要害。什么是"组织责任心"，他没有做具体的解释，但却借题发挥，明示："当前最急切的需要是建立一个强有力的统一的民族革命的领导机构"，以实现"洋灰钢筋的团结，担负起民族革命的伟大使命！"

在阎锡山的耳提面命下，与会的晋绥军政民高级干部108人发起签名，一致同意在自强救国同志会的基础上，组织一个新的政治团体——民族革命同志会（简称"同志会"）。

经过仓促的筹划，2月16日，同志会宣告成立。同志会作为统一领导第二战区军政民各部门工作的政治团体，阎锡山赋予它超乎一切的责任和权力，并亲任会长，下设高级干部13人，由旧晋绥军的高级将领担任，专负"一切事务的决定之责"，因而有"十三个高干，哄一个老汉"的说法。

以后，随着其扶旧抑新政策的进一步明确，阎锡山在对牺盟会等统一战线组织进行限制的同时，更加强化同志会组织。先是于同志会成立不久，在会中选拔所谓具有"不容人不"精神的青年30人组成干委会。1939年春，借秋林抗战工作检讨扩大会议之机，发起同志会干部组织——同干（后改名基干），作为组织核心。同年7月1日，在国民党中央国民抗战精神总动员委员会山西分会成立的同时，挂起了"山西省精神建设委员会"的招牌，以此作为同志会的公开组织（同志会只是内部组织，不便对外）。随即，成立精神建设委员会各区、县分会，使同志会的组织发展到了基层。

同志会成立后，阎锡山又在军队内部授意组织了"三三铁血团"（亦称"山山铁血团"，简称"铁血团"）。

1939年9月，鉴于秋林会议提出的"建立现代化有基础30万团力的铁军"的所谓"中心工作"，阎锡山借在秋林举办晋绥军军官训练之机，授意时任训练团副团长的王靖国在受训军官中秘密发起铁军组织。王靖国对阎的意图心领神会，随即开展工作。经过一番秘密发动，11月15日夜，铁血团在秋林阎锡山的住处宣布成立。

铁血团之所以冠之以"三三"二字，与其组织发展方式有关。铁血团成立之时，阎锡山就特别强调要绝对保守秘密。为了保证组织的神秘性，他为其规定三三制的发展形式，即以发起时的28人（称为28宿）为第一层，然后每人发展三人为第二层，再由第二层每人发展三人为第三层，以此类推。"三三铁血团"又称"山山铁血团"，则是取"阎锡山的山西"之意。

铁血团与同志会一样同属内部组织，但由于发起于军队之中的特点，阎锡山给它蒙上了一层极其神秘的面纱。加入要宣誓，成员要谨遵守约，还有铁的纪律。阎锡山要求参加者必须以生命付诸组织，与组织共存亡，同始终。因有守约："铁血主公道，大家如一人，共生死患难，同子女财产，为按劳分配，物产证券奋斗到底。"还有纪律："终身组织，只准入，不准出，如果脱离组织，除本人处死外，上一级受连带处分。"

铁血团作为铁军组织正式成立后，便由倡议发起人王靖国一手主持，开始在晋绥军的中上级军官中发展。几年之内，成员发展到万人左右。

三、国民党山西省党部在停顿了七年之后得到恢复

人们不会忘记，在阎锡山把持下，国民党山西省党部的一次次"劫运"。1927年，借"清党"、"反共"的浪潮，阎锡山一箭双雕，在打击共产党的同时，也使把持山西省党部的国民党CC系失去了对地方的制约作用，成了他的一只政治筹码。中原大战时，在阎锡山与蒋介石中央箭拔弩张的大气候下，省党部因不能正常工作而陷于停顿。及至阎冯联军战败，阎锡山无奈下野后，才又趁机卷土重来。然而，好景不长，在阎锡山复出前，党部又不得不关门大吉。

在这里，善弄玄虚的阎锡山又给历史埋下了一个不大不小的谜。事情发生在九一八事变爆发后不久。在举国一致轰轰烈烈的救亡运动热潮中，山西的青年学生也纷纷行动起来——组织救亡团体，宣传群众，唤起民众。随着运动的深入，省学联组成。在学联领导下，救亡运动发展为示威游行和请愿活动。由于南京国民政府电令地方政府劝阻学生的请愿行动，国民党山西省党部常务委员、山西省教育厅长苗培成，拒绝了学生的请愿要求。又因省党部机关报《民国日报》登载指责学生救亡运动是"越轨"行为，请愿运动是"暴徒"做法（在12月12日的大举请愿活动中，学生要求省主席徐永昌接见未果，一怒之下，打砸了一些门窗桌椅，捣毁了教育厅与苗培成公馆）的文章，激起了学生的义愤。学生迁怒于省党部，遂于12月18日向省党部进行"大请愿"、"大示威"。

12月18日，太原市各中等以上学校学生按照事先部署，陆续聚集在国民党山西省党部大门前请愿。省党部得知学生的行动计划后，也于事先做了相应的准备，以武装警察布置于大门两侧的垛口和门楼上。后因进去谈判的学生代表久不见归，学生冲击党部大门，引起冲突，学生穆光政中弹身亡，酿成"一二一八血案"。

事件发生后，青年学生群情激愤，要求惩办凶手。山西当局以事端由省党部而起，出面扣押了党部主要成员，并借故将党部查封。血案发生时，阎锡山虽还在河边赋闲待命，但省主席徐永昌、清乡督办（实际主持军务）杨爱源无不听命于他。所以有该事件系与阎排斥蒋中央的政策有关的说法，省党部方面则把责任一股脑地推到阎锡山身上，说成是阎锡山策划的一个阴谋。这个官司一直打到了20世纪50年代的台湾地区，当事者各执一词，不见谜底。

然而，无论如何，一个不容忽视的事实是，国民党山西省党部因查封而关闭，长达七八年，就是在红军东征中央军十几万人援晋的情况下都没有得到恢复。这又确实与阎锡山以山西为其"独立王国"，不许外人染指的宗旨相一致。

国民党省党部被地方政府查封，长久不能开展活动，这恐怕在全国是绝无仅有的。这期间想必中央方面也不是没有试图恢复过，但从结果看是无济于事的。

全面抗战爆发后，民族矛盾尖锐化的新形势，要求中央与地方的相对统一（中央需要对地方实行进一步的统御，地方需要得到中央的支持），于是，阎锡山与蒋介石之间在一些问题上进而达成了妥协与谅解，山西省党部的恢复就是一例。

太原沦陷后，亡命临汾、吉县的阎锡山在对山西新派势力的可靠程度产生怀疑的同时，转而寄希望于尽可能取得中央政府的支持。为此，他开始进行策略上的转变，由拒蒋而亲蒋——屡屡出席中枢会议，接受中枢作战命令，对重大战役进行配合……由此勾勒出一幅与蒋介石之间前所未有的融洽画面。在一派融洽气氛中，根据国民党CC系在山西开展工作的要求，蒋介石将恢复山西省党部这个过去讳莫如深的问题摆在了阎锡山面前。问题的提出，当在阎锡山预料之中，虽不十分情愿，但为了向中央靠拢的既定方针，他还是满口答应了下来。

经过一番紧锣密鼓的筹备，1939年元旦，正当阎锡山在五龙宫中坐镇指挥对吉县日军进行全面攻击的时候，国民党山西省党部宣布正式恢复，随即在阎锡山的长官部驻地——陕西省宜川县秋林镇开始办公。恢复工作后的省党部以山西元老、时任山西省政府主席的赵戴文担任执行委员会主任委员，主任委员下设书记长一人，由CC系骨干黄树芬担任，负责日常党务工作。从而在阎锡山与蒋中央之间取得平衡。

恢复后的省党部为了进一步取得阎锡山的支持，切实开展工作，于同年4月以第四次执委会议的名义致电阎锡山："第二战区司令长官钧鉴，并转全体抗敌将士钧鉴：倭奴入寇，举国同仇，我公本党先进，国家柱石，帅（率）领诸将士，躬临阵地，转战年余，保卫全国重要之堡垒，打破狂寇亡我之迷梦，功勋彪炳，薄海同钦。诸将士浴血苦战，为国牺牲，精诚忠勇，全民感奋。本会誓率三晋同志，激励民众，协助我公及诸将士完成建国大业，实现三民主义之新中国。谨电慰问，敬祝健康。中国国民党山西省执行委员会鱼印。"

阎锡山当日复电："中国国民党山西省执行委员会公鉴：鱼电悉，敌寇侵凌，举国同仇，山分属军人，杀敌卫国，职所应尔，荷承电慰，至深感篆，除将大电转知全体抗战将士外，专此布复，并申谢悃，阎锡山鱼即。"

电报酬酢，其乐融融，与几年前省党部被查封，若干年后，双方在台湾地区大打笔墨官司的情况大相径庭，新的利害关系使然，国民党党部重新在山西站住了脚。

由于得到阎锡山的支持，省党部恢复后，就着手进行党员登记，建立各级组织。未几，即通过集体登记的方式，使第二战区各军政机关、学校等部门的大批人员成为国民党员。并在全省九个区内设立起了党务指导专员办事处。接着，国民党中央又在第二战区设特别党部。阎锡山亲任特别党部特派员，赵戴文兼任书记长，于1939年9月4日宣誓就职。

在特别党部特派员和书记长的就职典礼上，中央特派的监督员张继发表致词说："此次阎特派员、赵书记长在秋林举行宣誓就职典礼，兄弟有无限感慨。阎同志赵同志昔日追随总理革命，在北方做秘密工作，卒能推翻'满清'，建立中华民国。自七七卢沟桥事变以来，山西在阎同志领导之下，支撑抗战。初期一般人以为山西绝不能支持到今天，然而想不到今天的山西，仍然握在我们的手中，这不能不说是本党的光荣成绩。希望第二战区全体同志，在阎特派员赵书记长领导之下努力，愿共勉之。"

对张继明显带有吹捧之意的致词，阎锡山不推不辞，顺杆而上，表示"中央此次派本人担任本战区特别党部特派员，本人要尽到自己最大努力去做。第二战区的地位，在华北以及整个抗战上来说，非常重要。我们知道，山西是全国的堡垒，华北的要塞，西北的屏障，要支持抗战，自然要争取山西。愿共同在总裁领导下奋斗到底。"

这样一来二去，国民党在山西的党务活动进入了一个最为活跃的时期。

四、"十二月事变"爆发，与共产党的摩擦演变为军事冲突

1939 年前后的阎锡山，在继续坚持以敌后游击战争抗击日军的同时，政治上采取了一方面进一步向国民党中央靠拢，另一方面限制打击新派势力的做法。进而与蒋介石的第一次反共高潮遥相呼应，与山西新军武力相向，演成了轰动一时的"十二月事变"。

1939 年 3 月 25 日至 4 月 22 日，阎锡山在宜川秋林主持召开了第二战区军政民高级干部扩大会议，亦即"秋林会议"。会议出席者包括战区长官部处长以上、部队军师团长兵站总监、山西省政府委员、绥远省军政代表、山西省各区专员及指定的军政民干部，共 170 余人。会议宣称的主要议题是"报告抗战形势，检讨过去错误，并决定今后工作的目标路线和方法"。秋林会议确定了"增加选送一万有力干部"、"组训一百万有国家观念民族意识负责政治力量的民众"、"建立现代化有基础三十万团力的铁军"、"实现强民政治说服行政取得人心"、"普遍建立健全巩固的抗战游击根据地"等"今后抗战"的五项"中心工作"。

秋林会议的召开及其议题本无可厚非。然而，阎锡山在会上的一些言行却不能不使正常人从中嗅出了一些异味。

在会议的开场白中，阎锡山讲了这样一番话："武汉失守以后，抗战越来越困难，第二战区削弱了，只有共产党、八路军壮大了。现在我们要自谋生存之道。"

对于抗战的前途，阎锡山的判断是："中日不战而和，国共不宣而战。"

会上，阎锡山在反驳动委会主任委员续范亭"不要怕人左，不应以左的口号，排斥青年的抗战热心"时说："今日中国有以抗战求统一者，有以抗战求发展者，等而下之，尽是以抗战争权夺利耳。我们应该以抗战求复兴，以抗战建设新中国。""抗战是手段，复兴是目的。"

会上，阎锡山提出的两个口号是："无条件存在"、"走上抗战最高峰"。

与此同时，他以实行"统一编制"、"统一训练"、"统一指挥"、"统一人事"、"统一待遇"的所谓"五统一"为由，要求新军决死队按"国军"统一的建制和番号进行整编，并拟定了以旧军为基干编入新军，完成集团军系统的计划（根据 1938 年 12 月召开的武功军事会议精神，第二战区的编制由原来的 6、7 两个集团军，扩大为 6、7、8、13 共四个集团军）。

阎锡山手谕牺盟会暂停发展；各行政专员权力予以缩小，不准再自由委派县长；各行政区派保安副司令，遴选正规军团长充任，负责指挥及训练各行政区保安队；减少各专员之军权；在全省四个行政专区之上新设四个"省政府行署"，派四个集团军总司令任行政主任分驻各地，负责该区行政；提议在新军中取消政委制，动委会停止活动。

一天，阎锡山对与会者讲了一个谶语："昨天晚上我做了一个梦，梦见一个人对我说：你不要看不起你过去用过的那个破车，那个破车可以把你拉到目的地，只是慢一点而已。你不要相信你现在用的那个新车，这个车可以跑得快，但也可以把你翻倒在地。"

凡此种种，一个问题摆在世人面前：阎锡山到底要走向何方？他与中共的合作关系到底能不能继续维持下去？薄一波 1939 年 10 月在对决死队 1 纵队干部的报告中解答了这些疑问："确实的和平妥协的阴云不是今天才有的。在秋林会议时，汪精卫叛党卖国，山西的顽固分子就蠢蠢思动，就进攻进步的力量。他们企图把秋林会议变成一个不流血的政变，企图在这个会议上'和平'地取消决死队、牺盟会，'收复'晋东北、晋东南、晋西、晋西北这些抗日根据地，所以秋林会议就变成一个新旧力量斗争的会议。"

阎锡山在秋林会议上所做的一切，不是孤立的，而是在汪精卫投敌，国民党五届五中全会召开，并确定了限共反共政策的背景下进行的。这说明阎锡山要靠拢中央，就必然要与蒋介石的步伐保持一致。所以，秋林会议以后，随着蒋介石中央反共节拍的加快，阎锡山在对待山西新派的问题上也就越走越远。

先是下令不准抗日县政府为决死队征粮征草。规定凡"不经呈准或不补报之开支，责成赔补。非法令所许，未经呈准，擅行摊派款物者，严予惩处"。一句话，就是："不能用咱的粮食供给别人。"

接着，于6月强令动委会撤销；7月，组成所谓"政治突击队"，以"阻

阎锡山在秋林龙吟沟

碍革命"为名，对异己势力实行"突击"；7、8月，提出"军事领导一切"，正式下令取消新军政治委员；同时，派遣大批"联络官"、"视察员"到新军中去，对新军的活动进行监视；制造新旧摩擦，以旧军压迫牺盟会，袭击八路军，绑架暗杀牺盟、新军的领导骨干……1939年后半年的第二战区，与昔日的"模范战区"已经不能同日而语，以"山雨欲来风满楼"描述是再恰当不过了。一场新旧冲突如箭在弦。

1939年末，国民党军队在完成了两期整训，战斗力得到一定程度恢复提高的基础上，根据南岳军事会议在执行持久战略的前提下，要转守为攻、转败为胜的精神，发动了一场几乎遍及整个正面战场的"冬季攻势"。按照统一部署，在冬季攻势中，第二战区的任务是首先切断正太与同蒲二路，肃清同蒲线南部晋南三角地带敌人。为此，阎锡山作了进攻部署，下令战区部队以南、东、西、北四路（南路军总司令卫立煌，东路军总司令朱德，西路军总司令陈长捷，北路军总司令赵承绶）对晋南三角地带日军发动攻势。依原定部署，南路军、东路军相继于12月上、中旬发动了对各该战略区日军的攻袭战，并持续作战三个月之久，取得了毙伤敌逾万名的战果。

在部署冬季攻势的同时，阎锡山看到了八路军越来越强的事实，声称"我们现在已处于抗日的最前线，陷入日军攻击与八路军的包围之中，蒋介石不足畏惧，毛泽东倒是个可怕的人物。处在这样的环境里，只有抗日第二，防共第一，才能立足。"决定趁机进攻新军。鉴于决死队1纵队为共产党所牢固掌握，不易得手；在决死队 2 纵队，旧军和共产党的力量是一对一半；决死队 3 纵队则旧军较易掌握；在决死队 4 纵队、工卫旅，他们可以控制；而解决处在旧军包围之中的政卫旅，觉得更容易的具体实际，决定："集中晋西的六个晋绥军，先'解决'决死队 2 纵队，得手后北上进攻驻扎在晋西北的决死队 4 纵队、工卫旅、暂 1 师和八路军，同时借助驻扎在中条山的国民党中央军'解决'决死队 3 纵队；对于决死队 1 纵队则待机而动。"阎锡山的这一反共军事计划，紧密配合蒋介石的第一次反共高潮，把对山西新派势力的打击推向极端。

1939 年 12 月 1 日，阎锡山向驻扎在晋西的决死队 2 纵队发出大举破袭同蒲路，实行"冬季攻势"的命令。同时又置原定同时向日军发动攻势的统一部署于不顾，将四路大军的配合作战放在一边，要晋绥军的 6 个军向新军发动进攻——在晋西，以第 61 军、第 19 军分路进攻决死队 2 纵队；在晋西北，以第 33 军和骑兵第 1 军一方面阻击决死队 2 纵队等部北撤，一方面监视晋西北新军和八路军行动，拦截晋西北的决死队 4 纵队南下，威胁中共晋西北区党委和八路军彭 8 旅旅部机关；在晋东南，以中央军配合独 8 旅，以决死队 3 纵队的197 旅为内应，进攻决死队 3 纵队。一手制造了名为"讨逆"（借口决死队 2 纵队要"叛变"，是"叛军"），实则反共的"十二月事变"。

五、划路而治，统一战线裂而不破

阎锡山对"晋西事变"抱着十足的信心，满以为凭借优势的兵力和精心的部署，"扫荡晋西南，掌握晋西北，摩擦晋东南"是有一定把握的。

冬季攻势的命令，对于陈长捷西路军的安排是：命令决死队 2 纵队为第一线，第 61 军、第 19 军为第二线，向同蒲路至灵石段的日军大举进击。这样的阵势，联系阎锡山一个时期以来对新军实行的限制打击政策，其用意不言自明。最容易得出的答案是，趁决死队 2 纵队向日军发动攻势之时，以第 61、19 两军从背后捅上一刀，从而形成夹击之势，使决死队 2 纵队陷入进退维谷之地。

12 月 3 日，旧军试探性地先走一"棋"，在永和地区袭击了决死队 2 纵队第 196 旅旅部，扣押了 6 名政工人员。决死队 2 纵队的领导者在对形势作了客观分析后，由原政委韩钧署名电报阎锡山，称："总座伯川先生：61 军欺我太甚，甘作汉奸。学生誓与 2 纵队万余健儿，为总座争一伟大胜利，兹定于 12

1938 年，阎锡山指挥所部转战晋西南山区

12 日誓师。此后，半月内，恐无暇报告钧座。将在外君命有所不受，此是生报告恩师最后之一言，胜利的结果将见。"拒绝执行命令。

　　韩钧的电报意在揭穿阎锡山的阴谋，不料却贻人口实。阎锡山收到电报后，当即召集高干会议，全文宣读。并不无痛心地说："韩电对我不称长官而称老师，不称职而称学生，并说 12 月 12 日誓师，表示不相隶属，韩钧反了！"于是，以此为借口，宣布韩钧"叛变"，宣布决死队 2 纵队为"叛军"，通电全国，进行讨伐。

　　这时的阎锡山自认为师出"有名"，便命令陈长捷为所谓"讨叛"总司令，按照预定计划向新军发动大规模进攻。晋西的第 61 军、第 19 军首先发难，打起"讨叛"的旗号，以南北两路围攻决死队 2 纵队和晋西支队，"十二月事变"

行军间歇中登高远望的阎锡山

357

爆发。接着，晋西北的赵承绶、晋东南的孙楚也分别对决死队 4 纵队、决死队 3 纵队及其他新军部队发动进攻。

在晋西，南路军陈长捷部由吉县出发向蒲县以北一路横扫；北路军梁培璜部由永和向隰县方向前进。经过一个多星期的"追剿"，把新军压迫于康城、川口一带。随即与新军"会战"，迫使新军向北撤退。在旧军的步步紧逼下，决死队 2 纵队剩余的 2000 余名官兵且战且撤，一路向北。于 12 月 27 日，越

1938 年，第二战区高级指挥官合影，左起：孙楚、赵承绶、杨爱源、郭宗汾、彭毓斌、楚溪春

过汾（阳）军（渡）公路，到达临县招贤，与晋西北的八路军会合。阎锡山实现了他在晋西南"肃清"新军和八路军的预谋。

在晋东南，阎锡山采取了与晋西不同的做法。针对大量中央军驻扎晋东南的实际，他命令行署主任孙楚，依靠中央军的力量，从策动决死队 3 纵队内部军官叛变入手，实现摧毁新派势力的目的。据此，孙楚从 12 月初旬开始，先调集武装袭击牺盟中心区及牺盟会掌握的县政权，捣毁新派报馆《新生报》《黄河日报》，收缴地方武装枪械，绑架、扣捕、杀害共产党员、牺盟干部与其他有关人员。12 月 23 日，又策动决死队 3 纵队中的旧军官胁持一部分部队叛变，拉走了决死队 3 纵队 7 个团中的 4 个，以及纵队直属部队，共 4000 余人。

阎锡山的计谋虽在晋西、晋东南一时得逞,但却在晋西北被重重地碰了回来。晋西事变爆发后,阎锡山一面授意晋西北的赵承绶同八路军谈判,搞缓兵之计;一面命令骑 1 军与第 33 军在兴县、临县一带集结,拦截在晋西遭受"追剿"后必然北撤的决死队 2 纵队,阻止决死队 4 纵队(驻地晋西北),与尾随决死队 2 纵队北上的第 61、第 19 军会师,进而"围剿"决死队 4 纵队与八路军彭 8 旅。尽管算盘打得很精,但进展却十分不利。

十二月事变中,在临(汾)屯(留)公路上与晋绥军交战的决死队 1 纵队

12 月 16 日,赵承绶在兴县召集高级军事会议,部署行动。出席会议的原动委会主任委员、暂 1 师师长续范亭,因反对对新军用兵,而中途退席。在向中共方面进行报告的同时,调暂 1 师主力第 36 团,抢先占领了战略要地赤尖岭。23 日,阎锡山下令向决死队 4 纵队进攻,新军方面则以缓兵之计对之,于 25、26 两日在兴县召开统一战线座谈会,使进攻迟迟不能达成。27 日,北撤的决死队 2 纵队等部到达招贤后,赵承绶决定以临县为中心,集中兵力先行阻止晋西、晋西北两支新军队伍的会合。与此同时,新军则以"拥阎讨逆"相号召,成立以续范亭为总指挥的"晋西北拥阎抗日讨逆总指挥部",进行反击。1940 年 1 月 2 日,战斗由旧军发动进攻开始,正式打响。新军由于早有准备,并抢占了有利地形,连连得手。优势兵力的旧军反节节败退。到 12 日,赵承绶已处于困守临县一隅的境地,由主动变为被动。

历史常有惊人的相似之处。不管阎锡山意识到了没有，蒋介石确是把"十二月事变"挂在了他第一次反共高潮的战车上。所以，对于事态的发展，蒋介石给予了异乎寻常的关注和重视，并随时准备插手其间。12月下旬起，蒋介石接连不断地对阎锡山下达命令，要他"将本战区所属各游击主官姓名，现有人马枪支数字一览表"报上；提醒他"尔后无论叛军或任何掩护叛军之部队，即系

1940 年 1 月 6 日，决死队 1 纵队 2 纵队，在沁源县支角村举行庆祝整编胜利大会

违反纪律应一律剿办以肃军纪"；命他将所谓"态度不明"、"行动不稳"部队抽调后方整理。1940 年 1 月 10 日，又进而命令他"借剿叛军名义北上肃清共党势力"。同时，蒋介石更授意胡宗南趁机提出愿派两个军过黄河增援，接替第 61 军原防地的建议。

把这一切联系起来，红军东征时蒋介石趁虚而入的一幕再一次浮现在阎锡山的眼前。同样的反共作战，同样的地点对象，蒋介石一如既往的虎视眈眈，想到这里，他禁不住浑身直冒冷汗。扪心自问，最近一个时期以来，在政治上是否走得太远。悬崖勒马"犹未晚矣"，改弦更张势在必行。当即发出一道指令，命赵承绶南撤，第 61 军等部各返原防。1 月 13 日夜，赵承绶依令放

弃临县城，撤向晋西。晋西北的新旧军对垒，以旧军损失严重，全部退出而宣告结束。

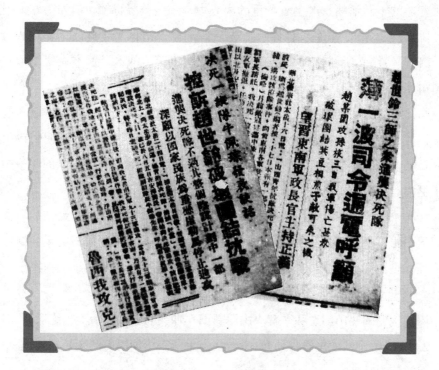

十二月事变后，薄一波等新军领导人声讨晋绥军的新闻报道

　　"十二月事变"是阎锡山奉行扶旧抑新政策的结果，由此引发的问题，并没有随着军事的结束而消失。尽管他在晋西北悬崖勒马，撤军晋西，但蒋介石对山西的觊觎之心却没有因此有丝毫的减弱。1月30日，第61军已经回防，赵承绶部也行南撤，蒋介石仍一执己见，以军令部名义下令："胡宗南部派两师增援晋西，归阎长官指挥"；"以卫长官统一指挥晋东南之中共军及孙楚部"。同时动议将新军各部调出山西，统一改编。阎锡山与蒋介石一度融洽的相互关系，在山西主宰权的争夺战中再一次呈现紧张局面。

　　面对蒋介石的咄咄逼人，阎锡山重新审视与新军发生军事冲突的结果：在与全面抗战爆发以来即行合作抗日的中共、自己支持发展起来的新军反目为仇的同时，又给了蒋介石一个可乘之机。总之，"十二月事变"并没有给阎带来预计的"生存"条件的改善，反而削弱了自己的地位。面对残局，阎锡山对共产党的力量有了较清醒的认识。为挽回颜面，只得一秉中国官场的循例，诿过于人——以执行命令不力为由，将赵承绶等当事人分别处以撤职留任或撤职；以责任重大，将与新派一起工作的梁化之送往重庆。这样一来，在晋绥军中引发了普遍的不满情绪，产生了严重的离心力，一些重要将领，诸如第6集团军司令陈长捷、第83军军长杜春沂等先后脱离第二战区（在此之前，1939年3月25日，傅作义所部第35军已另立门户，改隶第八战区，傅本人就任第八战区副司令长官）。

与此同时，中共中央为了维护山西抗日民族统一战线的形势，争取阎锡山继续抗战，使山西内部新旧力量团结起来，抵制蒋介石插手，并不使阎锡山与蒋介石联合对付共产党，以便在今后的抗日战争和反对国民党顽固派的斗争中，处于更加有利的地位，决定出面调停。

1940年1月27日，中共中央以陕甘宁边区留守兵团主任肖劲光的名义，向阎锡山提议调停。并指示新军各部队继续保持与阎锡山的所属关系，新军各部将领相继给阎锡山发电，表示愿与旧军恢复团结，在阎锡山统一指挥下一致抗日。

困境中的阎锡山同意和平解决山西新旧军冲突问题，表示不拒绝谈判。

2月25日，中共中央派肖劲光、王若飞持毛泽东给阎锡山的亲笔信到达秋林。毛泽东在信中写到：

"百川先生勋鉴：抗战以来整个华北在先生的英明领导之下，创立了抗日根据地，实施了进步政策，使抗战各军团结一致，屏障中原，保卫西北，功在国家，万方敬仰。八路军久隶屏蒙，获有某些进步，亦无非受先生之赐，目前国际形势日见有利于我之抗战，国内关系虽有一班不明大义幸灾乐祸分子，进行挑拨离间阴谋，然深明大义者因居多数。近来山西境内发生某些不幸事件，然大势所趋，终必和平解决，尤因先生领导提挈至明至慎，必能处理悉当，日臻进步、团结之途，无可疑者。"

在此基础上，肖劲光、王若飞提出了如下的和平建议：

（1）双方停止军事行动；

（2）双方停止政治攻击；

（3）新军表示拥阎，不受某方改编；

（4）双方互不处罚，互不侵犯；

（5）今后统一进步，实行阎锡山制定的十大纲领；

（6）恢复阎与新军电台联系，人员来往。

阎锡山当即表示：

（1）新军仍属晋绥军是其愿望，但问题已交国民党中央，不便说话；

（2）已令各方停止军事行动和政治攻击；

（3）与新军电台经常联系；

（4）今后注意以进步求团结。

此外，阎锡山同意八路军恢复晋西兵站，但不同意沿线驻兵。

经过谈判，中共与阎锡山达成协议，并表示继续派代表协商双方联合的具体问题。阎锡山请肖劲光、王若飞转交他给毛泽东的亲笔信：

"泽东先生勋鉴：肖主任等来获读手书，如亲握晤。抗战以来，端赖全国团结一致对外，使国家地位日益增高，今于抗战第四年，胜利业已在望，仍盼共同努力，克服当前一切困难，以竟民族革命之全功，所有一切详情，肖主任能当面悉不赘。"

3月13日，新军领导人薄一波等联名致电阎锡山，指出孙楚等旧军军官对新军的进攻，破坏了山西团结抗战的大好局面，对牺盟会等抗日组织进行摧残，是破坏山西抗日民族统一战线的行为。其结果只能是"民族元气，由是大丧，山西阵地，顿呈混乱"。表示为了山西的抗战前途，牺盟会和决死队愿意与旧军议和，加强进步，继续抗战，维护阎锡山的领导地位。

最后，双方经过谈判，于4月初正式达成停止武装冲突协议，在晋西，以汾阳经离石至军渡的公路为界，以北为八路军、决死队活动区域，以南为阎锡山军队活动区域；在晋东南，以临汾至屯留的公路和平顺至磁县一线为界，以北为八路军、决死队活动区域，以南为阎锡山军队驻防区。从此，阎锡山结束了抗战初期与共产党在政治、军事等方面的直接合作，双方划路而治。

"十二月事变"后，为了促进阎锡山继续抗日，周恩来特地从延安给阎锡山写了一封亲笔信，由八路军驻秋林办事处主任王世英亲手转交。周恩来在信中既委婉地批评了阎锡山破坏团结抗战的行为，又表明了中国共产党真诚而严正的态度，对于继续维持与阎锡山的统一战线关系，起了很大的作用。之后，新军将领续范亭也给阎锡山写了亲笔信，表明新军继续拥护阎锡山的领导。所有这一切，使阎锡山在1941年蒋介石发动第二次反共高潮时，没有贸然行动，采取了中立的态度。

当初欲陷决死队 2 纵队于进退维谷之地的阎锡山，却使自己真正陷入了进退维谷之地。于是，在走了一段弯路之后，不得不重新回到了原地，与新军休兵罢战，划路而治，"十二月事变"和平解决。

阎锡山一生

·Biography of Yan Xishan

第二十章

"克难"求存

一、偏安于晋西一隅的"南村坡"

阎锡山的长官部及山西省府署机关，自 1938 年春，迫于形势西移陕西宜川秋林（开始在桑柏住过一个短时期）后，一直驻节于该地。

秋林位于宜川县城北 15 公里处，东临黄河，西与陕甘宁边区接壤，春秋时属秦，时属胡宗南的一战区管辖。春秋五霸之一的晋文公重耳，避难在秦之时居于秋林的故事，诉说着她久远的历史和人文景观。曾经名噪一时的秋林，清时毁于兵灾，几成废墟。

阎锡山选择秋林作他的战时首府、行营所在地，除了人们普遍认为的那个原因——秋林属宜川，"而宜川寓宜于伯川居住"，以及毗邻黄河，便于与晋西根据地交通往来外，大概也考虑了与陕甘宁边区接壤这一因素。换句话说，正是鉴于与中国共产党的统一战线关系，加上前边的两个原因，阎锡山才选择了秋林。

在秋林安顿下来后，喜好比附、凡事都想讨个吉利的阎锡山，为秋林取了

陕西宜川县秋林第二战区长官部驻地旧址

一个新地名——兴集，寓兴旺发达之意。

经过两年的建设，驻扎着战区与省两级庞杂机构的秋林——兴集，已经从废墟上站了起来，成为一个熙熙攘攘的大集镇。如果没有"十二月事变"的发生，阎锡山也许会在这里继续停留下去。然而，"十二月事变"由于新旧矛盾的不可调和，不可避免地发生了，并由此导致了一系列新的矛盾与问题，迫使阎锡山不得不认真考虑他的去留，最终不得不放弃秋林，撤回河东。

"十二月事变"在很大程度上是阎锡山一手造成的，但"搬起石头砸了自己的脚"，却是他始料不及的。事变的一个直接结果是：与共产党的合作关系产生了裂痕。事变虽然由于中共方面的积极调解，以新旧势力（实际上是共产党与阎锡山）划路而治，画上了句号。但由此产生的裂痕，使阎锡山对共产党的防备与日俱增。加上划路而治使他的辖区进一步缩小——"十二月事变"后，第二战区的辖地只剩下吉县、隰县、石楼、永和、大宁、乡宁、蒲县七个完整县，以及临汾、洪洞、襄陵、汾阳、汾西、介休、孝义、灵石、中阳、离石等十几个半沦陷县区，对共产党的防备与伺机反手，就成为阎锡山所要重点考虑的问题。

事变还带来了一个间接的结果，这就是蒋介石的趁机插手。且不说事变中的横加干涉和硬将胡宗南的两个师塞给他，单就事变后，中央军趁势夺取晋东南十几个县的政权，以及插入六个军雄踞于晋西根据地之南的事实，就足以使阎锡山不寒而栗，失去立足之地的担忧，时时袭上心头。

在阎锡山看来，1940年的他又在重蹈着1936年的覆辙。面临前有日军时不时的攻击，后有如许问题和担忧，"安全"的秋林变得不再"安全"，晋西的"存在"又成了问题，阎锡山在秋林待不下去了，他要东移，他要亲自看住自己的地盘。

于是，1940年春，阎锡山开始制造新的舆论，他在各种场合的讲话中说：

"就环境说，我们现在是处在一个日事膨胀的力量，有机发展地压迫我们的环境，就是压迫我们的力量天天在膨胀中发展着。就我们自身说，是一个兴亡的关键。今天我们能努力奋斗，即增加我们的进步，使我们渡过许多难关，然后达到安全成功的地位。如果我们不努力，则他人的力量天天发展，而我们的力量反天天缩小，必趋于灭亡。"

"华北的支持，是我们义不容辞的任务。我们要确实掌握第二战区，才算完成我们的任务，为国家民族尽力；否则在抗战史上便置我们于无价值之地了。"

"我的抗战决心，早就和大家说过，我抗战必抗战到底，我必须领导大家革命奋斗到底，无论到什么危险困难的境地，我决不抛弃我的任务，放弃我的决心，我从今一定是离你们一天近一天，决不会离你们一天远一天，在秋林我是为集训而来，没有训练的必要时，我一定要回河东，再进一步，我要上前线去。"

"第二战区就是我们的生死之地。"

"我们的组织企图，要集中在晋绥存在上。"

与此同时，他积极筹备东移之事，遣人选址、修窑、置办办公及生活用品。

一个叫作南村坡的地方，有幸被阎锡山看中，得以继秋林之后，成了第二战区的"首府"。

南村坡位于吉县城西北，背后山峦重叠，面前黄河飞流直下。作为一个名不见经传的山庄窝铺，仅靠寥寥两三户人家维持着她的生息繁衍。然而另一方面，靠山临河的地理环境又使她具有了便利的交通和特殊的防空防炮功能。也正是缘于此，南村坡在1940年春天一变而为第二战区司令长官部所在地。

经过一段时间的筹备，一排排新开挖的窑洞坐落在南村坡的山崖上，门户洞开，准备接纳它的主人。

1940年5月24日，阎锡山偕赵戴文及长官部参谋人员，由壶口东渡黄河，溯河岸而上抵达南村坡。以偏安晋西一隅，谋求晋绥的"存在"。

二、发起"克难"运动，"克难"求存

说抗战中的阎锡山改地名成癖，一点不假，宜川秋林因此有了一段被叫作"兴集"的历史，南村坡也因此而成了克难坡。

阎锡山进驻南村坡是看上了这里的地形，与此相反，却对"南村"这两个字大不以为然。只因"南村"与"难存"谐音，有"难以存在"之嫌，被视为大不吉利。于是，阎锡山再次发挥他改地名的专长，改"南村"为"克难"，使南村坡摇身一变成了"克难坡"。"克难"者，克服困难是也。阎锡山就此发表了一番"宏论"："有人把克难认为是咬定牙关忍受困难，这是消极的克难，而不是我所说的克难。我所说的克难，是困难来了，不仅能不躲避地忍受，更能积极地化为顺利。因为忍受困难，困难是仍然存在。能想法把困难化为顺利，才是真正的克服困难。且克服不仅是克服日常生活的困难，亦不是克服个人或

团体的困难，这是狭义的困难。我所说的克难，是从抗战到复兴过程中所遭遇的一切困难，今天的困难非能进步、真革命不能克服了。克服不了困难，我们绝对不能存在。我把此地名改为克难坡的意思，就是要教大家能在克难中努力进步，在进步中克服困难，求得我们的存在，完成我们抗战复兴的革命大业。"

从克难坡起，阎锡山的第二战区进入了一个异常艰苦的时期。这一方面是受整个抗日战场大气候的影响（日军实行的经济封锁），另一方面则源于蒋介石的"卡压"。说到当时的处境，阎锡

穿灰布军装的战区司令长官阎锡山

山西省吉县克难坡第二战区长官司令部旧址

山激愤不已："蒋介石要借抗战的名义消灭咱，不发给咱们足够的经费，也不给补充人员和武器，处处歧视咱们，事事和咱们为难。"我们的环境"可以说四面压迫，打击我们吃饭穿衣，被人限制我们交通，使我们一日不得一饱，衣

克难坡"克难室"

服不能更换"。

一隅之地且又贫瘠的晋西，加上"四面压迫"，空前的经济窘迫接踵而至——仅庞大的军政开支，就无以为应，遑论其他。阎锡山面前又是一个不小的难关。为了渡此难关，他于进入南村坡的同时，在各军政机关中发起了一场"克难"运动，号召内外干部、全体军民以实干精神克难求存，要求第二战区（包括长官部和省府）一律过"克难"生活，厉行节约，生产自救。为此对衣、食、住等都作了具体规定：

衣：无论官兵一律着粗布军装（每年单衣两套，棉衣一套），发动各县民众自染自制。食：一日三餐，统一由公共食堂供应，主食馒头、稀饭，副食白菜、豆腐、南瓜、土豆等，每隔三五日或在周末加一次荤菜，作为改善。住：发挥地方特色，就地取材，自己动手开挖窑洞，即挖即住。

在克难运动中，阎锡山还以"自给自足"相号召，发动军政人员及其家属参加劳动生产。干部种菜；士兵种地、腌菜、养鸡、加工鞋袜；家属组织"妇女劳作社"，从事纺织。同时在长官部的公务员中试行生活劳动制，规定每人每日须劳作 12 小时，其中公务劳动 8 小时，生活劳动 4 小时（如公务劳动时间延长，生活劳动时间可酌减；规定时间之外的劳动果实归己）。随后，在第

在克难坡时的阎锡山

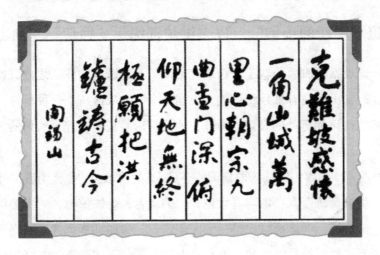

阎锡山遗墨：克难坡感怀

二战区全面推广，并进而发展成为"一丈见方地种菜运动"，就是动员军政人员每人开一平方丈菜地，实现蔬菜自给。

此外，阎锡山把朝会也包括到了"克难"生活里。"朝会"者，早晨的碰头会议是也。抗战前他在山西一直例行着朝会制度，战起之后被迫停止。1940年5月8日，阎锡山离开秋林开始东移。5月9日，他即指示恢复朝会制度，并规定朝会中"除报告事项外，增加发动、提议、纠正等事项，以加强工作效率，并利用朝会接头办公，以节省时间而免公文往返"。到克难坡后，每日晨六时，山头上便吹起集合号，公务人员闻号即起，齐聚集会场所，举行朝会。阎锡山依例亲自主持发表讲话，并抽查点名。颇有点军事化管理的味道。

克难运动的开展，不仅使阎锡山在克难坡站住了脚，而且以一隅之地吸引了沦陷区及其他区域的各方面人士，一两年时间中，只有两三户人家的南村坡一跃成了拥有两万余常住人口的"克难城"。往日寂静的山庄窝铺，一下子喧闹起来，人来车往熙熙攘攘；陆续开辟的一新沟、二新沟、三新沟、四新沟、五新沟，棋布于山间；一排排窑洞依山而建，参差错落，可谓"别有洞天"。

看着他的这一"杰作"，阎锡山陡然增添了几分信心，即兴为新落成的"望河亭"题写楹联："裘带偶登临，看黄河澎湃，直下龙门，走石扬波，淘不尽千古英雄人物；风云莽辽阔，正胡马纵横，欲窥壶口，抽刀断水，誓收复万里破碎山河。"横批："北天一柱"。

三、追求"新的统御"，以"洪炉训练""锻造""同志魂"

在克难坡站住脚后，鉴于晋西事变带来的不利影响和战区之内日益明显的离心力，阎锡山觉得有加强统御能力，在整个第二战区树立一种精神，以统一各级干部之认识和行动的必要。为此，他又别出心裁地搞起了所谓的"洪炉"训练。

1941年夏，阎锡山继续采取集训的办法，在克难坡举办"暑期进步讨论班"，并赐名"洪炉训练"。"洪"者大也，"炉"者，炼铁炉也，"洪炉训练"顾名思义，就是说，训练班好比是一个大炼铁炉，参加训练就像锻炼钢铁一样，能使受训者"脱胎换骨"，"去掉自身上的必须割除的杂渣，把好的成分锻炼成一块坚硬的钢铁"。

由此一发而不可收，阎锡山将他管辖之下的所有军队连级以上、行政小区级（县以下的一级）以上人员，以及政工、政卫、理论、宣导、经济、学校等部门的全体干部，共两万余人（其中包括中高级干部2600余人）均分期轮训了一遍。这还不算，接着又成立专门机构"洪炉训练委员会"，将第二战区的各种训练统一到"洪炉训练"的名义之下。

阎锡山亲撰的"洪炉训练歌"尽述了他举办洪炉训练的用意和企图，歌中唱道："高山大河，化日薰风。俯仰天地，何始何终。谋国不豫，人物皆空。克难洪炉，人才是宗。万能干部，陶冶其中。人格气节，革命先锋。精神整体，合作分工。组织领导，决议是从。自动彻底，职务维忠。抗战胜利，复兴成功。"

就是这首"洪炉训练歌"，加上他亲自制定的十二字"会训"："警觉、迅速、负责、自动、深入、彻底"，成了洪炉训练的精神所在。

在洪炉训练中，阎锡山又特别提出了"建组织"的议题。什么是"建组织"？说穿了，就是要在各个部门中普遍建立同志会的组织。如前所述，同志会在建立之初，系阎锡山的内部组织。为了得以向基层延伸，阎锡山曾假借过山西省精神建设委员会的名义。后因新恢复活动的省党部不断在蒋介石面前打小报告，避嫌起见，索性公开申明"同志会是国民党的外围组织，始终以拥护中央维护统一为目标"，并因此取得了"中央"的谅解。这样一来，同志会的存在反而进一步合法化，阎锡山也就更加尽情大胆地发展起同志会组织来了。

除了阎锡山本人一如既往担任同志会会长外，这时，他又正式指定赵戴文为副会长。并扩充原有的高干委员会，指定王靖国、赵承绥、梁化之等十人为常委，设立最高权力机构——"高干驻会办公室"，由常委三人轮流驻会执事。高干驻会办公室直接向会长负责。

与此同时，乘势加强同志会基层组织建设和在会内进一步发展"同先"与"基干"。前者主要是将原先在晋西、晋西北、晋西南分别搞起来的"安抚赈济团"、"政治突击团"、"精建会"等部门的工作人员，统一甄别、调整，使之一律改为同志会区、县分会，以专任组织特派员领导之。后者，则采取在受训的各种干部中物色可靠对象，履行手续宣誓入会，作为"同志会先锋队员"；再从同先中选拔骨干，加上会长在高中级干部中指定和高干介绍参加的人员，组成"同志会基本干部"，构建成为同志会的核心组织。

就这样，同志会的组织很快发展了起来。到 1941 年 5 月止，已有了 10 个区分会、54 个县分会，会员遍及各区县、各机关学校、各部队之中，多达 8 万（其中同先 5000，基干 400）之众。同志会的组织与影响渗透到了第二战区的每一个角落。

在此基础上，阎锡山又在所谓

阎锡山以民族革命同志会会长落款的手令

抗战中期的阎锡山

"组织一元化"的口号下，进而设立各级军、政、组、教、经统一行政委员会，将军政教育各部门各机关统归到同志会的领导之下。据说，在后来的一个时期中，阎锡山"甚至把第二战区与山西省政府的关防印信置而不用（除呈报国民政府者外），而以'同志会执行部'与'会长'的名义发号施令"。使同志会成了凌驾于各级军政领导之上的一个完全的政党性组织。

洪炉训练讲的是服从，正如洪炉训练歌中唱到的那样，要使干部做到"决议是从"。强化同志会为的是健全组织。服从什么？服从组织。组织为何？当然是会长。绕了一圈之后，终于找到了问题的关键所在。通过洪炉训练，培养能够服从的干部；通过强化组织，克服离心力，增强凝聚力。

为此，阎锡山又煞费苦心地在第二战区搞起了"个人崇拜"——洪炉训练的一个普遍的提法是："志会长之志，言会长之言，行会长之行"，对会长"绝对服从"是干部的"天职"。每日朝会，阎锡山一登上"洪炉台"（以洪炉命名的广场讲台，建起之后就成了朝会的固定场所），值日官就带头高呼"拥护会长"、"会长万岁"等口号，台下随声呼应；会毕，再以"敬爱会长"、"会长健康"相送。加入"同先"、"基干"要在阎锡山面前集体宣誓；许多地方挂起了阎锡山像……

经过洪炉训练的如此一番冶炼，终于"锻造"出了"目空一切"的同志会和作为"同志魂"的会长阎锡山。于是，阎锡山于20世纪40年代，在偏处一隅的晋西，在自己营造的精神领域里，建造起他的"小朝廷"，继续做着他的"山西王"。尽管勉力支撑，却也不无几分自鸣得意。

1943年底，陶醉于晋西"小朝廷"的阎锡山，在他的花甲之年经历了一次失友之痛。12月27日，时任山西省主席、同志会副会长，在第二战区有着一人之下万人之上地位的赵戴文病逝克难坡。赵阎二人自清末在日本结识，同入同盟会起，携手共事近四十载，赵称他"与伯川君臣名分早定"；阎锡山则认为赵之于他在"亦师亦友"之间，一向推崇备至。对赵之死，阎锡山"悲痛逾恒"。公祭之日，声泪俱下。"致祭于次陇之灵前曰：生身者父母，身生者真理。真理宇宙根，收获如你期。乾惕七七年，时恐不尽已。欲竭力冲开，此生你不虚。一切为教场，明德于社会。此志你未遂，我定继你为。你归我不痛，唯觉知音稀。愿你成其学，化育赞天地。"

四、新经济政策的推行和"兵农合一"的发轫

克难运动、洪炉训练作为阎锡山偏安晋西的精神保证，无疑起到了一定的作用。然而，切实渡过难关，物质前提同样是不可缺少的。有鉴于此，从1940年开始，阎锡山在他的辖区内推行了一系列的"新经济政策"。

1940年7月，阎锡山"查本省驻军太多，军队所领薪饷，皆不足伙食开支，不得已规定平价，由县代购，结果无限制开条要粮，收不到则派兵强搜，名为代购，实系派收。截至最近市价超过平价三倍五倍甚至五十倍，人民赔累不堪，纷纷请求救济。至于军队，守法者因强派购买不到，每日派兵发动征购粮食，沿门哀求，形同乞讨，有搜购终日谋不到一饱者；不守法者，一面以平价派购，一面按市价出售，借图渔利。此种现象在晋西如此，在晋东南驻军亦复如此。为解决军民双方困难，乃规定绝对不得再以平价强向人民派收食粮，人民则将田赋改交食粮，供给军食。试行以来，在军队方面，购不到食粮之困难解决，

印有阎锡山（第二战区司令长官）、赵戴文（山西省主席）名字的食粮券

而人民则因负担减轻，甚称便利。按田赋改征食粮，为长期抗战物价日高币价日跌之有对策，对于人民负担，亦为最公道之办法，除本省现在试办外，并愿建议政府研究采纳"。

阎锡山"田赋改征食粮"的议案呈文，得到国民党中央五届七中全会的决议认可，并由行政院于1941年5、6月以《田赋征收实物通则》颁行全国。期收"解决军食问题"，"维持国库收支平衡"之效。

在"田赋改征食粮"的同时，阎锡山还在第二战区实行"实物配给"制，规定凡军政公教人员，每月统一配发小麦（或小米）29斤，眷属成人八折，儿童酌减。并以此作为这一新经济政策之补充。

自1942年起，阎锡山又在"实行经济中心的抗战政治"的口号下，推行了其他一系列"新经济政策"。试图"把向来政治上放弃不管理的人民经济，变为重要的经济行政"，"把私人的商业变成行政的经济机构，把使货币互通有无的事，归了行政上的经济机构与人民的产销社办理。实行计划生产，分配生产"。这些政策包括把所有适龄男女组织起来，"壮丁打仗，妇女纺织，老幼种地，各种技术工人做工，均为供给抗战而劳动"；组织各种形式的经济合作社，实行合作供销，统制商业，垄断市场；取消私商，"设官商，予以职守，挣薪水，减少不收入的人"（阎锡山认为：商人并不能增加国家的物产，只是增加自己财富，白占便宜）；发行合作券（由阎锡山授权专门的印钞机构印制、各县合作联社发行的有价证券），用以收买各种产物（即所谓"口吹大洋"），等等。

配合新经济政策的推行，1943年元旦，成立"山西省经济管理局"，阎锡山亲任局长，省主席赵戴文任副局长。下设秘书、合作、互助、供销各处，分别负责各项政策的管理实施。

从田赋征实到新经济政策的一一出台，阎锡山借助他驰骋政坛几十年中积累起来的管理经济的经验，调动他所有的堪称"精明"的投机手法，尽可能地集中物质资料——生产品，竭力维持着拥有20余万人的庞大军政机构。

然而，"屋漏偏逢连阴雨"，1943年，新的困难又接踵而至。此前一年，是一个荒年，不仅山西的大部分地区歉收，就是邻省河北、河南、山东等地也都有严重的灾情。由此引发了1943年的罕见粮荒，粮价猛涨。夏收时第二战区的征粮没有达到预定的数目，军食成了问题。由于粮食的供应不足，部队中逃亡现象愈演愈烈，减员现象日益严重，兵员补充发生严重困难——第61军、第19军，及骑兵军等主力部队，一个连的建制多不过六七十人。以至被认为是"营盘无兵，无人打仗，部队已到瓦解境地"。

与此同时，整个抗日战场却出现了新的转机——随着世界反法西斯战争的深入发展，在中国人民长达六年之久全面持久抗战的打击下，日军已成强弩之末，胜利的曙光正在黎明前的黑暗中孕育。阎锡山预感到了抗战胜利的临近，而这一天的真正到来，是要依靠军队去夺取的。反攻作战，收复失地，没有强有力的军队只能是一句空话。为此，眼下必须设法解决粮食供给与兵源补充这两道难题。

阎锡山毕竟是阎锡山，他可以说有着"盖世无双"的"点子库"。在1943年8月15日召开于克难坡的"未（8月）删（15日）行政会议"上，他再次找到了解决问题的"金钥匙"，一个"两全之策"，这就是"兵农合一"。

何谓"兵农合一"？简言之，就是寓兵于农，兵自农出，实行兵农互助。具体做法是：先将18至47岁的役龄壮丁，每3人编成一个"兵农互助组"，其中一人为常备兵，即时入伍服役；两人为国民兵，在乡种地做工。国民兵每年出5石麦子或小米，熟棉花10斤，优待同组常备兵家属。先期已经服役的兵士类同常备兵，与原籍两名役龄壮丁编为一组，优待粮食6石，熟花10斤。常备兵服役期以3年为限，期满后，与同组国民兵调换位置。再以村为单位，把村中所有土地按年产量纯收益小麦或小米20石作为一份的标准，划分成若干份地，分配给国民兵领种。领到份地的国民兵，与村中其他有劳力者1至3人编成耕作小组，（国民兵为主耕人，其余为助耕人）进行生产。保留地主土地所有权，领有份地的国民兵仍须向地主交纳地租。生产品的分配大致是田赋征购和村摊粮等30%，生产成本15%，地租5%，其余50%由主、助耕人依劳力大小合谋分配。

兵农合一，由试点开始，于1943年秋，先在乡宁县实行。次年春，晋西各县即普遍推广。仅一个春天，就在乡（宁）、吉（县）、大（宁）、永（和）、隰（县）、蒲（县）、石（楼）七县之中，编成兵农互助组5万多个，抽常备兵4.3万。对这一成绩，阎锡山甚感满意，又进而推广于其权力所及的一些半沦陷的县份之中。到抗战结束时止，两年的时间里，通过推行兵农合一这一特殊的动员办法，阎锡山大约征到了7万名常备兵。

强行编组抽兵和把国民兵固定在份地上的做法，无疑使粮食与兵源的问题得到了缓解。但是，做法本身的不合理性和执行中的强制性，同时也相应地产生了不少副作用，百姓负担在加重，不满情绪在增长，一首民谣应运而生："兵农合一实行了，茅厕满了没人掏；十亩地里九亩草，留下一亩长黄蒿；老百姓受死吃不饱，就是给阎锡山闹个好。"

五、重振西北实业公司

西北实业公司作为阎锡山"十年省政建设"的重要成果之一，在太原沦陷时，遭受重大损失，民用各厂设备和大量原材料全部沦于敌手，其骨干企业西北制造厂虽尽全力搬迁，但由于运力有限，时间紧迫，抢出来的机器设备屈指可数。

经过战争初期的慌乱，初步稳定之后，为了"克难求存"，支持抗战，阎锡山决心整合搬迁到陕西、甘肃、四川的原西北实业公司各厂和山西省的公营企业，重振西北实业雄风，于1939年春，将原西北实业公司改名为"新记西北实业公司"。

7月1日，新记西北实业公司正式复业，总部设在陕西宜川县官亭镇。1940年2月，转迁至陕西泾阳县鲁桥镇，8月，新记西北实业公司所属铁工厂、机器厂、纺织厂、毛纺厂大体建成，并相继投产，但产品远远不能满足需要。为解决晋西南地区的军需民用，阎锡山决定建立纺纱厂、织布厂、火柴厂、火药厂、钢铁厂、制造厂等。1944年7月，在隰县建立火柴厂；1945年8月，隰县化学厂建成；同月，在孝义县的钢铁研究所建成。五年中先后建立了九个工厂，全公司至日本投降前共有职员786人，工人2700多人。

新记西北实业公司的生产能力较之战前要弱。机器厂仅能制造木炭瓦斯发生炉动力机、棉毛纺织机等，纺织厂、毛织厂所纺之纱粗细不均。经机器厂造成西北（金波式）纺纱机后，可纺纱20支，且出纱与外来纱机所出之数相当。又经过路济川技师试制的加捻装置，使金波式纺纱机成为抗战期间的一项发明，为此，国民政府特准公司专利五年。机器厂即以此纱机为专利而行销一时，获得相当的收益。设在秋林、隰县的火柴厂月产量为原西北火柴厂的57%，隰县化学厂月产硫酸为原化学厂的75%。同时，有些工厂建成较迟，化学研究所1942年1月才有产品问世，1944年9月，隰县化学厂才开始筹措建筑，而它和孝义贤者村的钢铁研究所到1945年8月1日还未投产。因此，抗战期间新记西北实业公司虽有九家工厂，但实际投入生产的只有机器厂、纺织厂、毛织厂、秋林火柴厂、隰县火柴厂、官庄复兴纱厂、化学研究所七个工厂。这其中，有些工厂投产时间很短，产品数量有限。尽管如此，在当时的条件下，公司为解决晋西南的生产生活必需品，对于开发一片空白的后方工业基础，起到了一定的作用。

与此同时，1939 年上半年，西北制造厂几经辗转，将总厂设在陕西虢镇，1940 年秋，又迁至四川广元，其下有成固、广元、中部、留坝四个分厂。

城固分厂共有职员 50 余人，工人 700 余人，主要生产步枪和轻机枪。厂址设在陕西城固县县城城隍庙，三元宫和山西会馆等处，与其他三厂相比，这个厂规模最大。它在城隍庙里安装了机器 80 多部，钻刨车璇和造枪特用之打枪眼机样样具备；三元宫设有虎头钳 30 部，手摇压机 10 部，另有打铁炉 15 盘，专门打造机枪、步枪的零配件；山西会馆设手榴弹厂，城外西村设炸药厂，烧制引信用的白药和皮克林、梯恩梯等黄色炸药。

广元分厂共有职员 40 余人，工人 570 人。厂址在广元县城的山陕会馆，场内安装各种机床 70 余部，钳案 30 余部，其动力是火车车头改装的蒸汽带动机器。设有翻砂、炼铁、木工、炉工、安装、修理等部，主要制造步枪和重机枪。

留坝分厂厂址在留坝县的张良庙，该厂主要以炼铁为主，西北制造厂也因此在这里专设一厂以收购矿石，冶炼生铁，并铸成手榴弹壳，然后分运各厂装配。

中部分厂厂址设在中部县城，厂内安装有各种机床 30 多部、钳案 15 个，分设翻砂、铁工、木工等，以接修部队各种机枪为主，同时也可制造步枪、手榴弹。

1942 年后，阎锡山命令西北制造厂在晋西南的孝义、乡宁、吉县、隰县又陆续设立了几个分厂，这些分厂主要生产手榴弹、步枪和掷弹筒。共有轻便车床近 300 部，不及原制造厂的十分之一，有工人近 800 名，不及战前的四分之一。

各厂生产情况如下：城固分厂每月可造步枪 1000 支，轻机枪 50 挺，手榴弹 50000 颗，掷弹筒 1000 个，掷弹 50000 个，此外还附带修配一部分枪械；广元分厂每月可造步枪 1500 支，轻机枪 50 挺，重机枪 15 挺，并做一些零星配件；中部分厂每月除装修配件外，还可制造步枪 500 到 600 支，手榴弹 30000 颗；乡宁厂在抗战胜利前夕，每月可生产步枪 1000 支以上。

到抗战后期，原西北制造厂因原料不足，月生产步枪 800 支，轻机枪 300 支，手榴弹万余颗。

从生产情况看，与战前相比，有两个变化，"一是大型重武器如山炮、野炮、迫炮、各种炮弹、重机枪已不能生产，二是生产的步枪、轻机枪、手榴弹等轻武器数量要高于战前"。战前的西北制造厂每年除生产炮车、弹药车近 50 辆，野炮 10 多门，迫炮、加农炮等各种炮弹 22000 余颗，轻、重、步枪子弹 1500 多发之外，在轻型武器上，还年生产步枪 6800 支，轻机枪 600 余挺，手榴弹近

9000 颗。这些轻型武器的数量都大大低于抗战时期西北制造厂的生产数量，即使与抗战后期相比，也是如此，步枪是战前的 1.4 倍，手榴弹是战前的 13 倍多，轻机枪是战前的 5 倍多。

这些武器除小部分出售给了陕西、四川的一些地方武装部队外，其余则全部由阎锡山分配给了自己的晋绥军。

六、整合教育资源，兴办各类学校

第二战区退到晋西南后，阎锡山在加紧进行政治统御、经济发展、"克难求存"的同时，也进行了教育资源的整合，兴办了一系列各级各类学校，从而使得教育在第二战区所在的晋西南有了比较大的发展。

据《山西通志·教育志》记载：

山西省政府退居晋西南的蒲县、永和、吉县、乡宁、隰县一带，除恢复原有小学外，还创办克难小学等 6 所省立小学，3 所儿童教养院（所），吸收军政人员子女及平津等地难胞子女入学，客观上促进了当地教育的发展。

在民国二十八年（1939）后，山西省政府在乡宁、蒲县、隰县、吉县等地成立了 6 所联合中学及克难中学、华灵中学，经费由教育部按省立中学拨给，原在省城的私立进山中学也在隰县复校。

以蒲县、永和为例。1938 年 3 月，日军侵占蒲县县城，除克城、公峪等个别学校仍坚持上课外，县内其余学校全部停办。同年 5 月，日军退出县城后，县内的几十所国民学校相继恢复。到 1946 年，县内有高级小学 5 所，初级小学 78 所，相较抗战爆发前有较大的发展。1938 年日军侵犯永和，全县学校被迫停办。不久，日军退走，第二战区把全县划为九个编村，在各编村村公所所在地均设立民族革命小学，其余村庄的小学均改为农村小学。同时，将原高级小学和县城国民小学合并，改称永和县民族革命小学。到 1945 年底，全县共有小学 41 所，教职工 86 人，在校生 1310 人。

在蒲县，中学教育发展盛况空前。1938 年秋，牺盟会在克城创办了蒲县第一所中学——抗日民族革命中学，招收蒲县、洪洞、赵城、临汾、大宁、隰县、汾西、霍县等地学生 300 人。1940 年，山西民族革命大学（简称民大）二分校由陕西秋林迁至薛关，改名为"山西省立第五联合中学"（简称五联中），学生 300 多人。1942 年，在柏山东岳庙创办私立进山分校，共设四个初中班，一个简师班，一个补习班。同年 10 月，简师班、补习班析出，初中班改为"山西省立第三联合中学"（简称三联中），这是蒲县有史以来第一所完全中学。三联中在三年间，又先后招了 12 个班，学生 641 人。同年冬，民大七分校由陕西韩城迁至蒲县公峪村，改名"山西省立第六联合中学"（简称六联中）。这样，在蒲县这样一个人口不多的山区小县一下子就有三所省立中学，以至于经历过这段时期的老人现在回忆起来还津津乐道地说"蒲县不大，联中三座"。

太原沦陷前夕，山西大学奉命转移，法学院迁平遥，理工学院迁临汾，文学院迁运城，另有一批师生留守太原，直至太原沦陷，才离校南下。

1939 年 6 月，在重庆的原山西大学教授王宪、常克勋向国民政府行政院院长孔祥熙提议恢复山大，得到同意。此时，阎锡山已率第二战区及山西省政府迁至秋林，得此消息，于 7 月 20 日在《阵中日报》上刊登复校通知，原山大文学院英文系主任徐士瑚，北上秋林与阎锡山商议复校事宜，山西省政府拨经费15000 元作为开办经费交徐士瑚。

12 月 23 日，停顿两年的山西大学在陕西三原县城复校，当年录取新生百余人，设有工学院、文学院、法学院三个学院。到 1940 年 5 月，山西大学有学生 160 余人，女生占十分之一，从一年级到四年级都有。因在战区，且学生多在抗战中服务过，深知环境来之不易，故多刻苦向学。

太原沦陷后，阎锡山创办的私立川至医学专科学校曾有一段时间归并民大，称民大医学院。1939 年 6 月，该校在陕西宜川县独立出来。1940 年 3 月，归并到山西大学，称山大医学专修科。该校原有专科三个班，学生 63 人；另设普通科，招收初中毕业生，第 1 班学生 33 人，第 2 班学生 21 人。1942 年在秋林镇招收了专科第 14 班，学生 11 人。从 1943 年起，该专修科改为六年制医学专修科，招收初中毕业生 25 人。1944 年 8 月招生 20 人，1945 年招生 20 人。

山西大学及其附属的山大医学专修科复校后，招生范围主要在当地，学生也以当地各中学毕业生为主，这在很大程度上也促进了当时高等教育的发展。

在此期间还创办过一些其他的战时学校，其中最多的，就是各县为了培训教师而创办的一些简易师范和师资训练班。如：1941 年秋，蒲县天嘉庄高小附设蒲县师资训练班；1942 年 8 月，省立三联中附设有简师班、补习班；1942 年，吉县在城关中心国民学校附设师资训练班等。

另外还有两个特殊的学校，一个是山西省高级助产职业学校，一个是山西省立灾难儿童教养所。山西省高级助产职业学校创建于 1943 年 3 月，校址在吉县克难坡四新沟。开始时招收新生一个班，女生 50 人，以后每年招收一个班，学校规模始终保持一二百人。山西省立灾难儿童教养所创建于 1939 年夏，校址在吉县桑峨村，是为了收容日军占领区灾难儿童而开办的。学生主要来自当时的日占区洪洞、赵城、霍县、汾西、临汾、襄陵等地，年龄在 10 岁至 17 岁，全所共有学生 400 余名，分编为初小三、四年级和高小一、二年级，共 10 个教学班。后来该所转移到陕西韩城，改名为山西省赈济儿童教养院。

特别值得一提的是民族革命大学。太原失陷后，第二战区司令长官部、山西省政府、中共中央北方局、八路军总部、牺盟会总部等机关相继转移到晋南重镇临汾。一时间，临汾成为山西乃至华北的抗战中心，许多热血青年奔赴这里。为了将云集临汾的有志青年培养为抗战所需的人才，阎锡山接受牺盟会及一些进步人士成立专门学校培养抗战干部，以适应迅速发展的山西抗战形势的建议，在临汾成立民族革命大学。

1938 年 1 月 20 日，民族革命大学在临汾成立，阎锡山兼任校长，梁化之任办公室主任，杜任之任教务处主任，杜心源任政治处主任，裴济明任总务处主任。民大成立之初，就得到全国文化教育界进步人士沈钧儒、李公朴、邓初民、江隆基、侯外庐、潘汉年、张申府等的热烈响应。先后到校任教的有李公朴、江隆基、侯外庐、施复亮、陈唯实、何思敬、温健公、秦丰川、刘潇然、胡磊、周巍峙、徐懋庸、肖三、肖军、肖红等。学员来自全国包括北平、天津、上海、南京在内的十八个省，其中还有一部分东北流亡青年、归国华侨，年龄十三四岁到二十五六岁不等，文化程度有大学毕业的，也有高中、初中程度的。因为学员众多，除在临汾设立校本部和一分校外，又在运城设立了二、三分校，曲沃也设了分校。校本部在临汾失陷后辗转转移到陕西宜川。

为了适应抗战形势需要，民大学生在宜川结束第一阶段的学习后，大部分转入敌后，到牺盟会和抗日军队中做政治工作。经过阎锡山批准，挑选了三四百名阎锡山认为优秀的学生，成立了随营分校，置于阎锡山直接控制之下。

阎锡山一生

· Biography of Yan Xishan

第二十一章

"议和" 待机

一、"两一相加大于一"

阎锡山有个处事方法，这就是一个"二字"，"二"的分析法和"二"的做法。这种思想不仅得之于中国古代朴素的辩证思想（与其早期接受的旧学教育有关），而且受到马克思主义辩证法的一些启示（1932 年后的一个时期里，曾邀请北平进步教授侯外庐等给他讲解社会主义学说）。他认为事物是发展变化的，事物内部包含着相反的因素。好事可以变坏，坏事可以变好。由此引发出一个阎氏公式：一加一大于一，亦即所谓"两一相加大于一"。

什么叫作"一加一大于一"呢？解释是：前一个"一"指的是本身的力量，后一个"一"指的是其他相互对立的两个方面中的任何一方。在三个以上方面的力量相互对立的情况下，本身的力量加上任何一方的力量，就必然保持对另一方的绝对优势，而使自己立于不败之地。

可以说，正是因为奉行这个一加一大于一的公式，阎锡山才能在几十年的政治风浪中拥有不变的权力。也正是因为这个原因，"十二月事变"后，面临重重困难的阎锡山，开始与日本军方频繁接触，企图再展"一加一大于一"的"魔力"。

日本军方对阎锡山的拉拢争取工作，开始于 1935 年前后的华北事变。全面抗战爆发后，虽一度中止，但并没有彻底放弃。1938 年 6 月，以及其后的 1939 年，日本大本营陆军部和日本中国派遣军总部就先后分别以"狸工作"、"伯工作"为代号，对他展开瓦解诱降活动。汪精卫投敌后，日方更是企图"通过阎锡山的加入南京政府，以促使抱机会主义态度的反蒋将领挺身而出，从而打开重庆政权崩溃的缺口，以此向中外宣传，以期有利于促进中国事变的处理"。

在抗战初期积极向上的有利政治环境下，阎锡山的主要精力尚集中在对日作战上，也就是说，从民族利益的角度出发，他与日本侵略势力之间的矛盾是当时的主要矛盾。因此，面对日军的诱降，阎锡山是可以不动声色的。

晋西事变之后，在新的矛盾关系（与共产党的矛盾开始激化，蒋介石中央的渗透再次加强）面前，他却再也沉不住气了，他不想三面受敌，他要顺利渡过难关。在他看来，做到这一切的便捷之路，就是与面对着的劲敌谋求妥协，哪怕是暂时的妥协，使一加一大于一。正如他当时对赵承绶所讲的那样："目前咱们的处境很不好，蒋介石要借抗战的名义消灭咱，共产党对咱更不好，到处打击咱，如果日本人再打咱，那就只有被消灭。咱们如果想在中国求存在，非另找出路不可。存在就是真理，只要能存在住，以后怎么转变都可以。如果存在不住，还能谈到其他事业吗？抗战固然是好事，但又没有胜利把握，就是打胜了，没有咱们也不行。权衡情况，目前只有暂借日本人的力量，才能发展咱们自己，这是一个不得已的办法，也是咱们唯一的出路。"

阎锡山在晋西事变后与各种关系之间的微妙变化，正是日本军方所求之不得的。于是，日方进一步加快了对阎锡山的诱降步伐。

1940 年春，过去的日本驻绥远特务机关长、时任华北方面军第 1 军参谋长田中隆吉，假手伪山西省长苏体仁，带信给阎锡山，表达拉拢之意。

接着，苏体仁派阎锡山的族侄阎宜亭（原名志文，属志字辈，与阎锡山之子志宽、志惠等同辈）携板垣征四郎的亲笔信，到晋西见阎。

随即，1939 年被俘投敌的原汾孝游击支队长白太冲，又受有关方面派遣，偕同日本特务小林高安到孝义兑九峪，通过伪军"兴亚黄军"司令蔡雄飞的介绍，与晋绥军暂 1 军军长傅存怀接洽，提出所谓"现地妥协，共同防共"的建议，并在傅的安排下秘密前往克难坡。

其后，日太原宪兵队特务大矢正春，在翻译前田陪同下，借投降之名，冒险到克难坡，试图与阎锡山商谈"双方在山西境内进入停战状态"的问题。

对日方的频频招手，娴熟于"一加一"公式的阎锡山开始并没有表现出过多的热情，而是采取了若即若离的态度——田中隆吉的信也好，板垣征四郎的亲笔函也罢，一律不作书面答复，只是口头表示了"愿与日军合作，共同剿共，安定山西治安"的意思。随后，却又将宪兵特务大矢当作俘虏扣了起来。不日，被扣的大矢等被密送太原交还日军。

在故作姿态的同时，阎锡山在试探与观察日本方面的真实意图。为此，大约在 5、6 月，他派长官部机要处副处长刘迪吉随二次到晋西的大矢正春到太原；7 月，又派王靖国的副官刘宗康与长官部参议张仲孚再赴太原。

经过初步的接触试探，阎锡山基本把握住了日方的脉搏，这就是：鉴于对重庆方面谋略战的不成功，为了尽快从中国战场拔出泥脚，日军试图另谋出路，积极"利用操纵反蒋系统的实力派"。而在华北方面，日本人最属意的人选无疑就是他阎锡山。苏体仁就曾明确告知："日本人是想依靠老总（对阎锡山的习惯性称呼），华北方面的局面只有老总才能撑起来。"

于是，阎锡山在与日方保持了一段若即若离的关系之后，根据事先约定，于1940年11月，派时任第7集团军总司令的赵承绶赴孝义县白壁关，与日本第1军派出的楠山秀吉进行真正意义上的接触。"一加一"的公式演绎由此开始。

二、议而不决，约而不践，马拉松式的与日"和议"

正是由于阎锡山与日方的接触一开始就建立在"缓和"矛盾的基点上，所以，"一加一"的公式演绎来演绎去，却始终没有什么结果。议而不决，成为和议的主旋律。

1940年11月，以赵承绶为一方，以楠山秀吉为另一方的白壁关谈判，作为双方第一次较高级别的接触，彼此都在探对方的虚实。按照阎锡山的指示，赵承绶提出"亚洲同盟，共同防共，外交一致，内政自理"的四项意见，以及由日军负责给晋绥军装备30个团的价码。而日方则只以"诚意合作，什么都好办"虚与委蛇，不做实质性的表示。

次年3月，赵承绶衔阎之命，再赴白壁关，与日军驻汾阳的独立混成第16旅团派出的代表进行第二次白壁关谈判。双方口头协议："消除敌对行为，互相提携，共同防共。"除了赵承绶以阎锡山口授的"联系更方便"为理由，要求日军让出孝义城，由晋绥军接防，得日方应允外（6月，阎锡山的骑1军军部和骑2师师部进驻孝义城），在大的方面仍然没有什么实质性的进展。

尽管没有什么实质性的进展，但是，对日方来说，毕竟打开了一条通道，也就是说有了一线希望。为了趁热打铁，遂由田中隆吉以兵务局长的身份，代表内阁和陆军部主持对阎工作。

应日方要求，阎锡山派曾去过太原的刘迪吉前往（日方本来要求赵承绶出面，阎锡山谎称赵因病不能前往）。他授意刘迪吉以"宣言讨蒋"、"劝告蒋介石全面和平"作为承诺，向日方提出了比前此更加苛刻的条件——为维持山西纸币价值，贷款5000万元；为充实山西军的实力，供给步枪10万支，轻机枪两三千挺，大炮300门。附带条件——恢复山西西北实业公司；委阎锡山为华北国防总司令、南京政府军事委员会委员长；以后每年由南京政府拨给军费 2000 万元，步枪 10 万支，大炮 200 门；以后由南京政府（汪伪南京政府）支付 1 亿元作为华北民众救济费。

阎锡山的这些条件被日方一一答应了下来，并草拟成"日阎停战基本协定条款"草案，约定在汾阳城内（日军占领地）签字。

1941 年 9 月 8 日（亦说是 8 月初中旬），根据事先交涉的办法，阎锡山委托赵承绶带着他的私人印信到达汾阳城，代表他本人出席了协定签字仪式。是日上午，在设于汾阳城中的日军岩松旅团部屋顶花园举行的签字仪式上，赵承绶与日方代表分别

赵承绶，字印甫（1891-1968）

代表双方签署了《日本军与晋绥军基本协定》和《停战协定》两个协定（因签署地点而名，统称《汾阳协定》）。

协定内容在《日阎停战基本协定条款》草案的基础上，稍作调整，变为：第一阶段，晋绥军与日本军之间缔结停战协定，合作实现后，日本军集中于军事上必要之地区，晋绥军担任山西省内各地方之治安；由南京政府给晋绥军补充步枪 10 万支、轻机枪 8000 挺、重机枪 900 挺、掷弹筒 4000 具、各种炮 300 门；为整理晋钞透支借款 5000 万元；由南京政府每月支给经费 1200 万元；晋绥军方面在执行协议期间，一面秘密联络各反共将领，一面在太原或孝义与汪主席（指汪精卫伪南京政府）协议合作。在第一阶段工作完成后，进入第二阶段。第二阶段，"阎长官即向重庆政府敦促反共和平。如不接受，则向中外宣言单独行动"。"与日本军合作，首先肃清山西省内共产军"。"为此临时支给 2000 万元之军马、武器费，另外每月经费为 2000 万元"。日方同时许诺在上述两个阶段的任务达成后，帮助晋绥军扩充兵力 50 万，恢复太原兵工厂等。

阎锡山作为协定的一方，在协定条款上"狮子大张口"，漫天要价；日军作为协定的另一方，"兼收并蓄"，大包大揽，达成了《汾阳协定》。但是，由于双方的谈判一开始就是建立在互相利用的基础之上，全无诚意，协定说得

再好，也不过是一纸空文。也许协议双方在协议之初都压根没有打算真正履行，所以协定的签署成了双方"推磨战"的开始。自此，阎锡山要求日方尽快履约，提供急需的粮食、武器、装备，日方则迟迟不动"真格"，反要"阎军让出小船窝渡口"；"阎锡山早日脱离重庆政府，迅速通电独立"；"阎锡山早日进驻孝义，再进一步进驻太原"。讨价还价，来回扯皮，互不相让。期间，为了把"文章"做到家，应日方之邀，阎锡山派赵承绶两次赴太原"面商"。

尽管各执己见，相持不下，但双方还是不断地接触和往来，这样的状况持续了半年之久。1942 年 4 月，二赴太原的赵承绶再返克难坡。在长时间的你来我往中，阎锡山逐渐得出了现实的结论，开始不再寄望于从日方得到什么。他明确地对赵承绶说："日本人什么也不给咱，想叫咱脱离抗战，这不可能。你想，咱到太原去，什么也没有，他们再把力量撤到太平洋去，叫共产党直接打咱，咱力量不够，就有被消灭的危险。咱不能这么干。"并由此决定改变做法，转而以较为强硬的态度对日。同时，急于对阎锡山诱降成功的日华北方面军（其时太平洋战争已经爆发，日方正企图尽快从中国拔出泥脚）也试图通过武力压迫争取谈判桌上得不到的东西。

在上述情况下，1942 年 4 月 17 日，日华北方面军第 1 军司令官岩松义雄发出最后通牒式的第一、二号通告，提出"中断一切交涉，采取自由行动"。阎锡山也决定以武力对武力，进行还击。4 月 20 日起，日军开始炮击晋绥军。

正当阎锡山准备不惜一切与日军一战的时候，伪山西省长苏体仁以调停人的身份站了出来，进行斡旋。4 月 23 日，苏体仁以电报致阎，提醒他，"宁肯在缓和中让步，不可在危机途中求转圜"。这样，为了实现他利用日军，扩充武力，"共同防共"的目的，阎锡山决定做最后的努力。遂依苏体仁双方首脑私人会面的提议，答应与日华北方面军第 1 军司令官岩松义雄、参谋长花谷正在吉县安平村会谈。

安平村位于吉县南约 15 公里处，系晋绥军的前沿阵地，与日军防地仅一沟之隔。1942 年春夏之交，在这里，阎锡山与日本人上演了一出"鸿门宴"。

由于有约在先，5 月 6 日（原定时间为 5 日，因雨改期）晨，宁静的安平村一下子出现了大批武装人员——阎锡山率随行人员在警卫队的护卫下，由邻近的东石泉村到达安平村；日方担任警卫的一个武装大队也进入安平村；随即日方代表十余人骑马驶来。平日里相互敌对的两方遽然在一个小村子里同时出

日军代表在赴吉县安平村参加"安平会议"途中

安平村及警卫"安平会议"的日军

现，平添了几分紧张气氛。阎锡山顿时提高了警惕，嘱咐保卫干部杨贞吉："日人居心叵测，设届时双方反目，余遭挟持，须尔及时助我成仁，以保全余之人格。"颇有点"风萧萧兮易水寒，壮士一去兮不复还"的气概。

安平会谈实际上只是阎与日方自1940年春开始，长达两年多马拉松式接触谈判的浓缩，双方的出发点并没有丝毫的改变。会谈一开始，阎锡山先声夺人，以讲演的形式大谈所谓"亚洲同盟"问题。日方则表现得极不耐烦，不时予以打断。切入"正题"后，仍然在原地打转转，继续纠缠于先履行《汾阳协定》，充实晋绥军实力，还是先由阎锡山声明"脱离国民党中央"之间。其间，岩松义雄、花谷正等表现出了明显的不友善，空气愈加紧张。第一轮谈话陷入僵持状态，不得不宣布休会。

据说，安平会谈时，日方为了达到进一步引诱的目的，曾携带了300万联币，1000支步枪，准备在阎锡山答应其条件后，作为礼物当场交付。

在鸿门宴般的腾腾杀气之中，起先阎锡山还能沉得住气，旁若无人地侃侃而谈。休会时，警卫人员报告，有大队人马由山路向安平而来，不禁心中发毛，只当是日方调动兵力，要进行武力威胁。遂借口方便溜出会场，带几个随从循小路离开安平村。

阎锡山不辞而别，会谈失去了对手，在没有任何结果的情况下不了了之，徒给历史留下了一个谈柄。

三、"晋西保卫战"，对日作战的"最后风景"

安平会议的不了了之，使持续两年之久的阎日会谈宣告破裂。诱降阎锡山的失败，使日方大失所望，花谷正气急败坏地说："阎锡山把中国人骗尽了，又要来骗日本人！"日方恼羞成怒，为对阎锡山进行报复，决定"今后对阎的工作，应持严竣态度，掌握时机实施政策，从物质和思想两方面进行压迫和强化"。于是在加紧物质封锁和军事进攻的同时，又从舆论上向阎施加压力。原来在安平会谈前，阎锡山即向日方声明作为私人会谈，不进行拍照摄像，日方口头答应。会谈期间日方食言，偷拍了阎锡山与岩松握手的镜头。事后，日方竟将偷拍下的极其模糊的照片与原有的阎锡山之便装照片剪辑拼凑到一起，印制成传单，通过飞机散发到了重庆、西安等地。

在抗日战争的紧要关头，作为战区司令长官竟与日军高级将领握手言欢，这样的舆论无疑对阎锡山极其不利。还是那句老话，阎锡山毕竟是阎锡山，对这件事情他还是不做明确解释，只装出一副若无其事的样子，笑一笑说："抗战以来，我就一直没有穿过便装。"1944年5月，中外记者西北参观团到克难坡，他就此问题答记者问时承认："与日接触共有两次：一在民国二十九年五月中旬，临汾敌司令因同学关系，托我一个家居的学生，以私人资格来传话：亚洲民族自相残杀，亚洲之不幸，有何方法回复旧好？我说：日本是以他自己所需亚洲者努力，故不得亚洲人之同情，若变为以亚洲人所需于日本者而努力，回复旧好，何难之有？一在民国三十一年五月上旬，岩松在我防区内之安平与我见面一次，所谈者与前略同，不欢而散。"

还在安平会议前，为以武力压迫阎锡山，日军即开始了对晋西根据地的进攻。谈判破裂后，根据新的对策，5 月 15 日，日本天皇裕仁、首相东条训令中国派遣军华北方面军司令官，正式宣布废弃所订全部协定。5 月 17 日，华北方面军司令部向阎锡山发出废弃基本协定通告。随即，严重的经济封锁和一定规模的军事进攻接踵而至。

还在安平会谈前，阎锡山大概也已经预料到不会有什么好的结果，就对日本军的进攻做了还击准备。4 月 8 日，他在克难城举行的"民族革命根据地大保卫战集体宣誓大会"上发表"誓词"，侈谈："今天是革命时代，我们负担革命任务，为民族求生存，为人类谋幸福，我们应尽绝大的努力，应抱绝大的牺牲，以完成此光明而神圣的革命任务。中国文化是仁与义，处常重仁，处变重义，今天我们是为革命大义而牺牲，为民族生存人类幸福而奋斗。今天就全国说，一隅尚存，即有抗战之所；就我们说，失掉晋西，即无革命之地，我们应集中力量，破釜沉舟地为革命大义而奋斗。地球的历史甚长，人类的生存期较短；人类的生存期甚长，个人的生存期较短。唯革命的精神，可与人类相辉映，可与地球相始终。我们以革命的牺牲精神，完成革命的种子，岂止今天的成功确有把握，将来的发展更属无量。我必以革命大义领导组、政、军、教全体同志，誓以革命牺牲的决心，求得革命的成功。"

宣誓后，派遣铁军委员至各部队中，规定"部队主官如不得铁军委员副署，不得发布退却命令"；提出进行"晋西大保卫战"的口号，在全战区发起所谓"牺牲奋斗保卫革命根据地运动"。

阎锡山作为一场运动发动的声势浩大的"晋西大保卫战"，颇有点虚张声势的味道。强弩之末的日军，对晋西的进攻也只能局限于威吓的程度，虽调兵遣将，但始终没有发动大规模的攻势。

据《阎伯川先生锡山年谱长编》记载，1941 年有如下战事发生：

7 月 7 日，第 71 师在离石县吴城镇西南与敌激战。

7 月 14 日，暂 48 师在赵城石明、好义与敌激战。

7 月 19 日，临汾敌分向曹家岭、紫头、枕头一带进犯，与第 72 师激战。

7 月 21 日，我军克复中条山西部永济、芮城虞乡及解县。

8 月 7 日，第 69 师在浮山之卧虎山与赵曲、尧庙出犯之敌激战。

8 月 12 日，我军克复孝义兑九峪后，本着缩小敌占区的要领，积极向东扩展，以温怀光之骑兵第 1 军一部，进出介休汾阳一带活动，以主力对孝义实行围困，同时密派便衣队混入城内，以作内应。骑 1 军主力进迫城郊，里应外合，剧战一昼夜，收复孝义县城。

9 月，日军由晋南三角地带，抽调兵力，联合汾南各据点敌约万余人，企图扫荡我汾南部队，并由其第 37 师团师团长安达二十三指挥作战。第 34 军军长王乾元即率部在新绛之阳王、稷山之翟店一带与敌作战，激战五昼夜，辗转冲杀，毙伤敌数千。敌以损失惨重，乃分别回窜。

10 月，日军以第 41 师团为主力，配合其第 37 师团、独立第 16 旅团各一部，共约 1.5 万余人，分向吕梁山外围及汾南各据点增加后，即以有力部队，分路进犯黄河之禹门及师家滩等渡口，企图断我后方联络。该地均为第八战区部队驻守，尤以禹门渡附近之刘西咀，地甚险要，敌正面攻击数次失败，突向北攻，由侧后袭击该地，遂至失陷，师家滩继亦不守。于此战役中，第 66 师师长孙福麟率部分头截击，第 34 军亦趁虚击敌侧背，除侵据师家滩之敌外，其余各路之敌均被击退，毙伤 2000 余人。当敌攻禹门时，我各路出击部队，同时亦发动攻势，先后收复新绛之古堆，稷山之翟店，浮山之天坛里，万泉之西景及万和各据点。

1942 年 2 月中旬，沿吕梁山各地之敌，由乡宁至孝义 600 余里间，增加五六万众，大举进犯吕梁山地区。4 月 8 日，阎锡山在克难坡举行"民族革命根据地大保卫战集体宣誓大会"，发起保卫根据地运动，与敌展开激战。先后发动了"宋家庄战役"、"侯村盘道战役"、"华灵庙战役"、"黄花峪战役"、"李家张王村战役"、"康宁堡战役"、"石瓦庄战役"、"洪洞垣上战役"、"马首山战役"。其中尤以王凤山第 34 军在汾南的战斗最为惨烈。

王凤山，字鸣岐，山西五台人。太原国民师范学校毕业后投笔从戎，抗日战争中英勇顽强，不怕牺牲，战功突显，历任第 203 旅第 427 团第 3 营营长、第 427 团中校团副、代理团长，军事突击团团长，第 34 军暂编第 45 师少将师长等。

1942 年春夏，王凤山奉命率部在汾南进行游击战争。在屡屡受挫的情况下，日军集中优势兵力，以清水、长野两师团纠集各县伪军步、骑、炮兵两万余人，辅以飞机、坦克助战，分七路对第 34 军控制区域进行大规模扫荡。第 34 军第

43、第 44 师经苦战失利，两师师长分别受责；军长王乾元负伤返汾北医治。王凤山临危受命代理军长，指挥所部继续转战万泉、荣河一带。王凤山当时骑一匹白马，率部无日不战，无日不行，竟月连战 28 天，连获大德庄、望嘱村、乔村等战斗的胜利。妙用营团兵力奇袭日据点，予敌以重创。日军恨之入骨，四处张贴告示，悬赏 1 万大洋活捉王凤山。

1942 年 6 月 17 日拂晓，万泉、荣河、临晋、猗氏等县的日军千余人，在飞机、大炮及战车的掩护下，分数路突袭，把王凤山及其第 45 师师部及第 2 团包围在万泉县张瓮村（今属万荣县）。王凤山亲临第一线指挥作战，用"抗日必胜，为国捐躯光荣"激励将士，鼓励大家奋勇杀敌，与阵地共存亡。双方激战两昼夜，日军损失惨重，我阵地巍然不动。战至中午，河津敌千余人来增援。敌众我寡，我军逐次失利。不久，日军在密集火力助攻下突破我阵地。双方展开白刃格斗，战局万分危急。王凤山闻听消息，心急如焚，立即亲率预备队前往逆袭，一鼓作气冲上阵地，与日军展开近战搏斗。战况异常激烈，特务连长王士新及全连官兵全部血洒疆场。王凤山初左胯负伤，坚不言退。因张瓮村北地势平坦，麦收刚过，缺少掩护物，指挥所暴露在敌人面前。拉锯战中，王凤山右腹又连中枪弹，肠流腹外。将军裹伤抱腹忍痛坚持指挥，终因不支，壮烈殉国，时年 37 岁。

王凤山的壮举感天动地，1943 年 5 月 28 日，国民政府颁发"国民政府令"对王凤山"明令褒奖"；同时"将生平事迹存留宣付史馆，表彰壮节而慰英灵"；并追认陆军中将，入忠烈祠；将张瓮村易名凤山村，村小学改称凤山小学。1986 年 4 月 11 日，中华人民共和国民政部颁发证书，确认王凤山为革命烈士。

以上发生在 1941 年至 1942 年前后的诸次战役战斗，构成了抗战时期阎锡山第二战区对日军作战的"最后风景"。吸取胜少败多的诸战役之教训，阎锡山以保存实力为主要目的，很快抛弃了自己"以革命大义领导组、政、军、教全体同志，誓以革命牺牲决心，求得革命的成功"之誓言，居山避战，不再与日军武力相向了。

四、"开展政权"，向共产党领导的根据地扩充地盘

"十二月事变"后的划地而治，对阎锡山来说自然是不得已而为之，偏安晋西一隅也只是他的权宜之计。做了三十余年"山西王"的阎锡山不论从现实

的需要出发，还是为将来打算，都不免时时做着扩充地盘的梦。这个梦随着抗战反攻阶段的临近而变得愈加强烈。

扩充地盘，向哪里扩？日本人他打不过，这是被抗战开始以来的事实所证明了的。中央军不能动，剩下就是共产党领导的抗日根据地。怎么扩？通过"议和"，利用日本人"共同防共"，日本人是"不见兔子不撒鹰"。在"此路不通"的情况下，阎锡山决定避过日军锋芒，以现有力量，把手进一步伸到昔日曾经以"君子协定"划归共产党的北部地区，向在共产党领导下连成一片的抗日根据地"开展政权"。

1944年是世界反法西斯战争取得决定性胜利的一年，也是中国人民抗日战争的关键性时刻，全面的胜利只在于最后的坚持。阎锡山明确地看出了这一点，他说："我们中国此次抗战上的问题，可以说不成什么大问题，只要能与同盟国家团结一致，共同努力，胜利很有把握。""说得快点在今年，说得缓和点至明年前半年，或者可以结束。"

在此关头，面临的问题是什么呢？他继续说："建国上恐怕将来是个大问题。要努力准备力量，以便将来在建国上表现出大的效用来。"为此，他明示属下："今年单靠守住晋西，实在不够，必须向敌叛区（指"十二月事变"后划归共产党八路军活动的区域）开展，打下几个县份村庄来，开掘粮源和兵源。这两件事，能不能做好，是我们存亡的关键。"进而提出"存在发展，反攻备战"的口号，

1944年，阎锡山（前排左三）与中外记者参观团合影

准备在"巩固晋西根据地"的同时，积极"开展政权"。

1944 年元旦，阎锡山依例发表"告全战区民众书"，明确"完成兵农合一，努力自给自足，军队行政合谋"三项任务，并把这一年定为"合谋年"。

阎锡山为年命名，始于 1942 年。原来他自从进驻克难坡后，为渡难关，号召"克难运动"，加强精神统治，推行新经济政策，经过两年努力，有了一定的成效，自觉根基渐稳，初步具备了存在下去的条件。为"集中力量，统一步骤"起见，一时兴起，花样翻新，宣布 1942 年为第二战区"进步年"，要求全战区军民，发扬"耻不若人的民族心力，为公牺牲的民族精神，做甚务甚的民族人格，改进事物的民族创造力，有清洁与健壮的民族卫生常识"，去除旧习，努力再进一步。由此开始，便形成一个惯例，这就是每年元旦那天，阎锡山就在发表的告战区民众书后，规定该年的"努力目标"，宣布年名。接着而来的 1943 年，被称为"自给年"。"合谋年"后，从 1945 年起，依次有"竞赛年"、"奋斗年"、"复兴年"等。

阎锡山在 1944 年这个合谋年里，掩盖于堂而皇之的"完成兵农合一，努力自给自足，军队行政合谋"背后的主要行动，就是两个字——"开展"。

安平会谈的不了了之标志着阎锡山与日军之间高级接触的结束，但双方的联系并没有因此而中断，通过谈判期间在太原、汾阳、临汾、运城等地设立的办事处，阎锡山与日本方面仍然保持着秘密往来。大约在 1943 年底，驻山西的日军因太平洋战场的吃紧而部分南调，为解决后方空虚的问题，便通过阎锡山的驻太原办事处向他提出在上党和汾（汾河）东地区合作"剿共"的问题。这正好与阎锡山以武力开展政权扩大地盘的想法不谋而合。于是，双方忘却 1942 年的"不欢而散"，在新的形势下牵手协议：日方同意除浮山、安泽、曲沃（此三县是年初已在日军的同意下让出，由阎锡山委派县长）外，再将翼城、长子、高平、襄垣、黎城、沁水、阳城、晋城等八县（其中大部分区域系共产党开辟的抗日根据地，日方的承诺只是一纸空文，事实上是不能兑现的）分期陆续"让渡"给晋绥军；在此前提下双方共同担负"剿共"任务，铁路沿线、交通要道和重要据点由日军负责，共产党领导的根据地由晋绥军负责。

1944 年的元旦、春节相继在 1 月过去了。两节一过，阎锡山便按照事先部署，派主力第 61 军，保安第 5、第 9 两团，以及县、区、村行政干部，共一万余人，向汾东抗日根据地"开展政权"。3 月，又增派挺进第 2 纵队及第 39 师一部，进入汾东。两批"开展"部队，先后几次对该地区的八路军发动进攻，在根据地边沿陆续占领了一些地盘。同时，又接管了日军"让渡"的几个据点。随即在新"开展"的区域内，修筑防共碉堡，接管基层政权，破坏共产党地下组织。

继汾东之后，阎锡山的触角又伸向汾南地区。汾南地区系指汾河以南，东起稷山，西迄黄河一带，是山西的主要产粮区。1938 年 3 月沦陷，1941 年议和期间，阎锡山曾派其第 34 军进驻稷山一带，安平会谈后，遭日军攻击，被迫撤出。1943 年后，汾南沿同蒲路两侧被共产党开辟为抗日根据地。这时又被阎锡山盯了上来，作为"战区政治经济重要地区"，进行"开展"。1944 年 4 月，阎锡山派一个师进占稷山。在此之前，成立所谓"汾南青年工作大队"，南渡汾河，在汾南组建地方武装。第二年春，他再派一个师到汾南，强行占领了闻喜的上、下丁地区，进逼太岳根据地边沿。春夏之交，第 34 军再进汾南。先后进入汾南的几路人马，采取蚕食政策，在汾南开展着为阎锡山"开展政权"的工作。

阎锡山一生

· Biography of Yan Xishan

第二十二章

乘胜"接收"

一、等来了抗日战争的最后胜利

在"开展政权"的喧闹中，1945 年来到了。

抗战期间的最后一个新年阎锡山是在吉县城中度过的。在此之前，他已由克难坡南移，进驻吉县这个晋西小县城。

新年伊始，阎锡山发表"告山西全省人民书"和"告同志书"两份文告。这里有一个细微的变化，就是将以往的"告战区人民书"，改为"告山西全省人民书"。当此抗战即将画上一个圆满句号的关头，阎锡山做这样一个改动，绝非偶然的疏忽，自有他的用意，是否在暗示，"第二战区"就要成为过去，他要恢复"他的"山西了；也间或是在向世人炫耀他的未卜先知；也许还有别的什么……

在"告山西全省人民书"里，阎锡山提出"以竞赛精神向前迈进"的口号；在"告同志书"里，他要求"对外展开革命竞赛，对内实行工作竞赛，发挥最大工作效能，以争取抗战胜利和复兴成功，完成民族革命和社会革命"。同时宣布 1945 年为"竞赛年"。

新的一年开始后，与"竞赛精神"、"抗战胜利和复兴成功"、"民族革命和社会革命"的口号相伴随，阎锡山从各个方面为胜利的最后到来做着准备。但需要声明的一点是，他的注意力不是放在以战求胜利上，而是集中于接收准备上；不是积极求胜，而是消极等待。因此，这一期间，阎锡山在对日军"避战"，对抗日根据地"开展"的同时，又在暗地里做着接收的一切准备。

1944 年底到 1945 年初，中共领导的各抗日根据地先后发动局部攻势，进而将日军压迫到了各主要交通沿线和大中城市。这样的形势在与晋绥、晋察冀、晋冀鲁豫三大块根据地密不可分的山西就显得尤为突出——日军占领地基本上处于根据地的包围之中。这就抗日大局而言，无疑是大为有利的。但在阎锡山眼里却变成了一种威胁，在他看来，照此下去，日军投降后，必为共产党所取代，他在山西的统治，他保持了三十余年的"山西王"地位将不复存在。他不肯等闲视之，他要保持自己的存在，他要以非常手段努力使日伪政权直接转到自己手中。

于是，1945年2月，阎锡山在吉县召开所谓"丑敬奋斗会议"，确定"收复山西，收复城市"，"不费一枪一弹收复太原"的方针，决定开展"政治救护"，"解救人民痛苦"。由此，"解救"就成为阎锡山接收准备的代名词。

奋斗会议后，阎锡山首先从各种组织中抽调骨干分子，进行短期的所谓"解救训练"，速成了一批"解救干部"。这批解救干部肩负着替阎锡山看住敌伪政权的责任进入日占区，按照阎锡山的旨意，在日伪军配合下（可能事先双方已达成一种默契），

阎锡山与外国友人哈里森福尔曼合影

组织解救团体，建立"防共政权"，以"政治解救"为名，先共产党一步，掌握这些地区。

与此同时，阎锡山仿效蒋介石的做法，发展了一批"地下干部"。抗战期间，晋绥军虽在阎锡山没有最后降日的前提下，整体上处于抗日阵线，但也有少数的部队先后投敌成了伪军。昔日的汉奸、伪军也许曾经被标榜"抗战"的阎锡山唾骂过，但时至1945年，在新的需要下，却摇身一变，成了阎锡山看重的力量之一，充当了阎锡山的"地下干部"，接受了阎锡山的新委任——高级将领赵瑞、杨诚分别被委任为第二战区新编第1、第2军军长；伪山西雁门道保安队副指挥秦良骧、伪河东道保安队副指挥汤家漠、伪绥靖军第12集团军副司令段炳昌分别被委任为新编第1、第2、第4师师长，等等。因此，阎锡山不无自信地说："太原守城的兵，都是蒙（按：五台方言，意即"我们"）的。"

此外，阎锡山还在做着第三手准备，这就是谋划利用日军的所谓"寄存武力"。何谓"寄存武力"？顾名思义就是把日本的军队寄存在中国。他设想："日军在投降前穿上中国军队的服装，改成中国军队的番号，武器仍然握在日本兵手里，

帮中国军队进行'剿共'。"

1945 年 8 月初，预料到"来日无多"的日本帝国主义，走出最后的一步棋，这就是试图与中国单独媾和。为此，日方对阎锡山进行了最后一次诱降。日军华北方面军派参谋长高桥坦专程由北平飞太原，辗转到达 1941 年议和期间曾经让出的孝义县瑶圃村，与阎锡山秘密会晤。

时过境迁，日方的张狂已经被失败的阴影彻底冲淡，安平会谈时的紧张气氛一扫而光。双方见面后，稍事寒暄，高桥首先表达来意："东亚大局将要转变，日本不久即将停止战争，宣布投降，希望阁下尽早到北平，主持华北政务。"

阎锡山则由于事先已有打算，对高桥的话并不做明确表态，只是要求："日本如果宣布投降，务请先行通知，好有所准备。"

当高桥进一步表示"此次奉令前来，不仅是先行通知阁下，而且还要请阁下替日军向重庆政府以及蒋介石阁下从中调解，撇开同盟国直接向中国投降"时，阎锡山便迫不及待地把他精心谋划的"高招"——"寄存武力"提了出来。

他说："以目前形势来看，时间仓促，一时不易办妥。而且蒋先生是国家元首，又有中美英苏的同盟关系，恐怕不好单独接受日本的投降。依我看，采取'寄存武力'的办法最为有利。"

"寄存武力"这对日本军人高桥来说，无异于天书。闻之，不解地问："什么叫'寄存武力'？"

阎锡山耐心地解释说："'寄存武力'就是采取特殊的方式，使日本军队得以保留下来。我是中国最前线的战区长官，无论在日本投降之前，还是在日本投降之后，都有权力处理我辖区内，包括邻近地区的日军。因此，你们若能命华北的日军全部向我投降，我可以以战区长官的名义，分别改编，给予中国军队的番号。实现'日本寄存武力于中国'。这对双方都有好处，对日本好处更大。

抗战胜利后回到太原的阎锡山

这不单单为我阎某人打算，而且是从中日两国'共同防共'的国策考虑。"

一番话说得高桥瞠目结舌，不知如何应对。

由于彼此对对方的问题都感到突然，阎锡山与高桥坦的瑶圃会晤重蹈覆辙，仍然没有结果。但阎锡山"寄存武力"的设想，连同他对日军在宣布投降时予以配合的要求，却在后来的受降，以及日军"残留"山西中得到了部分的实现。

在利用一切力量，准备进行接收的同时，为了捷足先登，以最快的速度回到省城太原，阎锡山将他的行营，由晋西一隅一步步向前挪动，由吉县而隰县，再由隰县而孝义。1945 年 7 月，阎锡山已坐镇孝义县城，"静候"时局变化了。

二、捷足先登太原城，四面出击争"接收"

1945 年 8 月 14 日，日本天皇发表《停战诏书》，宣布无条件投降。中国人民为之浴血奋战了十四年的抗日战争，终于取得了全面胜利。

举国欢庆的时刻，"静候"时局变化的阎锡山立刻精神抖擞，野心勃勃地开始实施他的预谋，他要抢先一步，接受日军投降，接收失去的地盘。

日本天皇裕仁召开御前会议，决定投降

欢庆抗战胜利的群众队伍

8月15日，早有准备的阎锡山发出日本无条件投降后的第一道命令，命战区各部队配合行政接收人员，全面挺进，分区占领接收。随即调兵遣将，紧急部署：

派第8集团军副总司令楚溪春率一个军分五路向太原挺进；

派第7集团军总司令赵承绶赴太原，组设前进指挥所；

派第6集团军总司令王靖国督率第34军、第61军分别向临汾及运城挺进；

派第19军军长史泽波率所部第2挺进纵队、第5区保安团向长治挺进。

由于阎锡山事先已令各部集结待命，上述命令一下，便分头长驱直入——15日，第61军占领运城；16日，第34军占领临汾；稍后的23日，第19军进入长治；同时，骑兵军兵临太原城郊小店镇。

日军炮兵向中国军队缴械

在各路人马纷纷出动抢占地盘的同时，负有特殊使命的赵承绶于 17 日由临汾乘火车北上，直达太原。带着阎锡山交给的"使日军谅解，双方军队不要惹起冲突，防止共产党抢占太原"的任务，与日军将领——第 1 军司令官澄田睐四郎面商一切，并迅速达成所谓"妥定事项"。"事项"包括：1. 日军驻原防地候命；2. 若共产党军来接收太原，双方共同堵击，但日方应负主要责任；3. 日军如有调动，得于事先通知赵承绶，经请示阎长官后方可实行；4. 在晋绥军未接收以前，由日方经营的交通、邮电、厂矿、商业等照常营业。

仅仅一周多一点的时间，总是自称老暮（时年 63 周岁）的阎锡山"手脚麻利"地使一切就绪。这时，阎锡山接到了重庆蒋介石政府的命令，受命任第二战区"受降长官"，负责接受山西境内日军投降。这样，阎锡山与蒋介石配合默契，把在山西坚持敌后抗战的共产党及其领导的抗日武装撇在一边，企图独享胜利果实了。

山西地方讲究三六九，有"三六九遍地走"的说法。8 月 23 日（农历七月十六），是一个属于三六九的日子，凡事爱讨个吉利的阎锡山由他的"前沿阵地"孝义出发，东至介休，准备沿同蒲路北上返省，准备以"受降长官"的名义，"接收"八年前放弃的省城太原。

然而，择吉动身的阎锡山此行并不顺利。到达介休的次日，"受降"心切的阎锡山便乘坐日本驻军由太原派出的铁甲列车继续北上。原来从孝义出发的同时，他即电报太原日军部，要求配合。日军第 1 军参谋长山冈道武率司令部直属特务队乘两列铁甲车专程迎接。铁甲车开出后不久，就在一个叫作义安的小站上，面对被八路军拆掉路轨的铁路束手无策。无奈"天时不如地利，地利不如人和"，只好扫兴而退，返抵介休。

抢修铁路需要时间，阎锡山又不想改换别的交通工具，恐怕再节外生枝。他一边在心里抱怨着，一边不得不在介休逗留下去。直到 8 月 30 日，山西的"受降长官"阎锡山才怀着忐忑不安的心情，抵达太原。

尽管经历了如许的波折，但是，毕竟又回来了，不让共产党占有省城的目的总算在眼下达到了，阎锡山心中窃喜。遂电报蒋介石中央，告知一切。

抗战中饱受沦陷之苦的广大民众，终于盼来了国土的重光，指望着"受降长官"替他们恢复原有的一切，因而对阎锡山的归来表现了一定的热情。9 月 1 日，太原各界集会，举行"庆祝抗战胜利欢迎阎司令长官大会"。阎锡山出席大会，并声泪俱下地发表了演讲。

他说："我在山西任事多年，责任在为国家保卫山西。不幸强敌来侵，大部沦陷，竟使人民长期陷入水深火热痛苦中，实在愧对我全省同胞。""唯有从今日起，大家团结，共同恢复，以作补救。"阎锡山当众所许"共同恢复，以作补救"的诺言到底能不能兑现，山西的民众拭目以待。然而，回答他们的却是随之而来的内战和"剿共"带来的更加深重的灾难。

眼前的问题是，阎锡山依仗他山西"受降长官"的身份，捷足先登，通过各种手段，到9月初中旬，已经抢占、接收了山西106个县市中的79个（其余系由共产党领导的敌后根据地），同时也相继接管了管区内的一批工矿企业。被认为是"进行各项接收，迅速彻底，为全国冠"。

到此为止，阎锡山从抗战后期开始就一直悬着的一颗心（深恐胜利后的山西将不再是他的）总算暂时放到了地方上。接着他就开始考虑另一个问题——如何防范共产党。他曾经说过："胜利之日，即与共军全面作战之时。"现在胜利确确实实来到了，中华民族与日本侵略势力这对主要矛盾必然为新的阶级矛盾所代替，为了继续维护他的统治，阎锡山对共产党自然是必欲去之而后快。因此，阎锡山返省后，随即"召集师长以上军事高级长官、洋灰、钢铁厂长及有关主管人员，研商加强军事工程、武器制造及构筑工事"问题，着手防范共产党武装的袭击。随后，指示"太原及其他重要防地，积极构筑碉堡工事，太原及各地工厂尽量加大兵工制造，并普遍组训民众，组织爱乡团队"，准备作战。在霍霍磨刀声中，阎锡山日前的诺言实际上已经化为乌有了。

三、上党得而复失，"赔了夫人又折兵"

山西省的东南部地区，古代称之为"上党"。历史上沿革下来的上党，大致包括潞、泽、沁、辽四州19县。关于上党的地理位置，毛泽东有一个形象的比喻，他说："太行山、太岳山、中条山的中间，有一个脚盆，就是上党地区。"确实不假，东制太行，西据太岳，南连中条，雄视中原，背控大河（黄河），上党地区是也。特殊的地理位置，造就了上党重要的战略地位，自古以来为兵家必争之地。

七七事变后，随着日军铁蹄踏上山西"本土"，上党地区的主要城镇相继沦陷。

1937年11月，八路军第129师，决死队第1、3纵队挺进上党，发动群众，开展敌后游击战争，迅速开辟了太行抗日根据地（晋冀鲁豫边区的一部分）。此后，上党地区的一些主要城镇虽仍在敌手，但周围的广大区域则一直是共产党八路军的活动范围。整个抗战期间，中共中央北方局、八路军总部、第129师师部始终转战于这一地区。

1945年8月25日，刘伯承（后排左三）、邓小平（后排左二）从延安飞回太行山，指挥上党战役

上党战役中，八路军向驻守老爷山的晋绥军发起冲锋

　　上党是从晋绥军的手上丢失的，然而，阎锡山却又对共产党在上党开辟敌后抗日根据地"放心不下"。抗战期间，就曾几次试图将共产党的势力从这里挤走。"十二月事变"时，由孙楚向决死队3纵队开刀是一次；1943年实施所谓"开展政权"时又是一次。但屡屡不得手，目的一直不能达到。

　　日本宣布投降后，阎锡山迫不及待地要圆他的上党"梦"。于是，8月15日紧急部署第19军军长史泽波，率第19军两个师（暂37师、68师），配属第61军一个师（暂69师），外加挺进第2纵队、第6纵队，以及续汝楫的第5专署保安队，共1.7万人，星夜向上党挺进。

　　史泽波"不辱使命"，在日伪军的协助配合下，长驱直入，先占长子、屯留两座县城。8月23日，进入上党中心长治城（此时正是蒋介石第三次电邀毛泽东赴重庆"共同商讨""国家大计"之际。日降后，蒋介石先后于8月14日、20日、23日三次电邀毛泽东到重庆）。随后，又夺得襄垣、潞城、壶关三地。

　　面对来自上党的频频捷报，阎锡山喜不自禁。一时兴起，在省府内北厅设下中西茶点，亲自宴请晋绥军诸高级将领。席间气氛热烈，众将领制服笔挺，将星闪烁；阎锡山谈笑风生，春风得意。

　　然而，阎锡山高兴得未免有点太早了。祝捷的锣声刚落，告急的电报就到。原来，还在阎锡山滞留介休的时候，鉴于国民党竭力抢夺抗战胜利果实的现实，根据"针锋相对，寸土必争"，"有来犯者，只有好打"的既定方针，8月28日，中共中央指示晋冀鲁豫军区司令员刘伯承、政委邓小平："集中太行、太岳优势兵力首先歼灭阎伪进入长治军队。"根据中央指示，中共晋冀鲁豫军区部队，迅速部署上党反击作战。

　　阎锡山返抵太原十天之后，9月10日，晋冀鲁豫军区太行、太岳、冀南部队三个纵队，连同地方部队3万余人，在当地民兵的配合下，向晋绥军发起反击，上党战役爆发。经过10天的作战，史泽波抢占的屯留、长子、潞城、壶关、襄垣五城，得而复失，转眼之间，长治就成了一座孤城。9月20日起，孤立的长治城又被团团围住。

　　形势瞬息即变，困守长治的史泽波焦急万分，连电求援。沉醉在喜悦之中的阎锡山顿时心头一紧，再也笑不起来了。只得一面以"上党必守，援军即到，事关重要，务求必胜"电报长治，安定军心；一面紧急组织增援。

　　长治被围的当天，阎锡山召集秘密军事会议。会上，奉命拟定增援计划的孙楚提出的计划是：1. 由赵承绶任总指挥，率第23、83两个军的4个师，沿白晋路前进，作为佯攻，诱对方撤长治之围打援；2. 由晋南高倬之部为主援，一俟长治撤围，即沿侯屯公路直趋长治城下；3. 在上述行动达成后，长治城中的史泽波部立即编队出击；4. 三支部队行成合力，围歼当面之"共军"。

就当时情形来看，孙楚的计划似乎可行。但阎锡山听信"八路军成不了气候"的说法，又恐晋南部队一动，给河对岸的胡宗南钻了空子，予以否决。改以第7集团军副总司令彭毓斌率第23军许鸿林部、第83军孙福麟部，及炮兵司令胡三余两个炮兵团，带24门大炮，两万余人前往增援。

援兵在彭毓斌指挥下，于9月18日在同蒲上的祁县东观集结后，按第83军、总指挥部、炮兵团、第23军的顺序先后出发，沿白晋路两侧向东南行进。时值秋雨季节，正逢连日降水，道路泥泞，行走不便。援军携带着大批弹药辎重前行，速度极其迟缓，月底才到达晋东南的边沿——沁县。

在此期间，刘、邓部队已根据阎锡山的增援情况调整好了部署。

10月2日，彭毓斌先头部队由沁县出发，未几，即遭阻击。关上村、老爷山、磨盘垴等处同时发生战事。

老爷山、磨盘垴东西对应，是长治北部之唯一关口。彭毓斌决心在此坚持，遂一面要求长治的史泽波出城向北夹击，一面组织力量坚守。不料，4日刘邓主力到达，随即发动猛攻。及至5日，老爷山、磨盘垴相继被刘邓大军夺下。彭设在关上村的司令部受到直接威胁，长治方面又无消息。遭受沉重打击的彭毓斌被迫决定回撤沁县城。回撤途中，在虒亭、夏店又遭伏击，总司令彭毓斌中弹毙命，以下军师长除个别脱逃外，非死即降，全军覆没。

援军全军覆没的消息传到长治城后，守军战意顿失。阎锡山在接到与史泽波同赴上党之第5专署专员续汝楫要求突围的电报后，电令史泽波从长治突围，撤回临汾。10月8日夜，史泽波奉命弃城突围，循原路回逃，沿途不断遭受伏击，损失惨重。10日，在沁河岸边，被跟踪而至的刘邓主力包围，史泽波本人在强行渡河后被俘，部队主力被歼。

至此，阎锡山派赴上党的两路部队先后覆灭。抢占上党的结果，使阎锡山输掉了3.5万余众的兵力，这大约相当于他全部兵力的三分之一。时人戏说："上党一战，损失兵力一半。"

四、"寄存武力"，"残留"日军，受者、降者"合谋"

胜利以后，面对日益强大的共产党八路军，何以自处？怎么样才能削弱甚至消灭在山西的共产党势力，恢复和维护自己原有的统治地位？这是阎锡山还在抗战结束以前就开始着重考虑的问题。因为他看到了一个不容忽视的现实，这就是十四年抗战，共产党及其抗日武装越战越强；与之相反，他自己的军队则表现得很不尽如人愿，除了与日军正面接触所造成的伤亡损失外，避处晋西一隅的客观环境，又不可避免地带来了所谓"逃亡、扰民、不会打仗"的"三个要命病"。有鉴于此，要在抗战胜利后与共产党相抗衡，无论如何信心不会太足。同时，他又坚信"胜利之日，就是与共产党全面作战之时"。在矛盾的选择中，阎锡山竟然孤注一掷，把"宝"押在了利用日军这张牌上。因而，有了8月初"寄存武力"的提议。

利用日军的问题，随着阎锡山的返省，以及与共产党的直接对峙而变得更加迫切起来。上党战役爆发后，阎锡山更是急不可待地要将其付诸实施。于是，为了自己的所谓"存在"，阎锡山便紧锣密鼓地拉开了他"残留"日军的序幕。

阎锡山刚刚回到太原，就在1945年8月31日上午会见了驻山西的日军第1军司令官澄田睐四郎中将和参谋长山冈道武少将，直截了当地提出收编驻晋日军归他统一指挥，留在第二战区共同加入"剿共"军事的要求。兹事体大，处置不妥，罪责更深，处于战败投降，宛如惊弓之鸟的澄田和山冈不敢明确答复，只得借口研究而告辞。澄田和山冈本是侵华日军的重要将领，亡华灭共之心不死，见阎锡山有此请求，详细研究一番，在一周后共同回拜阎锡山，提出了"个别发动"，用个人名义"残留"部分日军官兵的建议。阎锡山当即表示了谢意，并聘请澄田和山冈为第二战区总顾问和副总顾问，任命原驻太原的日军独立步兵第10旅团长板津直俊少将为太原警备司令，授予投降日军拿起武器，"协助维持治安和交通，防止八路军袭击"的权限。这样，太原市和同蒲、正太、东（观）沁（县）三条铁路的守备全由换穿了"国军"军装的日军担任。为了一己的"存在"，阎锡山可以化敌为友，留俘作战，视《波茨坦公告》如无物，但亦恐留下把柄，所以让日军将枪械上的"菊花"标志全部挖去，在原处改压"晋"字钢印，以掩人耳目。

同时，阎锡山怕"伤害"日军的"感情"，始终未按中央规定，在山西境内举行受降仪式，而是利用日军出操时间，把枪架起，拍了照片作为第二战区报送统帅部和同盟国家的"受降资料"。据说，主管全国受降工作的陆军总司令何应钦曾密电阎锡山对日军可以不举行受降仪式，还暗示阎可将驻晋日军改编为两个师的"志愿军"。由于澄田不敢作主，"志愿军"没有编成，但"个别发动"却颇见成效。

阎锡山如此"错爱"，日军军官中的军国主义分子如遇知音，在驻晋日酋的默许支持下，纷纷响应"个别发动"。曾任伪"省公署"顾问辅佐官的城野

编入晋绥军中的部分日本军官

残留日军办的刊物《晋风》

宏专门撰写了一本名为《日本人的立场》的小册子，煽动复仇主义，鼓吹"卧薪尝胆"，"残留"山西，组织一批日籍军政人员欺骗拉拢军人"残留"山西，为"帝国再起作内应"。另一法西斯军人岩田清一是第一军情报参谋，在日军中下级军官和士兵中竭力煽动"残留"，颇得阎锡山赏识。对"残留"运动最积极的日军将领是原驻潞安（今长治）的独立步兵14旅团长元泉馨（后改中国名字元全福）。听到留用日军的消息，元泉馨立即从驻地赶赴太原，当着阎锡山的面表示："我愿立刻脱掉日本军服，改着晋绥军装，充当一名前线指挥官，帮助阁下进行'剿共'战争，死而不悔！"

阎锡山留用日军，是看上了日军的战斗力，他认为"十万中国兵也顶不住一万日本人"。为此，他指使伪省长苏体仁、抗战时和日军接洽过的赵承绶等人组成专与日方联络的"合谋社"，嘱咐他们"千万不可用强迫的办法，一定要用'合谋'的形式，与人家好好商量，进行工作"。成立合谋社之后，又成立了一个由城野宏负责的"亚洲民族革命同志会"，专负拉拢"残留"下的日本军人之责。阎锡山对参加这个组织的日本人说："中日两国原系同文同种，都是亚洲民族，应该精诚团结，密切合作，共同防共、灭共。只有这样，中日两国才能共存共荣。"为了增强诱惑力，他还制定了留用日本军人的"照顾政策"，这就是：官升三级，兵发双饷，后陆续将士兵加官至少尉、中尉。并特别授予元全福"第二战区野战军中将副司令官"的职衔。

经过精心组织和"个别发动"，到1945年12月底，自动报名"残留"的日军人数达到6000多名，对外号称1万。这些日军被编为6个铁路护路大队和1个大同保安总队。后护路大队改称保安团，1947年夏又改编为集中编制的第10独立总队，在晋中战役中被歼。

除军人外，阎锡山还留用了200余名日本工程技术人员担任碉堡建设局的技术指导，留用了数目不详的日本工程师、技工、医生等专业技术人员在山西兵工系统和医院服务。与日"合谋"，大规模"残留"日军，无人能出阎锡山其右，反映了他对"存在就是合理"这一命题一以贯之的奉行。然而无论如何，用外国军队打内战，终究是阎锡山历史上极不光彩的一页。

阎锡山一生

·Biography of Yan Xishan

第二十三章

图谋再振

一、"奋斗年"整训军队，项庄舞剑意在沛公

　　1945 年 10 月 10 日是阎锡山抢占上党的军队全军覆没的日子，富有戏剧性的是这一天正好是国共双方在历时 40 天重庆谈判的基础上，正式签署《政府与中共代表会谈纪要》，即《双十协定》的日子。这看似巧合，实质上却有着不容忽视的联系。一个约定俗成的说法是："本来，国共两党的谈判 9 月 21 日已基本结束，10 月 5 日，就可以签订纪要，但蒋介石幻想军事上的胜利，迟迟不签。10 月 10 日，上党战役以蒋军的失败告终，国民党代表立刻签了字。"不仅自己赔上 3 万余众的兵力，而且从反面促成了《双十协定》的签订，这样的结果，肯定是阎锡山发动上党战役之初所料未及的。无怪乎这一切发生后，他怨天尤人地说："蒋先生真糊涂，他不晓得用己之长，来击敌之短；他也不晓得避敌之长，来护己之短。"同时，也正是因为上党战役这颗硬钉子，使他由于胜利的迅速到来而发热的头脑渐渐趋于冷静，由急于求成地与共产党相对抗，转变

1945 年 10 月上旬，长治的晋绥军史泽波部弃城而逃，八路军收复长治后群众在平毁碉堡

为加强自己而后图。

10月26日，在上党惨败半个月之后，阎锡山以述职为名，携长官部参谋长朱绶光、战区政治部主任梁化之等，专程飞赴重庆。这是他抗战以来的第一次陪都之行。黄昏时分，阎锡山乘坐的飞机徐徐降落在重庆白士驿机场。机场上聚集着数百名军政官员及社会人士，欢迎这位"坚持"了八年敌后抗战的战区司令长官。走下舷梯，面对热烈的欢迎队伍，阎锡山将近日来一直挥之不去的失败阴影，以及由此产生的几丝忧虑暗藏于心，显得满面春风。

抗战胜利后，阎锡山与孔祥熙在重庆合影

在渝期间，阎锡山受到了特殊的礼遇——蒋介石特命国民政府军事委员会办公厅主任、曾是他部属的商震专负接待之责；并指定以孔祥熙及何应钦公馆为其行馆。27日，就面见蒋介石，"报告山西受降经过"及所谓"中共非法活动情形"。随后，又在蒋介石的安排下，出席"国民政府总理纪念周"；由蒋亲自主持，"报告第二战区抗战之经过及有关重要军政措施"；召集有关部会司处长等以上人员，在林园开会，讲述"兵农合一"制度推行情形及对共产党奋斗的有效措施。接着，"又应内政、铨叙、地政等部及兵役署等单位之请，讲述山西推行'兵农合一'情形"。

在渝期间，于频频交际的间隙，阎锡山与戴笠有过一次长谈。11月12日，阎锡山在豪华的孔祥熙公馆里，接受了有"中国希姆莱"之称的军统头子戴笠的访晤，两人就共同关心的问题进行了长时间的交谈。话题涉及的范围很广，戴笠在对抗战期间第二战区曾给军统局派出人员进入敌后提供帮助之事表示谢意后，提及由阎锡山"坐镇北平"，"收拾华北局势"的问题。这时，原有的忧虑和不安又一股脑地涌上他的心头，不由自主地发表了如下的一番议论：

"山西大半地区早已被共产党假抗日之名，大肆扩张而占据。地方民众经他们组织、控制，为时已久，根深蒂固，随时袭击各处。我离山西，山西难保；我在山西，也恐难保。山西是平津的右臂，必须先能保住山西。

"在抗战以前，共产党的势力比现在要薄弱得多，中央曾经全力'剿匪'，'剿'了好多年，都没有消灭得了。现在共产党的实力，比以前膨胀了不止十倍，甚至百倍，三个月又如何能消灭得了呢（按：蒋介石中央宣称：三个月消灭共产党）？

"现在各地共产党利用胜利不久，国家百孔千疮，积极整顿，重新部署，时间越延长，越对他们有利，现在山西的情形就很严重。

"不过，'人贵自立'，'国贵自强'，说到根本，的确需要我们自己齐心，努力奋斗，不然，的确是很危险的。"

这番议论，再清楚不过地说明了一个问题，这就是上党一战给阎锡山的教训实在是太深刻了，它已经彻底抵消了抢先接收顺利进入太原带给他的喜悦和愉快。曾几何时，阎锡山还会轻信"共产党成不了气候"的说法，企图侥幸取胜。时隔一个多月，这些就完全为悲观的情绪所代替，变成"我离山西，山西难保；我在山西，也恐难保"的哀叹了。此后，他的所作所为无不围绕着一个中心——对付共产党而展开。

在重庆的述职之行，前后耽搁了将近一个月。11月22日，阎锡山飞返太原，蒋介石亲往机场送行。

重庆归来之后，阎锡山着手进行的第一件要事就是整训军队。

抗战结束时，晋绥军共有8个正规军的番号，分别是第19、第23、第33、第34、第43、第61、第83、骑1军。在此前后，他又以新编军的名义收编了5万余人的伪军。如此庞大的编制，必然招致时时处处都在谋"统一"的蒋介石之忌。另外，貌似庞大的晋绥军，盛名之下其实难副，抗战中历次作战的兵员消耗，一直没有得到很好的补充，官多兵少，兵员空缺早已是人所共知之事。加上上党一战损失3万余人，不少部队就只剩下一个空头番号了。

借重庆谈判提出"整编全国军队"问题之机，蒋介石命令空额太多的晋绥军迅速整编。问题提出在阎锡山赴渝之前，因而，阎锡山在接收后"百事待举"

晋绥军的炮兵

的情况下，亟亟于进行他的重庆之行，不免有争取军队编制的因素在其中。假如果真如此，自然少不了一番讨价还价。客观的事实是，中央命令晋绥军由8个军整编为5个军，也就是只保留第19、第33、第34、第43、第61军的番号，其余番号取消。

根据实施情况看，阎锡山这次奉命整编军队，至少遵循着两条原则，一是能够应付中央；一是有利于与共产党作战。

关于前者，他的做法是尽快给蒋介石一个满意的答复。所以，即命军务处长于二十天内，闭门造车，编就一份整编材料上报。这样做不仅暂时糊弄了蒋介石，而且得以照新编制及时领回了所需经费军饷。

关于后者，阎锡山要努力做到番号减少而兵员不减。为此，他首先反复向中央说明，"日本投降后需要部队控制的地区大大增加，所以整编应以减少指挥单位，增强连队实力为宗旨"。力争以充实连队弥补军编制减少的不足。据说，整编中，阎锡山在"增强连队实力"的名义下，竟然达到"虽然部队的番号减少了，但部队的人数和领取的经费却增多了"的目的，可谓既"有术"又"有方"。

其次是尽量增加附属部队。这次整编计从1946年1月开始，到6月结束，历时半年。其结果是，除按中央给的编制编成了5个国防军，共15个师外，还附设3个独立总队、5个炮兵营、1个野炮营、1个机枪团、1个工兵团、1个特务团、1个机甲队，另加45个保安团。并亲任保安团司令。使作战部队非但没有减少，而且实力有了一定程度的增加。

最后是将编余的军官，编成一个军官师，进行督训。规定训毕分遣各部队，再将部队中相应的军官换出来，实行循环轮训。从而又使整编与训练结合起来，变整编为整训。

在对编余的万余名军官整训完毕后，阎锡山挑选了其中的3000名，成立军官深造班，进行严格训练，力图造就所谓"瞄准打，死不退"的守碉骨干，以便在今后的反共战争中发挥特殊的作用。

借整编军队之机，阎锡山无疑已然磨起了他的战刀。

二、"肃清伪装""净白阵营"，与整训军队异曲同工

阎锡山既然认定了要与共产党进行"全面作战"，那么靠什么与共产党作战呢？很显然，单凭整训军队是远远不够的。他也深知没有坚实统一的内部阵营，一切都只能是一句空话。而在经过艰苦抗战，面对来之不易的胜利，整个国民党阵营内借受降大搞"劫收"，人人趁机"中饱"，个个贪图享乐的大环境下；在全国人民渴望和平、反对内战的一致要求声中，要做到内部的坚实统一，要全力以赴进行"剿共"战争，谈何容易。以"正常"的手段是难以应付非常情况的。于是，阎锡山乞灵于一切没落统治者的经典，把希望寄托在了加强特务统治的不归路上。

阎锡山特务统治的施行，可以上溯

梁化之，名敦厚，字化之，以字行（1906–1949）

到 1941 年前后。1941 年 10 月，为了克服"十二月事变"后的不利因素，在开展洪炉训练，进行精神统治的同时，阎锡山改组同志会下的"敌工团"，成立"山西省保安委员会"。保安委员会成立后，迅速在各部队各地方建立了政治保卫组织系统（因此有了"政卫系"之称），派遣特派员，实行层层控制，成了阎锡山的专门特务组织系统。以后，适应向汾东、汾南根据地"开展政权"的需要，阎锡山又支持他的姨表侄梁化之搞起了向八路军控制区渗透的"流动工作队"，以"净白阵营，肃清伪装"为名，专门从事破坏共产党地下组织的活动。内外两套特务系统由此"奠基"。

抗战胜利，完成接收任务后，鉴于现实的需要，阎锡山的特务统治在原有基础上更进一步加强起来。1946 年 3 月，在梁化之的积极策划下，以"流工队"旧有班底为基础，吸收日军遗留下的一批特工人员，组建了"山西省特种警宪

1946 年 3 月 3 日，军事三人小组视察太原

指挥处"（简称"特警处"）。特警处在太原、大同、临汾、运城、忻县等地设立"特种警宪队"，在其他县份设立"特种警宪组"。阎锡山赋予特警处可以随时逮捕、审讯，甚至处死军政人员、学生，以及平民百姓的权力。从而造就了一个规模庞大、权力无比的特务系统。

与此同时，阎锡山使原有政卫系进一步发展。1941 年改组成的山西省保安

1946年3月军事三人小组视察太原期间，
阎锡山与美国驻华特使马歇尔合影

委员会，经过"山西省保安总司令部"（1943年9月）、"同志会工作委员会政卫组"（1944年2月）、"山西省警务处"（1945年10月）、"太原绥靖公署政卫总队"（1947年8月）等的演变，也逐渐发展到可以与特警处"分庭抗礼"的地步。

这两套特务组织系统，肩负着阎锡山所谓"肃清伪装，净白阵营"的"使命"，在实行对外监视平民百姓的一言一行，打击共产党的组织活动的同时，又分别对政工、军队两个系统施行内部控制，犹如蒋介石的中统、军统。在整个内战期间，数以千百计的无辜者以莫须有的罪名惨遭杀害。

阎锡山利用特务统治，进行内部控制"净白阵营"的一个典型事例，就是搞所谓的"返干团"。返干团是"晋绥军返部干部集训团"的简称。停战协定签订后，在军调处的协调下，上党战役以来的一批批战俘相继被放了回来。鉴于不断的研究和了解，阎锡山比其他人更清楚共产党做法的深入人心。为了使这些曾被共产党教育过的官兵，不把共产党影响扩散开来，他于1946年8月在太原成立了"返干团"，让所有获释官兵集中受训，"洗脑筋"。在返干团里，受训人员受到严密控制，行动没有丝毫自由。负责管理的是由特警处、政卫系，以及铁军纪律团组成的武装警卫组，强迫交待，刑讯逼供，无所不用。对被认为是问题严重的，采取斗争会的方式，大打出手，残害致死。更有甚者，为防止释放人员日后重新"投共"，竟要求返干人员刺字表态。从普通士兵到下级军官，到高级干部都不能例外。上党战役时被俘的史泽波、胡三余等高级将领被放回后，在特务统治的高压下，也不得不将"雪耻""灭共"等字样赫赫然刺于臂上。

阎锡山的特务统治始于抗战后期，加强于接收之后，并随着内战的深入发展，进而达到了登峰造极的地步，最后几乎渗透到了每一个环节每一个部门。阎锡山自己就这样说："我们组织的同志，人人是监督你的，人人是密报你的。大家要切实猛醒，不要作了监狱之门内，杀场之路上的牺牲者。"物极必反，阎锡山想依靠特务统治维护他的"山西王"地位。但是适得其反，走向极致的特务统治又反过来加速了他的垮台。

三、"三自传训"——"自清""自卫""自治"

站在统治者的立场上，阎锡山是以"匪"、"乱"来看待共产党所领导的解放事业的。因此，他自然将反共战争说成是所谓"勘乱"。而要彻底"勘乱"，仅靠军事是远远不够的，于是他又在山西搞起了"三自传训"。

所谓"三自传训"，说穿了就是阎锡山在进行接收、发动反共内战的过程中，对山西民众进行反共教育的一套做法。

重返太原后，阎锡山针对周边区域多有共产党势力深入的实际，提出实行"百里开展"，即以太原为圆心，逐渐向外扩张辐射，达于百里。为此，分别按东、西、南、北方向划分四个区，责成指定部队，专负开展之责。各部队在实行"开展"的过程中，迅速总结出了一些经验，其中最有代表性的是所谓的"俊义奋斗法"。

"俊义奋斗法"是由负责"开展"工作的第 49 师第 1 团团长赵俊义创造的"开展"经验，包括"自清"、"自卫"、"自治"三部曲。具体做法是：先将逃亡在外的地主组织起来，发给武器，鼓动还乡复仇。然后，以这些人为向导，出动武装，在夜间包围村庄，进行突然袭击，抓捕共产党的地方干部和群众中的积极分子。通过威逼利诱使被捕者中的一部分人变节，再利用变节者拉拢更多的人。这就是第一步——"自清"。在"自清"的基础上，将村中的青壮年编成自卫队，经过短期训练，发给武器，保卫村庄，称为"自卫"。接着进行第三步——"自治"。"自卫"实行后，在那些被认为治安情况比较好的村庄，划分份地，推行"兵农合一"，强迫生产，达于"自治"。

"俊义奋斗法"可以说是集"净白阵营，肃清伪装"，建立对抗共产党的地方武装，强化"兵农合一"为一体，这也迎合了阎锡山反共"勘乱"的需要，从而很得阎锡山的欣赏，被认为"只有俊义的开展法，才能对付了共产党"。于是，便以赵俊义之名，命名为"俊义奋斗法"。同时命令各部队"抓紧实行俊义奋斗法，努力开展工作。"

由于阎锡山的欣赏，"俊义奋斗法"由太原及于各地，迅速在其力量所能达到的地方推广开来，并进而发展演变成为以所谓"自白转生"为目的的"三自传训"。

阎锡山对"三自传训"寄予了很大的希望，他说："怎样和共产党奋斗，只有实行自清、自卫、自治。实行自清、自卫、自治，就能消灭了共产党。"

1947年，全面内战爆发后，阎锡山为把反共内战继续进行下去，即以"三自传训"为主要内容之一，颁定《动员勘乱复兴纲领》。"纲领"规定：在地方上推行"三自传训"，把村建成"铁村"，把地方政权建成"铁政"；在军队中推行"三六一传训"，即所谓"三颗手榴弹、六发子弹、一把刺刀"精神（要求在战场上拼杀到底），实行战场练兵，建设"铁军"队伍。

梁敦厚（化之）写给阎锡山的保证书

　　《动员勘乱复兴纲领》颁布后，阎锡山便责成梁化之、王靖国分别负责在地方上和军队里推行"三自传训"。1947年9月起"三自传训"普遍开展。当时，鉴于军事上的连连失败，阎锡山已呈草木皆兵之势。为了苟延残喘，他不惜以最残酷的办法对待"治下"之民。"以转生的办法，做动员的武器，自己斗争自己，转生自己；同级斗争同级，转生同级；下级斗争上级，转生上级；民众斗争干部，转生干部。"提出"以一变十，以十除一"的口号，号召人们："有关系的交关系（指与共产党的关系），没有关系的找关系，找了关系交关系，交了关系没关系。"大有"宁可错杀一千，不可使一人漏网"；宁可信其有，不可信其无，宁左勿右的味道。

　　在阎锡山的重视和精神指导下，"三自传训"在推行过程中层层加码，步步升级，由刑讯逼供到草菅人命，无所不用其极。

　　"三自传训"推行了一段时间后，被称为"自白转生""模范县"的平遥县县长尹遵党向阎锡山这样汇报他的做法：

　　"经过一个星期的时间，把县、区、村全体干部，集中在一个大会场里，进行'自白转生'的斗争大会。每天不吃饭、不睡觉地斗争20个小时，叫干部们自白自己的贪污，自白自己和共产党有什么关系，把干部们自白出的事实，在大会上公开报告，让大家斗争。最后把棺材抬到大会场，宣布了谁自白得不彻底，被别人斗争出来，就要当场不客气地用乱棍打死谁。"

　　"这样把平遥县的'自白转生'斗争运动，掀起了最大的高潮，做出了惊人的成绩，把干部贪污的事实很快地发现了好几百件，把和共产党有关系的人，完全地交了出来。发现全县七八百干部中就有二分之一的人和共产党有关系。县里这个斗争浪潮，马上传到全县的各区村每一个角落里。村村都开了'自白转生'斗争大会。总共算来，全县共有嫌疑分子好几千人。经过这一次运动可算都发现出来，转生的转生，铲除的铲除，一网打了个干净。"

　　尹遵党为向阎锡山"领功请赏"，在汇报中夸大其词在所难免，但基本事实不会有大的出入。窥一豹而见全身，阎锡山借"三自传训"搞人人过关，以致人人自危却是千真万确的。难怪人以"暴政"称之。

　　如同加强特务统治一样，阎锡山本来是以所谓"铁村"、"铁政"、"铁军"寄托于"三自传训"。然而，人人自危的情形，唯一的结果是使当政者进一步丧失人心。后来的事实说明，作为阎锡山徐图再振措施之一的"三自传训"是完全失败的。

四、"平民经济"——控制物价与简化生活

抗战结束后，由于战争的严重消耗、官员的趁机掠夺、商人的屯积居奇投机经营，通货膨胀、物价飞涨成为困扰整个国民党统治区的一个十分棘手的问题。山西也不例外，经济凋敝，物资奇缺，物价像脱缰的野马，迅速攀升。这一切，与军事的屡屡失利和政治上的离心离德掺和在一起，搅得阎锡山心烦意乱。他日益意识到：长此下去，经济恐慌以至经济暴动，势必涉及政治军事。"到某种程度，我们就须崩溃。经济崩溃之后，不只是平民的生活无法维持，即社会的秩序也要紊乱，一切人力物力均不能在秩序中表现效用，前途则不堪设想。"

忧心忡忡的阎锡山试图在控制物价上做一番文章。于是，1947 年 5 月，他指示各部门，积极行动起来，就此问题拿出解决的办法。经过山西省经济管理局及太原市政府召集商会、各同业公会、各街长会议，提出"管制物价，先管生活必需品"的办法。结合阎锡山规定的"简化生活，保护生活，分配工作，配购产品"四项原则，决定严厉实行粮食、面粉、布匹、食盐四种生活必需品归口经营，布告防止物价暴涨的四项过渡办法。

简单的管制收到了暂时的效果，物价暴涨的势头曾一度有所遏止。但是，上述做法充其量不过是一个权宜之计，生产不发展，经济秩序走不上正常轨道，通货膨胀是不可能彻底根除的。在处于解放军层层包围之中的有限区域内，生产萧条，交通断绝，更加严重的经济困难接踵而至。

未几，阎锡山对面临的经济形势作出了如下的分析："目前经济上，可以说有三种病态：（一）通货膨胀，物价高涨；（二）由于投机倒把，致物价形成暴涨；（三）人心恐慌，怕物价再涨了，自己吃亏，争行购买，使物价更形波动。此三者，通货膨胀等于一盆火，投机倒把等于火上加了油，人心恐慌等于再加了一个鼓风机，越使得经济无法治理。"

可以肯定地说，阎锡山的上述分析是有道理的，是符合客观实际的。然而，

他只看到了表面的现象，却没有追根究底（也许是不愿意），找到问题的根源，因而也就不能（事实上也不可能）提出解决问题的根本办法。面对这一道难题，束手无策的他，只好从中国的传统文化中寻找答案，将古代朴素的"均贫富"思想用到了对当前经济的指导上。其结果得出了"享受不均是社会不安的病因，医治之法，只有从'均'与'安'入手"的结论。继而以所谓"平民经济"的观点主张之。他说："怎样能消除饥饿，只有实行平民经济。平民经济，就是无论贵贱贫富一样生活，有钱有势的，也不许吃得特别好；没钱没势的，也不会吃得坏。贫富一样，贵贱一样，人人有工作，人人有生活。"

在动听的话语中，伴随着解放大军的隆隆炮声，继实行四种生活必需品的管制经营之后，阎锡山依照"简化生活，保护生活，分配工作，配购产品"的"四项原则"，将他的平民经济政策付诸实施。具体内容是：

在简化生活方面，要节约消费，使人人生活平等，就是对食粮、布匹、食盐、煤炭等生活必需品，按人分配；在保护生活方面，由公家管制产物，合理分配；在分配工作方面，按照社会上的各种需要，给大家尽量地分配工作，做到人人有工作；在配购产品方面，从粮食做起，市民所存的粮食，凡不够六个月食用的，都可向市政府请领配购证。

平民经济政策一经出台，即行大张旗鼓地推行起来。为此，阎锡山还成立了两个专门性的机构，一是指导机构"平民经济办事处"；一是执行机构"太原市平民经济执行委员会"。然而，事实上的平民经济政策只是阎锡山给太原的百姓画了一个圆圆的"大饼"。实施的情况是，由于物资奇缺，"保护生活"只能是一句空话。"配购产品"也只在最初时期作用于粮食的供应上，到后来，政府实际上已无粮可供，连中下级官员都难温饱，何况百姓。"分配工作"则更是无法兑现，生产凋敝的结果只能是失业的增加。四个方面中唯一可以做到的就是"简化生活"，在阎锡山统治的最后阶段，太原普通市民只能勉强维持一日一餐，确实不能不谓之"简化"。

在平民经济政策下，与一般"平民"生活维艰形成鲜明对比的，是"官倒"的横行和官员官商的大发其财。他们凭借强大的经济实力和权力的支撑，控制货物的购运销售，屯积居奇；进行粮食布匹的大宗买卖，投机倒把，谋取暴利。对经济的危机起了雪上加霜、推波助澜的作用。

阎锡山一生 · Biography of Yan Xishan

第二十四章

连战连输

一、"停战协定"的烟幕下，小战不停

从某种程度上讲，阎锡山对共产党还是了解的，更确切地说，他对中国共产党决心以一个全新的中国代替千疮百孔的旧中国，进而为解放全人类而奋斗的宗旨和目标是有所认识的。他曾对美国总统特使马歇尔这样说："假如共产党是一个交易的目标，你的货要贱卖，这个交易一定成功。如果他是一个要整个工厂的目标，你的货怎样贱卖，他也是不要，他是要拿到整个工厂，自己制造货品，那么你的贱卖货品办法，恐难得到交易的成功。"正是基于这样的认识，为了不让共产党把整个"工厂"拿去，保住他的"工厂"以及"工厂"里的一切，阎锡山才急于与共产党"全面作战"，也才有了上党战役的惨败。

上党战役后的一个短时间内，阎锡山虽然暂时地改变策略，着眼于自身力量的积聚。但他丝毫没有"改弦更张"的意思，而是在积蓄力量的过程中寻找机会。

《双十协定》中，蒋介石被迫承认了中国共产党的合法地位，承认了和平团结的方针。协定签订后，在国内外呼吁中国和平民主的舆论影响下，苏美英三国外长莫斯科会议关于中国问题的协议重申了"不干涉中国内政"的政策，"一致同意，必须在国民政府之下建立一个团结而民主的中国，国民政府的各部门必须广泛地由民主分子参加，并且内战必须停止"。于是，根据中国共产党"召开政治协商会议之前，首先停止国内军事冲突"的提议，在美国总统特使马歇尔的调停下，

　阎锡山在太原绥靖公署留影

1946 年 1 月 10 日，国共双方共同签署了《关于停止国内冲突的命令和声明》，亦即《停战协定》。《协定》规定：由双方分别向所属部队发布停战令，自 1月 13 日午夜起，停战令生效，停止一切军事冲突。停战协定的签署时间和生效时间中间有三天的空档，这个空档是用来预做准备的，不料却给阎锡山向共产党军队发动进攻提供了一个新的机会。并由此演出了"停战协定"下，小战不停的一幕"活剧"。

"停战协定"是 1 月 5 日达成的。两天之后的 1 月 7 日，蒋介石秘密命令各战区："应于停战令未下前，占领有利地点。已下令前进至某地而尚未到达者，应催促其星夜前进。行动务希秘密迅速，勿资共方借口。"随即，又手令战区长官："马歇尔、张治中、周恩来三人会议，商定在政治协商会议举行前全面停战，停战命令灰日（10 日）晚即可下达，各部在停战命令生效前，应尽速抢占战略要地。"阎锡山在接到蒋介石上述命令的同时，又得到陆军总司令何应钦的特别通报，指示："国民党与共产党的战事，应在 1 月 13 日夜 12 时完全停止，山西应该在停战以前，保持有利形势。"

阎锡山与蒋介石之间由来已久的矛盾和斗争，并没有因为抗日战争的胜利结束而消失。但是，不管在别的问题上他们之间有多少解不开的结，有什么不可化解的矛盾和争夺，可以肯定地说，在"反共"这个"大方向"上是彼此一致的。正因为如此，蒋介石、何应钦的密令与阎锡山寻找机会的用心不谋而合。

心领神会的阎锡山在接到蒋、何秘令后，当即召集师长以上干部予以传达。接着，便以"自抗战胜利，共军全面叛乱，到处攻击县城，袭击国军"为借口，命令：

王靖国指挥驻临汾的第 61 军主力，由临汾经浮山、翼城南进，于 1 月 13日前攻占侯马车站（南同蒲之要地）。

楚溪春指挥驻大同的第 33 军第 38 师及两个骑兵师，由南北两路，分别进攻浑源、丰镇。

赵承绶出任野战军总司令，组织野战军，指挥第 83 军一部、第 33 军一部，以及独立第 8 总队、独立骑兵团等部，在地方武装与留用日军丸山大队配合下，由祁县子洪口出发，沿东沁铁路两侧向南；另以第 33 军第 46 师第 3 团，协同新近收容起来的上党战役溃兵，在留用日军毛利大队的配合下，由沁县出发，沿东沁铁路两侧向北，对该地区的共产党武装实施南北钳击。

依照阎锡山的命令，四路人马由指定路线出击，先后在祁县来远镇、曲沃蒙城、侯马等地与共产党华北野战部队（抗战结束后的一个时期，原八路军、新四军统称野战军，按战略区划，分别称为东北野战军、西北野战军、华北野战军等。全面内战爆发之后，才正式改称中国人民解放军）交战。停战令生效前，南同蒲方面，进占了对方撤出的曲沃；东沁线上实现了分水岭会师。

利用停战令生效前的有限时间，"秘密迅速"发动进攻作战，取得了上述"战果"后，阎锡山暗自高兴（虽然比预计的情况要差得多——北边的楚溪春部、南边的王靖国一部都在遭到还击后，不得不原路退回）。受此鼓舞，13日停战令生效之后，阎锡山在各地的部队仍一如之前，蠢蠢思动。以打通后的东沁线为例：由于阎锡山的"先下手为强"，赵承绶指挥的部队在两路日军的配合下，在分水岭会师后，虽不便再进行大的行动，但仍不断挑起事端，致使沿线地区冲突不断发生，"停战协定"战不停，停战令不能确实生效。

鉴于问题的严重，根据有关方面的安排，2月3日，军事调处小组到太原工作。这时的阎锡山一面大讲："人类的理性，重在互助互爱，表现和平。一切纠纷应以政治方法解决，不应以军事去争，杀人盈野，孤人之子，寡人之妻，使乐生之人民，供战场之牺牲。"对调处人员进行敷衍。一面书告东沁线部队："东沁线是我们的生命线，我们要用铁血来保卫。"并暗中运送军械到东沁线，时刻准备继续作战。

二、汾孝战役，元气大伤

1946年2月到6月的军事调处期间，阎锡山在初步尝到了抢占有利地形的甜头之后，进一步利用暂时没有大战事的空隙，整训部署军队，强化统治，徐图再举。

1946年6月，以国民党军10余万人围攻宣化店的中国人民解放军中原军区司令部为标志，全国性内战正式爆发。

内战爆发后，与国民党军队先后向各解放区发动的进攻相呼应，阎锡山指挥他的太原绥靖公署所属部队，也在山西摆开战场，与解放军进行新一轮的厮杀。

尽管阎锡山在此之前已经做了自认为还算充分的准备，但是开战以来的情况还是令他不免沮丧。原以为凭借他近一年来不顾一切抢占的"有利地形"，和充实整训过的看家军队，加上中央军胡宗南部的配合（5月中旬开始，为配合山西方面打通南同蒲，胡宗南部7个旅陆续渡过黄河，进入山西南部地区），即使不能稳操胜券，也能先声夺人，略胜一筹。

然而，事与愿违。在1946年夏秋两季，在解放军的凌厉攻势下，阎锡山遭遇到的是一连串的失败。

在晋北，面对阎锡山向解放区的不断扩张，解放军晋绥军区、晋察冀军区，根据军委"消灭阎锡山部，控制山西高原，切断同蒲路北段，割裂大同和太原间的联系，孤立并相机夺取大同"的指示精神，分别调动部队于6月中旬至7月初，7月初到8月中旬两次发动攻势，先后攻占朔县、宁武、繁峙、崞县、五台、原平、定襄、忻县等县城重镇，控制了同蒲铁路忻县以北段。8月3日至9月20日，又发起大同围困战，扫清了大同外围的所有据点。至此，阎锡山在晋北只剩下大同一座孤城。

在晋南，为粉碎阎、胡的联合进攻，从7月12日开始，解放军晋冀鲁豫军区陈赓部先后发起闻喜、同蒲、临（汾）浮（山）三战役，连续攻占洪洞、赵城、霍县、灵石等县城，阎锡山再受重挫。

这年冬，作为打破蒋介石围攻延安计划的战略行动，陈赓部于11月22日至12月12日发起晋西南战役，20天中接连攻占了隰县、离石、中阳、石楼、永和、大宁、蒲县八座县城。阎锡山挫上加挫，失掉了整个吕梁山地区。

1946年在屡屡败绩中过去了。不论阎锡山的心境如何，时光的年轮照例转向了新的一年。那些不尽如人愿的地方，阎锡山想让它们统统成为过去，期望1947年能有一个好的转机。新年伊始，他宣布：定1947年为"复兴年"。决心以所谓"面的战法"，"面的军队"，"攻灭敌、守歼敌"的精神，与共产党作战，以"维持广大的政权"。

然而，事不从人愿，历史的潮流是绝非个人的主观愿望所能阻挡改变。新的一年并没有给阎锡山带来"好运"。"汾孝战役"开门一炮，把他打了一个晕头转向。

晋西南战役后，解放军陈赓所部为了遏制阎锡山正在策划的与胡宗南部的联合行动，决定在吕梁军区王震部配合下，扩大战果，以"围魏救赵"之法，进攻其守备相对薄弱的汾阳、孝义。

1947年1月14日拂晓，先对汾阳外围发起攻击，并迅速攻下田屯镇、孝臣村等据点，兵临汾阳城下。17 日，解放军留少数部队继续围城，以其余大部南向孝义城，随即发动攻城战。孝义城中为数不多的守备部队，猝不及防，全部被歼。18 日，解放军入城。

被解放军解放临汾城

汾、孝位于吕梁山之边沿，系晋中之门户，是晋西与晋中腹心地带连结的纽带。汾、孝一失，解放军即可沿太汾公路长驱而上，直抵太原。对汾孝地区的疏于防守，事实上是犯了一个战略性的错误。汾阳被围、孝义被占后，阎锡山才意识到了他的疏忽和失策。惊恐不安之中，当即命令孙楚以第43军为基干，编组南路兵团；赵承绶以第33军为基干，编组中路兵团，王靖国以第61军为基干，编组北路兵团，分别增援。同时不得不"御驾亲征"，夜赴平遥，坐镇督战。

各路援兵迅速集结完毕，分由南、中、北三路向汾、孝增援。

1 月 20 日，阎锡山在坐镇的平遥城中发出第二道命令："王总司令以汾阳城为中心，孙总司令以孝义城为中心，赵总司令以快速'歼匪'队，寻围'奸匪'主力，而'歼灭'之。"为避免各部之间行动上的不协调，附带命令：三路援军配合"不及时者杀无赦"。当日，阎锡山指挥他的 3 个集团军总司令——第 6 集团军总司令王靖国、第 7 集团军总司令赵承绶、第 8 集团军总司令孙楚，

被解放军俘虏的残留日军之一部

大约 3 万余人的援兵队伍，开始反攻作战。

面对阎锡山的三路增援，解放军也相应地调整战术，由围城战改为打援战，对北、中路援军施行阻击，重点打击南路援军。

21 日，南路孙楚部第 69 军及第 34 军军部在孝义城东一带发动进攻时，被解放军主力 4 个旅从侧后包围，全部溃散。接着，其第 73 师、暂 44 师亦遭围困。与此同时，北、中两路也在各自的进攻方向与解放军交战。战事甚为激烈，伤亡惨重。

24 日黄昏，解放军分三路撤出孝义城。25 日，阎锡山所部回占孝义城后，整个汾孝地区的作战并没有结束。援军被围，援军救援，反复厮杀，解放军越战越猛，阎部继续伤亡，战斗一直延续到 29 日。

汾孝战役整整持续了半个月。半个月中，阎锡山以损失 2 万兵力的牺牲，换取了孝义城的失而复得。在周边已大部被解放的情况下，夺回一座县城，意义到底有多大，得与失之间是难以"拎得清"的。

有人作过一个粗略的统计，从 1946 年夏起，至 1947 年初汾孝战役止，半年之中阎锡山几乎没有打过一个漂亮仗，连战皆败的结果，使他消耗掉的兵力起码超过 4 万之众，丢失的县份则足有 20 余个。

三、晋南作战三战皆输，"一个月打通同蒲路"的计划化为泡影

孝义城的失而复得，有论者认为是阎锡山取得了汾孝战役胜利的标志，并推断出"由于此一胜利，使晋中获得一年半之安定"。从1947年初算起，到1948年夏晋中战役打响，其中确实经过了一年半的时间。但是，这种"安定"充其量不过是"暴风雨前的宁静"，殊不知，在这宁静的背后，随着解放区周边的逐渐扩展，正在酝酿着一场席卷整个晋中的大风暴。与此同时，聚光点发生了转移，解放军又在晋南开辟了新的战场。

阎锡山从汾孝战役的惊恐中回过神来之后，吸取前段作战失败的教训，决心"亲训"部队，加强战力，再打"翻身仗"。为此，他从各部队中挑选所谓"优秀"干部，配备最好的武器装备，于这年的春天组建起了样板部队——"亲训师"。

正当阎锡山以练兵求发展的关头，全国战局的戏剧性变化发生了。这就是，从1947年6月开始，国民党与共产党态势互换，前者由"战略进攻"被迫转为"战略防御"；后者则由"战略防御"变成"战略进攻"。

全国性内战进入第二个年头后，中国共产党根据变化了的形势，规定新的作战方针，这就是："举行全国性的反攻，即以主力打到外线去，将战争引向国民党区域，在外线大量歼灭敌人，彻底破坏国民党将战争继续引向解放区、进一步破坏和消耗解放区的人力物力、使我不能持久的反革命战略方针。"同时，"以一部分主力和广大地方部队继续在内线作战，歼灭内线敌人，收复失地。"

解放军在山西战场上的战略进攻，是以运城攻击战为标志展开的。

运城是晋南重镇，同蒲要冲，南扼黄河渡口、陇海铁路，西接陕西渭南，是当之无愧的山西南大门。鉴于运城地理位置的特殊性，阎锡山在这里实行的是与胡宗南联防。守城部队包括他的保安第5、第11团，以及胡宗南中央军之第36、第17师各一个团，共万余人。1947年5月，为配合战略转变，解放军晋冀鲁豫部队对运城发起围攻作战。守军依仗坚固的城墙，密集的碉堡、火力，固守城池，攻击失利。

8月，原在该地区作战的解放军陈赓兵团接受新的任务，转向外线进攻，阎锡山的对手变成了晋冀鲁豫军区徐向前部。徐向前籍隶山西五台，与阎锡山

1947 年 5 月，太原兵工厂制造的三六式山炮

份属同乡，乡虽同，道却不同。从五台走出来的徐向前，加入中国共产党，立志为共产主义奋斗终身，身经百战，屡建殊勋，及至成为中华人民共和国的开国十大元帅之一。阎锡山则从本阶级的利益出发，以反对共产主义，对抗共产党运动相始终。由此而及，随着共产党解放事业的势如破竹，两人在山西战场上的较量事实上已胜负分明。

1947 年 12 月，解放军晋冀鲁豫军区第 8 纵队，在王震率领的西北野战军第 2 纵队的配合下，继 10 月的第二次进攻失利后，对运城发动了第三次攻击。鉴于前两次攻击的失败，解放军改变战术，于肃清外围据点后，采取坑道爆破手段。守军则是"以不变应万变"，仍以密集火力封锁地面。27 日北门被炸，解放军冲入城中，守军措不及防，阵脚大乱。一日巷战之后，战斗结束，守军万余人除 3300 人战死外，其余一律被俘。阎锡山与徐向前的第一次较量以失败而告结束。

失掉运城之后，临汾就成为阎锡山在晋南的最后一个据点。

临汾古称平阳，系尧之故都，是晋南第一重镇。运城失守后，阎锡山收缩战线，集中兵力于临汾，决心死守。临汾守兵一时增加至 2.5 万人，包括其第 66 师主力 3 个团，胡宗南第 30 旅两个主力团，以及 8 个地方保安团。虽然运城既失，临汾已呈孤立之势，但是阎锡山对于临汾的防务还是不乏信心的。运城解放后，面对满堂的高级将领，他这样说：

"临汾城作为襟带河（黄河）汾（汾河），翼蔽关（潼关）洛（洛阳）的军事要地，绝非运城可比。大家一定不会忘记，太原失陷后，绥署省府一并撤至临汾之事。当时不就是出于这样的考虑吗？临汾古城墙，各位都登临过，领略过它的雄风。可以想象得到，明末李自成攻临城不克，损兵折将，束手无策，只能撤兵而走的惨败情景。现在咱又有了日本顾问指导下构筑的城防工事（临汾从1938年初失陷，到1945年日军投降，沦陷七年有余。在此期间，日军构筑起了堪称坚固的堡垒工事。内战爆发后，阎锡山又以留用的日军专业人员为顾问，进一步加强了这些工事），临汾城'铁壁铜墙'啊！"

因此，断言："有哪位将军敢来碰一碰？其结果，还不是明末李自成的下场！"

不切实际的自信，使阎锡山夸的海口未免有点太大。事态的发展只能令他瞠目结舌。

攻下运城之后，解放军晋南前线的总指挥徐向前，即把目标转向临汾，开始策划攻击临汾，扫平晋南的作战。

1948年3月7日，徐向前以晋冀鲁豫军区第8纵、13纵及太岳军区、吕梁军区部队等，约3.5万人的优势兵力，发起了临汾攻坚战。

阎锡山引以自豪的城防工事，起先确实起过一点作用。攻城部队在扫清外围后，一度曾对全城的关键部位东城墙上远远伸出的"牛头"（临汾有"卧牛"之称），连攻三日不下。这时，阎锡山显得欣喜若狂，忙向蒋介石中央报捷，称："我守临汾将士，血洒城头，临城稳如泰山。""从共军首领临汾城下的失败，足以证明山西城镇据点工事结构的坚固，火力配备的得当。"

阎锡山高兴得未免有点太早了，他忘记了一个最基本的东西，这就是他的对手不是那个明末的农民领袖李自成，而是共产党人徐向前。汹涌澎湃的解放大潮不是一个临汾城所能挡得住的。攻城受挫后，徐向前稳扎稳打，再次效法"封神榜里的土行孙"，"钻到地底下去挖洞子"。4月10日，坑道爆破成功，解放军迅速攻占东关。

东关既下，临汾城不保之势已明。在阎锡山鼓劲打气和"城存成功，城亡成仁"的严令下，守军开始亦曾奋力抵挡。但终因经不住遍地开花的坑道战，渐渐不支。5月17日，解放军发起总攻，临汾城破，城防司令梁培璜出逃，在城外被俘，既未"成功"，也没有"成仁"。梁培璜以下官佐兵士2.5万人，或死、或伤、或俘，损失殆尽。

在新的失败面前，阎锡山"临汾城'铜墙铁壁'"的神话不攻自破。

徐向前检阅"临汾旅"

四、晋中惨败，对外联络的东部通道中断

临汾城的解放，意味着富庶的山西南部广大地区已经不再"姓"阎。阎锡山的势力所及，只剩下省城太原，及其周边的晋中数县和大同孤城。

内战爆发以来，连续不断的败绩，迫使阎锡山不得不认真地总结一下经验教训。还在临汾战役进行之前的1948年3月1日，他就发表了一个所谓的"寅东对各干部唯一活路的指示"，承认："'共匪'一贯地到处拆碉拆城，我们到处建碉建城。'共匪'不要碉不要城是有道理的，因为他没有飞机大炮，所以他要拆碉拆城。我们因为有飞机大炮，我们要建碉建城。'共匪'不要城可是想出了个不要城的办法，就是会跑，使我们打他，百打百空。因此他能以少数的兵力控制住大的地面，要粮有粮，要人有人。""'共匪'能把孙子的'善攻者，动于九天之上；善守者，藏于九地之下'，从来未实现的兵法，实现在他的军队中。我们向来在点线所鄙视的犯罪的跑，他在面的战略上把这跑还成了无价之宝了。他之所以到处拆城到处毁碉，使我们失其所长，他用其所长。"

"我们有飞机，有大炮，占了这飞机大炮的光，学下个守；受了飞机大炮的害，没有学下个跑。非有兵不能控制村庄。这证明了，我们有飞机大炮，反造成了两个死路：就是分散开叫敌人打死，集结回来自己饿死。"

并进而推断出："我们要想分散开，不叫敌人打死，集结到一地，不至于饿死，也必须学会跑，这面的战法上跑，就等于饿了吃饭，冷了穿衣，谁也不能例外。"

阎锡山所说的这些不是没有道理的。但他看到的仅仅是形式，并没有涉及到问题的实质。跑也好，守也好，都与"天时、地利、人和"密不可分。正因为他忽略了这一点，所以，临汾难逃不守的命运。也正缘于此，他丢掉整个山西也只是一个时间问题。

基于以上认识，临汾失守后，阎锡山再次收缩兵力，同时拟定了"固守点线，以攻为守"的晋中作战方针。为此，他除以一部分兵力继续固守晋中各县城外，另将第34、第43、第61军各一部组成所谓"闪击兵团"，任命高倬之为总司令，实行机动作战，控制晋中平原通向山区隘口的要地。这时的阎锡山虽屡经打击，但还是保有一定实力的，手中的军队尚有13万之众，除以一个师守卫大同外，太原、晋中一带集中着3个集团军（5个军14个师）、3个总队、22个保安团、21个警备大队。依靠这颇为可观的实力，辅之以由前段作战失败的教训中总结出的新战法，阎锡山梦想着"永保晋中，万无一失"。

令阎锡山百思不得其解的是，从与共产党"全面作战"开始，历史老人总在不停地捉弄人。与解放军愈战愈强形成鲜明对比的是，他的部队却好比"王小二过年，一年不如一年"。

就在阎锡山总结失败的教训，调整战略战术，组建"闪击兵团"的同时，徐向前根据中共中央军事委员会命令，乘胜挥师北上，兵向晋中。新组建的华北野战军第1兵团，以徐向前为司令员兼政委，统帅第8、第13纵队，太岳部队，以及晋绥军区、北岳军区所属部队，共46个团，6万余人的兵力，在晋中盆地与阎锡山摆开了战场。

徐向前采取声东击西战略，伴称"南渡黄河支援西北作战，东进豫北攻打洛阳"，暗中则向北用兵。6月11日，吕梁军区部队出其不意地出现在汾河以西汾（阳）孝（义）之间的高阳镇。

解放军在晋中的出现，确实出乎阎锡山的意料。历时两个多月的临汾攻坚战，攻城部队也付出了极大的牺牲（有资料说，解放军伤亡达6万余人，这显然是夸大了的数字，但实际的伤亡也至少在1.5万人左右），阎锡山曾断言，两个月之内徐向前定然不会再有大的行动。加上解放军声东击西的战术迷惑，他还一直沉浸在"永保晋中，万无一失"的梦想之中。

汾孝出现解放军的事实，猛然间惊醒阎锡山的迷梦。醒过神来，便按照既定的机动作战方针，急命高倬之率领"闪击兵团"，由平遥、介休、汾阳三路出动，以所谓"藏伏优势"、"三只老虎爪子"（阎氏战术术语，意即以静待动，突起猛扑）战术，一齐扑向高阳镇。

阎锡山哪里知道，这正好中了解放军预设的诱敌之计。他的"闪击兵团"一机动，平遥、介休、祁县地区顿呈空虚之态。徐向前遂使其第1兵团所属第8、第13纵队，直扑祁（县）介（休）之间的山口各据点，向同蒲铁路迫近。

直至"闪击兵团"后路被抄，阎锡山方才开始领悟到了个中的要义。于是，在以"闪击兵团"掉头回援的同时，命令太谷、榆次部队南下，企图对徐部施行夹击。无奈战机已失，被动挨打的态势此时已经基本形成。

6月18日，晋中战役依照解放军的预定部署正式打响，随即祁（县）介（休）之间的山口各据点被攻克。21日，阎锡山精心组建的"亲训师"及"亲训炮兵团"共7000余人，在与其第34军主力会师的途中，被歼于介休张兰镇以北地区。23日，其第19军军部、第40师师部及所属两个团3000余人，在平遥北营一带又遭伏击，全军覆没。

连连失利的战况，尤其是"亲训师"的被歼，迫使阎锡山重新调整部署，立命7集团军中将司令兼野战军总司令赵承绶，亲赴南线指挥作战，改行主动出击战略。

25日，接过阎锡山帅印，肩负扭转战局使命的赵承绶，以高倬之第34军两个师由平遥北上；以沈瑞第33军两个师由祁县南下；同时，以留用日军军官晋树德（原名今村）率所部第10总队由榆次开抵祁县东观。决心与解放军在祁县、平遥以东地区进行决战。

针对赵承绶战略意图，徐向前巧施拖刀之计。6月30日，在祁、平地区与解放军对峙的赵承绶，突然发现对方开始向北运动。为免退路被断之虞，被迫放弃决战企图，沿铁路后撤。不料却协助徐向前实现了"诱敌至守备薄弱、战场宽广的榆次、太谷、徐沟、祁县，实行围歼"的战略意图。

后撤的赵承绶所部一步一步地落入解放军的包围圈中。7月10日，解放军发起总攻。一周之内，双方先后在大常村、小常村等处激战。至16日，战役结束。赵承绶被俘，其副手、留用日军军官元全福于兵败之后剖腹自杀。

晋中战役，阎锡山再输一局。在历时一月的作战中，损失了1个总司令部、全部 4 个军部和 1 个军部之一部、8 个整师、2 个总队、4 个整团、14 个整营、4 个铁甲车队，共计 10 余万人的兵力，可以说是元气大伤。与此相反，解放军则在大量歼灭敌方有生力量的同时，占领晋中地区的 14 座县城，进而形成了对太原的包围。

阎锡山一生

Biography of Yan Xishan

第二十五章

困守孤城

一、"碉堡城"，一个"固若金汤"的神话

晋中战役之后，阎锡山的地盘已经缩小到极限，山西一百余县悉数解放，"硕果仅存"的几万军队，被分别压缩在太原、大同两个据点之中。在茫茫大海一般的解放区中，阎锡山赖以立足的太原、大同两城，犹如两叶风雨飘摇的扁舟，时有不保之虞。

虽然败仗连连，但他还是不愿就此罢手。他手中还握有几万军队，他还据有省城太原，他还幻想着东山再起。"困兽犹斗"，这句成语是阎锡山在此时的真实写照。

"困兽"之斗何以凭借？这在阎锡山眼里除了那几万军队和寄予厚望的外来援助之外，还有他自鸣得意的"碉堡城"。

所谓"碉堡城"，是阎锡山给碉堡林立的太原城"御赐"的别号。

说起来阎锡山还是颇有"战略"眼光的。也许在胜利之初他就已经意识到，与共产党"全面作战"的结果，准备着万不得已时，依仗太原城进行最后的决斗。所以，一由晋西返抵太原，就把着眼点放在修筑太原的城防工事上，以大量的人力物力大兴土木。

东北西三面环山的太原城自民国以来，在防范意识极强的阎锡山苦心经营下，素以坚固设防著称。抗战结束后，原有的防御工事显然已经不能满足阎锡山反共战争的新需要（虽然不免口出狂言，但事实上对共产党植根于民的强大力量还是有充分认识的，正因为如此，他这样告诫部下：我们对"共匪"进袭的防备，是昼夜警觉，半刻也不能放松的）。于是，返省伊始，即为太原制定了所谓"百里防御圈"的城防规划，决计在太原城方圆一百里的范围之内，设置 5000 至 6000 个防御碉堡，使之"固若金汤"。

从 1945 年秋起，阎锡山即全面铺开了他的太原筑碉工程。经过三个寒暑，截至晋中战役结束，困守太原城，先后在太原城及其附近地区树起大约 5600 座大大小小的明碉暗堡。

这些碉堡大小不同，形状各异，由城中一直延伸到城外，可及于周边数十里。

太原环城碉堡之一角

太原汾河西岸的碉堡群

在东起罕山，西迄石千峰；南自武宿，北至周家山的广大地域内，依据地形地势关隘险要，各式各样的碉堡星罗棋布，蔚为大观。

　　在筑碉的问题上，阎锡山和他的"工匠"们可谓费尽了心机。碉堡的用途式样，不仅精心设计，而且复杂多变。实地考察一番，定会令你"眼界"大开。林立的碉堡中，因高低不同，有一层二层，乃至三五层之别；由可驻兵力多寡，又有半班碉、班碉、排碉之分。依地形险要，布置有主碉、副碉；依武器火力配备，有炮碉、机枪碉；依形状样式，又有方碉、圆碉、十字碉、人字碉、半径碉、伏地碉等。有的碉堡可向四周射击，有的只在两侧留有射孔，更有一种被称为"没

441

奈何碉"的，则前面不开射口，专门倒着打。这还是只就主动射击而言，为了便于防御，不使子弹射入碉内，还在碉堡的射口上设计了一个能够旋转的球形装置。

千奇百怪、花样翻新遍布太原的碉堡群，可以说大大超出了常人的想象范围，难怪一位当时访问过太原的美国记者说："任何人到了太原，都会为数不清的碉堡而吃惊：高的、低的、长的、圆的、三角形的，甚至藏在地下的，构成了不可思议的严密火网。"

另外需要特别指出的是，这些碉堡的火网构成。为了增大碉堡的杀伤力，均在周围筑有三个火力点，三条暗道，使碉与碉之间互为掎角，形成火力群组，进而由点到面，全城呼应。

若从纯军事的角度观察，太原的城防工事确实有着相当的价值。从实战的结果看，这些碉堡工事也确曾发挥过一定的作用。但是，仅凭这一点，要与蒸蒸日上的解放大军相匹敌，也无疑是远远不够的。尽管如此，守着规模宏大的碉堡群，阎锡山还是平添了几分信心，有点飘飘然。禁不住吹嘘道："太原在我的手中已经变成了一座'碉堡城'。就是这座'碉堡城'，它足可以抵得上150万军队！"

二、拒绝和平解决，摆出困兽犹斗的架势

晋中战役之后，阎锡山向蒋介石发了一封"战报"，称："在极有名的晋中会战中，山西保安副司令赵承绶率领的所属兵团，未能逃脱共军的包围，这一场会战就这样不幸地结束了。至此，太原外围各据点，全部丧失得干干净净了。"把一个皮球重重地踢给了他的政坛老对手。

局势是再明白不过的了，随着晋中战役的结束，在山西唯一能够拖住解放军的就是太原孤城。倘若太原迅速失守，那么解放军华北野战军主力第1兵团等部，即可随时机动，这无疑将会进一步增加平津等地的压力。

有鉴于此，在这个关键时刻，蒋介石"屈尊"冒险进行了抗战以来的第一次太原（也是他此生中的最后一次）之行。7月22日，新正"大位"做了总统的蒋介石，在阎锡山的两位至交密友徐永昌（时任国民党陆军大学校长）、贾景德（时任国民政府铨叙部部长）的陪同下，冒着霏霏细雨飞抵太原新城机场。

1948 年 7 月 22 日，蒋介石视察太原时，召见高级军政人员

1948 年 7 月 22 日，阎锡山在太原招待前来视察的蒋介石

　　人们不会忘记蒋氏第一次到晋时的排场，清水洒街、黄土垫路，热烈的欢迎场面。在战云密布的非常时期，自然讲不得什么排场阔气。阎锡山率少数大员亲往机场"接驾"，冷冷清清回到绥署大院。蒋介石此行的目的，不言而喻，无非是为穷途末路的阎锡山鼓劲打气，输血输氧，以使太原这颗钉子不被过早地拔除。两人见面后，作了个别谈话。共同的利害使他们再次站到了一条战线上，蒋介石慷慨答应给阎锡山增兵、运粮、运军火，阎锡山同时也给了蒋氏死守太原的承诺。在太原短暂的停留中，蒋介石还召见了山西的高级军政人员。午后，

蒋介石在"融洽"而悲凉的气氛中，匆匆离晋，返回南京。

蒋介石的巡视虽然来也匆匆去也匆匆，但是无疑给长期以来一直被失败情绪所笼罩的阎锡山打了一针强心剂，进一步促使他下了死守太原的决心。

阎锡山虽然口称"碉堡城""可抵150万军队"，事实上他比谁都清楚，仅凭工事是不能解决问题的。于是，与蒋介石的"勘乱总动员"、"总体战"相呼应，1948年8月，阎锡山"为配合军事作战，克服兵源与食粮补充的困难，将太原市编成战斗城"。"实行生活、生产、战斗合一，人人直接间接参战，一切人的劳作为了战斗"。"在整体工作下，贯彻生活平等、是非平等、劳作平等、牺牲平等的四平等。做到政治军事化、生活战斗化、劳作生产化"。并以此为出发点，制定所谓"战斗城十二纲领"；成立总体战行动委员会；强行编组参战队；勒令捐献财物。企图动员太原所有的人力物力，进行最后的挣扎。

与此同时，阎锡山摆出一副决战的架势，或主动出击，或被迫应战，从晋中战役结束的7月16日起，至次年的2月1日止，先后与解放军七次交战。其中，1948年10月1日的一次，同时派出7个师的部队，向太原南郊解放军的前沿阵地小店、南畔、东西温庄袭击，并一度占领该地区。

还在晋中战役刚结束时，徐向前等即以解放军前线指挥员的身份提议，向阎锡山劝降，争取和平解放太原城。在征得中共中央同意后，曾派阎锡山的业师、一位年近八旬的老秀才先行试探。俗话说，"两军交战不斩来使"，"一日为师终身为父"。面对和平使者，阎锡山翻脸不认人，为表示他拒绝和平的决心，竟置千古流传的规矩于不顾，将师生情谊抛在脑后，动了杀戒。老秀才耄耋高龄，亡于学生之手，自然死不瞑目；阎锡山一条路走到黑，杀业师拒和平，留下了历史的遗憾。

拒绝和平之后，阎锡山开始大造不妥协的舆论。9月8日，他在接见美联社记者时，明确表示："我是坚决反共的，永远不会与共产党妥协。抗战胜利回到太原的第二天，我即开始筑碉，准备和共产党作殊死战。此次战争失败，太原危险的时候，我令我的侍从医官和德国医生研究，配装了500瓶自杀药水，准备到必要时，同我的高级干部一齐自杀，我不只不与共产党妥协，且是不做俘虏。"

尽管如此，中共方面仍然不放弃可能出现的和平希望。转眼进入1949年，中国人民解放军在胜利进行了辽沈、淮海战役后，又发起平津战役，迫使华北

"剿总"总司令傅作义接受和平条件，和平解放北平。这时，中共中央军委认为："北平和平解放后，太原亦有和平解放的可能。"提出：太原如能照北平那样和平解决，阎锡山又能表示改变过去的立场，可以考虑让其参加新政治协商会议。再一次估计到和平解放太原的可能性，并具体实施对阎锡山的争取。

1949 年 2 月以来，根据中共方面的意图，先后有在北平的山西大学法学院院长杜任之、山西民营事业董事会秘书主任吴哲之、山西省图书馆馆长张德夫、山西省参议员刘西舟、平民经济执委会设计委员段锐生，以及山西旅平同乡会等个人与团体，致电阎锡山，希望他"顺时达变，休战言和，以苏困于生息之途，培元气于凋敝之后"。文化界知名人士章士钊等也纷纷打电报给他，表达上述意见。同时，中共方面还对驻北平的阎锡山参谋长郭宗汾、山西临时参议会议长王怀明等人的家属采取了"拉一把"的做法，从侧面开展工作，以期感化。

然而，阎锡山仍一本半年前的态度，不作丝毫改变。对共产党方面的一切努力和来自各方面的劝说置若罔闻，最后关闭了和平之门，俨然要一副困兽犹斗的架势。

三、四面楚歌中，应李宗仁电召离晋

蒋介石巡视太原后不久，答应给阎锡山增兵、运粮等条件开始兑现。大约在当年 9 月，驻西安的中央军黄樵松整编第 30 师（下辖一旅另一团，及师属直属部队共 1 万余人，随即改番号为第 30 军）奉蒋之命空运太原；随后，谌湛的整编第 83 旅又空运而至。

黄、谌两部抵达后，鉴于原守军连连作战残破不堪的状况，阎锡山立刻委以重任，安排他们分别接防汾河以东至东山、河西阵地。为了表示对援军的信任，他拍着黄樵松的肩膀说："太原是'铁城'，城东是'铁垒'，是太原城防的强中之强，坚中之坚。由 30 军来守，定会固若金汤，叫共军前进不得。"

援军到并时，正值阎锡山两次拒和之间，也正是中国共产党向太原施加军事压力，展开政治攻势的时节。整编第 30 师师长黄樵松因不满蒋介石的内战政策，在解放军的争取下，准备"弃暗投明"，率部起义，脱离国民党。黄樵松与解放军代表晋夫商讨了起义的具体步骤，决定 11 月 4 日阵前起义，反戈一击，直捣绥署，活捉阎锡山。

黄樵松的起义假如得以成功，历史自然会是另外的一种结局。然而事实却是黄樵松被人出卖了。黄樵松所部主力旅旅长戴炳南本系黄一手提拔，被黄视为心腹，黄要阵前起义，自然需要带兵旅长发挥作用。于是起义的前一日，黄樵松便将起义计划和盘告戴。不料戴对黄阳奉阴违，表面表示赞同，转过身却亟亟于向阎锡山作了"全面"汇报。阎锡山本以为"远来的和尚会念经"，指望黄樵松在城东"铁垒"里替他牺牲卖命，没想到黄会与共产党搞起了里应外合。恼羞成怒之下，设计诱捕了黄樵松，扣留了联络起义的解放军第3纵队参谋处长晋夫等，并解送南京。黄樵松"壮志未酬身先死"，不日即被国民党军法局

战时太原城掠影之一

战时太原城掠影之二

以"叛党叛国，私通奸匪罪"处以死刑，晋夫等人也相继惨遭杀害。阎锡山则由此逃过了可能的"一劫"，继续进行最后的挣扎。

此时，太原城在解放军的重重围困下，已经成了一座死城。一应消费所需，几乎断绝来源，唯一剩下的只有一条空中通道。为了把从蒋介石那里争取到的物资空运到晋，维持起码的需求，阎锡山与美国的"飞虎将军"陈纳德拉上了关系。原来早在内战将起的1946年，考虑到"全面作战"的巨大支出，阎锡山就曾经设法与美国方面联系，企图直接取得"美援"。在派专人赴南京拜见美国驻华大使司徒雷登，和电报司徒雷登以坚决反共许诺都不能奏效时，适逢结束对日作战后留在中国的陈纳德，欲与中国一有权势之人士合建航空公司。阎锡山需要空中运力，陈纳德需要资金方面的合伙人，双方一拍即合。1947年6月2日，陈纳德专程飞赴太原，与阎锡山就具体问题进行商谈。于是，阎锡山以100万现洋为股本，在使陈纳德的航空公司得以开张的同时，换取了航空公司董事长的头衔。航空公司成立后，就以相当可观的运力替阎锡山服务。到1948年后半年，随着城内供应的日益困难，参加空运的飞机不断增加，最多时，每日可达80架次。

在此期间，为寻求进一步的支持，阎锡山曾两次乘专机飞离太原，面见蒋介石。

1948年12月28日，阎锡山"飞抵南京请示要公"，当晚见蒋，"密谈数小时"。29、30两日，先后出席立法院、监察院举办的茶话会，制造死守太原的舆论。1949年1月1日，在"徐蚌会战（淮海战役）失利"的形势下，匆匆离开南京飞返太原。其时，太原的正式机场均被摧毁，阎锡山的专机不得不在红沟临时机场降落。机场上，解放军以密集的炮火迎接了他，"弹落飞机附近，危险甚大"。

1949年2月14日，阎锡山再次出行，"由太原飞青岛，翌晨经上海晋（南）京，与青岛、上海两地空运机关暨与主管国防、财政、交通、食粮、联勤等各部首长，分别面洽继续加强支援太原空运、空投等事，以加强坚守必要之条件。"当时，蒋介石已宣布"引退"，避居浙江奉化。2月17日，阎锡山专飞奉化，与蒋介石"在妙高台彻夜长谈"。2月20日，飞返太原。

虽然阎锡山四处奔走多方努力，无奈江河日下，于事并无大补。尽管阎锡山本人一再拒绝和平，但从1948年末起，其部下却不断有人走上起义投诚之路：

1948 年 12 月，阎锡山（左四）与行政院长何应钦（左五）、军政部长徐永昌（右二）等合影于南京

1948 年 12 月，阎锡山（中）与梁化之（右一）同记者合影

1948 年 10 月 19 日，"雪耻奋斗团"第 3 团团长李佩膺率部向解放军投诚；11月 12 日，第 8 总队司令赵瑞率部起义；11 月，绥署参谋长兼第 15 兵团司令郭宗汾借探亲之名滞留北平迟迟不归……阎锡山已经陷入四面楚歌、众叛亲离的境地。

1949 年 2 月以后，鉴于和平之门被最后关闭，解放军开始做总攻太原的准备。从此，太原的包围圈越缩越小，情况益加紧急。这时的阎锡山除了以"杀身成仁"、"舍生取义"勉人自勉外，已别无良策。在此期间，不断有亲近友好劝他放弃太原：1月18日，陈纳德使人转达"不必死守太原"的意见；1月24日，徐永昌致电表示，"最近唯有沉机以观其动静"；亲信邱仰浚（曾做过山西的民政厅长）也直言，"大局现转变到如此地步，成仁已无甚代价，何如到必要时借机离并，另图复兴之计"。对这些劝告，阎锡山不是以"不死太原，等于形骸，有何用处"作答；就是声称"山自以为老而无用，任一事结一局以了此生"。

阎锡山向记者展示500颗毒药，显示守城决心，桌子上摆放的是陈纳德的照片

"昔日田横五百士，壮烈牺牲，我们有五百基干，要誓死保卫太原。不成功，便成仁。"

据说，此间，蒋介石亦曾电报阎锡山，提出：第一，太原绝难长久支持，请速退西安，担任西北行营主任。干部由陈纳德用飞机接走，军队尽量西渡。由胡宗南派遣精锐，在太原、军渡之间打开一条通道，由飞虎队配合掩护。第二，共产党对太原兵工厂很重视，放弃太原时，须将兵工厂彻底破坏。不知是阎锡

1948年，阎锡山与为他担任空运任务的美国飞虎队队长陈纳德、陈香梅夫妇（右三、四）等在太原合影

山如同对待其他人的劝离一样，拒绝了蒋介石的安排，还是此计根本无法实现，总而言之，阎锡山没有出任西北行营主任，军队也没有撤出，太原兵工厂也没有彻底破坏。

在阎锡山死守太原"杀身成仁"的喧闹中，中共中央军委增调华北野战军第19、第20兵团和第4野战军炮兵第1师加入太原前线，加强了对太原的攻击力量。进入1949年3月，解放军进一步收缩包围圈，战斗由外围及于郊区。

在此太原解放指日可待的关头，阎锡山表面仍然镇定如常，心中却不免惶惶。

与此同时，1949年3月28日，国民党谋求"划江而治"的和平谈判即将开始，有关山西的条件必须阎锡山前往南京商定。于是，代总统李宗仁致电阎锡山，说："和平使节定于月杪飞平，党国大事，待我诸公前来商决，敬请迅速命驾，如需飞机，请即电示，以便迎接。"接到电报后，阎锡山当即以"寅俭辰电敬悉，遵当如命晋京，恳赐饬派飞机为祷"回复。

29日下午2时，阎锡山召集高级军政人员参加的紧急会议。先由其秘书长吴绍之原文宣读了李宗仁的电报，接着宣布正式任命梁化之代理山西省政府主席，将守城重任交由以梁化之为首的"五人小组"负责。最后表示"也许三五天，也许七八天，等和平商谈有了结果，我马上赶回来"。随即，带着机要秘书原馥庭，以及张日明等侍从副官，轻车简从驶出绥署，直奔西门外红沟机场。到机场送行的只有堂妹阎慧卿和代理省主席梁化之。

阎锡山离开太原时阎慧卿、梁化之在机场送行

下午 4 时许，太原西门外红沟机场来了一溜车队。车队径直开向停机坪上的一架飞机旁。为首的一辆车刚停稳，便走下一位身穿长袍的老者。他，就是阎锡山。阎锡山下车后，习惯地捋了捋头发，沿着飞机走了一圈。双手时而抱在胸前，时而放在身后，双腿慢慢地移动着，沉默不语。生于山西，长于山西，发迹于山西。他统治山西三十余年，就是在日本人大肆入侵之时，也没有离开山西。如今这么一走，回不回得来还未可知。阎锡山内心的痛苦可想而知。

空中拍摄的太原机场

"最是仓皇辞庙日，教坊犹奏别离歌，垂泪对宫娥。"这是南唐后主李煜在离开故国时的内心写照。当年离开太原时的阎锡山俯看着已被炮火摧毁得残破不堪的太原外围防御工事，其心境未尝不是如此。

四、遥控太原，直到城破之时

阎锡山临行前特指定五人小组负责处理绥省两府军政，是为他离并之后遥控山西埋下的伏笔。五人小组中，王靖国任第 10 兵团司令，是人所共知的铁军首领，阎锡山最信得过的将领。梁化之则因特警处的关系，具有了特务头子的身份，与阎锡山在亲信之外，还有一层亲戚关系。赵世铃、吴绍之，一为绥署参谋长，一为省府秘书长，是当然的人选。孙楚一贯谨慎从事，因此成为晋系之中唯一一个得到阎锡山信赖的晋南籍高级将领。孙楚虽官居太原绥靖公署副

451

主任，依官职自然名列五人小组之首，但并不能主事。真正把握大权的是阎锡山的亲信王靖国、梁化之。

也许正是因为有五人小组留并替他撑持，因为通过王、梁可以继续贯彻他的意图，实现对山西的遥控，阎锡山才断然决然地出走。

从太原起飞后，阎锡山的专机直飞南京。在南京，阎锡山一直与太原电报往来，通过五人小组，遥控着太原的局势。在此期间的国共北平和谈中，由于李宗仁表示愿意交涉，中共方面再提太原和平解决问题，明确指出，太原若接受和平，"重要反动分子许其乘飞机出走，其余照北平方式解决，部队出城两星期至三星期后开始改编"。在太原城将破之际，中共做出这样的让步，完全是从减少战争损失，保护太原古城不遭彻底摧毁出发的。当局如能当机立断接受和平，无疑是明智之举。然而阎锡山没有点头，把握大权的梁、王二人，只以阎锡山"当场打死倡议缴械投降的人，谁打死什么级别的人，就升他到什么级别"的"训示"威慑众人。谁也不敢作主接受和平，五人小组遂以"老头不在，无人作主"为由，放弃了太原走和平道路的最后机会。

五人小组拒绝和平之后（4月8日中国人民解放军华北野战军第18兵团敌工部派人转达中共方面的意见和条件，当即遭到拒绝），4月11日，阎锡山二到奉化面蒋。蒋阎之间互争互斗二十余年，但每次见面却又极其客气和"融洽"。这次也不例外，见面后，阎锡山首先表示他见蒋后，要速返太原，"以遂与太原共存亡之初衷"。蒋介石则"极力"挽留，口称："太原固重要，太原是国家之一隅，若国家不保，太原亦无法保存，望你多留南京，做团结工作。"阎锡山再以"久在边疆，对中央太生疏"谦让；蒋介石又以"唯其不熟，才无成见，你的话大家容易接受"相勉。当天晚上，二人继续在雪窦山上的妙高台密谈。

次日，阎锡山返南京，继续遥控太原。4月14日，太原围城部队在徐向前等组成的前敌委员会指挥下，开始扫荡外围据点。

4月15日，阎锡山接到太原电话报告："南线共军已逼近城西窳流村，北线共军已进至铁道附近。"

这时，因为"太原附近原有及新修临时机场，四月中旬已全被共军瞰制，对外交通完全中断"，阎锡山"在京一再商请中央、中国两航空公司及陈纳德之民航空运队派机飞晋，皆坚决表明势所不能"。他"曾亲自许以重金，要求空降，终以事实无法成行，万分痛苦，至废寝食。不得已早晚继续以无线电联络指挥太原军事"。

　　4月21日，由于南京政府拒签和平协定，国共和谈宣告破裂。次日，毛泽东、朱德发出向全国进军的命令，解放军横渡长江，直捣南京。在南京方面拒签和平协定之后，南京形势急转直下，阎锡山不得不由南京飞上海。

　　在和谈破裂的同时，解放军对太原的攻击进一步加强。

彭德怀亲临太原前线指挥作战

　　经过三天的战斗，4月23日，太原外围据点已被肃清，解放大军直逼太原城下。此间，阎锡山"坐镇"上海，连续发出一道道指令。先电称："太原守城事，如果军事没有把握，可以政治解决。"后继续电称（时间大约在4月23日夜）："万一不能支持，可降；唯靖国、化之两人性命难保（后一句颇令人费解，不知是说他不许此二人降，还是说降了以后，对方不会放过他们，而性命难保）。"近一年的时间里，阎锡山曾一次次地关闭了太原和平之门。城破之前夜，突然才想起了"政治解决"的招数，真可谓是"不见黄河心不死"，可惜为时晚矣。正是由于他心存侥幸，顽固坚持反共立场，终于给太原城造成了一片废墟，给太原人民带来了莫大的牺牲，同时也使自己离乡背井，客死台岛，魂不归里。

　　4月24日凌晨，在彻底扫清外围据点的前提下，解放军对太原城实施总攻击。久困之城，百姓厌战，兵无斗志，面对解放军强大的炮火，被阎锡山吹嘘成"钢城"的太原，顷刻之间墙倒城摧，土崩瓦解，四个半小时战斗即宣告结束。五人小

解放军攻打太原

组中，除梁化之于城破之前，自杀焚尸外，余者皆做了俘虏，以下官兵或死或降，丧失殆尽。

太原解放后一周，5月1日，大同军事指挥官于镇河率所属官兵1.8万人投诚，大同和平解放。

随着太原、大同的相继解放，阎锡山苦心经营三十八年的权力大厦轰然倒塌，灰飞烟灭。红旗遍插山西全境，阎锡山的"山西王"做到了头。

太原解放对阎锡山来说应该是早已料到的事情，但这一天果真来到时，他还是惊得半天说不出一句话来。

太原解放后，被俘的太原绥靖公署副主任孙楚等走出绥署大门

阎锡山一生

· Biography of Yan Xishan

第二十六章

出掌中枢

一、往返于穗桂之间，做起了蒋李之间的"调停人"

太原和大同的相继解放,标志着阎锡山苦心经营多年的老本已经彻底输光,不是输给了他的同乡徐向前个人,而是输给了他长期与之为敌的中国共产党。这虽然是大势所趋,但对一直以充当"反共堡垒"自我标榜的阎锡山来说,无疑是很没"面子"的。为了替自己挽回一点"面子",阎锡山煞费苦心地编造了一个"五百完人杀身成仁"的现代神话。

人们不会忘记,太原城被围之初,阎锡山就以"田横五百士"号召他的所谓"五百基干","誓死保卫太原,不成功,便成仁"。太原总攻战发起后,五人小组成员梁化之,携担任山西省妇女会理事长、国民大会代表等名誉职务的阎慧卿（阎锡山之堂妹,抗战以来,一直负责照顾阎锡山的生活起居。阎锡山3月29日离晋时,阎慧卿没有随行。是有意留下阎慧卿,以表示他确实准备再回来？还是阎锡山原本还指望形势逆转,认为不会就此一去不复返？这也可以算作阎锡山留下的又一个不大不小的谜）,在绥署钟楼下的地下室内自杀焚尸,履行了阎锡山所谓"不做俘虏,尸体不与'共匪'相见"的"训示"。与此同时,还有特警处徐端等数十人分别在各处自杀殉葬（多为特务人员）。

一个预设的结果——田横五百士般的五百基干"誓死保卫太原";一个现实的情况——寥寥数十人在走投无路之时自觉不自觉地殉葬。拼凑起来,在阎锡山口中就成了"五百完人"殉太原的惨烈故事。为了弄假成真,阎锡山煞有介事地上报国民党中央,促成"中国国民党中央执行委员会常务委员会第191次会议议决褒扬",立法院"议决择地建立'太原五百完人成仁招魂冢'"。之后,又通过行政院拨专款在台北圆山建起了一座"招魂冢",为那些凭空捏造的"亡灵"建墓"招魂"。

凭一个现代神话,充其量只能挽回一点"面子",作为输光了全部赌本的国民党一级上将,在政治和军事上可以说是已经彻底地丧失了前途。事已至此,阎锡山仍然不甘寂寞,他还要凭借他的资格、他的名声、他的影响,谋求政治生命的继续。

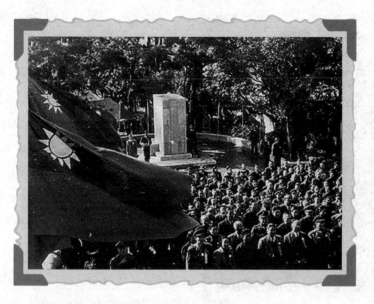

台北五百完人招魂冢落成仪式及祭奠现场

台北五百完人纪念碑

梁化之之子梁安仁拜祭台北"五百完人成仁招魂冢"

　　但凡想在政治上有所图者，都会为自己预做准备，铺路搭桥。阎锡山自然也不例外。从 1948 年底到 1949 年 4 月，阎锡山曾三次面蒋密谈，实际上就是在为自己的政治前途铺路搭桥。

李宗仁,字德邻(1891-1969)

事起于蒋介石与李宗仁的权力争夺。在1948年5月的总统副总统选举中,因李宗仁违背蒋介石的意愿,执意参加副总统竞选,并当选副总统,造成了蒋李矛盾的激化。次年1月21日,蒋介石在军事上连连失败、美国支持减弱的双重打击下,被迫宣布"引退"。蒋氏虽然很不情愿,但依照惯例还是由李宗仁代理了总统职务。

蒋介石虽然表面"引退",然而对国民党政府军队的控制却丝毫没有放松,军政大权仍由蒋介石一手操纵,代总统李宗仁莫之奈何。阎锡山看准了蒋李冲突的契机,巧妙地周旋于双方之间,做起了"和事佬"。

2月、4月的两次奉化之行,不能不看成是阎锡山主动向蒋介石靠拢的表示。据蒋介石之子蒋经国说,阎锡山在妙高台和蒋介石谈起过今后党、政、军等改造的意见,认为"应整饬纪纲,实行检查,唯效用人,唯效绳人,以提高行政效率"。同时也涉及到敏感的行政院长人选,行政院、立法院迁广州等问题。

阎锡山与蒋介石在奉化溪口

而4月见蒋时谈到的"多做团结工作","你的话大家容易接受"则进一步表明了阎锡山在蒋李之间进行疏通的事实。

两次面蒋返抵南京后,阎锡山都与李宗仁及时相见,互通声息。他在2月28日从奉化返回,见过李宗仁之后,电告蒋介石:"实行宪法上规定的府院职权,德公（李宗仁字德邻）极表赞同，且认为是必走的轨道。……山感到德公对山与钧座所谈，极表一致，且认为必须目标一致，行动一致，才能备战言和。"

南京解放后，李宗仁因蒋介石在背后掣肘，致和谈受阻，府院矛盾加剧，政局不可收拾，宣称"急流勇退，以谢国人"，径飞"桂林旧地"。此时，本拟由上海飞台北的阎锡山，应蒋介石所请，改飞广州。接着，他两次往返于蒋李之间，尽调停之责。

能在总统、副总统之间充当"调

1949 年 4 月，阎锡山在南京留影

1949 年 5 月，阎锡山与徐永昌（左一）、贾景德（左二）、杨爱源（右一）在南京合影

人"，使阎锡山在失意中又找回了几分得意。为表达这种复杂的心情，他以《过广州海珠桥感赋》为题，赋诗一首："钢骨水泥兮，合则兼牢；劳燕分飞兮，孤鸣啾啾；大川利涉兮，赖此宏桥。"以"宏桥"喻己，喻示他肩负维护国民党内团结的重任。

1949 年 5 月，阎锡山在桂林与欢迎者合影

在阎锡山马不停蹄的穿梭奔波下，面对日益不堪的局势，蒋介石、李宗仁暂时互相让步。5 月 7 日，阎锡山偕朱家骅、陈济棠二次到桂林，向李宗仁转达蒋介石对其力争自主权的"六项要求"的批复意见——"完全同意，一切权力交出，五年之内亦不复问政治。"得此承诺，李宗仁顺阶而下，表示同意赴广州视事。8 日，阎锡山与李宗仁等同机飞广州。调停就此画上句号。

二、"反侵略大同盟"，一张政治王牌

1949 年 4 月 26 日，出于中枢南移和"调停"蒋李矛盾的使命，阎锡山由上海直飞广州。下午 5 时 30 分抵达白云机场。遂入住东山东园招待所。

初到广州，阎锡山被冠以"反共守城名将"的头衔，连日接受各方面的欢迎招待，国大代表、立法委员、监察委员、当地军政高级人员、士绅、山西同乡会等频频往访，忙得不亦乐乎。一时间，"反共斗士"阎锡山名满羊城。

初到广州时的热闹，没几天就沉寂下来了。阎锡山虽已沦为光杆司令，但左右随员也有几十号人马。自己居住的小平房仅有两室一厅，只能容纳副官、文书，其余人包房另住在别处，但就餐却同在东园招待所内。大几十号人就餐时间一久，便招来了一些闲言冷语。阎锡山叱咤风云几十年，何曾受过这份窝囊气。奈何无兵无权，只得权当耳边风过，招待饭我自吃之。

阎锡山的冷板凳没坐几日，历史又给他提供了一个表现自己的机会。5 月 13 日，国民党中央政治会议推举他与吴铁城、李文范、吴忠信、白崇禧、王宠惠、陈济棠等七人成立小组委员会，研究加强团结计划。这个小组委员会，本是一个清议性的闲散机构，不可能有所作为。但政治上极其敏感的阎锡山，却把它看作自己由政治入手寻求出路的一个契机。于是，七人小组委员会成立后，他又一次活跃起来。

5 月 15 日，阎锡山出席在广州文德路留德同学会召开的，有邹鲁、吴铁城、朱家骅、陈立夫等五十余人参加的集会，并被公推担任主持。集会的议题是讨论如何爱国反共。会间，他由加强团结计划的话题，进一步借题发挥，大谈反共救国。由此，会议决定建立反共救国组织，由阎锡山等人负责起草章程。

阎锡山军事反共没有招数，但说起反共的政治理论在国民党中难有人堪与匹敌。所以，起草反共救国组织章程，可以说是既驾轻就熟，又乐于为之。

首先是组织名称。他将组织名称定为"中国反侵略大同盟"，意指以反对共产主义侵略中国（在他看来，共产党革命就是共产主义侵略中国）为己任。

其次是组织设计。他设计的组织一是要利用CC上层分子一起出面发起（加强政治号召力）；二是要抓住两广的实力派（军事上有办法）；三是要发展民社党、青年党等其他党派成员（体现广泛性）；四是要立足民间，利用士绅、工商界闻人，以至于帮会头目（地方上有办法）；五是要争取国际的声援和同情。

在阎锡山的努力推动下，5 月 19 日，原班人马举行第二次例会，通过"中国反侵略大同盟"组织纲领八条十四章。5 月 25 日，"中国反侵略大同盟"举行成立大会。会议由阎锡山与陈启天、蒋匀田共同担任主席，参加者三四百人，包括国民党CC派、青年党、民社党代表人物，在穗的山西籍国大代表、立法委员、监察委员，广东地方知名人士等。

作为主要发起人之一，阎锡山对大会发表致词，说明组织"中国反侵略大同盟"的用意，号召他的同志，"以战斗的姿态，紧密的团结，坚决的奋斗，抵抗残暴共产党的南侵，进而打回老家去，恢复我们的全中国，解救我们扣在铁幕里过着牛马生活的同胞，以扑灭共产主义侵略全中国的凶焰，并粉碎赤化全亚洲侵略全世界的阴谋"。

会议在通过了成立宣言、章程，选举了以阎锡山为主席的执行委员会后，宣布结束。

由各方人士参与成立的"大同盟"只是一个松散的政治团体，且别论是在当时风雨飘摇的形势下，就是相对稳定时期，也不会有什么作为，阎锡山所关注的只是它的舆论效用。因此，同盟成立后，他又发起了一个所谓"百人签名"活动，并使蒋介石、李宗仁名列榜首。最后，虽因居正、于右任的拒绝，"签名"的100人变成了98人，但他借此制造舆论的目的，还是部分地达到了。

三、出长中枢圆"旧梦"，"入阁拜相"任院长

从后来的结果看，在蒋李之间周旋调停，积极组建"中国反侵略大同盟"，可以说是阎锡山通向"权力"顶峰的两步关键棋。前者的作用在于人事上，是它使阎锡山在国民党大陆统治的最后阶段，成为处于尖锐冲突之中的蒋李双方都可以接受的人选；后者则为阎锡山做了政治舆论方面的准备，加强了阎锡山对全局的政治影响力。

在阎锡山等人的穿梭调停下，李宗仁总算于5月8日飞抵广州，继续履行代总统职责。然而，蒋李矛盾的暂时缓和，是基于蒋介石的赌气"让权"。事实上蒋介石不会也不可能真正交出权柄。这样，李宗仁一到广州就马上陷入困境。不但原有的问题一个也得不到解决，而且由于蒋介石的由处处掣肘事事干预改为一切概不过问（当然是表面上的），变得更加棘手。

首先是财政问题。当初为使李宗仁到穗，蒋介石曾对行政院长何应钦允诺："德邻兄凡有垂询，无不竭诚以答。"但后来当何应钦急需从台湾调运一批黄金白银，解决迫在眉睫的财政困难时，蒋介石却以种种理由予以拒绝。

其次是军事问题。同继续把持财政如出一辙，蒋介石对军队也仍然是一抓到底，背后操纵。先是胡琏不执行防守江西计划，奉蒋秘令直退潮汕，继有刘安祺兵团擅自从青岛撤往海南岛，宋希濂擅自将全军撤至鄂川边界的施恩，致使常德、芷江一线"门户洞开"……

在行政一筹莫展毫无办法可言的情况下，何应钦于5月20日向代总统李宗仁递交辞呈。何应钦辞职本系对因蒋李矛盾使他在中间受夹板气的不满，但李宗仁却误会为是蒋介石从中作梗继续使他难堪。遂使阎锡山、陈立夫、于右任、吴铁城、朱家骅等于5月26日飞台面蒋，请蒋"出山"主持，再次做出了"摺

挑子"的表示。在蒋介石不置可否的情况下，5月30日，何应钦内阁总辞职。同日，李宗仁任命国民党元老居正出长内阁。

　　居正做行政院长只是李宗仁的一厢情愿，各方面关系没有打通。6月1日，立法院依法表决时，遭到否决。居正以其元老身份在行宪国大上为蒋介石选总统做陪衬，就已丢了一回脸，此番连行政院长都被否决，更觉无光，悲愤之下悄然去港。

　　何内阁辞职，居内阁胎死腹中，但行政院长总要有人来做。谁是合适的人选呢？于是李宗仁想到了阎锡山：就资历和影响看，阎锡山出长行政院，是能够说得过去的；从私人关系讲，虽不及居正近乎，然近年来接触不少，除了政治上圆滑一点之外，并没有其他明显的不协调。这样，在居正被否决之后，阎锡山就自然而然地被推到了台前，由代总统李宗仁正式提名组阁。

　　出长内阁可以说是阎锡山兵败太原之后，政治前途的最好结果，也是他不遗余力奔走努力的最终目标，自然不会放过这个天赐良机。同时，他心中比谁都清楚，要想将这变为现实，必须继续疏通各方面的关系，必须首先取得蒋介石的支持和认可。事有凑巧，5月29日，阎锡山继母陈秀卿仙逝台北（1948年2月9日，阎锡山的二夫人徐兰森病逝太原。大约在1948年后半年，他便将元配夫人徐竹青、继母陈秀卿及子媳送到上海，后分别转送美国和台湾）。被提名行政院长后，便借奔丧之名飞台。"星岛日报关于国民党政府阎内阁产生前后情形的资料"对此事作了绘声绘色的描述：

　　"阎锡山在总统府提名之日，已乘了飞机迳飞台湾这个小岛上访谒总裁蒋中正。阎氏未待立法院投票便乘机离穗，有人说是阎老的聪明，恐怕重蹈居正的覆辙太难为情。其实阎老胸有成竹，深知立法委员中捧场的多出喝倒彩的太多了。台湾之行是阎老在中国政坛上一种熟练的做法，问题在于党的支持与新内

1949年6月3日，当选行政院长时的阎锡山

1949 年 6 月 13 日，就行政院长兼国防部长职的阎锡山

阁的人选问题。当阎锡山晋见孤岛上的老人时，谈得相当快乐，蒋中正将以总裁身份飞广东一行，是蒋阎会谈中所获得的表示，也可以看出阎锡山得到国民党最高当局热烈支持。"

阎锡山到底技高一筹，由于事先打通了重要的关节，6 月 3 日，立委表决时，得以 254 票比 56 票的绝对优势，一次顺利通过，获得组阁权。

阎锡山的地方实力派地位虽早已奠定，但几十年来却只能是个"山西王"。他也曾试图问鼎中央权位，也曾为此与蒋介石厮杀中原，但梦想一直不能成真。没想到圆梦之时竟在实力丧失殆尽之后，颇有点因祸得"福"的意思。所以，尽管受命于"危难"之中，也许还要代人受过，但毕竟是旧梦得圆，不能不感到欣慰。

6 月 13 日，阎锡山完成组阁，在广州"励志社"行政院礼堂正式就行政院长兼国防部长职，宣布内阁成员名单，发表就职通电。

1949 年 6 月 13 日，阎锡山（左四）与行政院各部会负责人合影

阎锡山 一生

·Biography of Yan Xishan

第二十七章

败走台岛

一、"手无寸铁"，只能"纸上谈兵"

阎锡山在"就职通电"中，痴人说梦般的提出了他的施政方针，他说："值此国家危难之际，目前措施，应以配合军事，争取胜利为急务。鄙意在军事方面，必须动员全国人力、物力，支援前线，争取胜利；在财政方面，必须量入为出，收支适合，方能稳定金融；在外交方面，必须在反侵略战争前哨，争取反侵略国家之同情与援助；在政治方面，必须平民心，养民生，用民力。"同时表示："锡山决以不违法、不失职自处，并希望我同仁本此领导下级，以此作政治行动的规范，掬诚奉行。"

在侈谈施政方针的同时，阎锡山对他这个行政院长的艰难处境的认识也是比较清楚的。就在立法院通过李宗仁对他的提名的当晚，他与左右亲信知交进行了一次谈话。谈话内容如下：

阎锡山问："你们说说，这行政院长是否做得？"

贾景德答道："这是入阁拜相，主宰朝纲，位极群臣，统率百官之职，哪有不就之理？"

徐永昌则提出了不同看法："咱们自己手无寸铁，凡事都得看人脸色，仰人鼻息，又挤在蒋李的夹缝之中，怕是很难做。再说，民心向背尽人皆知，明天的广州不就是昨天的南京吗？阎先生愿做一任有名无权的内阁，换得个一手断送大陆江山的千古罪名吗？"

面对徐永昌提出的尖锐问题，阎锡山不温不火，却语出惊人："他们放心让我组阁，正因为我手无寸铁。如果我还有寸铁，谁还敢起用我来添一股角逐之敌？我这内阁犹如请来的大夫，只要开出对症的药方，就算尽到了责任。至于病人是否肯依方服药，那就不是我这大夫所能过问得了的事情了。"

阎锡山不愧是民国以还的几朝"元老"，确实计高一筹。用开"药方"的大夫形容他这个行政院长，既显示了自己的"高明"，能够看出病来，又不承担责任，怨只怨病人不"依方服药"。

就职之后，阎锡山又就时局问题与李宗仁作了一次长谈。代总统问到"这几天处理的国事如何"时，他说："'束手无策，坐以待毙'八字，是描写历史的陈迹，我以为现在尽合此八字。我们今日一切无数字，一切无专责，认识分歧，主张各异，军事影响财政，财政累倒金融，金融减低收入，财政又影响军事及庶政，中央地方一切脱节，指挥不灵，解款扣留，要款无度，军队命令不行，作战无法部署，整理无法执行。总裁未来（在此之前，他曾与李宗仁联名电请蒋介石"莅穗主政"，蒋未作表示），非常会议政策未定，处事无法贯彻，真感到'束手无策，坐以待毙'。"

　　面对"束手无策，坐以待毙"的时局，本着"开药方"的态度，阎锡山就职之后连着为国民党这个"病人"开出了一个个"方子"：7月4日，出席国民党中央委员会及粤穗省市党部联合纪念周，作施政报告；7月14日，出席中央常务委员会与中央政治委员会联席会议，提出《扭转时局方案》，并获原则通过；7月18日，呈蒋介石《台湾保卫案》《海南岛保卫案》；8月1日，提交中国国民党非常委员会讨论《保卫华南案》；8月3日，提交中国国民党非常委员会第二次会议讨论《保卫华南西北案》，并原则通过……

　　这些议案有的还是把住了"病人"的脉搏，如阎锡山倾注了大量心血的《扭转时局方案》，全文洋洋万言，从政治、军事、经济、文教诸方面展开，并提出相应的对策。关于"保卫华南西北的作战方略"，他指出："总裁的战略思想，主张守点守线，总爱把主力集结于核心据点，以待敌人来攻，因而共军乃能随时集中绝对优势的兵力来实施他们惯用的各个击破的战法。我们竭诚要求总裁全面改变这种不适合对付共军的战略指导方针。"

　　阎锡山不遗余力开出的"药方"，或因时局变化太快，来不及实施，或因"病人"不"依方服药"而无可奈何花落去。

二、决心将国防部长一兼到底

　　国民政府国防部是在原军事委员会及所属各部会、行政院军政院裁撤后，于1946年6月1日新设的，首任国防部长为白崇禧。何应钦继孙科之后出长行政院时，继白崇禧之后被特任国防部长，一身兼二职。

　　何内阁总辞职，何的国防部长一职也随之出缺。

　　李宗仁提名阎锡山出任行政院长时，从粤桂集团的利益和军事出路考虑，曾动议由他的桂系老搭档、手中尚握有几十万军队的白崇禧出任国防部长。只因蒋介石的否决，不得不由阎锡山暂时兼领。这样，阎锡山这个"手无寸铁"的一级上将才得以把何应钦的遗缺一并端了过来，以行政院长兼上了国防部长。小诸葛白崇禧因派别关系，更因手中有兵，使出任国防部长成为不可能；与此相反，阎锡山却只因"手无寸铁"，再不会成为角逐的对手，才得以一肩挑起行政院、国防部，无疑是对那段历史的绝妙讽刺。

李宗仁起初同意阎锡山兼国防部长就系不得已之举，所以，打阎锡山就职起，就一直在寻找机会，设法"换马"。

机会终于来了。6月20日，在国民党中央常委会上，因"西安撤守的胡宗南部、宋希濂部都去四川，上海撤守的汤恩伯部调去福建，青岛撤守的刘安祺部又远调海南岛，从湘南到粤北那么长的防线只剩白崇禧的三个军"，而引发的处境问题，作为国防部长的阎锡山遭到了与会者的质问。面对蒋介石亲自插手的这一系列军队调动，他也确实毫无办法，当场被问得张口结舌无言以对。会议出现僵局，被迫中断。

会上的一幕被李宗仁一一记在心里。会后，遂以阎锡山自己没兵垫底，军事上又无办法为由，向蒋介石提出，改由白崇禧任国防部长。李宗仁打的只是自己的算盘，岂知"没兵垫底"正是蒋介石属意于阎锡山之关键所在。其结果是白崇禧的国防部长仍然没有当上。

虽然连续两次被否决，但李宗仁的念头并没有彻底打消。时隔不久，他又旧话重提，鉴于阎锡山兼长国防部两个月以来，没有直接调过一兵一卒（事实上除了蒋介石还有谁能真正调得动军队呢？地方实力派自己的部队除外。正如顾祝同所说："军队的部署和调动一向由总裁亲自决定，国防部、行政院和总统府都不曾插过手。"）的现实，借题发挥。大约在8月间，李宗仁在事先不打招呼的情况下，亲自动手起草了一份由代总统、行政院长联署的致蒋总裁电。电文内容是联名保荐白崇禧出任国防部长。阎锡山接到专人送达的文稿时，"宗仁"二字已赫然签在上边，并被通知由他副署后，即行发出。

阎锡山久列政坛，什么阵势没见过。面对代总统摆出的逼迫就范的阵势，虽然心中难免不快，但表面却不动声色，只是打定越是这样越不让位的主意。

只见他平静如常，嘱咐身边副官收起电文，先不忙处理。李宗仁急于见分晓的电文被阎锡山一压就是十余天。代总统乃一人之下万人之上，原想阎锡山

1949 年 8 月 10 日，阎锡山在行政院长任上与代总统李宗仁联名写给徐永昌的信

碍于情面一定不会不副署。不曾想竟如泥牛入海杳无音讯。李宗仁有点沉不住气了。9 月 4 日，代总统托元老派人物邹鲁专访国民党中央党部秘书长郑彦芬，请其向阎锡山转达如下意思：请主动辞去国防部长兼职，由白健生（白崇禧字）接任。如阎院长不允，代总统就要将他免职。

代总统以权压人，行政院长却因为心中有数，显得有恃无恐。他对郑彦芬说："请复告海滨（邹鲁字）先生：我不辞国防部长兼职，如代总统令免，我行政院长不副署。"寥寥数语，给了充当说客的秘书长一个倒憋气。

阎锡山既已有了行政院长的头衔，也算旧梦得圆。到底为什么又占着徒有其名的国防部长位置死不放手呢？有人说是权力欲使然，亦有认为是为了不使桂系成气候，还有秉承蒋介石旨意的传闻。各种说法都不无道理，但又都显得"证据不足"，也许是兼而有之吧。他自己则另有说法。就在郑彦芬往访后的第二天，他就此问题致函徐永昌，以"一身担天下"的口气说：

"心安理得，虽刀锯鼎镬视如甘饴。如心不安理不得，虽风吹草动亦觉悚惕。兄昨晚之言，关系国运隆替，睡醒后颇觉萦系。我意：不只我兼国防部长必灭亡，换人或灭亡或不灭亡，我颇愿辞。即使我兼亦亡，换人亦亡，或是我兼或可不亡，换人亦或可不亡，我亦愿辞。假使我兼亡得慢，换人亡得快，我就不辞。我认为今天我们是病与命相连，在一块治病必致命，不治病必丧命，若不设法使病命分离，恐无下手之法。今欲转危为安，必须变各是其是各非其非为同是其是同非其非，方能意志集中，力量集中。按今日我们的自身，由人上说，易于各是其是，各非其非。若于事上说，无人不愿国家好，定能同是其是，同非其非。应决定何利必兴，何弊必除，规定进度，实行考核，作为我们首部救国约法，共同遵守，完成者奖励，贻误者严惩，则意志集中，力量集中，向挽救危亡目标迈进，未始不可有为。"

无论如何，阎锡山是决心将国防部长一兼到底了。

三、"束手无策，坐以待毙"，落花流水春去也

阎锡山虽然声称只做一个"开药方"的大夫，但是，作为特定政治力量的代表人物，他是不会也不甘心就此彻底认输，退出历史舞台的。尽管希望很渺茫，尽管受着多方面的制约，他还是要尽其所能做最后的努力，勉强撑持那个残破的摊子，去体现自己的人生价值。这就有了他行政院长兼国防部长任内屈指可数的几项"政绩"。

"政绩"之一，币制改革。

抗战结束以来，物价飞涨、通货膨胀一直困扰国民党统治区。为了摆脱这个怪圈的纠缠，1948 年 8 月 19 日，蒋介石颁布了所谓的"财政经济紧急处分令"及其四项挽救办法，发行总额为 20 亿元的"金圆券"，限期以法币 300 万元折合金圆券 1 元的比价收兑法币，实行"币制改革"。建立在对广大民众实施剥夺基础上的"币制改革"，不仅没有遏制住通货膨胀的势头，反而加速了国统区经济的崩溃。

通货膨胀如同脱缰的野马，与军事的失败相伴随，一泻千里。到政府南迁广州时，财政已到了山穷水尽的地步。阎锡山这个行政院长，面临的不只是军事上不能调动一兵一卒，而且还有财政上的一筹莫展。他看到"过去政府发行的金圆券，已经失去了货币的能力，已经是非变不可"。因而提出："我以为现在努力的途径，必先尽力打开现时'束手无策，坐以待毙'的局面。例如在财政上必须做到收支适合，金融上规划新的货币，使新币制能恢复政府的经济信用。"走出"柳暗花明"的一条新路。

阎锡山所说的一条"新路"就是再行改革币制。沿着这样的思路，阎锡山的新内阁于 7 月初推出了它的"币制改革"政策，改金圆券为银圆券。

7 月 2 日，新的币制改革正式出台。阎锡山以行政院长的身份签署了《行政院改革币制令》，规定："今后国币以银圆为本位，并发行银圆券，定自四日实施。"银圆券，全称"银圆兑换券"，用来取代原有的金圆券。

银圆券发行之初，阎锡山心中多少有点释然，感到摆脱财政困境有望。谁知，银圆券与金圆券一样没有足值硬通货兑换，一样是在财政不能收支平衡，政府信用全无的情况下发行的，所以不可避免地重蹈覆辙。发行不足一月，7 月 27 日即行宣布采取"限制兑现"措施。阎锡山自己也不得不承认"中央银行门前连日出现排长龙挤兑的人群"。币制改革昙花一现，以银圆券的迅速崩溃宣告失败。

"政绩"之二，设立国防部长西北边区指挥所。

南京上海解放以后，中国人民解放军进一步向全国进军。7 月 21 日，第 1 野战军和华北野战军转隶的第 18、19 兵团，开始了解放西北各省的作战。面对解放军强大的军事攻势，国民党中枢有人提出由新疆撤兵的问题。有鉴于此，8 月 19 日，行政院召集专门会议，就撤兵问题展开讨论。会上，意见分歧。有主撤者，认为："不撤久则溃变，撤则增兵内地，有俾于军事。"有主不撤者，指出："边疆与内地人心不同，撤兵即须连带地将政治撤退，即系抛弃领土，将来很难恢复；且边疆 400 万人民中，汉民 20 万，回民 20 万，余为新疆原有各民族，撤兵以后，这 40 万人很难存在。且撤兵需汽车 500 辆，需时八个月，方能撤回，经费除已拨 200 万外，尚需 600 万，且据说实际上在那里成家的人很多，撤回来也不过两三万人。"各执己见，莫衷一是。最后，责成院长考虑两日，自行决定。

会后，阎锡山行使他的权力，拟出了三种方案，"但均与新疆军事当局陶峙岳司令主张绝对相反。陶之意，无论撤与不撤，必须与苏联签署协定（从陶后来在新疆通电起义的事实看，陶当时已有了倾向性）"。因此，不能决断。

在上述背景下，阎锡山认为有必要先加强对西北边疆的统一领导。于是，以"青海兵团、宁夏兵团、陇南兵团与西安绥靖主任胡宗南，在西北作战方面在指挥上不统一，致有误战机，减低战斗效率，有统一并加强之必要"为由，提议设立了国防部长西北边区指挥所，并指定徐永昌任指挥，代表国防部长对西北军事行使指挥权。

指挥所成立没多久，西北各省即相继宣告解放。

与阎锡山在广州举步维艰相反，中国共产党及其领导下的中国人民解放军，以强大的政治攻势和强有力的军事攻势双管齐下，胜利推进，势如破竹。在肃清华东的情况下，各路野战军从7、8月开始，先后分别向西北、中南、华东、西南挺进。面对解放军的节节推进，广州政府不仅没有还手之力，甚至连"招架之功"也拿不出来，阎锡山随广州政府一退再退，直至退到孤岛台湾。

1949年7月，中国人民解放军第4野战军对中南地区的国民党残余势力发动强大攻势。8月4日，国民党湖南省主席程潜、第1兵团司令陈明仁宣布起义。9、10月间，被广州政府钉在湖南地区、用来屏蔽广东的白崇禧所部桂系军队主力一部在衡（阳）宝（庆）战役中被歼，湘南的广大地区被解放。

10月7日，韶关失守，白崇禧所部向广西撤退，广东门户洞开，广州动摇。

10月11日，阎锡山偕财政部长关吉玉飞台北，向蒋介石汇报财政情形，请示"妥筹办法"。

10月12日起，解放军继续南进。同日，李宗仁宣布政府迁渝办公。

在台期间，阎锡山不惜笔墨，在台湾广播电台，发表所谓"对全国同胞广播词"、"对山西同胞广播词"，侈谈："我对被'共匪'扣在铁幕中的同胞们，感觉十分惭愧，十分关心，一定要拯救你们，且有方法拯救你们。""一定要肃清'共匪'，恢复人民的幸福。"

就在阎锡山喋喋不休地念着反共"经"的同日，1949年10月13日，国民党军队撤离广州。10月15日，阎锡山由台湾返回大陆时，广州已插上了五星红旗（14日广州解放），不得已改飞重庆。由此，他的"行政院"开始在重庆办公。

眼见"国民政府"已沦为流亡政府，惶惶不可终日，阎锡山还不甘心，他还要做最后的努力。

到达重庆的第二天，他主持召开了"行政院"迁渝后的首次会议，通过《作战时期加大地方权责争取胜利案》及《财政部委托各省市收支赋税暂行办法案》，企图使财政能有所改观。

18日，在出席所谓"陪都各界欢迎政府迁渝大会"上，表示："我们要同本'人定胜天'的信心，走上民众路线，挽救危亡。愿以七天时间，听取各界意见，以定施为。并盼多予督促、纠正。"

阎锡山可谓说到做到，此后的几天里，他竟不厌烦难，连日接见来访者，在渝的"国大代表"、"立法委员"、"监察委员"、社会名流、地方耆宿，来者不拒。

10月28日，在听取各方面意见，"博采众长"的基础上，阎锡山作为国民党政府在大陆的最后一任"行政院长"，拿出了他的应急措施——实行"总体战"。他说：

"就'国家'的立场说，存在即是真理，今欲存在，我的力量必须与亡我之'共匪'力量能作对比；欲对比，必须实行'总体战'。欲完成'总体战'，也很简单，在现行政之外，做三件事：一是'匪'后工作，一是在我区组训民众，一是建立革命的军队。"

"'匪'后工作的目的，是要建立'匪'后的武力，打击'匪'之政治经济，牵制'匪'之部队。"

"在我区组训民众，是建立民众的政治能力与抗'匪'武力，做到人民能自清自卫自治。"

"建立革命的军队，是要使人民感到军队是为他的，护他的，与他的利害一致的；但是这不只是要军纪好，使人民感到是个朋友关系，更要争取人民同情，与人民成了家庭关系，成为血肉，不要分离。"

在国民党的自身腐败有如病入膏肓，无药可治，只剩西南一隅苟延残喘的时候，阎锡山苦心孤诣搞出了一个"总体战"方案，要使国民党昔日都不愿意真正实行，也不可能真正实行的"组训民众"、"建立革命军队"等措施发挥作用；重新拿出在山西搞得天怒人怨的"自清"、"自卫"、"自治"，幻想在四川奏效，实在无异于梦呓。

10月29日，这天是阎锡山的66岁生日，好友徐永昌、贾景德来贺。徐永昌戏称："佛说：我不入地狱，谁入地狱，应无不安。"阎锡山答道："既入地狱，只好安于入地狱。"表现出十分的无可奈何。俗话说："六六大顺"。1949年这一年里，66岁的阎锡山却事事不顺。

在阎锡山准备实行"总体战"的同时，解放军第2野战军主力、华北第18兵团及第4野战军一部，于11月1日起开始了大西南围歼战。2野主力自湘黔边出贵州，进占川东、川南，威逼重庆，政局更趋危急。11月11日，不愿再替人受过的李宗仁，在巡视昆明之后，飞回桂林，称病不出。在"总统"引退未出，代"总统"不辞而别的情况下，"行政院长"阎锡山只好一边电蒋，请其出山；一边继续沿着他的思路，替国民党即将倾倒的大厦左右撑持。

11月23日，在解放军兵进涪陵、綦江，重庆即将被东、南包抄的时候，阎锡山主持"行政院"会议，通过"政府实行战斗体制"的决议，决定组建"战斗内阁"，"缩编人员，随军行动"，进行长期流亡。

这边阎锡山紧锣密鼓地筹组他的"总体战"和"战斗内阁"，那边解放军却毫不放松，步步紧逼。"战斗内阁"尚未组成，重庆不守之势已经显现。11月28日，"国民政府"西迁成都。30日，重庆解放。

重庆既已解放，成都也危如累卵，濒临绝境。随即，位于陇海路西段宝鸡、天水地区的解放军第18兵团等部，迅速入川，攻占川北，胡宗南的三个兵团完全处于解放军的包围之中；云南的卢汉、川康的刘文辉、邓锡侯、潘文华正酝酿着起义。

到成都后，阎锡山"明知不可为而为之"，继续出席各种会议，接见各方面人士，组建所谓"战斗内阁"，进行着"保卫西南"的设计。

形势的急转直下，与阎锡山的高度"耐心"形成极大的反差，在他的"有条不紊"中，日历翻到了公元1949年12月7日晚，这一天陷入四面楚歌中的"国民政府"，决定从大陆的最后一个临时"都城"成都撤出，正式"播迁"台湾，彻底结束了它在大陆的统治。12月8日，沉浸在"总体战"幻想中的"行政院长"兼"国防部长"阎锡山，不得不随他的"政府"离开大陆，走向他的最后归宿。

阎锡山一生

·Biography of Yan Xishan

第二十八章

菁山遗梦

一、出力不讨好，在一片非议声中卸任

1949年12月8日上午10时左右，在由远及近的隆隆炮声中，阎锡山与他的"内阁"成员同乘一架飞机，由成都机场起飞，越过台湾海峡，飞向东海上的那个孤岛台湾。匆忙之中，他顾不上抒发留恋的情感，也不会想到这就是他与大陆的生离死别。

虽说阎锡山自内战以来屡战屡败，及至老本输光，但他仍没有放弃对政治的追逐，并因祸得福，一身二任，得以兼掌"行政院"、"国防部"两颗大印。"国民政府"居无定所，惶惶然南逃西迁，他不"灰心"，不"丧气"，不断地进行着他的"施为"。一退再退退到了台湾岛上，不管内心如何，表现出的仍然是一如既往"百折不回"的精神。

阎锡山上岛之际，台湾正处在严重的危机之中，生产衰退物资匮乏；政治混乱人心涣散；军事无方兵败卒残；外交穷蹙美援断绝。面对艰难的处境，蒋介石也不得不哀叹："我们到了大祸临头的最后关头，试问大家退到了这样一个孤岛以后，还有何处是我们的退路？我们每个人今日的环境是一个天涯沦落，海角飘零。这样一个凄怆悲惨，四顾茫茫的身世，真可谓'命悬旦夕，死亡无日'的时期。"这一切阎锡山好像熟视无睹，只是一味地沿着他原有的思路往下走。

到台当晚，阎锡山即在寓所招待记者，宣告"政府今起迁台办公"。并表示"'战斗内阁'系重庆弃守后，考虑战略问题，咸认应实行面的战略，决定组织'战斗内阁'，以107人组成，随军行动。'战斗内阁'由各部会人员组成，配合作战之需要，'政府'组织仍为'总统府'、'五院'及各部会"。"今后，政治中心移至台湾，军事方面将加强游击战，实行面的战略。"

其后，他迅速拟定出"保卫台湾海南岛收复大陆计划案"，提出"实行民众路线，建立海陆两个面的战法，以对付'共匪'的船海战术之来攻"。选训所谓"革命种能干部"，为"收复大陆"进行政权骨干的准备。同时，积极配备台湾地方干部（当然首先要得到蒋介石的认可），建设"反攻"大陆基地。

在初迁台湾的忙乱中，20世纪50年代的第一个新年悄然而至。

1949 年 12 月 29 日，阎锡山在立法院致词

元旦这天，阎锡山忙得不亦乐乎：9 时，到台北市杭州南路 28 号与旧属举行团拜；10 时，到中山堂主持"中央"府、院各部会及地方政府团拜；同时，发表"中华民国三十九年元旦献词"、"中华民国三十九年元旦告全国民众书"、"中华民国三十九年元旦告陆海空军将士书"。团拜之后，即到"行政院"布置工作，决定"着手起草第三次大战怎样打，胜利后必须如何才能奠定永久和平的基础？中国如何准备第三次大战？"

阎锡山梦想着"坚决地切实地"告别过去的失败，开始今后新的胜利。希望这个忙碌的新年，能给他和他的"政府"带来好运。然而，他的老对手蒋介石却不容这种"美好的愿望"继续下去了。

代"总统"李宗仁无疑看透了蒋介石独裁大权的居心，自上年 11 月 11 日飞返桂林后，一直称病不出。11 月 20 日，飞香港；12 月 5 日，由香港赴美国"治病"，住进纽约长老会医院；1950 年 1 月 20 日，出院，前往新泽西州，做起了寓公。

李宗仁离开香港前，致函阎锡山，称："仁以胃疾剧重，亟待割治，不得已赴美就医，以一个月为期，即当遄返。在仁出国之短暂时期，请兄对中枢军政仍照常进行，至于重大决策，尽可随时与仁电商。"把一个处处受蒋介石掣肘的烂摊子甩给了阎锡山。

李宗仁不会不清楚，他"在朝"之时尚且得事事听蒋介石决断，现既远走他乡，"重大决策""随时与仁电商"，不过是一句空话。之所以这样说，意在把阎

477

锡山推进他与蒋介石的是非圈中，变蒋李矛盾为蒋阎矛盾，抑或仅仅是一种搪塞。然而这样一来，阎锡山这个"行政院长"就更加难当了。

阎锡山与蒋介石由于出身与经历的迥异，彼此从思想方法到处事原则都极不相同。加上二人在历史上的过节，寄人篱下与权力中心地位的差别，阎锡山虽然抱定了听命于蒋的态度，但仍不能见谅于蒋。

在阎锡山不遗余力为扭转时局做最后努力的同时，蒋介石在李宗仁长期不视事的情况下，加紧进行复出的准备。蒋介石既要复出，人事上铺平道路是第一要务。阎锡山当初是作为蒋李冲突的缓冲人物出长中枢的，冲突一方既已自行退出，缓冲自然成为了多余。到台湾之后不久，阎锡山就敏感地察觉到了这个问题。元旦过后，来访的徐永昌提议："今日代人受过，不应当再继续下去，应拿出一个做法来，能行则作，不能行则辞。"他即明确表示"拿上做法决定去留，有要挟之嫌，且我承应长'行政院'因当时情况险恶，我若不来作缓冲，当时即直接冲突。今则团结工作已告一段落，应以'扭转时局无方，寸土必争无术'而辞之。"既然已到了寄人篱下的地步，阎锡山只能以"公忠体国"的姿态，用听命于蒋来换取自身的"存在"了。

然而，不等阎锡山主动"请辞"，蒋介石就动手了。1月25日，在蒋介石的操纵下，国民党中央非常会议决定：阎锡山辞去"国防部长"兼职，由"参谋长"顾祝同兼代。同时，撤换了阎锡山内阁的"交通部长"、"中央银行总裁"。次日起，阎锡山在各种场合受到责难，有以"政府疏散，各部门丢失印信事"提出批评者；有以"政府改组何以四川省无一人参加"质问者……

面对蒋介石一手导演的"逼宫"游戏，阎锡山何尝不知冷暖。2月9日，无可奈何的阎锡山向来访的总裁办公室秘书长黄少谷表达了辞职之意，声言："人事国事，唯命是从。自己出处，应由自主。"

阎锡山自请辞职，在蒋介石来说

478　　　陈诚，字辞修（1898-1965）

是求之不得的。但其时他的"总统"职位还没有恢复，大的人事调整还需要假以时日，只能暂时曲意挽留。

半个月以后，蒋介石自认复出的时机成熟。2月23日，国民党中央非常会议决议通过请蒋介石早日恢复行使"总统"职权的决议案。24日，立法院决定由全体委员电请"总统"复职视事。25日，监察院提出弹劾李代"总统"案。文章做足之后，3月1日，蒋介石在台北发表文告，宣布复职。

蒋介石既已复职，阎锡山去职之日也就到了，剩下的只是一个程序问题。

卸任后的阎锡山

3月6日，国民党中常会临时会议通过阎内阁总辞职，同时提名陈诚出任"行政院长"。3月10日，蒋介石发布"总统台总字经217号令"，准予"行政院长""辞职"。

阎锡山就这样"壮志未酬"官先黜，在一片非议声中卸任，最彻底结束了他在权力的旋涡中打转转的历史。

二、回归自然，恬淡久居菁山中

在1953年2月的纽约《生活杂志》里，有人撰文盛赞阎锡山在"行政院长"任内对国民党所作的"贡献"。文章说："他，阎锡山将军，像个激流里身负泰山的愚公，他不避一切的艰险与困难，一定要把中华民国'政府'，从风雨飘摇中迁移到安全地带，由广州到重庆，由重庆到成都，复由成都到台湾。这一时期的军事、政治、经济与社会人心，其混乱的程度，自不待说，而'中央政府'每到一地，立足未稳，又行迁移的情形，正如同一个王室的流亡王子一样。然而，阎锡山将军，是有着坚强不屈的意志，他一如保卫太原一样，他秉承着天赋予他的革命精神，把中华民国的'中央政府'，从容地迁移到台湾，建立起巩固的根据地，继续从事'反共复国'的革命大业。"

1954 年 2 月 19 日，在国民党结束对大陆统治以后，一手制造了阎锡山"兴"与"衰"的蒋介石，于第一届"国民大会"第二次会议的报告词中对阎锡山在此期间的"功绩"进行表彰："自三十八年底及三十九年初，赤焰滔天，挽救无术，人心迷惘，莫可究极，甚至敌骑未至，疆吏电降，其土崩瓦解之形成，不唯西南沦陷，无法避免，即台湾基地，亦将岌岌欲坠，不可终日。当此之时，中央'政府'幸有阎'院长'锡山，苦心孤诣，撑持残局，由重庆播迁成都，复由成都迁移台湾，继续至当年三月为止，政府统绪，赖以不坠者，阎'院长'之功实不可泯。"

然而，"激流里的勇夫"也好，"功不可没"也罢，对阎锡山来说，已经全都成了历史。这时的他，感觉到的除了莫名的失落之外，就是前所未有的轻松。

在经过频繁的卸任交接，辞别答谢，往来酬酢之后，阎锡山复归平静，显得异常超脱，开始谈佛理经。大讲，"静是个一，静是动的动力；动是个万，动是静的产物。因是因，果是果，不是因果循环，截然不可混。不可离因果说因果，离开点说线"。言下之意，唯求一个"静"字。

卸任"行政院长"后，蒋介石给阎锡山安排了两个最"合适"的头衔——"总统府资政"、国民党第七届中央委员会评议委员。高高地抬起，轻轻地落下，有职无权的"资政"和评议委员，伴随阎锡山走完了他的人生道路。

为了与卸任后的地位心境相匹配，阎锡山一再迁移住所。

早在太原被围之时，阎锡山即派人将其继母陈秀卿和二儿媳（二儿子于抗战期间病故）护送到了台湾，在台北市设立了"阎公馆"。败逃台湾后，他就一直住在位于繁华闹市之地的台北市中山北路一段 105 巷 16 号的公馆之中。

卸任的次日，阎锡山迁出公馆，移居丽水街 8 号。丽水街 8 号较之中山北路的公馆少了几分喧闹，多了几分神秘：僻静的街区，独门独院的小楼，常来常往的造访者，保护前"行政院长"的军警……无不给这里罩上了一层神秘的色彩。

在丽水街 8 号仅仅住了五个月，阎锡山又二次迁居，这一次他索性远离台北市区，搬到了阳明山上的菁山草庐之中。

菁山位于台北市郊之阳明山中。在这里阎锡山遣人选择一片废耕之茶地，建成"菁山草庐"，并于 1950 年 8 月 12 日正式入住。

所谓"菁山"，其实是日占时期兴建而未成的一个农场。这里可以称得上是与现代都市近邻的一块处女地，这里现代化的生活设施，诸如电灯、电话，甚至自来水，一应俱无；距离公路有 30 分钟的步行路程。就是这样一个极不开化的地方，被一辈子标新立异的阎锡山选来做了"安渡"晚年的藏身之处。

阎锡山迁住菁山的用意为何？是厌烦了尘世的纷繁；还是以此标榜自己的"淡泊"；抑或是为了得以静下心来总结点什么？我们不得而知。然而，不可

阎锡山隐居菁山后拜访蒋介石

阎锡山遗墨：做人要天天进步以求新

忽视的一点是，他实际上把这里看成了自己的一块小小的领地，一个世外桃园。他不惜改头换面，把山西的窑洞搬到了山中，赋予"种能洞"的雅称，并特作"种能洞命名记"：

"我到台湾因不耐炎热，与暴风雨的侵袭，建茅屋于金山（菁山）山麓，移居以来，想起内地冬暖夏凉、不怕风雨的窑洞。我问台湾同胞，台湾为什么没有窑洞？他们说：窑洞有三个缺点，一潮湿，二空气不流通，三怕地震，适合于北方，不适合于台湾。这三个缺点，经研究全可补救。使用洋灰就防住了潮湿，开前后窗户就能使空气流通，至于地震，窑洞与楼房性质一样，是看建筑上实施如何，我遂决定建筑一所窑洞。台湾房屋，中国式、西洋式、日本式均有，特取三式所长，融合为一，为台湾同胞作试验。此窑命名种能洞，因我向以种能观察宇宙，为配合我的宇宙观而名之。"

也正因为如此，他向附近的矿务局租地，开辟种能农场，安营扎寨植树造林。

关于阎锡山在菁山中的生活，有人著文如此描述："阎氏隐居菁山后，即专事著述，闭户不出，非国家大典，或'总统'有召外，不轻易入市。每晨七时起床，晚十时入睡，午膳后，休息二小时，其余时间即为会客、讲话、会议、思考与写作。晚饭后，独出野外，散步数十分钟，就寝前，展阅床头木板易经以自怡。"

阎锡山在种能洞里埋头阅读与写作

阎锡山在菁山草庐前

在自己精心设计的菁山"草庐"种能洞里，阎锡山一住就是十年，直至老死离世。在此期间，虽然也偶尔外出参加一些例行会议，应邀出席有关的集会，发表演讲，但更多的时间是在山中度过；虽然也不时有一二旧交老友，或对他的历史、思想理论，以及对他本人感兴趣者，登门造访，谈东论西，但这较之过去在山西时期的门庭若市和"行政院长"任内的热闹、比起在台的其他"逊位"政要就要冷清多了。因此，"恬淡"也就自在其中了。

三、闭门造车，构想"大同主义"

阎锡山正式交卸"行政院"院长是在1950年3月15日，于此之前，3月10日，他在谈到卸任之后的打算时说："中共的主力十八集团军，抗战时期在建制上归我指挥了八年，又和他们奋斗了四年，与他们的谈话和对他们的判断想贡献给世界，加强反共的空气与力量，这是我的宿愿。我感交卸之后，应于静中闭门思过。"

他在这里所说的要在"静中闭门思过"、"贡献给世界"的是什么呢，就是他几十年"防共反共"的经验教训，以及那些抵制共产主义的空洞理论。为了这些，他把在十年山居中的大部分时间用于写作著述，不惜起早贪黑，不问秋冬春夏，如醉如痴，几乎到了惜时如金的程度。正如一篇"传记文章"中所说，他让"随从人员把每日工作时间给他扣得很紧，如果因会客时间占去了写作时间，那么只好把座谈小组会取消，好留出时间来让他写作。这是因为他的写作生活已成了他隐居时的正常工作的一部分，随从人员会给他把时间调整好，无论如何，是不会让他耽误的"。

据记载，阎锡山迁入丽水街8号的时间是1950年3月16日。当天，即开始了《人应当怎样》一书的写作。由此一发而不可收，十年不辍。

十年中，先后写成并出版的著述依次为：《人应当怎样》《世界和平与世界大同》《共产主义的哲学》《共产主义共产党的错误》《日本应当怎样》《反共的什么凭什么反共》《大同之路》《联合国的责任》《收复大陆与土地问题》《怎样胜过敌人》《如何造成足够反共的力量》《台中讲演集》《对革命实践研究院各期讲演》《共产党为何必败》《大同国际宣言草案》《对道德重整会世界大会提案》《反共复国的前途》《共产党为何与中国文化为敌》《反共的哲学基础》《与慈航法师论道书》《孔子是个什么家》《世界大同》《三百年的中国》《辛丑座谈会记录》等，洋洋洒洒二三十册，数百万言。

阎锡山蔚为大观的众多著述，虽貌似庞杂，但其核心不外乎两点，其一，站在敌对的立场，"剖析"共产主义及其共产党运动的所谓"错误"，以反共理论弥补反共实践失败带来的遗憾；其二，继承儒学传统文化的衣钵，构筑一个空泛的"大同世界"，作为抵制共产主义的武器。

关于前者，他在《共产主义的哲学》《共产主义共产党的错误》《共产党为何败》《反共的哲学基础》等书中，将其"按劳分配"、"物产证券"的理论，作了进一步的阐发。得出一系列结论——"共产主义超乎人性，背乎人情"；"共产党的错很大，是他哲学的背谬和主义的乖僻"；"共产党的哲学与主义错了，在人类说是个不幸，在反共上说，未尝不是他失败的一个因素"；"不过唯物哲学与共产主义的错误，虽可造成共产党失败之基，而反之者，须拿出对

1952年1月，阎锡山在台中讲演时留影

阎锡山摄于 1957 年

的办法来，以对胜错"；"所谓对无他，即是一眼瞅住百分之八十被剥削的农工，被榨取的弱小民族，被经济侵略的落后民族的痛苦而解除之，为人类杜绝共产的祸害，如日出而暗自消"。

关于后者，他将他所奉行的所谓"中"的哲学、"物劳主义"以及其他一些政治主张，揉合在一起，先后写出了《大同之路》《世界大同》《三百年的中国》等专门著作，为人类构想出了一个所谓的"大同世界"，以及一条通往"大同世界"的"大同之路"。这些著述在理论上相当庞杂，既有传统儒学中的"大同主义"，也有唯心主义的"中"的哲学，还有空想社会主义的影子；在内容上包罗万象，政治、经济、教育、思想、文化无所不有，过去、现在、未来无所不谈。

通过这些著述，他勾勒出一个高度理想的"大同世界"——"大是世界，同是一致，大同就是世界一致。""去国与国的矛盾使之大，去人与人的矛盾使之同。""使国与国关系上得到安和，人与人生活上得到互助，共享大同的幸福。""在大同主义之下，无矛盾，无斗争，国与国间，生存发展，得到平等；人与人间，和睦互助，利害一致。""尽除这种种不平，成为'四海一家'，无区域大小强弱众寡之分，'人类一人'，无种族贫富智愚之别，视人皆为同胞；一切制度，皆公平而合理，一切施为，皆成己而成人；强不凌弱，众不暴寡，富不欺贫，智不诈愚。"

阎锡山在化蕃社与游客合影

尽管这些东西远远脱离实际，脱离现实，充其量不过是一些自欺欺人的说教。但在缺乏理论指导的国民党新右派衮衮诸公中，特别是国民党的一级上将中，如此孜孜不懈十年如一日深入钻研反共理论并多有著述者，也唯有阎锡山这员"儒将"一人而已。由此可见，阎锡山的政治设计才能确实要优于其军事才干。对此，他颇为自鸣得意，以"仁者"、"圣贤"自比，声称："造福世界，替今人正德，替古人宣德，替后人立德，是仁者责任；净清宇宙，为现世除冤，为往世鸣冤，替来世防冤，乃圣贤心怀。" "期以此蓝图警醒世人，挽回共产主义赤化世界之命。"

四、故弄玄虚，自拟挽联预嘱身后事

阎锡山曾被孙传芳（两人系留日时的同窗）戏称为"厨子将军"。孙传芳的本意是讥讽他"只守着山西一省的范围，没有雄略远志"，就如同一个厨子，"整天双手勤劳操作，总是周旋在厨房内的一小块方寸之地，用刀范围不超出那块菜板之外"。但同时又是对他生活上不尚奢华，自然、规律的白描。

阎锡山一生，在风云际会搏击政坛的同时，颇注重养生之道。平常时节起居有定，饮食有制；布衣素食，反对铺张；深居简出，疏于游历；烟酒不沾，嗜好全无。自谓之曰："脑不留事，腹不存食。"因此，身体素质一贯不错，古稀之年，仍然精神矍铄，思维清晰。

山居之后，虽生活益加规律，但由于不遗余力地潜心著述——有时一天伏案时间长达 12 小时；有时"午夜忽醒，略思有得，即起而录下"。久而久之，体质便有所下降，进而酝成疾患。起初是糖尿病，后来又引发动脉硬化症，同时伴随有较为严重的胃病。

1959 年初，阎锡山因胃病复发，动脉硬化加剧，心跳间歇严重，不得不暂时搁笔，住进台大医院治疗调养。

也就是在 1959 年这一年，他的两个至交友好先后故去。

1 月 2 日，始终对他言听计从的五台同乡、昔日的战区副司令长官杨爱源病逝。同年 7 月 12 日，另一在台乡贤、与他相知相交，并能直言是非的徐永昌又驾鹤西去。两友的相继辞世使他伤感不已，在亲往台北吊祭的同时，分别致挽：

"兄自隶军籍，为国宣劳，垂四十年，其劳其功，岂能尽言，今竟长逝，使我痛彻心弦。"

"念自缔交以来，推心置腹，始终无间，义重金石，诚孚心肝。我兄高明，独具双眼，治军主政，长才具见，调护处理，上下翕然。谋深处远，恒化险以为夷；举重若轻，每执简以驭繁。运筹帷幄，指挥若定；辅弼元首，竭智尽忠。八年抗战，功在国家，凯旋受降，扬威海外（徐永昌于日本投降后，曾代表中国政府登上停泊在东京湾的密苏里号战舰受降）。作育人才，桃李满门（抗战以后的一个长时期中徐永昌任国民党陆军大学校长），规划设计，绩著简册。方期大陆光复，再建殊勋，讵意天不慭遗，遽返道山，弟失至友，国丧元良。灵前设奠，倍增哀伤，呜呼恸哉！"

身体的每况愈下，挚友的先逝，使阎锡山在忧伤之余产生了紧迫感。因此，1959 年 4 月 24 日，他在复函友人时，写下了这样一段话："我写书就是我最乐做的事，我是为古人鸣冤，为今人申冤，为后人防冤，如泉水外涌，越涌越舒畅。我需要在世的日子很短了，再有二年，就将我一切愿说的话，愿做的事，可以说完做完了。我这虽不是闻道而死，可以说是尽情而死，了无遗憾。"

在上述背景与心境下，阎锡山立下了他的遗嘱，并自拟挽联。遗嘱的主要部分说的是身后举丧之事，具体内容如下：

一、一切宜简，不宜奢。二、收挽联，不收挽幛。三、灵前供无花之花木。四、出殡以早为好。五、不要放声而哭。六、墓碑刻思想日记第 100 段："义以为质，礼以行之，逊以出之，信以成之，为做事之顺道。多少好事，因礼不周，言不逊，信不孚，致生障碍者，比比皆是。"第 128 段："突如其来之事，必有隐情，惟隐情审真不易，审不真必吃其亏。但此等隐情，不会是道理，一定是利害，应根据对方的利害，就现求隐，即可判之。"七、七日之内，每日各读选作（事先已选好）之《补心录》一遍，每七早晚各读一遍，至尽七为止。

挽联则甚为蹊跷。阎锡山生前自拟挽联共有四副，并具体安排了所挂之处：

其一，上联："避避避，断断断，化化化，是三步工（功）夫"；下联："勉勉勉，续续续，通通通，为一等事功"；横批："朽嗔化欲"。挂于灵前。

其二，上联："摆脱开，摆脱开，粘染上洗干净很不易"；下联："持得住，持得住，掉下去爬上来甚为难"；横批："努力摆持"。挂于檐柱前。

其三，上联："有大需要时来，始能成大事业"；下联："无大把握而去，终难得大机缘"；横批："公道爱人"。挂于院中。

其四，上联："对在两间，才称善"；下联："中到无处，始叫佳"；横批："循中蹈对"。挂于院门。

自拟挽联的做法本来就非寻常人所为，若再加上充满玄机的内容，更令人捉摸不透。这些似警句非警句，似谶语非谶语的文字，是他自己的人生感悟？是他对世事的洞察？是"高深莫测"？是故意卖弄？是，又不是，虚虚实实，实实虚虚，成了善于故弄玄虚的阎锡山留给世人的最后一个难以解开的谜。

阎锡山摄于1960年

五、终老台北，魂不归里

来日无多的紧迫感使阎锡山更加全身心地投入他所谓"为古人鸣冤，为今人申冤，为后人防冤"的著述之中。1959年2月16日住院之前，正拟做《三百年的中国》《世界大同》两稿的修改工作。住院期间，便带书稿到医院，开始着手进行。住院50天，病情有所好转后，出院继续他的"工作"。这年，除修改上述两书外，又写《阎锡山早年回忆录》《我对孔子的认识》《我国的人口问题》等文。

1960年初，《三百年的中国》初稿，复核将毕，阎锡山命随员选购市面各种版本的二十五史及十三经，拟将《三百年的中国》及《世界大同》稿修改复核完成后，秋季开始写《读史感想》《读书随录》。手无半支毛瑟的一级上将，紧握寸管，执着地实施着雄心勃勃的写作计划，要说完他"愿说的话"，做完他"愿做的事"。

1960年3月25日，阎锡山（前排右五）与台湾国民大会第三次会议代表访问团合影

阎锡山遗著《三百年的中国》封面

阎锡山遗著《三百年的中国》总目

然而，天不假年。

5月2日，老暮的阎锡山突患腹泄。10日开始又添下肢浮肿之症。16日，腹泄虽止，浮肿却延至脸部，且精神欠佳。病况日重一日，乃至连5月20日举行的台北国民党政府第三任"总统副总统"就职典礼也不能出席。

5月21日，病情继续加重。在此之前，曾与人有约。待上午11时，客人在友人贾景德陪同下依约而至时，阎锡山已"不能站立，舌僵，语言困难，头低垂"。遂延医紧急调治，病情稍缓。

5月23日凌晨，有了明显的回光返照现象。延至上午8时许，贾景德再次上山，两人交谈半个小时。后情况急转直下，由气管炎扩展成肺炎，并影响到心脏，遂急送台大医院。但为时已晚。就在这一天的中午12时左右，阎锡山的心脏停止了跳动。终年77岁（有称78岁者，系指虚岁）。

阎锡山因反共战争失败，而逃离大陆退居台湾。山居十年，又不遗余力地进行反共理论的研究和著述，但是终究也没法认识到失败的根本原因。面对一败涂地，根本不可能有将来的现实，一直表现出一种不甘心，至死还做着"反攻大陆"的迷梦。据在阎锡山病势转危后，一直陪侍在身边的贾景德说，弥留之际，他还念念不忘"反攻大陆"，声称，坚信"蒋'总统'必能团结一切力量，领导军民，完成'反共复国'解救同胞的大业"。确认"三民主义，不只可以幸福中国，而且可以模范世界，促进世界如一家，人类如一人的大同"。

对于死后的阎锡山，蒋介石除给予所谓"国葬"的"隆礼"，亲往致祭，并题赠"怆怀耆勋"匾额之外，还特颁"褒扬令"。"褒扬令"极尽溢美之词，称：

"'总统府资政'陆军一级上将阎锡山，才猷卓越，器识宏通。早年追随国父，著籍同盟。辛亥之役，倡举义旗，光复三晋。民国肇建，即任山西都督、督军及省长，振饬庶政，训齐卒伍，军容吏治，焕然一新。北伐告成，历任国民政府委员，内政部部长，蒙藏委员会委员长，陆海空军副总司令，军事委员会副委员长，太原绥靖主任等职。外膺疆寄，内赞枢衡，硕画敷陈，并昭懋绩。抗战军兴，任第二战区司令长官，兼山西省政府主席，创行兵农合一之制，促进生产，增强战力，厥效弥彰。故宇既收，赤氛重煽。三十八年出任'行政院院长'兼'国防部部长'，受命于危难之际，驰驱蜀粤，载徙台员，遗大投艰，勋勤备著。中兴在望，匡辅方资，遽丧老成，实深轸悼！应予明令褒扬，用示'政府'笃念勋耆之至意。"

5月29日，是阎锡山的公祭日。公祭由治丧委员会主任委员何应钦主持，蒋介石以下数千人出席仪式。公祭之后，入殓盖棺，移灵于山居时所开之"种能洞"内暂厝。

12月6日，举行安葬仪式。生于山西，兴于山西，败于山西的阎锡山入土为安，带着不能魂归故里的遗憾，长眠于台北菁山草庐右侧。

1947年，阎锡山四子志敏与裴彬举行婚礼时与亲属在太原新民北街东花园合影

阎府家训：做事最怕没恒心……

阎锡山在台北和亲友合影

阎锡山的在野读书生活

思想者阎锡山

晚年阎锡山

最后的阎锡山

布衣阎锡山

蒋介石在阎锡山葬礼仪式上致祭

蒋介石为阎锡山逝世题匾

阎锡山遗墨：造福
世界替今人正德

蒋经国为阎锡山百年诞辰题匾

阎锡山的台北菁山草庐

台北菁山阎锡山故居入口

阎锡山之墓

1998 年 12 月 8 日，阎锡山原
侍从秘书原馥庭、侍从警卫张日明在
阎锡山墓前合影

残存的阎氏家庙照壁

阎锡山有名姓可考的始祖阎思悦画像

阎锡山与家人合影

阎锡山与二太太徐兰森及二子志宽（后右）、二媳赵锦绣（后左）、四子志敏（中右）、五子志惠（中左）等合影

阎锡山大事年表

1883 年（清光绪九年） 出生

10 月 8 日（农历九月初八）生于山西省五台县河边村（今属定襄县）。

1888 年（清光绪十四年） 5 岁

母亲曲月清病逝，少年失怙，寄居于小堡外祖母家。

1889 年（清光绪十五年） 6 岁

入小堡曲氏公立私塾，开始接受启蒙教育，师从曲近温。

1892 年（清光绪十八年） 9 岁

春，继入祖父阎青云所办的大堡义塾，继续接受旧学教育。

1897 年（清光绪二十三年） 14 岁

结束了在大堡义塾的学习，到五台县城自己家开的"吉庆长"商号里经商习艺，开始接触社会。

同年腊月，与徐竹青完婚。

1898 年（清光绪二十四年） 15 岁

岁末"打虎"失败，商号"吉庆长"倒闭。

1899 年（清光绪二十五年） 16 岁

再入义塾学习。

1900 年（清光绪二十六年） 17 岁

义和团运动发生，被举为村中"纠首"（相当于村民委员会委员）。

1901 年（清光绪二十七年） 18 岁

春，入太原"裕盛"商号当伙计，结识"四海店"的伙计黄国梁、张瑜，并义结金兰。

秋，考入山西武备学堂。

1904 年（清光绪三十年） 21 岁

山西武备学堂毕业，公派赴日本留学，入东京振武学校。

1905 年（清光绪三十一年） 22 岁

加入同盟会，开始追随孙中山领导的资产阶级民主革命运动。

1906 年（清光绪三十二年） 23 岁

秋，振武学校修业期满，转入日本弘前步兵第 31 联队实习。

1907 年（清光绪三十三年） 24 岁

夏，实习期满，转入日本士官学校学习。

1908 年（清光绪三十四年） 25 岁

加入秘密军事组织"铁血丈夫团"。

1909 年（清宣统元年） 26 岁

日本士官学校修业期满，毕业回国，被任命为太原陆军小学（原武备学堂，1906 年改称陆军小学）教官。

11 月，在北京参加士官学校毕业生会试，名列上等，被授步兵科举人、协军校军衔。

12 月，任暂编陆军第 43 协（旅）第 2 标教练官（副团长）。

1910 年（清宣统二年） 27 岁

任暂编陆军第 43 协（旅）第 2 标标统（团长）。

1911 年（清宣统三年） 28 岁

10 月 29 日（农历九月八日），参与组织发动反清起义，光复太原，被推为山西都督。

11 月 4 日，在娘子关与吴禄贞会晤，商谈共组"燕晋联军"。

12 月 16 日，率部撤出太原，转战绥包。

1912 年（民国元年） 29 岁

3 月 15 日，由时任临时大总统袁世凯正式任命为山西都督。

9 月，在太原接待前来考察铁路的孙中山一行。

1914 年（民国三年） 31 岁

1914 年续娶徐兰森，作为二房太太。

1915 年（民国四年）32 岁

2 月，应袁世凯之召到北京述职。

1917 年（民国六年） 34 岁

7 月，派所部第 1、第 3 两个混成旅参加讨逆，讨伐张勋复辟军。

9月，兼任山西省长，集山西军政大权于一身；出兵湖南，落败而归。

同年，开始推行"村制"与"六政三事"。

1918年（民国七年）　35岁

颁布《山西省施行义务教育规程》，推广国民教育。

1925年（民国十四年）　42岁

推出"厚生计划"，进行实业建设。

8月，击败攻晋的樊钟秀所部。

1926年（民国十五年）　43岁

击败国民军，绥远与山西实现共治。

1927年（民国十六年）　44岁

4月1日，宣布将所属山西、绥远各部队改称"晋绥军"，自任总司令，准备从大同、娘子关两路出兵北伐。

6月6日，在太原就任"国民革命军北方总司令"。

9月29日，发表讨奉通电，出兵讨奉。

1928年（民国十七年）　45岁

4月，所部被编为第3集团军，二次举兵讨奉。

6月4日，被南京国民政府特任为京津卫戍总司令。

1929年（民国十八年）　46岁

1月，赴南京参加编遣会议。

6月，邀冯玉祥到山西。

1930年（民国十九年）　47岁

3月15日，被反蒋联合阵线拥戴为"中华民国陆海空军总司令"。

5月，中原大战爆发。

9月9日，在北平宣誓就任国民政府主席。随即，军事失利，战败下野。

12月，避居大连，韬光养晦。

1931年（民国二十年）　48岁

8月，以探视"父疾"为名，由大连秘密潜回山西。

1932年（民国二十一年）　49岁

1月29日，被中国国民党中央政治会议推举为国民政府军事委员会委员。

2月20日，被国民政府正式委任为太原绥靖公署主任。

12月，编定"山西省政十年建设计划案"，在"造产救国"号召下，推行十年省政建设。

1933年（民国二十二年） 50岁

5月1日，正式开工修筑同蒲铁路。

8月1日，正式成立组建西北实业公司。

1934年（民国二十三年） 51岁

11月，在太原接待前来视察的蒋介石一行。

1935年（民国二十四年） 52岁

4月2日，被南京国民政府军事委员会授予国民革命军陆军一级上将。

1936年（民国二十五年） 53岁

就任国民政府军事委员会副委员长；拦截东征红军；组建牺牲救国同盟会；发动绥远抗战。

1937年（民国二十六年） 54岁

8月1日，组建新军——"山西青年抗敌决死队"。

8月20日，接受国民政府任命，就任第二战区司令长官，奉命统领晋绥军务。

9月20日，组建"第二战区民族革命战争战地总动员委员会"。

10月，组织指挥忻口战役。

11月12日，山西省城太原沦陷，率第二战区司令长官部及绥晋两省署撤至晋南临汾。

1938年（民国二十七年） 55岁

部署反攻太原；试行敌后游击；组建"民族革命同志会"；移驻陕西宜川。

1939年（民国二十八年） 56岁

3月25日至4月22日，在宜川秋林主持召开第二战区军政民高级干部扩大会议，也就是通常所说的"秋林会议"。

12月，部署"冬季攻势"；发动十二月事变。

1940年（民国二十九年） 57岁

5月24日，移驻吉县南村坡（克难坡），建设"克难城"。

7月，实行"田赋改征粮食"。

1942年（民国三十一年） 59岁

从这一年起，"实行经济中心的抗战政治"的口号下，推行"新经济政策"。

1943 年（民国三十二年） 60 岁

从这一年起，实行"兵农合一"。

1944 年（民国三十三年） 61 岁

元旦、春节两节一过，便派主力第 61 军，保安第 5、第 9 两团，以及县、区、村行政干部，共一万余人，向汾东抗日根据地"开展"政权。

1945 年（民国三十四年） 62 岁

8 月 14 日，日本天皇发表《停战诏书》，宣布无条件投降。

8 月 30 日，在撤离八年之后重返太原。

9 月，兵败上党。

1946 年（民国三十五年） 63 岁

夏秋两季，在解放军的凌厉攻势下，遭遇了一连串的失败。

1947 年（民国三十六年） 64 岁

实施"平民经济"；汾孝战役失败；运城失守。

1948 年（民国三十七年） 65 岁

5 月，临汾失守。

7 月，晋中惨败。

1949 年（民国三十八年） 66 岁

3 月 29 日，应李宗仁之邀，飞赴南京。

4 月 24 日，太原被解放。

5 月 8 日，撤往广州。

6 月 13 日，在广州宣誓就任"行政院长"兼"国防部长"。

12 月 8 日，败走台岛。

1950 年 67 岁

2 月 9 日，申请辞职。

3 月 15 日，正式卸"行政院长"任，就任"总统府资政"、国民党第七届中央委员会评议委员。

8 月，移居台北阳明山之菁山草庐，乡居 10 年，读书写作。

1960 年 77 岁

5 月 23 日，病逝。

12 月 6 日，安葬于菁山草庐右侧。